JN409617

이계집

이 책은 2017~2019년도 정부(교육부)의 재원으로 한국고전번역원의 지원을 받아 수행된 '권역별거점연구소협동번역사업'의 결과물임.

This work was supported by Institute for the Translation of Korean Classics - Grant funded by the Korean Government.

한국 고전번역원 한국문집번역총서/성균관대학교 대동문화연구원

이계집 3

耳溪集

홍양호 지음
洪良浩

이승현 옮김
이규필

일러두기

1. 이 책의 번역 대본은 한국고전번역원에서 간행한 한국문집총간 241집 소재 《이계집(耳溪集)》으로 하였다. 번역 대본의 원문 텍스트와 원문 이미지는 한국고전종합DB(http://db.itkc.or.kr)에서 확인할 수 있다.
2. 내용이 간단한 역주는 간주(間註)로, 긴 역주는 각주(脚註)로 처리하였다.
3. 한자는 필요한 경우 이해를 돕기 위하여 넣었으며, 운문(韻文)은 원문을 병기하였다.
4. 맞춤법과 띄어쓰기는 한글 맞춤법과 표준어 규정을 따랐다.
5. 이 책에서 사용한 부호는 다음과 같다.

   ( ) : 번역문과 음이 같은 한자를 묶는다.

   〔 〕 : 번역문과 뜻은 같으나 음이 다른 한자를 묶는다.

   " " : 대화 등의 인용문을 묶는다.

   ' ' : " " 안의 재인용 또는 강조 문구를 묶는다.

   「 」 : ' ' 안의 재인용을 묶는다.

   《 》 : 책명 및 각주의 전거(典據)를 묶는다.

   〈 〉 : 책의 편명 및 운문·산문의 제목을 묶는다.

차례

악주록岳州錄

소백록小白錄

이계집 제7권

시詩

관서록關西錄

연운속영燕雲續詠

이계집

제6권

詩시

배표하고 교외로 나서다[2] 2수
拜表出郊 二首

대광주리[3] 서쪽으로 보낸 것 몇 년 세월이던가 筐篚西馳問幾年
시월에 사신 행차 또 유연으로 향하네 星槎十月又幽燕
독서함에 시 삼백 편 다 외우지 못했으나[4] 讀書未誦詩三百

1 연운기행(燕雲紀行) : 임인년(1782, 정조6) 겨울, 동지 겸 사은부사(冬至兼謝恩副使)로 연경(燕京)에 가게 되었다. 정 상공(鄭相公) 존겸(存謙)이 정사(正使)였고, 홍학사(洪學士) 문영(文泳)이 서장관(書狀官)이었다.〔壬寅冬 以冬至兼謝恩副使赴燕 鄭相公存謙爲正使 洪學士文泳爲書狀官.〕

2 배표하고 교외로 나서다 : 이 작품은 이계가 동지 겸 사은사로 출발하면서 지은 시이다. 배표는 중국에 표문을 보낼 때, 임금이 문무백관을 거느리고 배송(拜送)하는 의식을 가리킨다. 궁궐에서 의식을 진행한 뒤 종친과 문무백관들이 조복을 입고 사신을 전송하여 모화관(慕華館)까지 갔다. 《정조실록(正祖實錄)》의 기록에 따르면 사행이 하직 인사를 올린 것은 10월 22일이다. 첫째 수는 평성 '선(先)'운, 둘째 수는 평성 '산(刪)'운의 측기식 수구용운체 칠언율시이다.

3 대광주리 : 원문의 '광비(筐篚)'는 예물을 담는 대광주리라는 뜻으로, 공물을 보내는 사대외교(事大外交)를 가리킨 것이다.

4 독서함에……못했으나 : 사신으로서의 자질이 부족하다는 말이다. 이는 《논어》〈자로(子路)〉에 "시 삼백 편을 외우면서 정치를 맡겼을 때에 제대로 해내지 못하고,

나라에 몸 바침에 사천 리 길 어찌 사양하리오　許國寧辭路四千
사행 말들 사령[5] 눈발 속에 더디 나아갈 것이요　征馬遲徊沙嶺雪
사행 깃발 계문[6] 안개 속에 아스라이 나부끼리라　行旌迢遞薊門煙
미간에 근심하는 기색은 띄지 않았으나　眉間不作幾微色
고개 돌려 종남산 바라봄에 되레 서글퍼지누나　回首終南却黯然

자리 당겨 지척 간에 용안(龍顔)을 기쁘게 모시니　前席欣陪咫尺顔
말씀 간에 머나먼 사행길 어려움 염려해 주시네　玉音憂念遠途艱
보배로운 환약은 풍상 속에 병을 막아줄 것이요　珍丸禦病風霜裏
따뜻한 방한모는 발갈[7] 사이에서 추위 물리쳐 주리라　暖帽排寒渤碣間
궁궐 섬돌 한 해 넘기며 떠나 있는 것 어찌 견딜까마는　軒陛詎堪經歲隔

사방에 사신으로 나가서 혼자서 잘 대응해 내지 못한다면, 비록 많이 외운다 한들 무슨 소용이 있겠는가.〔誦詩三百, 授之以政, 不達, 使於四方, 不能專對, 雖多亦奚以爲.〕"라고 한 데서 가져온 것이다.

5 사령(沙嶺) : 연경으로 가는 사행 경로에서 요동 지방에 있는 고개 이름이다. 우가장(牛家庄)과 반산(盤山) 사이에 있는데, 비가 오면 진흙 수렁이 되어 건너기가 몹시 어렵다고 한다.

6 계문(薊門) : 일명 계구(薊丘)라고도 하는 연경(燕京) 근처의 지명으로, 북경성(北京城) 덕승문(德勝門) 밖 서북쪽에 있다. 주위에 수목이 우거졌는데 안개인 듯 나무인 듯 아련하게 섞인 풍경을 계문연수(薊門煙樹)라 하여 연경팔경(燕京八景)의 하나로 꼽았다.

7 발갈(渤碣) : 발해(渤海)와 갈석산(碣石山)의 병칭으로, 사행이 지나가는 요동(遼東)을 가리킨 것이다.

성상 신령함에 힘입어 봄기운 속에 돌아오리라　王靈宜藉伴春還
한 조각 정성으로 중륜송 바치기 원하니　寸忱願獻重輪頌
압록강(鴨綠江) 건너기 전에 기쁜 소식 전해지리[8]　喜報應傳未渡灣

8　한……전해지리 : 당시 의빈 성씨(宜嬪成氏)가 정조의 장자인 문효세자(文孝世子)를 생산하였기 때문에 한 말이다. 문효세자는 이계가 사행길에 오르기 전인 9월 7일에 탄생하였다. 여기서 말하는 기쁜 소식이라는 것은 바로 새로 태어난 왕손에게 원자의 호칭을 정하는 일을 가리킨다. 원자의 호칭을 정하는 일은 이해 11월 27일에 거행되었다.《正祖實錄 6年 9月 7日, 11月 27日》 중륜송은 세자의 덕을 칭송하는 노래를 가리킨다. 한(漢)나라 명제(明帝)가 태자로 있을 때에 악인(樂人)이 〈일중광(日重光)〉, 〈월중륜(月重輪)〉, 〈성중휘(星重輝)〉, 〈해중윤(海重潤)〉이라는 4장의 시가(詩歌)를 지어 찬양한 고사에서 유래하였다.《樂府詩集 卷40 相和歌辭》

파주에서 송경으로 향하며[9]

自坡州向松京

해가 파산에 솟아올라 화각[10] 소리 길 재촉하니	日出坡山畫角催
장정[11]과 멀리 선 나무에 묵은 이내 개이네	長亭遠樹宿嵐開
한 줄기 임단[12]은 성 가에서 다하고	臨湍一帶城邊盡
천 봉우리 송악은 말 위로 다가온다	崧嶽千峰馬上來
옛 도성 번화함은 늘어선 상점에 남아 있고	故國繁華餘列肆
고려 임금 노래하고 춤추던 황폐한 대[13] 있도다	麗王歌舞有荒臺
한양의 옛 벗이 지금 개성 유수이니[14]	洛中舊要今留後
삼경에 관청에서 촛불 밝히고 이별주 나누겠네	官燭三更把別杯

9 파주에서 송경으로 향하며 : 평성 '회(灰)'운의 측기식 수구용운체 칠언율시이다.

10 화각(畫角) : 군중에서 사용하던 뿔피리로, 그림으로 장식하였기 때문에 화각이라 하였다.

11 장정(長亭) : 정(亭)은 여로(旅路)에 있는 휴게소의 일종으로, 5리마다 단정(短亭)을 설치하고 10리마다 장정(長亭)을 설치하였다.

12 임단(臨湍) : 장단(長湍)의 옛 이름이기도 하며, 여기서는 임진강을 가리킨다.

13 황폐한 대 : 고려 왕궁의 옛터인 개성 만월대(滿月臺)를 가리킨 것이다.

14 한양의……유수이니 : 《승정원일기(承政院日記)》에 따르면 당시 개성 유수는 정창순(鄭昌順)이었다. 정창순은 본관은 온양(溫陽), 자는 기천(祈天), 호는 사어(四於)로, 1782년(정조6)에 《송도지(松都誌)》를 편찬하기도 하였다.

화석정에서 정사 정공의 시에 공경히 차운하여[15]

정공은 정존겸이다

花石亭 敬次正使鄭公 存謙 韻

우뚝한 고택에 오는 손 드문데 故宅巋然客到稀
임진강 화석정에 아침 햇살 비치네 臨江花石映朝暉
뜰 앞의 늙은 측백 추위에 더욱 푸르고 庭前老栢寒逾翠
처마 끝 한가로운 구름 눌러앉아 날아가질 않네 簷角閑雲宿不飛
날던 봉황 아각에 내려옴을 막 보았더니 阿閣初看翔鳳下
누운 용 남양에 돌아오길 여전히 바라도다[16] 南陽未遣臥龍歸

15 화석정에서……차운하여 : 이 작품은 이계가 1782년(정조6) 동지 겸 사은사 부사의 사행 여로에서 파주 임진강 가에 있는 화석정에 들러 율곡(栗谷) 이이(李珥)의 풍모를 사모하며 읊은 시로 동지 겸 사은사 정사(正使)였던 정존겸(鄭存謙)의 시운(詩韻)에 차운하여 지은 것이다. 정존겸의 원시는 미상이다. 화석정은 경기도 파주시 파평면 임진강변 절벽 위에 위치한 정자이다. 고려 말에 길재(吉再)가 은거했던 곳이라 전하며, 조선에 들어와 이명신(李明晨)이 정자를 세웠다. 후에 후손인 이이(李珥)가 퇴관(退官) 후 여생을 이곳에서 보내면서 후학을 양성하고 학문을 연구하였다. 임진왜란 때 불타 없어진 후 이이의 후손들이 1673년(현종14) 중건하였고, 한국전쟁 때 다시 소실된 것을 1966년 파주(坡州) 유림(儒林)이 성금을 모아 복원하였다. 평성 '미(微)' 운의 측기식 수구용운체 칠언율시이다.

16 아각(阿閣)에……바라도다 : 아각은 궁궐 안에 네 개의 기둥이 있는 높은 명당(明堂)을 가리킨다. 황제(黃帝) 때에 봉황이 아각에 내려와 둥지를 틀었다고 한다. 《제왕세기(帝王世紀)》 남양은 와룡선생(臥龍先生)이라 불리던 제갈량(諸葛亮)이 세상에 나가기 전에 농사지으며 은거하던 곳이다. 이곳에서 유비(劉備)의 삼고초려(三顧草廬)를 받고 출사(出仕)하였다. 《三國志 卷35 蜀書 諸葛亮傳》 즉, 아각에 봉황이 내려앉았다

아득히 먼 드높은 풍모를 지금 누가 이을까　　高風緬邈今誰繼
사문의 정맥이 미미해짐을 탄식하노라　　歎息斯文正脈微

는 것은 훌륭한 인재가 벼슬길에 나아갔다는 의미이며, 와룡이 돌아오길 바란다는 것은 세상에 나간 훌륭한 인물이 공업을 세운 뒤 다시 은거하던 곳으로 돌아오기를 바란다는 것이다. 이는 시를 읊은 장소가 화석정임을 고려하면, 율곡 이이가 벼슬에 나아갔다가 물러난 뒤 화석정에서 노닐었던 사실에 인연하여 읊은 것으로 보인다.

송경 회고[17]

松京懷古

쓸쓸한 옛 성가퀴 하얀 안개 일어나니　　古堞蕭條起白煙
행인은 석양 속에 말을 세우네　　行人立馬夕陽邊
삼천 리 강산이 산 높고 물 곱더니[18]　　山高水麗三千里
오백 년 왕업이 안개 구름처럼 사라졌네　　霧散雲消五百年
버려진 우물엔 난간 있어 반딧불 절로 지나가고　　廢井有欄螢自度
황폐한 돈대엔 나무 없이 달만 공연히 걸렸구나[19]　　荒臺無樹月空懸

17 송경 회고 : 이 작품은 이계가 1782년(정조6) 동지 겸 사은사 부사로 연경에 가는 사행 여로에서 개성(開城)을 지나며 옛 고려의 왕업을 회고하여 지은 시이다. 평성 '선(先)'운의 측기식 수구용운체 칠언율시이다.

18 산……곱더니 : 당시 '고려(高麗)'라는 국명이 '산고수려(山高水麗)'에서 따온 것이라는 설이 있었으므로 이 말을 한 것이다. 이 설이 유행하였음은 《성호사설(星湖僿說)》 권2 〈천지문(天地門) 발해황룡(渤海黃龍)〉, 《지봉유설(芝峯類說)》 권2 〈지리부(地理部) 정(井)〉, 《연암집(燕巖集)》 권14 〈열하일기(熱河日記) 피서록(避暑錄)〉, 《청장관전서(青莊館全書)》 권26 〈기년아람 하(紀年兒覽下) 고려(高麗)〉 등 다수의 문헌에서 보이며, 저자들 대부분이 이러한 설이 모두 오류임을 밝히고 있다.

19 버려진……걸렸구나 : 평범한 우물과 돈대를 가리킨 것일 수도 있겠으나, 송도(松都)와 연관지어 생각하면 신정(神井)과 만월대(滿月臺)를 가리킨 것일 수도 있다. 신정은 고려 시대 때 신성시한 개성의 세 우물로, 대정(大井)과 광명사정(廣明寺井)과 양릉정(陽陵井)이다. 대정은 개성부 서쪽에 있는데 고려 태조 왕건(王建)의 조부인 작제건(作帝建)이 용녀(龍女)에게 장가들어 은그릇으로 땅을 파서 나온 우물로 알려져 있으며, 춘추(春秋)로 제사를 올렸고 여타의 기도할 일이 생겼을 때에도 이곳에서 제사를 올렸다고 한다. 광명사정은 개성부 북쪽에 있는데 작제건과 혼인한 용녀가 이 우물을

결국 역수가 진짜 주인에게 돌아갔음을 알겠노니　終知曆數歸眞主
지금까지도 가곡이 여항에 전하네[20]　歌曲于今巷里傳

통해 용궁과 왕래하였다고 한다. 양릉정은 개성부 남쪽에 있는데 명(明)나라 태조가 도사 서사호(徐師昊)를 보내 고려 산천에 제사를 올릴 때 이 우물에서 제사를 올리고 비를 세웠다고 한다.《新增東國輿地勝覽 卷4 開城府 上》만월대는 고려 왕궁이 있던 곳이다.

20 지금까지도……전하네 : 고려 말에 남녀노소 모두 이씨가 나라를 얻는다는 뜻의 '목자득국(木子得國)' 구절이 들어간 노래를 불렀다고 한다.《高麗史節要 卷33 辛禑4》

선죽교[21]

善竹橋

외로이 선 석 자 비석[22] 말에서 내려 보니　　三尺孤碑下馬看

21 선죽교 : 이 작품은 이계가 1782년(정조6) 동지 겸 사은사 부사로 연경에 가는 사행 여로에서 개성에 들러 선죽교 사적을 찾아보고 정몽주(鄭夢周)의 절의를 칭송한 시이다. 선죽교는 개성시 선죽동에 있는 고려 시대의 돌다리로, 원래 이름은 선지교(善地橋)라 하였다. 이 다리는 고려 말 정몽주가 이성계(李成桂)를 문병하고 오다가 이성계의 다섯째 아들인 이방원(李芳遠)이 보낸 조영규(趙英珪) 등의 철퇴에 맞아 피살된 곳으로 유명하다. 정몽주가 피살된 날 밤 다리 옆에서 참죽이 솟았으므로 선죽교라고 바꾸어 부르게 되었다고 한다. 평성 '한(寒)'운의 측기식 수구용운체 칠언율시이다.

22 석 자 비석 : 선죽교 앞에 세워진 표지석을 가리킨다. 이 표지석의 글씨는 석봉(石峯) 한호(韓濩)가 쓴 것이다.

그림 1 석봉(石峯) 한호(韓濩)가 쓴 선죽교 표지석

우뚝하기가 천 년 세월 송악과 나란하여라　千年崧嶽竝巑岏
끊어진 다리 선혈은 응당 푸르게 되고[23]　斷橋有血應成碧
백골은 진토 되었어도 일편단심 변치 않으리　朽骨爲塵不改丹
고대광실을 한 손으로 어찌 부지하랴만　隻手詎能扶大廈
무너지는 물결을 한 몸으로 오히려 격동시켰도다[24]　一身猶足激頹瀾
지금 태평성세에도 이름과 절조 드높으니　至今聖代崇名節
문물은 찬란하고 선비들 풍취는 단아해라　文物彬彬士趣端

23 선혈은……되고 : 주(周)나라 경왕(敬王)의 대부였던 장홍(萇弘)이 충간(忠諫)을 하다가 받아들여지지 않자 이를 한스럽게 여겨 자결하였는데, 3년 뒤에는 그 피가 벽옥(碧玉)으로 변하였다고 한다.《莊子 外物》 후에 여기에 기인하여 충신·열사가 흘린 피를 벽혈(碧血)이라 하였다. 여기에서는 정몽주의 피가 흐른 선죽교에 자라난 푸른 대나무를 말한 것이다.

24 고대광실(高大廣室)을……격동시켰도다 : 원문의 '대하(大廈)'는 국가와 종묘사직을 비유하는 말이다. 이 구절은 정몽주 한 사람의 힘만으로는 쇠망해가는 고려를 지탱하기 어려웠으나, 그가 보여준 절의의 행적은 무너져가는 풍속을 바로잡기에 충분했음을 말한 것이다.

청석령에 당도하여 해서 경계로 들어가며[25]

到靑石嶺 入海西界

십 년 만에 황해도 다시 찾으니　十載西州再到時
당시 휘하들 깃발 앞에 와 절을 올리네　當年部曲拜前麾
강산은 변해버린 내 안색과 달리 그대로인데　江山不與容華變
풍속은 흘러가는 세월 따라 많이도 변했구나　謠俗頗隨歲月移
아이들 죄다 훌쩍 커버린 것이야 이상할 게 없다만　無怪兒童皆老大
이름과 성 듣고서도 되레 누군지 긴가민가하노라　縱聞名姓却然疑
벽성[26]의 물색을 누구에게 물을거나　碧城物色憑渠問
연못가[27] 붉은 매화는 몇 가지나 자랐을고　池上紅梅長幾枝

25 청석령에……들어가며 : 이 작품은 이계가 1782년(정조6) 동지 겸 사은사 부사로 연경에 가는 사행 여로에서 개성을 지나 황해도로 접어들면서 지은 시이다. 여기에서 말하는 청석령은 개성 천마산(天磨山) 서쪽에 있는 청석동(靑石洞)을 가리킨다. 이곳을 넘어 예성강(禮成江)을 건너면 바로 황해도 배천(白川) 경계이다. 이계는 1770년(영조46) 2월에 황해도 관찰사로 부임하였다가 이듬해 10월에 사간 이홍직(李弘稷)으로부터 주색(酒色)에 빠졌다는 탄핵을 받고 파직된 사실이 있다. 평성 '지(支)'운의 측기식 수구용운체 칠언율시이다.

26 벽성(碧城) : 황해도 해주(海州)의 이칭이다.

27 연못가 : 해주 읍성 안에 있던 부용당(芙蓉堂)의 연못을 가리키는 것으로 보인다.

그림 2 현재 북한 해주에 복원된 부용당의 모습

금릉을 출발하여 용천으로 가며[28]

發金陵向龍泉

사신 행렬 금릉 당도함에 갈림길 익숙하니	行到金陵慣路岐
산 오르고 물 건너며 짐짓 더디 가노라	登山涉水故逶遲
늘어선 고을 옛 모습 그대로 내 쉬었던 곳이요	列郡依然曾駐節
이름난 누각 대부분은 시 지어 걸어둔 곳이라	名樓多是舊題詩
선비들 멀리 전송하며 다투어 명함 들이고	衣冠遠送爭投刺
부로들 기쁘게 맞이하며 혹 술잔 드누나	父老歡迎或擧巵
되레 우스워라 풍류가 어이 이리 천박한지	却笑風流何淺薄
안면 있는 이들 중에 아미[29] 하나가 다시 없구나	故顔無復一蛾眉

28 금릉을……가며 : 이 작품은 이계가 1782년(정조6) 동지 겸 사은사 부사로 연경에 가는 사행 여로에서 금릉을 지나 용천으로 가며 지은 시이다. 금릉은 황해도 금천(金川)의 다른 이름이다. 황해도 서흥도호부(瑞興都護府)에 속해 있는 용천역(龍泉驛)은 황해도 역로(驛路)의 칠참(七站) 가운데 하나이다. 평성 '지(支)'운의 측기식 수구용운체 칠언율시이다.

29 아미(蛾眉) : 누에나방의 모양처럼 가늘고 길게 굽어진 아름다운 미인의 눈썹으로, 미인을 가리킨다.

용천에서 동선관에 당도하여[30] 읍의 이름은 봉산이고 역 이름은 기린이다.

自龍泉抵洞仙關 邑名鳳山 驛名麒麟

해서의 옛 관찰사가	海西前刺史
요북으로 부사 되어 가네	遼北副行人
아스라이 산 모양 봉새와 같고	縹緲山如鳳
날아오르는 말은 기린이로구나	飛騰馬是麟
눈에 들어오는 풍광은 변함이 없고	風光看不變
귀에 들려오는 풍악은 더욱 새롭네	歌管聽逾新
골짝 안에 신선이 아직 있다면	洞裏仙猶在
백발의 이 몸을 비웃고말고	應嗤白髮身

30 용천에서 동선관에 당도하여 : 이 작품은 이계가 1782년(정조6) 동지 겸 사은사 부사로 연경에 가는 사행 여로에서 황해도 봉산(鳳山)을 지나며 지은 시이다. 동선관은 황해도 봉산군 정방산(正方山) 동남쪽에 있는 험준한 고개인 동선령(洞仙嶺)으로, 옛날에는 이 고개에 관문을 설치해 두었기 때문에 동선관이라고도 불렸다. 조선시대에는 황해도와 함경도를 잇는 중요한 관문인 동시에 군사적 요새로 기능했다. 평성 '진(眞)' 운의 평기식 수구불용운체 오언율시이다.

비를 무릅쓰고 동선령을 넘어 황강으로 들어가며[31]

冒雨踰洞仙嶺 入黃岡

빠듯한 만 리 행로 말발굽 바쁘고	嚴程萬里馬蹄忙
하늘엔 찬 비 가득 들 풍광 황량타	寒雨漫天野色荒
검수의 산을 도니 구름이 빽빽하고	劍水山回雲漠漠
신선의 관문 머니 수목이 우거졌네[32]	仙人關遠樹蒼蒼
돈대와 해자는 북쪽으로 험한 용문 베고 누웠고	臺隍北枕龍門險
역로는 서쪽으로 긴 안새와 연이어 있네[33]	驛路西連雁塞長
해 저무는 강변에 고각 소리 들려오니	薄暮江邊聞鼓角
웅대한 성 하얀 성가퀴 바로 황강이로다	雄城粉堞是黃岡

31 비를……들어가며 : 이 작품은 이계가 1782년(정조6) 동지 겸 사은사 부사로 연경에 가는 사행 여로에서 황해도 황주목(黃州牧)으로 들어서며 지은 시이다. 황강은 황주의 다른 명칭이다. 평성 '양(陽)'운의 평기식 수구용운체 칠언율시이다.

32 검수(劍水)의……우거졌네 : 검수역은 황해도 봉산(鳳山)과 서흥(瑞興) 사이에 있는 역참으로, 검수역 옆으로 흐르는 물이 검수이다. 신선의 관문은 동선관(洞仙關)으로 동선령을 가리킨다.

33 돈대와……있네 : 용문은 황하(黃河)의 발원지로 산서성(山西省) 하남현(河南縣) 서북쪽과 섬서성(陝西省) 한성시(漢城市) 동북쪽에 위치한 용문산을 가리키며, 안새는 중국 북방 국경의 명칭이다. 이는 중국의 지명을 빌려 황주의 형세가 험한 산맥을 끼고 있고 서쪽으로 북쪽 변경으로 이어져 있음을 말한 것이다. 또한 이 구절은 당(唐)나라 시인 최호(崔顥)의 〈화음을 지나며〔行經華陰〕〉 시에, "강산은 북쪽으로 험준한 진관을 베고 누웠고, 역참의 수목은 서쪽으로 평평한 한주와 연이어 있네.〔河山北枕秦關險, 驛樹西連漢畤平.〕"라는 구절에서 용사(用事)한 것이다. 《唐詩三百首 卷4》

패강을 건너 연광정에 올라[34]

渡浿江 登練光亭

십 리 장추에 사모가 한가로우니[35]　　十里長楸四牡閑

34 패강을……올라 : 이 작품은 이계가 1782년(정조6) 동지 겸 사은사 부사로 연경에 가는 사행 여로에서 평양에 들러 연광정에서의 풍취를 읊은 시이다. 패강은 평양 대동강(大同江)의 다른 이름이다. 연광정은 평양의 대동강가 덕암(德巖) 위에 서 있는 정자로 예로부터 경관이 수려하기로 유명하며 관서팔경(關西八景)의 하나로 꼽혔다. 평성 '산(刪)'운의 측기식 수구용운체 칠언율시이다.

그림 3 국립중앙박물관 소장 김홍도(金弘道)의 〈연광정연회도(練光亭宴會圖)〉

35 십……한가로우니 : 고구려의 옛 도성인 평양에서 사신의 행렬이 쉬게 되었다는 말이다. 장추는 큰 가래나무로 옛날에 도로의 곁에 심었다. 《초사(楚辭)》 권4 〈애영(哀郢)〉에 "장추를 바라보며 크게 탄식함이여, 마치 비가 쏟아지듯 눈물이 흘러내리도다.〔望長楸而太息兮, 涕淫淫其若霰.〕"라고 하였는데, 주희(朱熹)의 집주(集註)에 "장추는 이른바 고국의 교목이니, 사람으로 하여금 이를 뒤돌아 보고서 차마 떠나지 못한 채 서성이게 하는 것을 뜻한다.〔長楸所謂故國之喬木, 使人顧望徘徊不忍去也.〕"라고 하였다. 사모는 네 마리 말로, 사신의 행렬을 가리킨다. 《시경》 〈소아(小雅) 사모(四牡)〉에 "네 필의 말이 쉴 새 없이 달려가니, 큰길이 구불구불하도다. 어찌 돌아가길 생각지

붉은 용마루 푸른 벽이 숲 사이로 비친다 朱甍翠壁映林間
맑은 강은 능라도[36]에 변함없이 흐르고 澄江不變綾羅島
잔설(殘雪)은 금수산[37]에서 먼저 녹누나 微雪先消錦繡山
화각[38] 소리 세 번에 채색 닻줄 옮기고 畫角三聲移綵纜
평평한 모래벌판 일대에 미인들[39] 늘어서네 平沙一帶列雲鬟
이십 년 만에 다시 오니[40] 모두 꿈만 같은데 重來廿載渾如夢
물고기와 새들은 옛 얼굴 알아보겠지 魚鳥惟應識舊顔

않으랴만, 왕사를 소홀히 할 수 없기에, 내 마음이 슬퍼지노라.〔四牡騑騑, 周道倭遲. 豈不懷歸, 王事靡盬, 我心傷悲.〕"라고 하였다.

36 능라도(綾羅島) : 평양의 대동강 가운데 있는 섬으로 금수산 모란봉의 부벽루(浮碧樓)와 마주하고 있다. 대동강 물결 위에 능수버들이 마치 비단을 펼쳐놓은 듯 아름답다는 데서 이름이 유래하였다.

37 금수산(錦繡山) : 평양의 대동강 오른편에 위치한 산이다. 영명사(永明寺)와 부벽루 등 풍광이 좋은 유적이 많다.

38 화각(畵角) : 32쪽 주10 참조.

39 미인들 : 원문의 '운환(雲鬟)'은 구름처럼 풍성한 쪽머리라는 뜻으로 미인을 비유하는 말이다.

40 이십……오니 : 이계는 1763년(영조39) 6월에 의주 부윤(義州府尹)에 제수되었다.

서경 회고[41]

西京懷古

세 성씨[42] 왕업 흥기한 지 몇 년 세월 흘렀나	三姓興王閱幾年
아름답고 수려한 서경은 패강 가에 있도다	西京佳麗浿江邊
동명왕 말발굽[43]에는 구름 기운 남아 있고	東明馬迹留雲氣
기자의 구주에는 정전 제도 있어라[44]	箕子龜疇有井田
예로부터 영웅들 흥망성쇠 많았거니와	從古英雄多勝敗
지금껏 백성들 풍속은 인현[45]을 말하노라	至今民俗誦仁賢

41 서경 회고 : 이 작품은 이계가 1782년(정조6) 동지 겸 사은사 부사로 연경에 가는 사행 여로에서 평양에 들러 평양의 옛 역사를 회고하며 지은 시이다. 평성 '선(先)'운의 측기식 수구용운체 칠언율시이다.

42 세 성씨 : 단군(檀君)의 고조선(古朝鮮), 기자(箕子)의 기자조선(箕子朝鮮), 고주몽(高朱蒙)의 고구려(高句麗)를 가리킨다. 조선에 들어와 단군과 고주몽을 모신 숭령전(崇靈殿)과 기자를 모신 숭인전(崇仁殿)을 모두 평양에 세웠다.

43 동명왕(東明王) 말발굽 : 동명왕은 고구려의 시조인 고주몽이다. 평양 대동강가에 조천석(朝天石)이 있는데, 이 바위에서 동명왕이 기린마(麒麟馬)를 타고 하늘에 날아올랐으며 기린마의 발굽 흔적이 남아 있다고 한다.

44 기자(箕子)의……있어라 : 구주(龜疇)는 주(周)나라 무왕(武王)이 은(殷)나라를 쳐서 멸하고 기자를 찾아 천도(天道)를 물었을 때 기자가 천지(天地)의 대법(大法)을 진달하기 위해 서술(敘述)한 홍범구주(洪範九疇)를 말한다. 또한 기자가 평양에 와서 정전법(井田法)을 시행했다고 전하는데, 조선 전기까지도 평양 외성(外城) 안에 그 유적이 완연히 남아 있었다고 한다. 《新增東國輿地勝覽 卷51 平安道 平壤府》

45 인현(仁賢) : 은(殷)나라의 세 인자(仁者) 중 한 사람이었던 기자를 가리킨다. 평양에 기자의 영정을 모시던 사원의 이름이 인현서원(仁賢書院)이기도 하였다.

명승지가 다행히 태평성세를 만나	名區幸值昇平日
분분한 사신 행렬에 풍악 소리 울리네	冠蓋繽紛動管絃

기자묘[46]

箕子墓

텅 빈 산에 후두둑 빗소리 요란한데	空山淅瀝雨聲多
후복과 현관이 덩굴에 가리웠네[47]	冔服玄冠掩薜蘿

46 기자묘 : 이 작품은 이계가 1782년(정조6) 동지 겸 사은사 부사로 연경에 가는 사행 여로에서 평양에 들러 평양의 기자묘를 방문하여 지은 시이다. 《신증동국여지승람(新增東國輿地勝覽)》 권51 〈평안도(平安道) 평양부(平壤府)〉에, 기자묘가 성 북쪽 토산(兎山)에 있다고 하였으며, 《지봉유설(芝峯類說)》 권19 〈궁실부(宮室部) 사묘(祠廟)〉에 "기자묘는 평양부 성 북쪽에 있는데, 수호(守戶)를 두어 나무꾼과 목동이 들어가는 것을 금지하고 있다. 사당을 세워서 제사를 지내는데, 이를 '기자전(箕子殿)'이라 부른다. 여기에 참봉을 두어 봄가을로 향과 폐백을 내려서 관찰사로 하여금 제사 지내게 하고 있다. 근세에 이르러 비로소 숭인전(崇仁殿)을 세워 후손인 선우씨(鮮于氏)를 전감(殿監)으로 삼아 제사를 주관하게 하되 숭의전(崇義殿)과 똑같이 하도록 하였으며, 또 비석을 세워 이를 기록하게 하였다."라고 하였다. 평성 '가(歌)'운의 평기식 수구용운체 칠언율시이다.

그림 4 일제강점기에 촬영한 평양 기자릉(箕子陵) 사진

낙읍에는 어느 해에 백마 타고 조회 갔나　　洛邑何年朝白馬
패강을 당시에 황하에 비유하였네[48]　　浿江當日比黃河
서경 백성들 아직도 느릅나무 숲의 잎 먹나니　　西民尙食楡林葉
중국에서는 공연히 맥수가를 전하누나[49]　　中國空傳麥秀歌
천 리 거리 난하[50]에 마음 함께 비치니　　千里灤河心共照
달 밝을 제 바람 같은 말 타고 찾아왔으리　　月明風馬定來過

47 후복(冔服)과……가리웠네 : 덩굴이 뒤덮은 기자묘를 형용한 말이다. 후복은 후(冔)를 착용한 복장이라는 말로, 후는 은(殷)나라 때의 관(冠)을 가리킨다. 《의례(儀禮)》 〈사관례(士冠禮)〉에 "주나라는 피변, 은나라는 후관, 하나라는 수관을 썼다.〔周皮弁, 殷冔, 夏收.〕"라고 하였다. 현관은 검은 명주천으로 만든 관으로 사대부가 평소에 쓰는 예관(禮冠)이다.

48 낙읍(洛邑)에는……비유하였네 : 낙읍은 주(周)나라의 도읍이다. 기자가 조선에 봉해진 뒤 백마를 타고 주나라에 조회 갔다고 한다.《史記 卷38 宋微子世家》 패강은 대동강의 다른 이름이다. 기자가 조선에 봉해진 뒤 팔조(八條)의 가르침을 베풀어 예의를 숭상하는 풍속을 일으키니, 백성들이 기뻐하여 대동강을 황하에 비겨 기자의 덕을 칭송하고 안녕을 빌었다고 한다.《高麗史 卷71 樂志 俗樂》

49 서경……전하누나 : 기자가 조선에 봉해져 교화를 펼쳤음에도 중국에서는 기자가 은나라의 멸망을 슬퍼한 노래를 공연히 전한다는 말이다. 성해응(成海應)의 《연경재전집(研經齋全集)》 외집(外集) 권52 〈고사류(故事類)〉에, "대동강가에 느릅나무 숲이 매우 긴데, 혹자는 기자가 심은 것이라고 한다.〔大同江南邊, 楡林甚長, 或云箕子所種.〕"라는 기록이 보인다. 느릅나무 잎은 쌀가루 등과 섞어 떡을 해 먹기도 한다. 또한 《사기(史記)》 권38 〈송미자세가(宋微子世家)〉에, 기자가 망한 은나라의 옛 도성을 지나다가 궁궐터가 모두 보리밭으로 변한 것을 보고 〈맥수가(麥秀歌)〉를 지어 서글퍼하기를, "보리가 자라 이삭이 패었거늘, 벼와 기장 무성하고 윤택하도다. 저 교활한 아이는 나와 잘 지내지 못하였도다.〔麥秀漸漸兮, 禾黍油油. 彼狡童兮, 不與我好兮.〕"라고 하였다는 내용이 보인다.

50 난하(灤河) : 중국 영평부(永平府) 서쪽에 있는데, 이곳에 은나라에 절의를 지킨 백이(伯夷)와 숙제(叔齊)의 사당이 있다.

백상루에서 검무를 보고[51]

百祥樓 觀劍舞

원수 군문의 백 척 누대	元帥轅門百尺臺
둘러싼 겹성은 서쪽을 향해 열려 있네	重城包絡面西開
누대에서 살수[52] 내려다보니 누른 구름 어둑하고	樓臨薩水黃雲暗
요동 산 광활한 하늘에 북방 기운 밀려온다	天闊遼山朔氣來

51 백상루에서 검무를 보고 : 이 작품은 이계가 1782년(정조6) 동지 겸 사은사 부사로 연경에 가는 사행 여로에서 평안도 안주(安州)의 백상루에 올라 지은 시이다. 백상루는 안주 북쪽 청천강(淸川江)가에 있는 누대로 관서팔경(關西八景)의 하나로 꼽힌다. 《新增東國輿地勝覽 卷52 平安道 安州牧》 평성 '회(灰)'운의 측기식 수구불용운체 칠언율시이다.

그림 5 일제강점기에 촬영한 안주 백상루의 풍광

52 살수(薩水) : 평안도 안주의 청천강(淸川江)을 가리킨다.

변경의 아리따운 이는 검무를 잘 추고　塞上佳人能劍器
눈 속의 머무는 손은 금 술잔을 드노라　雪中留客有金罍
소리 높여 한 곡조 부름에 변방 바람 일어나고　高歌一曲邊風起
취하여 층계 난간 내려오니 석양이 재촉하네　醉下層欄夕景催

살수를 건너며 감회가 일어[53]

渡薩水有感

백만의 수나라 병사 벌레와 모래[54] 되니	隋兵百萬化蟲沙
맑은 살수 천 년 동안 흰 물결 일으키네	淸薩千年起白波
전대의 흥망은 달빛 머금은 강에 공허하고	前代興亡空水月
을지문덕의 공훈은 산하에 가득하여라	乙支勳業滿山河
중국과 오랑캐들 오히려 삼한이 큼을 알았으니	華夷尙識三韓大
사직은 끝내 일사[55]가 많아야 하도다	社稷終須一士多

53 살수를……일어 : 이 작품은 이계가 1782년(정조6) 동지 겸 사은사 부사로 연경에 가는 사행 여로에서 평안도 안주(安州)의 살수(薩水)를 도강하며 지은 것이다. 살수는 청천강의 옛 이름으로 평안북도 희천군 석립산(石立山) 북서쪽 산기슭에서 발원하여 평안북도의 남부를 남서로 흘러 황해로 흘러 들어간다. 이곳을 건너면 평안도 정주(定州)와 영변(寧邊) 등지의 경계로 들어서게 된다. 고구려 때 을지문덕(乙支文德)이 수(隋)나라의 백만대군을 맞이하여 싸워 대승을 거둔 살수대첩의 장소이기도 하다. 이계는 작품 속에서 을지문덕의 고사를 활용하여 나라가 안녕을 누리기 위해서는 훌륭한 인물과 튼튼한 방비가 모두 필요함을 역설하고 있다. 평성 '가(歌)'운의 평기식 수구불용운체 칠언율시이다.

54 벌레와 모래 : 전사한 군사들을 형용하는 말이다. 《포박자(抱朴子)》에 "옛날 주(周)나라 목왕(穆王)이 남정(南征)할 때 일군(一軍)이 모두 변화하여 장수들은 원숭이 또는 학이 되고, 병졸들은 벌레 또는 모래가 되었다."라고 하였다.

55 일사(一士) : 허다한 쓸모없는 선비가 아니라 나라에 진정으로 필요한 단 하나의 선비라는 뜻이다. 《사기》 권68 〈상군열전(商君列傳)〉에 "양 천 마리의 가죽보다는 여우 한 마리의 겨드랑이 털이 낫고, 천 명의 신하가 명령에 따르는 것보다는 한 사람의 선비가 올곧은 소리를 들려주는 것이 낫다.〔千羊之皮, 不如一狐之腋, 千人之諾諾, 不如

유독 한스럽나니 지난날 남 절도사 獨恨往時南節度
남아야 비록 죽는다지만 수양은 어이한단 말인가[56] 男兒雖死睢陽何

一士之諤諤.〕"라고 하였다.

56 유독……말인가 : 남아대장부의 본분으로 장렬하게 절의를 지켜 죽는 것은 장한 일이지만 나라의 성이 적도들에게 빼앗기는 것은 한스럽다는 말이다. 이는 외적을 쳐부수고 나라를 지킨 을지문덕의 공훈과 대비되어 장부가 절의를 지키는 것은 당연한 일이거니와 평소에 국력을 신장하고 훌륭한 인물을 배양하여 방비를 튼튼히 해야 한다는 뜻을 담은 것이다. 남 절도사는 당(唐)나라 때의 장수인 남제운(南霽雲)을 가리킨다. 당나라 현종(玄宗) 때 안록산(安祿山)이 반란을 일으켜 수양성(睢陽城)을 포위하였는데, 장순(張巡)이 수양 태수(睢陽太守) 허원(許遠)과 함께 성을 지키다가 결국 중과부적으로 성이 함락되고 죽음에 임박하게 되었다. 이 당시 남제운은 장순의 부장으로 있으면서 함께 싸웠는데, 장순이 반란군에게 처형을 당할 때 남제운을 돌아보며 "남팔(南八)아! 남아는 차라리 죽을지언정 불의한 데에 굴복해서는 안 된다."라고 하였다. 이에 남제운이 웃으면서 대답하기를 "공이 저를 알아주시는데 제가 죽지 않을 수가 있겠습니까."라고 하였고 함께 순절하였다.《新唐書 卷192 張巡列傳》남팔은 남제운이 형제 가운데 여덟 번째이기 때문에 그렇게 부른 것이다. 또한 본문에서 남제운을 절도사라고 칭한 것은 남제운이 사후에 양주대도독(揚州大都督)으로 추증되었기 때문에 그렇게 부른 것이다. 도독의 관직은 후에 절도사로 개칭되었으므로 도독과 절도사는 같은 관위이다.

의검정에서 서장관과 함께 술을 마시며[57]

倚劍亭 與書狀共飮

세밑의 변경 성에 눈이 참말 차가운데	歲暮邊城雪正寒
천 리 길 나그네 회포로 가파른 난간 오르네	羈懷千里上危欄
구름 뜬 옛 변경을 기러기 날아 지나가고	浮雲古塞飛鴻度
해 지는 그늘진 산 검에 기대 바라본다	落日陰山倚劍看
달빛 아래 술동이 가져오니 얼근하게 취하고	月下携樽成小醉
하늘가에서 머리 돌리니 도성은 저 멀리	天涯回首隔長安
내일 아침 또 용만[58] 향해 떠날 터이니	明朝又向龍灣去
흰 머리터럭 휘날리며 두 번째로 관문 나서리[59]	白髮飄然再出關

57 의검정에서……마시며 : 이 작품은 이계가 1782년(정조6) 동지 겸 사은사 부사로 연경에 가는 사행 여로에서 평안도 선천(宣川)에서 서장관 홍문영(洪文泳)과 함께 대작(對酌)하며 지은 시이다. 의검정은 선천 관아 동쪽에 있던 정자이다. 평성 '한(寒)'운의 측기식 수구용운체 칠언율시이다.

58 용만(龍灣) : 의주(義州)의 이칭이다.

59 두……나서리 : 이계가 이 사행에 앞서 1763년(영조39) 6월에 의주 부윤(義州府尹)에 임명된 적이 있으므로 한 말이다.

의주부(義州府)에 들어와서[60]

入灣府

이십 년 만에 의주 오니 새로운 것투성인데	廿載龍灣眼更新
강산은 또렷하니 사람 맞이할 줄 아누나	江山歷歷解迎人
수레 가는 익숙한 길 물처럼 평탄하고	車行熟路平如水
말 지나는 장정[61]엔 먼지 흩날리지 않네	馬度長亭不動塵
지난날 유랑[62]은 이제 백발 되었고	昔日劉郎今白髮
다시 날아온 요동학[63]은 전생의 몸인 듯해라	重來遼鶴似前身
남아 있는 것은 철곶교[64]가의 나무	惟餘鐵串橋邊樹

60 의주부(義州府)에 들어와서 : 이 작품은 이계가 1782년(정조6) 동지 겸 사은사 부사로 연경에 가는 사행 여로에서 평안도 의주에 진입하여 재차 다시 찾은 감회를 읊은 시이다. 이계는 앞서 1763년(영조39) 6월에 의주 부윤에 임명되어 왔다가 도착한 지 3일 만에 파직되어 돌아간 사실이 있다. 평성 '진(眞)'운의 측기식 수구용운체 칠언율시이다.

61 장정(長亭) : 32쪽 주11 참조.

62 유랑(劉郎) : 동한(東漢) 영평(永平) 연간에 유신(劉晨)과 완조(阮肇)가 천태산(天台山) 도원동(桃源洞)에서 신선을 만나고 고향으로 돌아갔다가 다시 천태산으로 돌아왔다고 한다. 이후로 어떤 장소를 떠났다가 다시 오는 이를 유랑이라고 하였다. 《幽明錄》

63 요동학(遼東鶴) : 요동 사람이었던 정영위(丁令威)가 영허산(靈虛山)에서 신선술을 배운 후에 학이 되어 돌아와 성문의 화표주(華表柱)에 머물렀는데, 그때 한 소년이 활을 들고 쏘려 하자 학이 공중을 배회하며 말하길, "새여! 새여! 정영위가 집을 떠나 천 년 만에 돌아왔는데, 성곽은 그대로건만 사람들은 다르네. 어찌 신선을 배우지 않고 무덤만 즐비할고?"라고 하더니 마침내 높이 하늘로 사라졌다고 한다. 《搜神後記》

수레 붙잡으며[65] 전송하던 때에 보았지　　　曾見攀轅送餞辰

64　철곶교 : 어떤 다리를 가리키는지 미상이다.

65　수레 붙잡으며 : 원문의 '반원(攀轅)'은 선정(善政)을 베푼 수령이 떠날 때 백성들이 수레를 붙잡고서 못 가게 만류하는 것을 말한다. 후한(後漢) 후패(侯霸)가 임회태수(臨淮太守)의 임기를 마치고 떠날 때, 백성들이 수레를 붙잡으며 1년 만 더 유임해 줄 것을 청한 고사가 전한다. 《後漢書 卷26 侯霸列傳》

내선각에 시를 지어 두다[66]

留題來宣閣

요동 벌판 아득하고 압록강 물 깊은데　遼野茫茫鴨水深
만 리 부는 서풍에 한 번 회포 풀어놓네　西風萬里一開襟
하늘에 달린 뭇 별들은 오랑캐와 중화 나누고[67]　天懸列宿分夷夏
용이 누운 긴 강[68]은 고금의 세월 지내왔네　龍臥長江閱古今
동해의 제후 봉토 여기에서 다하니　東海提封從此盡
중원의 문물은 뉘에게서 찾을거나　中原文物向誰尋
소싯적 구름 위로 치솟던 기상[69] 부질없이 저버리고
少年謾負凌雲氣

66 내선각에 시를 지어 두다 : 이 작품은 이계가 1782년(정조6) 동지 겸 사은사 부사로 연경에 가는 사행 여로에서 평안도 의주 관아 안에 있던 건물인 내선각에서 지은 것이다. 평성 '침(侵)'운의 측기식 수구용운체 칠언율시이다.

67 하늘에……나누고 : 하늘의 기성(箕星)과 미성(尾星)은 이십팔수(二十八宿) 가운데 하나로 동방(東方)에 위치한 별인데, 그 분야(分野)가 바로 조선에 해당한다. 황도(黃道) 12궁(宮)의 석목궁(析木宮)에 해당한다.

68 용이……강 : 의주를 용만(龍灣)이라고 하므로 긴 압록강을 용이 누운 것으로 표현한 것이다.

69 구름……기상 : 드높은 청운(靑雲)의 기상을 가리킨다. 《사기》 권117 〈사마상여열전(司馬相如列傳)〉에 "사마상여가 대인부(大人賦)를 지어 천자에게 아뢰자, 천자가 크게 기뻐하여 표표히 구름 위로 치솟는 기상이 있다고 하였다.〔相如旣奏大人之頌, 天子大說, 飄飄有凌雲之氣.〕"라고 하였다.

백발 몸으로 출새음[70]을 되레 짓누나　　　　白首還成出塞吟

70 출새음(出塞吟) : 출새곡(出塞曲)이라고도 하며 변경에서 외국으로 나갈 때 짓는 시가의 통칭으로, 악부(樂府) 〈횡취곡(橫吹曲)〉의 장르이다. 한(漢)나라 초부터 불렸다고 하며, 당(唐)나라 때 두보(杜甫) 등 유명한 시인들이 가사를 지었다.

삼가 정사의 시운에 화운하다[71]

奉和正使韻

부상국 땅 다하고	地盡扶桑國
석목궁 분야 나뉘네[72]	星分析木宮
사신 행렬 바야흐로 북쪽 향하고	行人方向北
뭇 물결은 절로 동쪽으로 돌아간다[73]	衆水自歸東
호랑이 부절[74]엔 요동의 눈발 부딪히고	虎節衝遼雪
담비 갓옷엔 삭방의 바람 내려치네	貂裘下朔風

71 삼가……화운하다 : 이 작품은 이계가 1782년(정조6) 동지 겸 사은사 부사로 연경에 가는 사행 여로에서 정사 정존겸(鄭存謙)의 시에 차운한 것이다. 시의 내용으로 볼 때 국경을 벗어나 중국 땅으로 진입하며 지은 것으로 보인다. 평성 '동(東)'운의 측기식 수구불용운체 오언율시이다.

72 부상국(扶桑國)……나뉘네 : 국경에 당도하여 조선 땅을 벗어나게 되었다는 의미이다. 부상은 동쪽 바다 끝에 있다는 전설 속의 신목(神木)의 이름으로 해가 뜰 때 이 나무 아래에서 솟아나 떠오른다고 한다. 《山海經 海外東經》《海內十洲記·帶洲》 여기에서는 우리나라를 가리킨 것이다. 석목궁은 57쪽 주67 참조.

73 뭇……돌아간다 : 중국 땅에 들어섰음을 말한 것이다. 중국은 서고동저(西高東低)의 지형이라 모든 하천이 서쪽에서 동쪽의 바다로 흘러들어간다는 인식을 가지고 있었다.

74 호랑이 부절 : 《주례(周禮)》〈지관사도(地官司徒) 장절(掌節)〉에 "나라의 사절이 출행할 때 산국(山國)에서는 호절(虎節)을 사용하고 토국(土國)에서는 인절(人節)을 사용하고 택국(澤國)에서는 용절(龍節)을 사용하는데, 모두 금으로 만들었다."라고 하였다. 즉 사신의 행차를 가리킨다.

강가에서 고개 돌려 바라보니	江邊回首望
아침 해가 산 가득 붉도다	朝日滿山紅

동짓날 관소에서 예를 행하면서 심회를 서술하여 정사(正使)에게 바치다[75]

至日行禮館所 述懷呈上价

함께 천 리 바깥으로 와서 共來千里外
일양이 생겨남[76]을 갑작스레 보네 遽見一陽生
태양 수레[77]는 바야흐로 남쪽으로 이르는데 日馭方南至
별 수레[78]는 외려 북쪽으로 나아간다 星軺尙北征

75 동짓날……바치다 : 이 작품은 이계가 1782년(정조6) 동지 겸 사은사 부사로 연경에 가는 사행 여로에서 11월 동짓날을 맞아 정사 정존겸(鄭存謙)에게 사신으로서의 심회를 서술하여 올린 것이다. 여기서 예를 행했다는 것은 동지에 천자가 있는 곳을 향해 행하는 망궐례(望闕禮)를 가리킨다. 평성 '경(庚)'운의 평기식 수구불용운체 오언율시이다.

76 일양(一陽)이 생겨남 : 음기(陰氣)가 극에 달한 순음(純陰)의 10월을 지나 11월 동지(冬至)가 되면 양(陽)의 기운이 처음으로 생겨나 복괘(復卦)를 이루게 되는데, 이때부터 겨울이 가고 봄기운이 미세하게 생기기 시작하여 만물이 생기(生氣)를 회복하게 된다. 《周易 復卦 本義》

77 태양 수레 : 고대 신화에서 희화(羲和)가 새벽마다 여섯 마리의 용이 끄는 수레에 태양을 싣고 용을 몰아 허공을 달려 서쪽의 우연(虞淵)에까지 이르러 멈춘다고 한다. 《山海經 卷10 大荒南經》

78 별 수레 : 원문의 '성초(星軺)'는 사신을 가리킨다. 후한(後漢) 때 화제(和帝)가 일찍이 미복(微服) 차림의 사자(使者)를 각 주현(州縣)에 파견하여 풍속을 관찰하고 가요를 채집하게 하였는데, 이에 사자 두 사람이 익주(益州)에 당도하여 이합(李郃)의 객사에 투숙하였다. 마침 여름밤이라 밖에 앉아 있었는데, 이합이 밤하늘을 올려다보고는 묻기를 "두 분이 도성을 출발할 때에 혹 조정에서 두 사자를 파견한 사실을 아는가?" 라고 하였다. 두 사람은 속으로 놀라면서 서로를 돌아보며 듣지 못했다고 하고는 어떻게

원로 행렬은 따르지 못하고　　未隨鵷鷺列
봉황성으로 되레 향하누나[79]　　翻向鳳凰城
새벽에 일어나 구름 기운을 보니　　曉起看雲氣
태평성세의 천운을 점치겠도다[80]　　天時占泰亨

그 사실을 아느냐고 물으니, 이합이 별을 가리키면서 "두 사자의 별이 익주의 분야(分野)를 향했기 때문에 아는 것이다."라고 하였다. 《後漢書 卷82上 方術列傳 李郃》 또 당(唐)나라 백거이(白居易)의 〈사신으로 가던 도중에 농담 삼아 장 상시에게 주다〔奉使途中戱贈張常侍〕〉에 "아침 바람 불어와 긴 거리에 가득하니, 역마와 성초가 모두 빨리 달리누나.〔早風吹土滿長街, 驛騎星軺盡疾驅.〕"라고 하였다. 《白氏長慶集 卷25》

79 원로(鵷鷺)……향하누나 : 동짓날 한양 도성에서 동지를 하례하는 백관의 행렬에 참여하지 못하고 외국의 사신으로 가게 되었다는 말이다. 원로는 원추와 백로를 가리키는데, 이 두 새의 모습이 한아(閑雅)하고 질서가 있다 하여 조정에 질서 정연하게 늘어선 백관의 반열을 비유한다. 봉황성은 중국 요녕(遼寧)에 있던 곳이다. 압록강 북쪽에 있으며, 조선에서 연경으로 가는 사신들이 경유했던 곳이다.

80 새벽에……점치겠도다 : 옛날에는 구름의 기운이 태평성세의 징조를 나타내기도 한다고 했는데, 이러한 징조를 보이는 오색구름을 경운(卿雲) 또는 경운(慶雲)이라고 하였다. 순(舜) 임금이 재위한 지 14년 되던 해에 경운이 나타나니 우(禹)에게 섭정을 명하였다고 한다. 《竹書紀年 卷上》

강을 건너며[81]

渡江

압록강은 서쪽으로 마이산[82]에 이어졌는데	鴨水西連馬耳山
차가운 구름 눈에 가득하니 벌써 안색 초췌하다[83]	寒雲滿目已凋顏
눈 쌓인 겹겹 얼음 속으로 말 걸어 나가고	馬行積雪層氷裏
누런 띠풀 하얀 갈대[84] 사이로 길이 나 있네	路出黃茅白葦間
발 들어 땅 밟으니 죄다 우리 강토 아니요	擧足尋常非我土
고개 돌려 바라보니 잠깐 사이에 의주 뵈지 않네	回頭造次失龍灣
이졸들 왁자하게 강가에 와서 전송하며	紛紛吏卒臨江送
봄바람 속에 무사히 돌아오시라 다투어 말하네	爭說春風好好還

81 강을 건너며 : 이 작품은 이계가 1782년(정조6) 동지 겸 사은사 부사로 연경에 가는 사행 여로 중 의주(義州)에서 압록강을 건너며 지은 시이다. 평성 '산(刪)'운의 측기식 수구용운체 칠언율시이다.

82 마이산(馬耳山) : 의주(義州)의 객관(客館) 북쪽 압록강 가의 통군정(統軍亭)에서 바라다 보이는 산 이름이다. 《국역 연행록선집 1집 조천기상 갑술년 6월》

83 안색 초췌하다 : 험한 행로에 대한 근심을 나타낸 말이다. 이백(李白)의 〈촉도난(蜀道難)〉에 "촉도의 험난함 푸른 하늘에 오르는 것보다 어려우니, 사람들이 이 말 들으면 홍안이 초췌해진다오.〔蜀道之難, 難於上靑天, 使人聽此凋紅顏.〕"라고 하였다. 《李太白集 卷2 蜀道難》

84 누런……갈대 : 황무지의 풍경을 말한 것이다. 소식(蘇軾)의 〈답장문잠현승서(答張文潛縣丞書)〉에 "다만 척박한 황무지를 보면 눈에 보이는 것이 온통 누런 띠풀과 하얀 갈대들뿐이다.〔惟荒瘠斥鹵之地, 彌望皆黃茅白葦.〕"라고 하였다. 《東坡全集 卷74》

구련성에서 노숙하며[85]

露宿九連城

요동 변경 황량한 성 바로 구련성이니	遼塞荒城是九連
별 수레[86] 이곳에 와서 가던 길 쉬누나	星軒到此歇行韉
누런 모래 이는 너른 사막엔 인적 끊어지고	黃沙大漠無人迹
눈 쌓인 울창한 숲에선 호랑이와 잠드네	積雪穹林伴虎眠
비록 겹갖옷 있다지만 추위는 무쇠 같고	縱有重裘寒似鐵
그저 촛불 하나 가지고 일 년의 시간 보내듯 하네	獨將孤燭度如年
풍찬노숙은 남아의 일이니	風餐露宿男兒事
누워서 담요 씹던 소경[87]보다야 나아라	却勝蘇卿臥齧氈

85 구련성에서 노숙하며 : 이 작품은 이계가 1782년(정조6) 동지 겸 사은사 부사로 연경에 가는 사행 여로 중 요동(遼東)의 구련성에서 노숙하며 지은 시이다. 구련성은 만주(滿洲)의 압록강 유역에 위치한 성으로, 조선의 의주(義州)와 마주하고 있다. 금(金)나라 때 고려와 전쟁할 목적으로 병영 아홉 개를 설치하여 이와 같은 이름이 생겼다 한다. 현재의 요녕성(遼寧省) 단동(丹東) 북쪽 15킬로미터 떨어진 곳에 위치하고 있다. 평성 '선(先)'운의 측기식 수구용운체 칠언율시이다.

86 별 수레 : 61쪽 주78 참조.

87 누워서……소경 : 소경은 한(漢)나라 때 흉노(匈奴)로 사신 갔다가 억류되었던 소무(蘇武)를 가리킨다. 소무는 자가 자경(子卿)으로 흉노의 임금 선우(單于)가 그를 억류하고서 갖은 방법으로 항복을 권하였으나, 끝내 절개를 굽히지 않으므로 큰 움막에 가두고서 음식도 주지 않았다. 이때 마침 눈이 내리니 소무는 누워서 솜털로 짠 담요를 씹어 눈과 함께 삼키며 끝끝내 절개를 잃지 않았다. 《漢書 卷54 蘇建傳》

송골산을 지나며[88]

過松鶻山 野曠水淸 林木翳然 宛似村落之狀 路傍有溫井 長流不竭云

송골산을 지날 때 들판은 공활하고 물은 맑으며 수풀이 울창한 곳이 완연히 촌락의 형상이었다. 길옆으로는 온정이 있는데 길게 흐르며 마르지 않는다고 한다.

깎아지른 기이한 봉우리에 송골매 둥지 달렸고　奇峰戍削鶻巢懸
산세는 빙 둘러 너른 시내 끼고 있네　山勢繚回帶廣川
아득히 거친 밭에는 작은 새들도 없고　漠漠荒田無鳥雀
아스라이 머언 나무는 인가인 듯하여라　依依遠樹似人煙
어느 시대에 풍진 일으키며 전쟁 일어났던고　風塵戰伐曾何世
어느 해에 고을이 옮겨갔는지 알 수 없어라　州郡遷移不記年
오직 길옆에 온정 있어　唯有路傍溫水井
푸른 벽[89]에 금빛 물길 졸졸 아직도 흐르네　金流碧甃尙涓涓

88　송골산을 지나며 : 이 작품은 이계가 1782년(정조6) 동지 겸 사은사 부사로 연경에 가는 사행 여로 중 요동의 구련성(九連城) 근처에 있는 송골산을 지나며 지은 시이다. 본래는 촌락이 있었을 것으로 추정되는 곳이 전란기를 거치면서 텅 빈 황무지로 변한 것을 보고 감회를 일으켜 지었다. 평성 '선(先)'운의 평기식 수구불용운체 칠언율시이다.

89　푸른 벽 : 원문의 '벽추(碧甃)'는 청록색의 우물벽을 가리키는 말로 우물을 뜻한다.

총수산에서 자며[90]

宿蔥秀山下 恰似平山蔥秀 而奇秀過之 傍有魚龍堆

총수산 아래에서 유숙하였다. 평산의 총수산[91]과 흡사한데 기이하고 빼어난 모양은 더 뛰어났다. 산 옆에는 어룡퇴가 있다.

책문 바깥에 총수라는 이름의 산 있는데	柵外山傳蔥秀名
맑은 시내 푸른 절벽 완연히 평산 총수산일세	淸流翠壁宛平城
깊은 연못엔 어룡의 기운 움직이지 않고	潭深不動魚龍氣
깊은 골짝엔 닭 울고 개 짖는 소리 들리는 듯해라	洞邃如聞鷄犬聲
비슷한 사람 곧 보니 오히려 기뻐할 만하고[92]	卽見似人猶可喜

90 총수산에서 자며 : 이 작품은 이계가 1782년(정조6) 동지 겸 사은사 부사로 연경에 가는 사행 여로 중 책문(柵門) 근처에 있는 총수산에서 유숙하며 지은 시이다. 황해도 평산에 같은 이름의 산이 있는 것에 기연하여 고국을 그리워하는 심정을 읊었다. 평성 '경(庚)'운의 측기식 수구용운체 칠언율시이다.

91 평산(平山)의 총수산(蔥秀山) : 황해도 평산 북쪽 30리 지점에 있는 산이다. 본래는 '총수산(聰秀山)'이었는데, 명(明)나라 사신 동월(董越)이 산의 봉우리가 푸르고 깎아지른 듯하여 마치 파 빛과 같으니 '총(聰)' 자를 '총(蔥)' 자로 고치자고 제안하여 고쳤다고 한다. 《新增東國輿地勝覽 卷41 黃海道 平山都護府》

92 비슷한……만하고 : 조국의 산천과 비슷한 산천을 본 기쁨을 말한 것이다. 이 구절은《장자(莊子)》〈서무귀(徐无鬼)〉에 "본국을 떠나 며칠이 지나면 자기가 알고 있는 사람을 만나면 기뻐하고, 본국을 떠나 열흘이나 한 달이 지나면 전에 본국에서 잠깐 본 일이 있는 사람을 만나도 기뻐하고, 일 년이 지남에 이르러서는 자기 나라 사람 비슷한 사람만 보아도 기뻐한다.〔去國數日, 見其所知而喜, 去國旬月, 見所嘗見於國中者喜, 及期年也, 見似人者而喜矣.〕"라고 한 말을 활용한 것이다.

아무 물과 참으로 같으니 배나 다정해져라[93] 眞同某水倍多情
돌이켜 고국 바라보니 천 리 넘는 거리이니 回看故國踰千里
꿈속에서 혼이 날아가 한양에 닿으리라 魂夢惟應到漢京

93 아무……다정해져라 : 역시 위의 구절과 마찬가지로 고국의 산천과 비슷한 광경을 기뻐한 말이다. 한유(韓愈)의 〈송양거원소윤서(送楊巨源少尹序)〉에 "지금 그대가 고향에 돌아가서는 나무를 가리키며 '저 나무는 우리 선인께서 심은 것이요, 아무 물가와 아무 언덕〔某水某丘〕은 내가 어렸을 때에 낚시질하며 놀던 곳이다.'라고 할 것이다."라고 하였다.

책문에 들어서며[94] 2수

入柵門 二首

사신 부절 쥐고 서쪽 오니 관령이 아득한데	杖節西來關嶺賒
동쪽으로 난 변문[95]엔 수레가 겨우 지나가네	邊門東向劣容車
요동 사람들은 삼한 사신을 익히 보았고	遼人慣見三韓使
연경 가는 길은 시월 사행단에 처음 열렸네	燕路初開十月槎

절일(節日)을 하례하는 사신은 으레 동짓달에 배표(拜表)[96]하므로 동지사(冬至使)라고 칭한다. 그런데 금년에는 연경(燕京)에서 납일(臘日)에 연종연(年終宴)을 행하려 하면서 우리 사신이 와서 참여하도록 하였으므로 처음으로 10월 20일 이후 길을 떠나게 되었다.

공물 실은 제후 수레는 백여 대이고[97]	傳食諸侯車百乘

94 책문에 들어서며 : 이 작품은 이계가 1782년(정조6) 동지 겸 사은사 부사로 연경에 가는 사행 여로 중 책문에 당도하여 지은 시이다. 책문은 요녕성(遼寧省)의 구련성(九連城)과 봉천성(奉天城)사이에 있었던 변문(邊門)으로 청(淸)나라가 조선과의 국경분쟁을 피하기 위한 방편으로 압록강부터 이 책문까지의 사이를 완충 지대로 하여 두 나라의 사람이 다 경작과 입주를 하지 못하게 한 곳이다. 오늘날의 랴오닝성 단둥 평청의 변문진(邊門鎭)이다. 제1수는 평성 '마(痲)'운, 제2수는 평성 '원(元)'운의 측기식 수구용운체 칠언율시이다.

95 변문(邊門) : 김경선(金景善)의 《연원직지(燕轅直指)》 권1 〈출강록(出疆錄)〉에 따르면, 그 고장 사람들은 가자문(架子門)이라 부르고, 중국 내지(內地) 사람들은 변문이라 부르고, 우리나라 사람들은 책문이라 불렀다고 한다.

96 배표(拜表) : 29쪽 주2 참조.

97 공물……대이고 : 원문의 '전식제후(傳食諸侯)'는 《맹자》 〈등문공 하(藤文公下)〉에 맹자의 제자 팽경(彭更)이 "수레 수십 대와 종자 수백 명을 이끌고 제후에게 얻어먹

풍속 관찰하는 만 리 길의 이 몸 양 귀밑머리 세었네 觀風萬里鬢雙華
중원은 예로부터 문명의 고장이니 中州自古文明地
제노 시서[98] 공부하는 집 몇이나 되려는고 齊魯詩書問幾家

요양(遼陽)과 심양(瀋陽) 울타리가 바로 책문이니 遼瀋藩籬是柵門
장군[99]이 빗장 열어 동쪽 사신 이끌어 들이네 將軍開鑰引東轅
산하는 채찍 던진 강물[100]에 막혀 끊어지고 山河隔斷投鞭水
병마는 버들 꺾은 울타리[101]에서 머뭇거리네 兵馬逡巡折柳樊

는 것이 너무 지나치지 않습니까?〔後車數十乘, 從者數百人, 以傳食於諸侯, 不以泰乎.〕"라고 물은 것에서 온 표현이다. 제후에게서 얻어먹는다는 것은, 곧 조선의 임금이 청(淸)나라로 보내는 공물을 나타낸 것이다.

98 제노(齊魯) 시서(詩書) : '제노'는 제(齊)나라와 노(魯)나라이다. 공자(孔子)와 맹자(孟子)가 출생한 지역으로 문교(文敎)가 성행하였기 때문에 학자가 많이 배출되어 예교(禮敎)가 성행하는 지역을 일컫는 말로 사용된다. 시서는 곧 《시경》과 《서경》으로 유학을 상징한다.

99 장군(將軍) : 다수의 연행기록에 의거하면 책문을 여닫는 책임은 봉성장군(鳳城將軍)이 담당하였다. 봉성은 봉황성(鳳凰城)으로 만주 요녕(遼寧)에 있던 성이다. 압록강 북쪽에 있으며, 조선에서 연경으로 가는 사신들이 경유했던 곳이다.

100 채찍 던진 강물 : 많은 사행단이 지나가는 책문의 강물을 형용한 것이다. 전진(前秦)의 부견(苻堅)이 동진(東晉)을 공격하려 할 때, 그의 부하 석월(石越)이 장강(長江)이 험고하니 함부로 군대를 출동시켜서는 안 된다고 하자, 부견이 말하기를 "이렇게 많은 우리 군대로 장강에 채찍만 던져도 그 물길을 끊을 수 있는데, 무슨 험고함을 믿을 수 있겠는가.〔以吾之衆旅, 投鞭於江, 足斷其流, 何險之足恃.〕"라고 한 말을 활용한 것이다. 《晉書 卷114 苻堅傳》

101 버들 꺾은 울타리 : 책문의 울타리를 형용한 것으로, 《시경》 〈제풍 동방미명(齊風東方未明)〉에 "버들 꺾어 채마밭에 울타리 쳐 둔 것을 광부도 두려워하네.〔折柳樊圃,

중원 백성은 기자의 복색을 친근히 바라보고　　華俗愛看箕子服
의주(義州) 아이[102]는 한인의 말을 잘 알아듣누나　灣兒多解漢人言
백 년을 잘 단속하여 전쟁 경보 없거늘　　百年約束無塵警
장사는 어이하여 수고로이 변경을 지키는고　　壯士何勞守塞垣

狂夫瞿瞿.〕"라고 한 표현을 사용한 것이다.

102 의주(義州) 아이 : 원문의 '만(灣)'은 '용만(龍灣)', 즉 의주를 가리킨다. 중국으로 사행이 갈 때 의주의 군관(軍官) 및 통역(通譯)이 동행하기도 하고 의주의 상인들이 섞여가기도 하였다. 여기서 말한 의주 아이는 이러한 연유들로 사행에 섞여 책문에 간 의주의 연소자를 가리킨 것으로 보인다.

봉황성[103]

鳳凰城

동풍 부는 봉황성에서 말에 기대니	東風倚馬鳳凰城
물산 번화하기로는 성경[104]에 버금가네	民物繁華亞盛京
땅은 청구에 가까우니 바다 상인 왕래하고	地近青丘通海賈
강역은 흑수에 이어지니 변경 병사 유숙하네	疆連黑水宿蕃兵
붉은 누대 채색 편액에 아침 안개 걷히고	朱樓畫牓朝煙斂
하얀 성가퀴 화려한 망루에 삭방 눈발 빛난다	粉堞華譙朔雪明
안시성 옛터는 명승지로 남았으니	安市故墟留勝蹟
기이한 봉우리 구름 바깥으로 가파르게 서 있네	奇峰雲外立崢嶸

103 봉황성 : 이 작품은 이계가 1782년(정조6) 동지 겸 사은사 부사로 연경에 가는 사행 여로 중 요녕(遼寧)의 봉황성에 당도하여 지은 시이다. 이곳이 고구려 때의 안시성이라는 설이 있는데, 이계나 정약용(丁若鏞)의 〈아방강역고(我邦疆域考)〉 등은 이러한 설을 수용하였다. 그러나 김창업(金昌業), 안정복(安鼎福), 박지원(朴趾源) 등은 각종 사서(史書)를 근거로 이 설을 부정하였다. 평성 '경(庚)'운의 평기식 수구용운체 칠언율시이다.

104 성경(盛京) : 심양(瀋陽)의 이칭이다.

통원보에서 유숙하고 연산관으로 향하며[105]

宿通遠堡 向連山關

우공의 산하가 역려와 같은데	禹貢山河逆旅同
유연에는 다시 태화궁이 열리네[106]	幽燕又闢太和宮
의관은 절로 시왕의 제도[107]요	衣冠自是時王制

105 통원보에서……향하며 : 이 작품은 이계가 1782년(정조6) 동지 겸 사은사 부사로 연경에 가는 사행 여로 중 동팔참(東八站)에 해당하는 통원보에서 연산관으로 향하며 지은 시이다. 동팔참은 요동의 낭자산(狼子山)·첨수참(甛水站)·연산관(連山關)·통원보(通遠堡)·송참(松站)·봉성(鳳城)·탕참(湯站)·구련(九連) 등 8개의 역참으로, 중국의 동쪽에 위치하고 있으므로 이렇게 불렸다. 통원보는 심양(瀋陽)과 단동(丹東) 사이에 있는 군사 기지였으며, 연산관은 심양 남쪽에 있으며, 이전에는 '아골관(鴉鶻關)'이라 부르기도 하였다. 평성 '동(東)'운의 측기식 수구용운체 칠언율시이다.

106 우공(禹貢)의……열리네 : 우공의 산하란 곧 《서경》〈하서(夏書) 우공〉에 기록된 중국의 산천을 가리킨다. 〈우공〉은 우(禹)가 홍수를 다스리고 나서, 천하를 구주(九州)로 나누어 각 지역의 산천 경계와 토지의 등급과 토산물을 상세히 기록하여 부세(賦稅)를 거두는 자료로 사용한 것이다. 역려는 여관으로, 역려와 같다는 말은 사신의 신분으로 중국 산천을 스쳐 지나간다는 말이다. 이는 이백(李白)의 〈춘야연도리원서(春夜宴桃李園序)〉에 "천지는 만물의 여관이요, 광음은 백대의 과객이다.〔夫天地者, 萬物之逆旅, 光陰者, 百代之過客.〕"라고 한 표현을 염두에 둔 것이다. 유연은 하북(河北)과 요녕(遼寧) 일대를 이르는 말로 북경(北京)이 있는 곳이다. 태화궁은 곧 북경 자금성(紫禁城)의 태화전(太和殿)으로, 이곳에서 국가 주요 의식 및 동지 등의 절일 행사가 열렸다.

107 시왕(時王)의 제도 : 시왕은 당대의 왕을 뜻한다. 시왕의 제도란 고법(古法)과 대비되어 오늘날의 제도를 가리키는 말이다. 이는 청(淸)나라의 의관이 만주족의 복색인 것을 말한 것이다.

풍속은 여전히 대국의 풍모 전하네 謠俗猶傳大國風
만한 팔기[108]의 전마(戰馬)는 씩씩하고 滿漢八旗戎馬壯
성시(城市)는 만 리에 이어져 배와 수레 왕래한다 門庭萬里舟車通
분명코 하늘의 뜻이요 사람 힘으로 된 것 아니니 判知天意非人力
왕업 개창할 적에 웅장하게 수립한 사업 보아야 하리
開刱須看樹立雄

108 만한(滿漢) 팔기(八旗) : 만주족과 한족이 포괄된 팔기군(八旗軍)을 가리킨다. 팔기군은 청(淸)나라 태조(太祖) 누르하치가 중국을 점령하고 통제하기 위해 조직한 군병 제도로, 여덟 가지 서로 다른 색깔의 깃발을 사용하는 여덟 개의 군단으로 이루어졌기 때문에 붙은 이름이다. 양황(鑲黃)·정황(正黃)·정백(正白)이 상삼기(上三旗)를 이루고, 양백(鑲白)·정홍(正紅)·양홍(鑲紅)·정람(正藍)·양람(鑲藍)이 하오기(下五旗)를 이루었다. 처음에는 청나라 창업에 공로가 많은 자의 자손으로 조직하였으나 후에 한족(漢族)과 몽골족을 정복하기 시작하면서 포로들을 기병 조직과 유사한 군단으로 편성하였다. 1634년에 몽골족으로 구성된 8개 군단이 만주 기병에 추가되고, 1642년에 한족으로 구성된 8개 군단이 추가되어 결과적으로 24개 기병에 이르렀다.

청석령에서 감회를 적다[109]

青石嶺志感 昔我孝廟赴瀋館時 過此嶺 遇雨作短歌 國人傳之 今此第二三四句 卽飜歌中辭也

옛날 우리 효종(孝宗)께서 심양(瀋陽)의 관소(館所)로 가실 때 이 고개를 지나다가 비를 만나 단가(短歌)를 지으셨는데 백성들이 전하고 있다. 지금 이 시의 제 2, 3, 4구는 바로 단가의 가사를 번역한 것이다.

선왕께서 이 땅에서 슬피 노래하셨으니 先王此地有悲歌
청석령 잿마루에서 초하를 바라보노라 青石嶺頭望草河
무슨 일로 요동 산은 오래도록 참담한가 何事遼山長慘惔
감내키 힘들게도 차가운 비 다시 세차게 내리누나 不堪寒雨更滂沱
까마귀 머리는 진(秦)나라 관문에 내리는 눈처럼 변하지 않고[110]
烏頭未變秦關雪

109 청석령에서 감회를 적다 : 이 작품은 이계가 1782년(정조6) 동지 겸 사은사 부사로 연경에 가는 사행 여로 중 요동의 청석령을 지나며 지은 시이다. 청석령은 요동의 봉황성(鳳凰城)에서 서북쪽으로 195리 되는 곳에 있는 고개 이름이다. 효종이 지은 시조는 〈청석령 지나거냐〉라는 제목으로 잘 알려진 시조로 다음과 같다. "청석령(青石嶺) 지나거냐? 초하구(草河口)는 어디메오? 호풍(胡風)도 차도 찰사, 구즌비는 무스 일고? 아무나 내 행색 그려, 님 계신데 드리고저." 초하구는 만주에 있는 지명으로 통원보(通遠堡)와 연산관(連山關) 사이에 있다. 평성 '가(歌)'운의 평기식 수구용운체 칠언율시이다.

110 까마귀……않고 : 효종이 봉림대군 시절에 청(淸)나라 심양에서 볼모로 잡혀서 풀려나지 못한 상황을 비유한 것이다. 전국(戰國)시대 연(燕)나라 태자 단(丹)이 진(秦)나라에 볼모로 가 있을 때, 진왕(秦王)이 그를 예우(禮遇)하지 않자 본국으로 돌아

용의 기운은 진(晉)나라 강물 물결을 끝내 타고 가버렸네[111]
龍氣終騰晉水波

신하는 백 년토록 이로의 한[112]을 품으니 臣子百年泥露恨

창오의 들판 천 리에 저녁 구름 많아라[113] 蒼梧千里暮雲多

가게 해 달라고 요청했으나 진왕이 들어주지 않고서 말하기를 "까마귀의 머리가 희어지고 말의 머리에 뿔이 나면 보내주겠다.〔烏頭白馬生角, 乃可許耳.〕"라고 한 고사가 있다.《博物志 卷8》

111 용의……가버렸네 : 오랑캐에게 설욕할 힘을 상실했음을 비유한 것이다. 진(晉)나라 때 북두성과 견우성 사이에 늘 자줏빛 기운이 감도는 것을 장화(張華)가 보고 뇌환(雷煥)에게 풍성(豐城)의 감옥 터 땅속에서 춘추시대에 만들어진 전설적인 보검인 용천검(龍泉劍)과 태아검(太阿劍)을 발굴하게 하고 각각 하나씩을 나누어 가졌다. 후에 장화가 주살 당하자 장화가 지녔던 검은 소재를 알 수 없게 되었다. 뇌환이 지녔던 보검은 뇌환이 죽은 후 그의 아들 뇌화(雷華)가 지니게 되었는데, 어느날 뇌화가 보검을 차고 연평진(延平津)을 건너던 도중 갑자기 보검이 칼집에서 뛰어나와 물속으로 들어가 버렸다. 사람을 시켜 찾아보게 하니 거센 물살 속에 두 마리 용이 유유히 물결을 타고 사라지는 모습만 보였다고 한다.《晉書 卷36 張華列傳》

112 이로(泥露)의 한 : 임금이 남의 나라에 얹혀 지내는 한을 가리킨다. 여후(黎侯)가 나라를 잃고 위(衛)나라에 우거(寓居)하자 그 신하가 지은 시인《시경》〈패풍(邶風) 식미(式微)〉에 "쇠미하고 쇠미하거늘 어이하여 돌아가지 않는고. 군주의 연고가 아니라면 어이하여 이슬 가운데 있으리오. 쇠미하고 쇠미하거늘 어이하여 돌아가지 않는고. 군주의 몸이 아니라면 어이하여 진흙 속에 있으리오.〔式微式微, 胡不歸. 微君之故, 胡爲乎中露. 式微式微, 胡不歸. 微君之躬, 胡爲乎泥中.〕"라고 한 데서 온 말이다.

113 창오(蒼梧)의……많아라 : 돌아가신 효종을 그리워하는 마음을 나타낸 것이다. 창오의 들판은 순(舜) 임금이 재위 39년째에 남쪽을 순행하다가 죽은 곳이다. 순 임금이 죽자 남쪽의 구의산(九疑山)에 장사 지냈다고 한다.《史記 卷1 五帝本紀》두보(杜甫)의〈동제공등자은사탑(同諸公登慈恩寺塔)〉시에 "고개 돌려 순 임금을 애타게 부르나니, 창오의 구름은 정녕 시름겨워라.〔廻首叫虞舜, 蒼梧雲正愁.〕"라고 하였다.《杜少陵詩集 卷2》

석문령을 지나 요동 벌판으로 들어서며[114]

過石門嶺 入遼野

천 리의 영주[115]를 처음으로 한껏 보니	千里營州縱目初
석문령 높은 곳에 수레를 멈추노라	石門高處駐行車
푸른 하늘 반나마 온 요동 벌판으로 들어가고[116]	靑天半入全遼地
대륙은 서쪽으로 석목의 터[117]에 다하였네	大陸西窮析木墟
설인귀(薛仁貴)[118] 싸우던 곳에 날던 새 내려앉고	仁貴戰場飛鳥下
모용씨(慕容氏)[119] 보루에 끊어진 해자 남아 있네	慕容軍壘斷壕餘

114 석문령을……들어서며 : 이 작품은 이계가 1782년(정조6) 동지 겸 사은사 부사로 연경에 가는 사행 여로 중 요동의 석문령을 지나며 지은 시이다. 요동의 옛 역사를 회고하며 예전에는 우리의 강역이었던 것이 지금은 남의 땅이 된 현실을 안타까워하였다. 평성 '어(魚)'운의 측기식 수구용운체 칠언율시이다.

115 영주(營州) : 오늘날의 요녕성(遼寧省) 일대이다.

116 푸른……들어가고 : 광활한 요동의 벌판과 하늘이 맞닿는 모습을 형용한 것이다.

117 석목(析木)의 터 : 석목지차(析木之次)로, 하늘의 28수(宿) 중 동방 7수 가운데 미성(尾星)과 기성(箕星)에 해당되는 자리이다. 12 황도궁(黃道宮)에서 인마궁(人馬宮)에 해당되며, 방위는 동쪽 분야(分野)로는 중국은 유연(幽燕) 지방, 우리나라는 함경도에 해당된다. 중원 대륙이 서쪽으로 광활하게 펼쳐진 것을 말한 것이다.

118 설인귀(薛仁貴) : 614~683. 당(唐)나라의 무장으로, 태종(太宗)이 고구려를 공격할 때 유격장군(遊擊將軍)으로 발탁된 이래 계속 침략하여 고구려가 멸망한 이후 당나라가 평양에 안동도호부(安東都護府)를 설치하자 검교안동도호(檢校安東都護)로 취임했다. 《舊唐書 卷83 薛仁貴列傳》

119 모용씨(慕容氏) : 오호십육국(五胡十六國)의 하나인 연(燕)나라를 세운 선비족(鮮卑族)의 성씨이다. 중국 동북부 지역에 강한 세력을 형성하여 고구려를 자주 위협

혼하[120] 또한 기자(箕子)의 강역 안이었건만　　混河亦是箕封內
계책 너무 엉성하여 나라 쭈그러진 것 어느 해런고 蹙國何年計太疏

하였다.

120 혼하(混河) : 혼하(渾河)라고도 표기한다. 요하(遼河)의 지류로 무순(撫順), 심양(瀋陽) 등을 지나 태자하(太子河)와 합류하여 요동만(遼東灣)으로 흘러간다.

냉정에서 요동으로 가며[121]
自冷井向遼東

온종일 해 등지고 사신 수레 나아가니 終日征車背日行
돌아가는 구름 날아가는 새에 모두 마음 가노라 歸雲去鳥摠關情
의복에선 중화 풍속 보이지 않거니와 冠裳不見中華俗
닭과 개에게선 오히려 고국 때의 소리 들리네[122] 鷄犬猶聞故國聲
눈 들어 보이는 산하는 옛 주인의 것 아니거니와 擧目山河非舊主
마음 서글퍼지는 성곽은 반나마 황명 때의 것이로다 傷心城郭半皇明
바둑 판국 뒤집어지는 것이야 원래 늘 있는 일이나 奕棋飜覆元常事
입 열어 한가로이 읊조림에 불평한 기운 절로 묻어나네 開口閑吟自不平

121 냉정에서 요동으로 가며 : 이 작품은 이계가 1782년(정조6) 동지 겸 사은사 부사로 연경에 가는 사행 여로 중 냉정에서 요동 벌판으로 들어서며 지은 시이다. 냉정은 낭자산(狼子山)에서 요동 벌판으로 가는 길 도중에 있는 지명이다. 길 곁에 돌우물이 하나 있는데 그 물이 매우 차갑기 때문에 붙은 이름이라 한다. 이계는 작품 속에서 중화가 오랑캐의 차지가 되어 불편한 심경을 내비치고 있다. 평성 '경(庚)'운의 측기식 수구불용운체 칠언율시이다.

122 의복에선……들리네 : 한족(漢族)의 명(明)나라가 망하고 여진족의 청(淸)나라가 들어서서 중국의 의복이 모두 오랑캐의 의복으로 바뀌었으나 짐승들의 소리는 여전히 예전과 같다는 말이다.

태자하[123] 태자하는 옛날의 연수로 연나라 태자 단이 숨었던 곳이라고 세상에 전한다.

太子河 河古衍水 世傳燕丹所匿處云

차가운 강에 해 떨어지자 놀란 물결 일어나니　寒江日落起驚波
고로들은 이곳이 태자하라 서로 전하네　故老相傳太子河
사소한 분노로 까닭 없이 강한 적 도발해놓고　小忿無端挑强敵
엉성한 재주로 하필이면 형가를 한탄하는가　疏才何必恨荊軻
금대의 달은 연인의 저자에 차갑게 비치고[124]　金臺月冷涓人市

123 태자하 : 이 작품은 이계가 1782년(정조6) 동지 겸 사은사 부사로 연경에 가는 사행 여로 중 태자하를 지나며 지은 시이다. 태자하는 요녕성 요양현(遼陽縣) 북쪽에 있는 강이다. 연(燕)나라 태자 단(丹)이 진(秦)나라에 인질로 갔는데, 이전에 조(趙)나라에서 함께 볼모로 있으면서 친하게 지냈던 진시황(秦始皇)이 자신을 홀대하자 원한을 품고 도망쳐서 자객 형가(荊軻)를 사주하여 진왕의 암살을 기도하였다. 그러나 암살이 실패하자 진시황이 노하여 연나라를 공격하였고 연왕과 태자 단은 동쪽으로 달아나 요동을 지켰다. 태자 단은 연수(衍水) 가운데 있는 섬에 몸을 숨겼으나 다급해진 연왕이 태자 단의 목을 베어 진나라에 바치고자 했으나 결국 진나라의 공격으로 연나라는 멸망하였다. 《史記 卷34 燕召公世家》 평성 '가(歌)'운의 평기식 수구용운체 칠언율시이다.

124 금대(金臺)의……비치고 : 금대는 연나라 소왕(昭王)의 황금대(黃金臺)를 말하고, 연인은 궁중에서 청소 등을 담당하던 매우 낮은 관직이다. 전국(戰國)시대 연나라 소왕이 제(齊)나라에 빼앗긴 땅을 회복하기 위해 황금대를 지어 놓고 인재를 모으면서 신하인 곽외(郭隗)에게 물었더니, 곽외가 "옛날 어떤 임금이 연인에게 천금을 주고 천리마를 사 오게 하였더니, 죽은 천리마의 뼈를 500금을 주고 사 가지고 돌아왔습니다. 임금이 화를 내니, 연인이 '죽은 말도 사는데, 하물며 산 말이겠습니까. 천리마가 곧 이를 것입니다.'라고 하였는데 1년도 못 되어 천리마 세 마리가 이르렀다 합니다. 이제 왕이 반드시 선비를 초빙하고 싶다면 먼저 이 곽외부터 잘 대우하면 저보다 훌륭한

역수의 바람은 장사의 노래에 서글피 부네[125] 易水風悲壯士歌
애석하다 번오기(樊於期)는 헛되이 머리 버렸으니[126] 可惜於期虛擲首
떠도는 원혼 이 산언덕을 두르고 있으리라 覊魂應繞此山阿

자가 어찌 천 리를 멀다고 여기겠습니까."라고 하였다. 이에 소왕이 곽외를 스승으로 섬기니 인재들이 다투어 연나라로 모여들었다고 한다.《戰國策 燕策1》

125 역수(易水)의……부네 : 연나라 태자 단의 부탁으로 자객 형가(荊軻)가 진시황을 암살하러 떠날 때 역수가에서 "바람은 소소히 부는데 역수는 차가워라. 장사가 한번 떠나가면 다시 돌아오지 못하리라.〔風蕭蕭兮易水寒, 壯士一去兮不復還.〕"라고 노래했는데, 그 소리가 강개하여 전송하던 인사들은 모두 눈을 부릅뜨고 머리털이 곧추서서 모자를 찔렀다고 한다.《戰國策 燕策1》

126 번오기(樊於期)는……버렸으니 : 자객 형가가 진시황을 암살하러 떠나기 전에, 진시황의 의심을 받지 않으려고 진나라에서 죄를 짓고 연나라로 망명한 번오기를 찾아가서 자신이 진왕에게 복수를 할 테니 그의 목을 달라고 요청하였는데, 번오기 역시 자기의 원수를 갚기 위해 기꺼이 그 요청을 받아들여 자결하였다. 형가가 함에 담은 그의 머리와 연나라의 곡창지대의 지도를 가지고 진시황을 찾아가 죽이려고 했으나 결국 실패하였다.《史記 卷86 刺客列傳》

형가를 노래하다[127]

詠荊軻

천고의 형경[128]은 망령된 사람이니　　千古荊卿是妄人
맨손으로 강한 이웃 치려 하였네　　欲將徒手搏强鄰
부인의 비수 공연히 조나라에서 구했고[129]　　夫人匕首空求趙
장사의 함에 담은 머리 부질없이 진나라만 좋게 했네[130]
壯士函頭漫快秦
조말이 세 번 싸우고 준 땅 환수하기도 전에　　曹沫未還三戰地
고소가 먼저 하루아침의 먼지로 변해버렸지[131]　　姑蘇先化一朝塵

127 형가를 노래하다 : 이 작품은 이계가 1782년(정조6) 동지 겸 사은사 부사로 연경에 가는 사행 여로 중 태자하를 지나며 앞의 시에 연이어 지은 것이다. 이 작품에서 이계는 형가를 의로운 자객으로 보지 않고 망령된 시정잡배로 평가하였다. 평성 '진(眞)'운의 측기식 수구용운체 칠언율시이다.

128 형경(荊卿) : 연(燕)나라 사람들이 형가를 존중하여 부른 호칭이다. 《史記 卷86 刺客列傳》

129 부인의……구했고 : 부인은 전국(戰國)시대 조(趙)나라 사람인 서부인(徐夫人)이다. 부인은 사람의 이름으로 서부인은 여인이 아니라 남자를 가리킨다. 서부인이 가지고 있는 비수가 아주 날카롭다는 말을 듣고, 연(燕)나라에서 백 금(金)을 주고 이 비수를 사서 형가에게 주어 진시황(秦始皇)을 암살하게 하였다. 《史記 卷86 刺客列傳》《史記索隱》

130 장사(壯士)의……했네 : 장사는 형가를 가리킨 것이다. 함에 담은 머리는 80쪽 주126 참조.

131 조말(曹沫)이……변해버렸지 : 형가의 암살 계획은 성공하지도 못한 채 연나라만 하루아침에 화를 입어 멸망해버린 것을 비유한 것이다. 조말에 대해서는 다음의

기적처럼 요행으로 성공했다 하더라도	縱然奇着成僥倖
끝내는 개백정과 똑같은 무리라네[132]	終是狗屠與等倫

고사가 있다. 춘추(春秋)시대 노(魯)나라가 제(齊)나라와의 싸움에서 세 번을 패하니, 노나라 장공(莊公)이 두려워하여 땅을 떼어 주며 화친을 청하였다. 제나라 환공(桓公)이 이를 수락하고 가(柯)라는 곳에서 동맹을 맺게 되었는데, 노나라 장수인 조말이 비수로 환공을 위협하여 침탈당한 땅을 돌려받기로 하였다. 위기를 모면하고 돌아온 환공이 괘씸하여 그 약속을 배반하려 하였으나, 관중(管仲)이 신의를 저버리는 것은 옳지 못하다고 간언하여 빼앗았던 땅을 돌려주었다. 《史記 卷86 刺客列傳 曹沫》

고소는 춘추시대 오(吳)나라의 수도로, 고소산(姑蘇山)이 있었으며 그곳에는 오왕 부차(夫差)가 월(越)나라를 격파하고 미인 서시(西施)를 얻고서 지은 고소대(姑蘇臺)가 있었다. 부차가 월나라 구천(句踐)에게 항복을 받고 날마다 서시와 함께 유연(遊宴)만 즐기다가 끝내는 월나라의 침공을 받고 오나라는 멸망하고 부차 자신은 고소산에서 자결하였다. 《史記 卷66 伍子胥列傳》

132 끝내는……무리라네 : 형가는 애초에 고상한 뜻을 지닌 의로운 사람이 아니라 그저 저자에 떠도는 시정잡배에 불과하다는 말이다. 여기서 개백정을 거론한 것은 형가가 연나라에 온 초기에 저자의 개백정들과 어울렸기 때문에 한 말이다. 《史記 卷86 刺客列傳》

백탑을 보고 심양으로 향하며[133]

觀白塔向瀋陽

사신 수레 삐걱삐걱 말은 히이잉　　　征車軋軋馬蕭蕭
북방 들판 바람 드높고 눈발은 매서워라　　　朔野風高雪意驕
고국 떠난 몸 머리터럭 온통 서리처럼 흰 것 애달프고
去國自憐霜滿鬢

133 백탑을……향하며 : 이 작품은 이계가 1782년(정조6) 동지 겸 사은사 부사로 연경에 가는 사행 여로 중 요양(遼陽)에 있는 백탑을 보고 심양으로 향하며 지은 시이다. 백탑은 현재의 요녕성 요양시(遼陽市) 광우사(廣祐寺)에 있는 탑으로, 탑의 색깔이 희기 때문에 백탑이라 한 것이다. 팔각에 13층이며 팔각의 각 면마다 나한(羅漢)과 신장(神將)을 새겨 모두 104개의 상이 조각되어 있다. 언제 건립된 것인지는 논란이 있으나 대체적으로 요(遼) · 금(金)시대에 지어진 것으로 여겨진다. 평성 '소(蕭)'운의 평기식 수구용운체 칠언율시이다.

그림 6 요양의 광우사 백탑 전경

몸에 지닌 것이라고는 오직 허리에 찬 검뿐이네　隨身惟有劍橫腰
성곽 곁의 학은 천 년 만에 기둥으로 돌아왔고[134]　城邊鶴返千年柱
구름 밖의 붕새는 열흘을 요동 박차고 나네[135]　雲外鵬摶十日遼
여기에서 연경까지 한 달은 족히 가야 하니　此去燕京猶計月
심하 일대가 아득하다 말하지 말라　瀋河一帶未云遙

134 성곽……돌아왔고 : 진(晉)나라 도잠(陶潛)의 《수신후기(搜神後記)》에 "정영위(丁令威)는 본래 요동(遼東) 사람이다. 영허산(靈虛山)에서 도를 배운 후에 학이 되어서 요동으로 돌아와서 성문 화표주(華表柱)에 머물렀다. 그때 어떤 소년이 활을 들고 쏘려고 하니, 학이 곧 날아서 공중에서 배회하면서 말하기를 '새여! 새여! 정령위여. 집을 떠나 천 년 만에 지금 비로소 돌아왔네, 성곽은 예전 같지만 사람들은 다르니, 어찌 선(仙)을 배우지 않고 무덤만 늘어서 있는가?'라고 하였다. 마침내 높이 날아 하늘로 사라졌다."라고 하였다.

135 구름……나네 : 여기서 열흘이라고 말한 것은, 홍대용(洪大容)의 《담헌서(湛軒書)》 외집(外集) 권10의 〈연기(燕記)〉와 서유문(徐有聞)의 《무오연행록(戊午燕行錄)》 등 각 연행록에 나와 있는 노정을 참고할 때, 압록강을 건너 중국 땅에 들어서고 나서 백탑이 있는 요양까지의 거리가 열흘 정도이므로, 사행과 함께 날아왔다는 의미로 열흘이라 한 것이다.

심양에서 출발하여 마도교를 건너며[136]

發瀋陽過磨刀橋

아득히 차가운 하늘에 저녁 구름 비껴 있고	寒天漠漠暮雲橫
옛 보루에 서풍 불어 나그네 마음 슬프게 하네	古戍西風愴客情
쇠란한 세상 임금과 신하는 사직을 가볍게 여겼고	衰世君臣輕社稷
동쪽을 정벌한 장사는 숭정을 한스럽게 여겼네[137]	東征壯士恨崇禎
만리장성 스스로 무너짐은 원순무의 일이요[138]	長城自壞袁巡撫
대수라고 부질없이 전해짐은 조총병이라[139]	大樹空傳祖摠兵

136 심양에서……건너며 : 이 작품은 이계가 1782년(정조6) 동지 겸 사은사 부사로 연경에 가는 사행 여로 중 심양을 떠나 마도교를 건너며 지은 시이다. 작자 미상의 《계산기정(薊山紀程)》에 따르면, 마도교는 판교(板橋)라고도 불리며 다리의 길이가 200보(步) 정도로 매우 길었다고 한다. 이계는 이 작품에서 명(明)나라가 사직을 가볍게 여기고 장수를 제대로 쓰지 못하여 멸망한 데 대한 비통한 감회를 읊었다. 평성 '경(庚)'운의 평기식 수구용운체 칠언율시이다.

137 쇠란한……여겼네 : 명나라 말기 숭정제(崇禎帝) 시절에 국정이 혼란하여 요동을 방비하던 원숭환(袁崇煥) 같은 훌륭한 장수들이 억울하게 죽음을 당하고 결국 청(淸)나라에 천하를 빼앗긴 현실을 말한 것이다.

138 만리장성……일이요 : 명나라가 국가의 동량인 장군을 함부로 죽여 스스로 멸망하였다는 말이다. 원순무는 명나라 말기의 장수로 순무사를 역임했던 원숭환(袁崇煥, 1584~1630)이다. 원숭환은 광동(廣東) 동완(東莞) 석갈(石碣) 사람으로 자는 원소(元素)이다. 요동의 영원성(寧遠城)을 방비하면서 크게 승리하여 누르하치를 격퇴하였으며, 누르하치는 이때 입은 부상으로 사망하게 된다. 환관 위충현(魏忠賢)과 불화하여 배척을 받았으며 청(淸)나라 태종 홍타이지의 반간계(反間計)로 반역죄로 심판받고 능지처참을 당했다.

마도교 아래 강물만이 남아　　獨有磨刀橋下水
백 년토록 불평 어린 울음 우누나　　百年猶作不平鳴

139 대수(大樹)라고……조총병(祖摠兵)이라 : 청나라에 투항한 사람이 부질없이 명장(名將)으로 불리고 있다는 말이다. 조총병은 명말청초(明末淸初) 때 장수인 조대수(祖大壽, ?~1656)이다. 자는 복우(復宇)이고, 명나라 때 전봉총병(前鋒總兵)을 지냈다. 청나라 군사와 싸우다가 대릉하(大凌河)에서 포위당하자 청나라 태종 홍타이지와 약속해 금주(錦州)에서 귀순하여 내응하기로 했다. 그러나 일이 끝난 뒤 성을 지키면서 항복하지 않았다. 이후 재차 성이 함락되자 다시 항복하여 한군(漢軍) 정황기(正黃旗)에 예속되고 총병에 올랐다. 대수는 후한(後漢) 때의 명장으로 수많은 전공을 세운 풍이(馮異)의 별칭이다. 풍이는 사람됨이 겸손하여 다른 장군을 만나면 늘 한쪽으로 피했으며, 다른 사람들이 전공(戰功)을 따질 때는 늘 홀로 큰 나무 아래에서 쉬면서 자신의 공로를 자랑하지 않으니, 군사들이 그를 대수장군이라 불렀다고 한다.《後漢書 卷17 馮異列傳》 조대수의 이름과 대수장군의 대수가 음이 같으므로 이렇게 표현한 것인 듯하다.

황기보에서 출발하여 밤에 백기보에 당도하여[140]

自黃旗堡夜抵白旗堡

요동 벌판 지나온 열흘 사이 머리는 더 세고	一旬遼野鬢添斑
빙설 질펀한 길은 갈수록 힘겨웁다	氷雪漫漫路轉艱
오도하는 팔도하 건넌 뒤에 있고[141]	五渡河過八渡後
황기보는 백기보 가는 길 사이에 있네	黃旗堡入白旗間
낮은 하늘에 지는 해는 평지로 가라앉고	天低落日沈平地
광활한 벌판에 뜬 구름은 먼 산처럼 보이네	野闊浮雲化遠山
쑥대화살 사방에 쏘며 큰 뜻 품어왔으니[142]	蓬矢四方曾有志

140 황기보에서……당도하여 : 이 작품은 이계가 1782년(정조6) 동지 겸 사은사 부사로 연경에 가는 사행 여로 중 심양에서 산해관으로 가는 길 초입에 있는 황기보와 백기보를 지나며 지은 시이다. 황기보는 중국 요녕성 심양시(瀋陽市) 요중현(遼中縣) 신민둔(新民屯)에서 서쪽으로 45리 정도 떨어진 곳이다. 중국사행기록들에 신민둔과 노하구(蘆河溝) 사이에 소황기보(小黃旗堡)와 대황기보(大黃旗堡)를 지나는 것으로 되어 있다. 백기보는 신민둔에서 서남쪽으로 50리 정도 떨어진 곳에 있다. 황기와 백기는 만주족의 호구 편제이자 군대 제도인 팔기제(八旗制) 가운데 하나로 황기보와 백기보는 모두 해당 기가 지키는 보루들이므로 이와 같은 이름의 지명이 다른 곳에도 남아 있다. 평성 '산(刪)'운의 평기식 수구용운체 칠언율시이다.

141 오도하(五渡河)는……있고 : 팔도하는 압록강을 건너 책문(柵門)에서 심양(瀋陽)으로 가는 길 사이에 있는 강 이름이고, 오도하는 심양에서 산해관(山海關)으로 가는 길 사이에 있는 강 이름이다.

142 쑥대화살……품어왔으니 : 옛날에 사내아이가 태어나면 뽕나무로 활을 만들고 쑥대로 화살을 만들어 천지 사방으로 쏘아 아이가 온 세상을 경영할 큰 뜻을 품기를 축원하였다.《禮記 內則》

왕사에 종사하는 이 몸이 감히 한가롭길 바라랴　　身從王事敢求閑

일판문에서 의무려산(醫巫閭山)을 바라보며[143]

一板門望巫閭

서쪽 가는 천 리 길 열흘 남짓 와보니	西行千里一旬餘
아득한 들 풍광이 광대한 허공과 섞여 있네	野色蒼茫混太虛
하늘가에 홀연 푸른 산줄기 몇 점 보이니	天際忽看青數點
이곳 사람들 말하길 의무려산이라 하네	土人道是醫巫閭

143 일판문에서 의무려산(醫巫閭山)을 바라보며 : 이 작품은 이계가 1782년(정조6) 동지 겸 사은사 부사로 연경에 가는 사행 여로 중 의무려산이 보이는 일판문에서 지은 것이다. 일판문은 일명 반랍문(半拉門)이라고도 하며, 백기보에서 30리 거리에 있다. 현재 중국 요녕성 흑산현(黑山縣)에 있다. 의무려산은 요녕성 북진시(北鎮市) 서쪽에 있는 산으로 사방을 진압하는 네 개의 큰 산 가운데 하나이다. 평성 '어(魚)'운의 칠언절구이다.

북진묘[144]

北鎭廟

유도에서 질사하는 산 광녕이라 부르니[145] 秩祀幽都號廣寧
웅장하게 천 리에 서려 북방을 진압하네 雄蟠千里鎭玄冥
북극으로 쏠린 하늘은 기미[146]에 이어지고 天傾北極連箕尾
동해에서 끝난 땅은 기청[147]으로 나뉘네 地盡東溟割冀青
훌륭히 중화 향해 가림막이 되었는데 好向中華成障蔽
누가 몽고에게 기거하게 하였는가[148] 誰令蒙古作居停

144 북진묘 : 이 작품은 이계가 1782년(정조6) 동지 겸 사은사 부사로 연경에 가는 사행 여로 중 의무려산의 산신을 모신 사당인 북진묘에 들러 지은 시이다. 북진묘는 요녕성 북녕시(北寧市) 북서쪽에 있는 사원이다. 평성 '청(靑)'운의 측기식 수구용운체 칠언율시이다.

145 유도(幽都)에서……부르니 : 유도는 유주(幽州)를 가리킨다. 《서경》 〈우서(虞書) 요전(堯典)〉에 "화숙에게 거듭 명하여 삭방에 머물게 하시니, 유도라는 곳이다.〔申命和叔, 宅朔方, 曰幽都.〕"라고 하였다. 질사는 예법의 차례와 등급에 맞게 제사 지내는 것을 가리킨다. 《서경》 〈우서 순전(舜典)〉에 "산천을 바라보고 차례를 정하여 제사하였다.〔望秩于山川〕"라고 하였는데, 《서경집전(書經集傳)》의 주석에, "질은 희생과 폐백과 축호의 차례이니, 예컨대 오악은 삼공에 비기고 사독은 제후에 비기고 그 나머지는 백・자・남에 비기는 것과 같다.〔秩者, 其牲幣祝號之次第, 如五岳視三公, 四瀆視諸侯, 其餘視伯子男者也.〕"라고 하였다. 광녕은 의무려산의 다른 이름이다.

146 기미(箕尾) : 하늘의 28수(宿) 가운데 동방에 있는 별인 기성(箕星)과 미성(尾星)으로, 중국의 유연(幽燕) 지방에 해당한다.

147 기청(冀青) : 기주(冀州)와 청주(青州)로, 기주는 오늘날의 하북성(河北省) 일대이고 청주는 산동성(山東省) 일대로 모두 바다와 접해 있다.

지금은 해내(海內)가 모두 한 구역이라지만 卽今外內無區域

교아[149]가 마당 가까이 오도록 내버려두지 말지어다 莫放驕兒近戶庭

148 훌륭히……하였는가 : 의무려산은 유주(幽州)의 경계가 되어 이곳을 기점으로 이북은 몽고족이 사는 유목지대이고 이남은 중원의 농경지대에 속한다. 의무려산이 중원을 지켜주는 방패막이 되어 있기는 하지만 산 이북 바로 밑으로 몽고족이 인접해 있어 난리를 일으킬 위험이 상존함을 말한 것이다.

149 교아(驕兒) : 아끼는 아이라는 뜻으로 오랑캐를 가리키며 여기서는 몽고를 뜻한다. 한(漢) 무제(武帝) 때 흉노(匈奴)의 선우(單于)가 글을 보내면서 "우리 호인은 하늘이 아끼는 아들이다.〔胡者, 天之驕子也.〕"라고 자칭한 데에서 유래하였다.《漢書 卷94 匈奴傳上》

십삼산[150]

十三山

요주 한 번 바라봄에 드높은 산 빼어난데	遼州一望絶孱顔
초췌한 행색으로 큰 벌판을 지나가네	行色支離大野間
동쪽 압록강에서 온 이천 리 사행길이요	鴨水東來二千里
서쪽 연경 구름에 이어진 십삼산이로다	燕雲西接十三山
희미하게 바다 위에는 푸른 신기루 떠 있고	依微海上浮青蜃
아스라이 하늘가에는 청록의 산맥 늘어섰네	縹緲天邊列翠鬟
아마도 초대에 한 떨기 더한 듯하니[151]	疑是楚臺添一朶
꿈속의 운우지정 그 누가 누리려나	夢中雲雨有誰攀

150 십삼산 : 이 작품은 이계가 1782년(정조6) 동지 겸 사은사 부사로 연경에 가는 사행 여로 중 십삼산을 지나며 지은 시이다. 십삼산은 요녕성 금현(錦縣) 동쪽 70리에 있는 산으로 봉우리가 열세 개이므로 붙여진 이름이다. 평성 '산(刪)'운의 평기식 수구용운체 칠언율시이다.

151 아마도……듯하니 : 초대는 열두 봉우리로 유명한 초나라 무산(巫山)의 양대(陽臺)를 가리킨다. 옛날 초 회왕(楚懷王)이 고당(高唐)에서 낮잠을 자는데, 꿈에 한 여인이 나타나 "첩은 무산의 여자로서 고당의 나그네가 되었습니다. 임금께서 고당을 유람하신다는 소문을 듣고 왔으니, 잠자리를 받들게 해주소서."라고 하였다. 그리하여 여인과 하룻밤을 잤는데 이튿날 아침 여인이 떠나면서 말하기를 "첩은 무산의 양지쪽 높은 구릉의 험준한 곳에 사는데, 매일 아침이면 구름이 되고 저녁이면 내리는 비가 되어 아침저녁마다 양대 아래에 있습니다."라고 하였다는 고사가 전한다.《文選 卷19 高唐賦》 남녀 간의 정사(情事)를 뜻하는 운우지정(雲雨之情)이라는 말도 이 고사에서 유래한 것이다. 이 구절에서 한 떨기를 더했다는 것은, 열두 봉우리의 무산보다 한 봉우리가 더 많은 십삼산을 형용한 말이다.

송산보[152] 명나라 병사가 대패한 곳이다.

松山堡 是明兵大衄處

쓸쓸히 황량한 산에 부러진 솔 있으니 蕭瑟荒山有斷松
근심 어린 구름 다 흩어짐에 활 같은 달 떠 있네 愁雲散盡月如弓
병장기 맞부딪히던 곳에 붉은 혈흔 남아 있고 干戈戰地餘紅血
비바람 부는 한밤중에 흰 무지개[153] 일어난다 風雨中宵起白虹
북극성 조정[154]은 상전벽해처럼 바뀌었으나 北極朝廷桑海變
동쪽에서 온 사신은 예나 지금이나 같다네 東來冠蓋古今同
옛일을 묻고자 해도 아는 사람 없고 欲尋往事無人識
외로운 기러기 푸른 허공에서 울어옘만 보이는구나 惟見孤鴻叫碧空

152 송산보 : 이 작품은 이계가 1782년(정조6) 동지 겸 사은사 부사로 연경에 가는 사행 여로 중 송산보에 들러 지은 시이다. 송산보는 요녕성 금현(錦縣)에 있는 지명으로, 금현 남쪽 18리 지점에 송산이 있고 산의 서쪽에 송산보가 있었다. 명(明)나라 말에 홍승주(洪承疇)와 오삼계(吳三桂) 등이 30만의 대군으로 송산을 지키면서 청(淸)나라 군사와 대치하였으나 대패한 곳이다. 평성 '동(東)'운의 측기식 수구불용운체 칠언율시이다.

153 흰 무지개 : 흰 무지개는 예로부터 화란(禍亂)을 상징한다. 전투가 치열했던 곳이므로 흰 무지개의 이미지를 차용한 것이다.

154 북극성 조정 : 북극성은 임금이나 황제를 가리킨 것으로, 여기서는 천하의 중심인 중원을 뜻한다. 《논어》〈위정(爲政)〉에 "정사를 덕으로 펼치는 것은 비유하면 북극성이 자리를 잡고 있으면 여러 별들이 그곳으로 향하는 것과 같다.〔爲政以德, 譬如北辰居其所, 而衆星共之.〕"라고 하였다.

영원성에서 원 순무를 추억하며[155]

寧遠城 憶袁巡撫

고요한 낮 군문에 고각 소리 더딘데　　轅門晝靜角聲遲
백우선(白羽扇)과 윤건[156] 차림으로 앉아 기이한 계책 운용했네　　羽扇綸巾坐運奇
하늘과 땅 검고 누르니 용이 들판에서 싸우고[157]　　天地玄黃龍戰野
산과 강 진동하니 불이 깃발 태웠네[158]　　山河震盪火焚旗

155 영원성에서……추억하며 : 이 작품은 이계가 1782년(정조6) 동지 겸 사은사 부사로 연경에 가는 사행 여로 중 영원성에 들러 지은 시이다. 영원성은 지금의 요녕성 흥성시(興城市)이다. 원순무는 계주 순무사(薊州巡撫使)를 지낸 명(明)나라의 장군 원숭환(袁崇煥, 1584~1630)을 가리킨다. 원숭환은 누르하치의 후금(後金)이 일어선 이래로, 요동의 방어를 자청하여 나가 영원성(寧遠城) 전투 등에서 후금의 군대를 대패시키는 등 여진족과의 전투에서 수많은 전공을 올렸다. 누르하치는 영원성 전투에서 크게 부상을 입은 이후 그 여파로 사망하기까지 하였다. 그러나 명나라 조정의 권력 다툼과 청(淸)나라의 반간계(反間計)에 휘말려 모반죄로 잡혀 투옥되어 처형당하였다. 평성 '지(支)'운의 평기식 수구용운체 칠언율시이다.

156 백우선(白羽扇)과 윤건(綸巾) : 삼국시대 촉한(蜀漢)의 승상인 제갈량(諸葛亮)의 옷차림이다. 명장이었던 원숭환을 형용한 것이다.

157 하늘과……싸우고 : 명나라와 청나라 군대가 크게 싸운 것을 형용한 말이다. 《주역》〈곤괘(坤卦) 상육(上六)〉에 이르기를 "용이 들판에서 싸우니 그 피가 검고 누르다.〔龍戰于野, 其血玄黃.〕"라고 하였다.

158 산과……태웠네 : 명나라가 종국에는 전쟁에서 패망함을 형용한 말이다. 《춘추좌씨전(春秋左氏傳)》 희공(僖公) 15년에, 진(晉)나라 헌공(獻公)이 백희(伯姬)를 진(秦)나라로 시집보내면서 점을 쳤는데, 태사(太史)가 점괘를 풀이하면서 "불이 깃발을 태우니 전쟁에 불리하다.〔火焚其旗, 不利行師.〕"라고 하였다.

한때의 승패를 굳이 말해 무엇하랴	一時勝敗何須道
만사가 아득하니 서글프기만 하여라	萬事蒼茫秪自悲
구혈대[159] 앞에서 애오라지 눈 돌려 바라보니	嘔血臺前聊騁目
중국에 남아 있었음을 알고말고	應知中國有男兒

159 구혈대(嘔血臺) : 영원성 동쪽 10리 지점 계명산(鷄鳴山)에 있는 누대이다. 1626년 영원대첩(寧遠大捷)에서 원숭환이 지뢰포(地雷砲)를 가지고 여진의 군사를 몰살시키자 누르하치가 울분이 터져 피를 토한 곳이라고 한다. 《薊山紀程 渡灣》

조대수 패루[160]

祖大壽牌樓

흥녕성[161] 안에서 잠시 눈 돌려보니	興寧城裏暫流睇
쌍으로 솟은 패루[162] 길에 우뚝 서 있네	雙峙牌樓屹路蹊

160 조대수 패루 : 이 작품은 이계가 1782년(정조6) 동지 겸 사은사 부사로 연경에 가는 사행 여로 중 영원성(寧遠城)의 조대수 패루를 보고 지은 시이다. 조대수는 85쪽 주139 참조. 조대수의 패루는 명(明)나라 숭정제(崇禎帝) 때 허락을 받고 세운 것으로, 4개의 돌기둥에 3개의 칸으로 이루어져 있다. 제1층에는 '옥음(玉音)', 제2층에는 '사세원융소부(四世元戎少傅)'와 '확청지열충정담지(廓淸之烈忠貞膽智)'이라는 글자가 새겨져 있으며 그 아래층에는 증조부 조진(祖鎭)과 조부 조인(祖仁)과 부친 조승훈(祖承訓)과 조대수 자신을 포함한 4세의 직명이 새겨져 있다. 그 외에도 공훈을 기리는 많은 문구가 새겨져 있다. 《庚子燕行雜識 上》 평성 '제(齊)'운의 평기식 수구불용운체 칠언율시이다.

그림 7 요녕성(遼寧省) 흥성시(興城市)의 조대수 패루

161 흥녕성(興寧城) : 영원성을 달리 부른 말이다.

운근[163]을 깎고 다듬어 화각을 이루었고　　斲琢雲根成畫閣
화고[164]를 펼치고 베풀어 옥서까래 빛내었네　　鋪張華誥煥璇題
원수(元帥) 지낸 사대 동안 요동에서 웅혼하더니　　元戎四世雄遼左
명문가는 천 년토록 농서에서 부끄러워라[165]　　名閥千年愧隴西
석면의 숭정 글자 갈아낼 수 없었을 터이니　　石面崇禎磨不得
무슨 면목으로 뒷날 다시 올려다보았을고　　何顏他日再攀躋

162 쌍으로 솟은 패루 : 조대수의 패루와 함께 세워져 있는 그의 종형제 조대락(祖大樂)의 패루를 아울러 말한 것이다.

163 운근(雲根) : 산에서 채취한 암석을 가리키는 말이다.

164 화고(華誥) : 임금이 내린 훈고(訓誥)를 가리킨 말로, 조대수에게 내린 패루의 글씨들을 가리킨다.

165 원수(元帥)……부끄러워라 : 조대수가 청(淸)나라에 투항한 부끄러움을 한(漢)나라 때 이릉(李陵)에 비긴 것이다. 한나라 때 명장인 이광(李廣)의 손자로 농서 사람인 이릉이 무제(武帝)의 명을 받고 흉노(匈奴)를 토벌하러 갔다가 도리어 흉노에 항복하고 우대를 받았는데, 이에 한나라에서는 그의 처자를 모두 죽였고 그의 문하에 있었던 농서의 사대부들은 모두 그 사실을 부끄러워했다고 한다.《史記 卷109 李將軍列傳》

동관역을 지나 중후소로 가면서 비로소 요동 벌판으로 나오다[166]

過東關驛 向中後所 始出遼野

눈서리 밟으며 유유히 행로를 나아가니	行邁悠悠踏雪霜
사신 수레 어느새 요양을 지나네	星軺倏已度遼陽
하늘은 길게 뻗어 풍운의 기운 끝이 없고	天長不盡風雲氣
벌판은 드넓어 일월의 광채 잔뜩 머무네	野曠偏留日月光
풍광이 큰 볼거리로 삼기에 참으로 좋으니	物色眞堪供大觀
나그네 수심을 이국에서 되레 잊누나	羈愁忘却在殊方
문장이 어찌 강산의 도움이 아니겠는가	文章豈是江山助
절로 경거가 있어 금낭에 가득하다네[167]	自有瓊琚滿錦囊

166 동관역을……나오다 : 이 작품은 이계가 1782년(정조6) 동지 겸 사은사 부사로 연경에 가는 사행 여로 중 영원성(寧遠城)에서 나와 동관역을 지나 중후소로 가면서 그 풍광을 읊은 시이다. 동관역은 영원성 서남쪽 60리 지점에 있는 곳으로 명(明)나라 때 처음 역을 설치하고 성을 쌓아 방어소로 삼았다. 중후소는 영원성 서남쪽 80리 지점에 있는 성으로 역시 명나라 때 설치한 것이다. 이계가 사신으로 오기 몇 해 전인 1778년(정조2)에 중수(重修)되었다. 순치제(順治帝)가 즉위한 이후 이곳에서 명나라 병사와 전투하여 대승을 거둔 곳이다. 《欽定盛京通志 卷30 城池2 錦州府 寧遠州》 평성 '양(陽)' 운의 측기식 수구용운체 칠언율시이다.

167 문장이……가득하다네 : 강산의 도움을 받는다는 것은 산수의 풍경이 사람의 시흥(詩興)을 돋우어 좋은 시를 짓게 한다는 말이다. 당(唐)나라 시인 장열(張說)이 악주(岳州)로 귀양 간 뒤에 시가 더욱 좋아지자, 사람들이 "강산의 도움을 받았다.〔得江山助〕"라고 말했다는 고사에서 온 것이다. 《新唐書 卷125 張說列傳》

경거는 보옥(寶玉)으로, 《시경》 〈위풍(衛風) 목과(木瓜)〉에 "나에게 목과를 던져주기에, 경거로써 보답하였다.〔投我以木瓜, 報之以瓊琚.〕"라고 한 데서 온 말인데, 훌륭한 시문을 가리키는 말이다. 금낭은 시고(詩稿)를 넣어두는 주머니란 뜻으로, 당(唐)나라 때 천재 시인 이하(李賀)는 날마다 나귀를 타고 다니며 노닐었는데, 항상 노복의 등에 비단 주머니〔錦囊〕를 지워 따르게 하다가, 좋은 시상이 떠오를 때마다 곧장 시를 지어 그 주머니에 담았다는 고사가 전한다.《新唐書 卷203 文藝列傳下 李賀》

요동 풍속 40운[168]

遼俗四十韻

아흐레 요동 벌판 지나노라니 九日行遼野
산하의 풍광 보기도 좋을시고 山河好眺瞻
한나라 변경 북쪽으로 개척되었고 漢邊曾北拓
요 임금 교화 동쪽으로 흘러왔으리 堯化想東漸
천지의 광대함 비로소 알겠고 始識乾坤大
세월의 장구함 까맣게 잊겠네 渾忘日月淹
얼음물 마심[169]에 어찌 고생 꺼리며 飮氷寧憚苦
눈발 날림에 어찌 몸 젖음 근심하랴 飛雪豈憂霑
길 미끄러워 수레바퀴 멈출 수 없고 路滑無停轍
바람 드높아 휘장 내릴 수 없네 風高不下幨
구름은 흙먼지와 잇닿아 모두 컴컴하고 雲連塵共暗
하늘은 땅과 착 달라붙어 있네 天與地相黏
강물은 천 가닥 띠처럼 흩어져 흐르고 水散千條帶
산은 한 점 뾰족한 봉우리 없어라 山無一點尖

168 요동 풍속 40운 : 이 작품은 이계가 1782년(정조6) 동지 겸 사은사 부사로 연경에 가는 사행 여로 중 요동 지역을 지나면서 그 풍속을 읊은 시이다. 요동의 지세와 민간의 풍속, 물산의 풍부함과 풍요로움을 읊었다. 평성 '염(鹽)'운의 고체시(古體詩)이다.

169 얼음물 마심 : 사신 임무를 수행함을 가리킨다. 《장자(莊子)》 〈인간세(人間世)〉에 "오늘 아침에 내가 사신으로 가라는 명령을 받고는 속이 달아올라 저녁 때 얼음물을 마셨다.〔今吾朝受命而夕飮氷.〕"라고 하였다.

과보(夸父)는 양쪽 변경을 헤매고 夸夫迷兩戒
중화는 서쪽 엄자산(崦嵫山)에서 실수했네[170] 和仲失西崦
기러기 날개는 무리를 떠나기 어려우나 雁翮難奔陣
매의 눈동자는 가는 실도 살필 수 있네[171] 鷹眸可察纖
봄 들어 진흙길 걱정스러우나 入春憂淤淖
여름에는 찌는 더위 멀리 한다네[172] 當夏遠蒸炎
기후가 이리저리 변화 많으니 氣候紛多變
흐리고 갬을 누가 미리 점칠 수 있으랴 陰晴孰預占

170 과보(夸父)는……실수했네 : 과보는 전설상의 인물로, 태양을 잡으러 따라가다가 8일 만에 목이 말라 하수(河水)와 위수(渭水)에서 물을 다 마시고, 그것으로 부족하여 북쪽 대택(大澤)으로 물을 마시러 가다가 도착하기 전에 죽었다고 한다.《山海經 海外 北經》 원문의 '양계(兩戒)'는 남북 산하의 계한(界限)으로, 변방을 가리키는 말이다.《신당서(新唐書)》 권31 〈천문지(天文志)〉에 "천하 산하의 형상이 두 경계가 있으니 북으로는 융적(戎狄), 남으로는 만이(蠻夷)를 경계로 한다."라고 하였다. 변경을 헤맨다는 것은 과보가 남북을 분간하기 어려울 정도로 요동 땅이 넓다는 뜻이다. 화중은 요(堯) 임금의 신하로, 서쪽과 가을의 일을 담당하였다.《서경》〈우서(虞書) 요전(堯典)〉에 "화중에게 나누어 명하여 서쪽에 머물게 하시니, 매곡이라 하는 곳이다. 들어가는 해를 공경히 전송하여 가을 수확을 고르게 한다.〔分命和仲宅西, 曰昧谷, 寅餞納日, 平秩西成.〕"라고 하였다. 엄자산은 전설 속의 해가 져서 들어가는 산이다.《초사(楚辭)》〈이소(離騷)〉에, "내가 희화에게 명하여 해지는 속도 늦추게 하고, 엄자산 바라보며 가까이 가지 못하게 했네.〔吾令羲和弭節兮, 望崦嵫而勿迫.〕"라고 하였다. 중화가 실수했다는 것은 요동 땅이 드넓어 해가 늦게 지는 것을 가리킨 말이다.

171 기러기……있네 : 이계 자신은 사행단의 일원이라 무리를 벗어나 이곳저곳을 두루 살필 수 없지만, 매와 같이 날카로운 시선으로 요동의 풍속을 관찰할 수 있다는 말이다.

172 봄……한다네 : 북방의 특성상 봄이 되면 눈이 녹아 길이 질척해지지만 여름에 찌는 듯한 더위는 없다는 말이다.

곧고 방정한 땅은 두터움으로 만물을 실어내고　直方能厚載
넓고 짠 바다는 겸손한 데로 흐르지 않네[173]　廣斥不流謙
원기가 아득하게 쌓이고　元氣茫茫積
새로운 양기가 점점 더해지네　新陽冉冉添
하늘의 별에서는 미와 두의 분야이고[174]　天星分尾斗
땅의 보배로는 조류와 어류가 풍부하네　地寶富飛潛
풍속은 중화와 오랑캐가 반반이고　風俗華夷半
생활은 물과 뭍을 겸하였네　生涯水陸兼
평원의 밭에는 촉서 키우기 적합하고[175]　平田宜蜀黍

173 곧고……않네 : 요동의 지세를 설명한 것으로, 요동 벌판이 곧고 방정하게 펼쳐져 있어서 만물이 그 안에서 넉넉히 살아가고, 드넓고 풍요로운 바다를 접하고 있다는 말이다. 《주역》 〈곤괘(坤卦) 육이(六二)〉에 "곧고 방정하고 크니, 익히지 않아도 이롭지 않음이 없다.〔直方大, 不習, 无不利.〕"라고 하였으며, 〈곤괘 단전(彖傳)〉에 "땅의 두터움이 만물을 실으니 그 덕이 하늘의 무궁함에 합한다.〔坤厚載物, 德合无疆.〕"라고 하였다. 광척(廣斥)은 바닷가를 가리키는 말로 '척(斥)'은 염분이 있는 갯벌을 뜻한다. 《서경》 〈하서(夏書) 우공(禹貢)〉에, "바닷가는 드넓고 갯벌이다.〔海濱廣斥.〕"라고 하였다. 겸손한 데로 흐른다는 것은 부족하고 낮은 부분을 보충해 준다는 뜻으로, 《주역》 〈겸괘(謙卦) 단전〉에 "하늘의 도는 가득 찬 것을 이지러지게 하고 겸손한 것을 더해주며, 땅의 도는 가득 찬 것을 변하게 하고 겸손한 데로 흐른다.〔天道虧盈而益謙, 地道變盈而流謙.〕"라고 하였다. 겸손한 데로 흐르지 않는다는 것은 드넓은 바다가 모든 것을 가득 받아들이기만 한다는 말이다.

174 하늘의……분야이고 : 요동은 별자리 분야에서 석목(析木)의 자리에 해당하는데, 이는 별자리에서 미성(尾星) 10도에서부터 두성(斗星) 11도까지이다. 《漢書 卷21下 律曆志》

175 평원의……적합하고 : 홍대용(洪大容)의 《담헌서(湛軒書)》 외집(外集) 권10 〈연기(燕記) 음식(飮食)〉에, "산해관 동쪽은 전부 밥쌀이 소미(小米)와 촉서이다."라고 하였으며, 이외 여러 연행록에서 요동 지방에서는 촉서가 주곡(主穀)임을 밝히고

먼 배는 제 땅 소금 싣고 있기도 하네	遠船或齊鹽
집들은 모두 벽돌을 사용해 지었고	築室皆甎甓
자리는 전부 갈대로 만들어 깔았네	鋪筵盡葦蒹
해를 향해 넓은 들창을 내고	向明穿廣牖
화재 막으려 높은 처마를 올렸네	防火抗高簷
길 양쪽으로 상점이 열려 있고	夾路開商店
용거[176]는 골목에 세워두었네	容車植巷閻
어깨 양쪽 통에 샘물 길어 담고	汲泉肩兩桶
손에 긴 낫 들고 조를 베네	刈粟手長鎌
턱으로 지시하듯 쉽게 말을 부리고	馭馬同頤指
코뚜레 하지 않고도 소를 모네	驅牛不鼻箝
손님을 예우할 때는 먼저 차를 올리고	禮賓先進茗
부처에 기도할 때는 항상 제비를 뽑네	禱佛每抽籤
말을 들어봄에 귀가 전부 들리지 않아	聞語耳全褎
사람을 만나면 헛소리 듣는 듯했네[177]	逢人聽似譫
옛날의 흰 돼지는 없고[178]	豕無前代白

있다. 촉서는 수수이다.

176 용거(容車) : 부녀자가 타는 작은 수레를 가리킨다.

177 말을……듯했네 : 요동 지방의 말을 잘 알아들을 수 없었다는 말이다. 원문의 '유(褎)'는 귀가 막혀서 그저 빙그레 웃기만 하는 모양을 가리킨다. 《시경》〈패풍(邶風) 모구(旄丘)〉에 "숙이여, 백이여, 아무 소리도 듣지 못한 양 웃고만 있네.〔叔兮伯兮, 褎如充耳.〕"라고 하였다.

178 옛날의……없고 : 옛날에 요동의 어떤 사람이 자기 집 돼지가 머리가 하얀 새끼를 낳자 특이하게 여겨 이 돼지를 황제에게 바치려고 길을 떠났는데, 하동(河東)에 이르러

예전부터 검은 옷 입었네 衣自向時黔
옷깃은 고리를 엇걸어 매었고 襟袵交環結
국과 밥은 젓가락으로 떠먹네 羹飧挾箸擣
연자방아는 사람의 힘을 덜어 주고 驢磨人力省
구리그릇은 금지하는 법이 엄하네[179] 銅器禁條嚴
화캉(火炕)에는 검은 의자 둘러 있고[180] 土炕環烏椅
금니[181]가 채색 화장대에 펼쳐져 있네 金泥列畫奩
여자 아이들은 모두 전족(纏足)을 하였고 女兒皆束趾
남자들은 수염만 남겨 두었네[182] 男子但留髯
물색이 비록 옛날과 다르지만 物色雖非古
풍요에서 또한 풍속을 엿볼 수 있네[183] 風謠亦可覘

뭇 돼지들이 모두 하얀 것을 보고는 부끄러워하며 도로 돌아갔다는 '요동백시(遼東白豕)'의 고사를 원용한 것이다. 《後漢書 卷33 朱浮列傳》 옛 고사에서 말하던 것과는 달리 요동에 흰 돼지가 보이지 않는다는 뜻이다.

179 구리그릇은……엄하네 : 구리는 화폐를 주조하는 재료이므로, 구리로 그릇을 만드는 것을 금했다는 말이다.

180 화캉(火炕)에는……있고 : 화캉은 중국 북방의 온돌을 가리킨다. 우리나라처럼 방바닥 전체를 구들로 깐 것이 아니라 침실에 벽돌과 나무 등으로 침대 모양의 온돌을 만들었다. 김정중(金正中)의 《연행록(燕行錄)》에, "집안에 벽돌을 쌓아 높이가 한 자 남짓하고 길이가 한 길 못 되게 온돌을 만드는 것인데 그 이름을 캉(炕)이라 하며, 온돌 밖에는 벽돌을 깔고 벽돌 위에 의자를 놓아둔다. 그 사람들은 방바닥에 앉는 법이 없고, 의자에 기대거나 온돌 끝에 발을 뻗고 걸쳐 앉는다."라고 한 것이 보인다.

181 금니(金泥) : 금가루를 아교에 푼 물질을 가리킨다.

182 남자들은……두었네 : 변발(辮髮) 풍속을 형용한 것이다.

183 풍요에서……있네 : 고대에는 백성들의 민요를 채집하여 그 지역의 정치와 백성의 풍속을 관찰하였다.

심양은 대도회지라 瀋陽大都會
병사들 씩씩한 무사들[184]이네 兵力壯韜鈐
삼경[185]의 방비가 중요하니 管鑰三京重
아문과 오부[186] 다 갖춰져 있네 衙門五部僉
거리는 말발굽과 수레로 꽉 찼고 街衢咽蹄轂
시전에는 은화와 비단 쌓여 있네 廛市堆銀縑
행궁에는 황금 편액 걸렸고 行殿黃金牓
높은 누각에는 팔각 주렴 걸렸네 高樓八角簾
거울은 휘황찬란 달빛을 머금었고 輝煌含月鏡
주막 깃발은 펄럭펄럭 바람에 나부끼네 旖旎動風帘
하인들도 모두 준마를 타고 厮隷皆乘駿
빈한한 집도 띠집이 아니네 寒廬不蓋苫
강성함은 진실로 대적할 곳 없고 强哉信無敵
부유함이 어찌 청렴함을 손상시키랴 富矣豈傷廉
약소국이 동쪽에 이웃해 있으니 弱國鄰東徼
말을 공손히 하며 작은 혐의도 없애려 하네 卑辭略小嫌
태평성세 온 천하가 내외 없이 누리니 昇平無內外

184 무사들 : 원문의 '도검(韜鈐)'은 고대의 병서인 《육도(六韜)》와 《옥검편(玉鈐篇)》의 병칭으로 무장(武將)을 가리키기도 한다.

185 삼경(三京) : 청나라는 요동 지방의 심양(瀋陽)을 성경(盛京), 요양(遼陽)을 동경(東京), 건주(建州)를 흥경(興京)이라 하고 이를 관외삼도(關外三都)라 불렀다.

186 아문(衙門)과 오부(五部) : 아문은 상급 관청을 가리키고, 오부는 이부(吏部)를 제외한 병호예형공(兵戶禮刑工)의 다섯 부서를 가리킨다. 청나라가 일어선 근거지인 만주 지역의 삼경 중앙에 준하는 관서를 두어 중시한 것을 말한다.

문무 관원들 오랫동안 즐기며 쉬는구나　　文武久嬉恬
장사들은 활쏘기 말타기 소홀히 하고　　壯士疏弓馬
훌륭한 재주 지닌 이들은 문필만 잘하네[187]　　奇才老硏槧
풍속 관찰함에 경계하고 성찰할 것 많으니　　觀風多警省
붓을 움직여 잠언(箴言)을 부치노라　　揮筆寓箴砭

187 약소국이……잘하네 : 이 부분은 요동의 부강한 풍속에 대비하여 조선의 현실을 비판한 것이다.

산해관 팔영[188]

山海關八詠

만 리 드높은 성곽이 황제 있는 곳 옹위하니 萬里崇墉擁帝居
영가[189]에는 이 거대한 성문 있다네 嬴家有此大門閭
강토는 북쪽으로 화이의 경계까지 개척하고 坤維北拓華夷界
천참은 동쪽으로 발해(渤海)와 갈석(碣石) 기슭까지 삼켰네[190]
天塹東呑渤碣墟

188 산해관 팔영 : 이 작품은 이계가 1782년(정조6) 동지 겸 사은사 부사로 연경에 가는 사행 여로 중 산해관에서 지은 시이다. 산해관은 하북성(河北省) 임유현(臨楡縣)에 있는 관문 이름으로, 만리장성의 동쪽 기점이다. 유관(楡關) 또는 임유관(臨渝關)이라고도 하며, 예부터 '천하제일관(天下第一關)'이라 일컬어지는 천혜의 요새이다. 이 작품은 칠언율시 8수로 구성되었다. 1수는 평성 '어(魚)'운으로 산해관의 이점과 건립 의의를 말하였다. 2수는 평성 '동(東)'운으로 천하의 주인이 여러 번 바뀌어 산해관을 세웠던 명나라도 이제는 사라지고 지금은 또 청나라로 바뀐 사실을 말하였다. 3수는 평성 '산(刪)'운으로 천혜의 요새인 산해관이 오삼계(吳三桂)의 반역으로 부질없이 열린 사실과 안타까운 감정을 서술하였다. 4수는 평성 '동(冬)'운으로 산해관 지역의 습속을 말하였다. 5수는 평성 '경(庚)'운으로 당(唐)나라가 고구려를 정벌하느라 고생한 사적을 말하고 전쟁보다는 문치에 의한 평화를 역설하였다. 6수는 평성 '회(灰)'운으로 산해관의 성대한 풍물을 말하였다. 7수는 평성 '마(麻)'운으로 먼 이역 산해관에서 느끼는 객수(客愁)를 술회하였다. 8수는 평성 '증(蒸)'운으로 선비는 모름지기 천하를 유람하여 견문을 넓혀야 함을 말하였다.

189 영가(嬴家) : 만리장성(萬里長城)을 건설한 진시황(秦始皇)의 성(姓)이 영씨(嬴氏)이므로 이렇게 말한 것이다.

190 천참(天塹)은……삼켰네 : 천참은 천연적인 참호라는 뜻으로, 여기서는 만리장성을 가리킨 것이다. 발해와 갈석은 만리장성의 동쪽 시작점이다.

요계[191]는 지금 중국 판도(版圖) 안으로 돌아오고 遼薊至今歸版籍
한당은 예전처럼 수레와 글씨 통일했네[192] 漢唐依舊混車書
문인들은 이 성 세우느라 헛수고했다 비웃지 말라 詞人莫笑勞虛築
영웅의 계책 끝내 엉성하지 않나니[193] 終是英雄計不疏

유주(幽州)와 청주(青州) 분할한 것 우 임금 때부터이니[194]
宰割幽青自禹功

191 요계(遼薊) : 요동(遼東)과 계주(薊州)이다. 계주는 하북성(河北省)의 동북 지역을 가리킨다.

192 한당(漢唐)은……통일했네 : 한당은 한나라와 당나라로 여기에서는 중원을 가리킨다. 중원이 청(淸)나라에 의해 통일되어 같은 규격의 수레와 같은 글씨를 쓰고 있다는 말이다. 《중용장구(中庸章句)》 제28장에 "지금 온 천하가 같은 수레를 타고 같은 문자를 쓰게 되었다.〔今天下車同軌書同文.〕"라고 하였다.

193 문인들은……않나니 : 사람들이 흔히 만리장성을 축성하느라 백성들의 원망을 쌓아 진(秦)나라가 멸망했다고 말하고 중원의 여러 왕조가 이민족의 침입을 받을 때 산해관이 아무런 도움이 되지 못했다고 하지만, 진나라나 여러 왕조가 멸망한 것은 단지 잘못된 정사 때문이지 만리장성 탓이 아니며, 오히려 중원을 차지한 자는 만리장성을 경계로 삼아 든든한 방비책으로 삼았다는 말이다. 여기에서 영웅은 산해관의 건설을 명한 명나라 태조 주원장(朱元璋)을 가리킨다. 이러한 이계의 관점은 권13 〈산해관기(山海關記)〉에 자세하다.

194 유주(幽州)와……때부터이니 : 유주는 현재의 북경(北京)과 천진(天津) 일대 및 하북성 북부와 요녕성(遼寧省), 길림성(吉林省) 일부에 걸친 지역이고, 청주는 현재의 동남부를 제외한 산동성 일대에 걸친 지역이다. 이 두 지역은 천하를 아홉 구역으로 나눈 구주(九州) 가운데 하나이다. 구주는 하(夏)나라 우(禹) 임금이 처음 나누었다고 전해지는데, 그 지역은 문헌에 따라 조금씩 다르다. 《서경》 〈하서(夏書) 우공(禹貢)〉에서는, 기(冀)·연(兗)·청(靑)·서(徐)·형(荊)·옹(雍)·예(豫)·양(揚)·양(梁)이라 하였고, 《주례(周禮)》 〈하관(夏官) 직방(職方)〉에서는 서(徐)·양(梁)을

천자의 강역은 연주(燕州) 동쪽 끝까지이네　皇王封域盡燕東
송나라는 끝내 하북 땅 거두지 못했더니　宋人竟未收河北
원나라는 거리낌 없이 천하 중앙에 자리 잡았네[195]　元氏公然宅土中
하늘의 역수 홍무제[196]에게 마침내 돌아가니　曆數終歸洪武帝
중원의 산하 한번 갑옷 걸침에 크게 정해졌어라　山河大定一衣戎
백 년 세월 세계가 뜬구름처럼 변하니[197]　百年世界浮雲變
높다란 성만 반공에 우뚝이 서 있구나　惟有高城屹半空

원훈 서중산[198]의 장쾌한 자취　元勳壯迹徐中山
천하제일관을 드높이 열었네　天下高開第一關
만 개의 치첩(雉堞) 허공 날 듯 귀신같은 솜씨로 설치하니
萬雉翔空如鬼設
날아가던 기러기도 날개 접고 앉거늘 끝내 누가 오르랴
飛鴻折翼竟誰攀

빼고 유(幽)·병(幷)을 넣었으며, 《이아(爾雅)》〈석지(釋地)〉에서는 청(青)·양(梁)을 빼고 유(幽)·영(營)을 넣었다.

195 송(宋)나라는……잡았네 : 오대십국(五代十國) 시기 후진(後晉)의 석경당(石敬瑭)이 후당(後唐)을 물리치기 위해 거란 군대의 도움을 받는 조건으로 하북 지방의 연운(燕雲) 16주를 할양한 이후로 송나라가 천하를 통일하고서도 이곳을 수복하지 못했다. 후에 원나라가 천하를 통일하고 지금의 북경에 대도(大都)를 건설하였다.

196 홍무제(洪武帝) : 명나라를 건국한 태조 주원장으로 홍무는 그의 연호이다.

197 백……변하니 : 이계가 사신으로 가는 시점으로부터 약 백 년 전에 천하의 주인이 한족(漢族)의 명나라에서 여진족의 청나라로 바뀌었음을 말한 것이다.

198 서중산(徐中山) : 중산왕(中山王)에 봉해진 서달(徐達)이다. 많은 전공을 세우고 명나라의 개국공신이 되었는데 산해관은 그가 처음 세운 것이라고 전해진다.

하루아침에 금어[199]가 부서짐을 갑작스레 보고　一朝忽見金魚碎
한밤중에 철마가 주춤거림[200]을 놀라며 들었네　中夜驚聞鐵馬班
오가 녀석[201]이 함부로 적을 끌어들이지 않았더라면　不有吳兒輕引敵
서호의 운기[202]가 혹 다시 돌아왔으려나　西湖雲氣或重還

환공은 북쪽으로 정벌하여 고죽까지 이르고[203]　桓公北伐至孤竹

199 금어(金魚) : 금어쇄(金魚鎖)로 물고기 모양으로 된 성문 및 궁문의 자물쇠를 가리킨다.

200 주춤거림 : 원문의 '반(班)'은 주춤거리면서 앞으로 나아가지 못하는 모양을 뜻한다. 《주역》〈둔괘(屯卦) 육이(六二)〉에 "말을 타니 주춤거리네.〔乘馬班如.〕"라고 하였다.

201 오가 녀석 : 산해관을 열고 청나라 군대를 끌어들인 오삼계(吳三桂)를 가리킨다. 1644년 이자성(李自成)이 반란을 일으켜 북경을 점령하였는데, 당시 오삼계는 산해관을 지키며 청과 대치하고 있었다. 그러나 북경이 함락되고 숭정제(崇禎帝)가 자살했다는 소식이 전해지자 청군과 결탁하여 북경을 탈환하였고, 이후 청의 중국 진출에 도움을 주어 평서왕(平西王)에 봉해졌다.

202 서호(西湖)의 운기(雲氣) : 명나라가 다시 흥성할 기운을 가리킨다. 주원장을 도와 천하를 통일해 명나라를 개국하고 성의백(誠意伯)에 봉해진 유기(劉基)가 젊을 때 서호에서 노닐던 중 오색구름이 서북쪽에서 일어나 그 광채가 호수를 비추는 것을 보았는데, 함께 있던 사람들은 경운(慶雲)이 나타났다고 하면서 운자를 나누어 시를 지으려 하였다. 그러나 유기만은 술을 마시면서 큰 소리로 "이것은 천자의 기운이다. 금릉(金陵)에서 십 년 뒤에 왕자(王者)가 일어날 것인데 내가 그를 보좌하게 될 것이다."라고 하였다. 《誠意伯文集 卷20 故誠意伯劉公行狀》

203 환공(桓公)은……이르고 : 환공은 춘추(春秋)시대 제(齊)나라 환공이다. 《국어(國語)》〈제어(齊語)〉에, "북쪽으로 산융(山戎)을 토벌하여 영지(令支)를 격퇴하고 고죽을 치고서 남쪽으로 돌아오니, 바닷가의 제후들이 감히 복종하지 않는 자가 없었다."라고 하였다. 산융은 북쪽 오랑캐의 명칭이며, 영지는 산융의 속국으로 지금의 하북성 난현(灤縣)과 천안(遷安) 사이에 있었다. 고죽은 영지의 지명으로 지금의 하북성

무제는 동쪽으로 순수하여 대종에 제사 지냈네[204] 武帝東巡禮岱宗
큰 두건 쓴 신인을 누가 다시 알아볼까[205] 大幘神人誰復識
우의 입은 선인은 끝내 만나기 어려워라[206] 羽衣仙子竟難逢
유세는 마침내 연나라와 제나라의 습속이 되었으나 游談遂化燕齊俗
호걸들은 아직도 왕패의 자취 전하네 豪俠尙傳王覇蹤
더군다나 말 달리고 활쏘기 좋아하는 유풍이 있어 況是遺風好馳射
이곳 백성들 농사에 다시 힘쓰지 않네 居民不復力耕農

당나라 문황제[207]가 옛날 동쪽 정벌할 때 唐文皇帝昔東征
황월[208] 들고 친히 천책병[209] 이끌었네 黃鉞親將天策兵

노룡현(盧龍縣) 남쪽에 있었다.

204 무제(武帝)는……지냈네 : 무제는 한(漢)나라 무제이며, 대종은 태산(泰山)을 가리킨다. 한나라 무제 원봉(元封) 원년(기원전 110)에 무제가 태산에 올라 봉선(封禪) 의식을 거행하였다. 《漢書 卷6 武帝紀》

205 큰……알아볼까 : 어떤 고사를 가리키는지 미상이다.

206 우의(羽衣)……어려워라 : 선인(仙人)을 다시 만날 수 없다는 말이다. 전설에 당 현종(唐玄宗)이 꿈에 월궁(月宮)에 올라가 선녀들이 무지갯빛 치마와 새털로 된 하얀 옷을 입고 춤추고 노래하는 것을 보았는데, 그 곡을 물으니 〈예상우의(霓裳羽衣)〉라 하였다. 깨어나 이를 본떠서 〈예상우의곡(霓裳羽衣曲)〉과 〈예상우의무(霓裳羽衣舞)〉를 만들었다고 한다.

207 당(唐)나라 문황제(文皇帝) : 당나라 태종(太宗) 이세민(李世民)이다. 문황제는 당 태종의 시호인 문무대성황제(文武大聖皇帝)의 약칭이다.

208 황월(黃鉞) : 전쟁에 나갈 때 주장(主將)이 드는 누런 도끼이다. 《여씨춘추(呂氏春秋)》 〈불구(不苟)〉에 "무왕(武王)이 왼손에는 백우(白羽)를 들고 오른손에는 황월(黃鉞)을 들었다."라고 하였다.

마침내 지존의 몸으로 먼 변방에 임했더니 遂以至尊臨絶塞
어찌 만승천자가 외로운 성에서 곤욕 당할 줄 알았으랴[210] 寧知萬乘困孤城
방현령(房玄齡)은 죽기 직전 글을 남겨 간언하고[211] 玄齡垂死留書諫
설인귀(薛仁貴)는 목숨 아끼지 않고 말 몰아 적을 맞았네[212] 仁貴捐生躍馬迎

209 천책병(天策兵) : 당나라 태종 이세민이 황제로 즉위하기 전 진왕(秦王)으로 있을 때 천책부상장군(天策府上將軍)에 책봉되어 천책부 안에 막강한 병력을 두었다. 천책병은 바로 이세민의 정예 친위군을 가리킨 것이다. 《舊唐書 卷1 高祖本紀》

210 마침내……알았으랴 : 당 태종 이세민이 고구려 정벌에 나섰다가 안시성(安市城)에서 참패를 당한 것을 가리킨 말이다.

211 방현령(房玄齡)은……간언하고 : 방현령(579~648)은 당 태종 때의 재상이다. 이름은 교(喬)이고 현령의 그의 자(字)이지만 보통 방현령으로 더 많이 불린다. 수(隋)나라에서 진사가 되었으나 당나라에 귀의하여 태종 원년(626)에 중서령이 되고 개국공(開國公)에 봉해졌으며, 후에 위국공(魏國公)과 양국공(梁國公)에 봉해졌다. 15년 동안 재상의 자리에 있으면서 두여회(杜如晦)와 함께 현상(賢相)이라는 칭송을 받았다. 당 태종이 고구려 정벌에 실패하고도 미련을 버리지 못하자 그가 임종 때 표문(表文)을 올려 더 이상 고구려 정벌에 나서지 말 것을 극언(極言)하였다. 《舊唐書 卷66 房玄齡列傳》

212 설인귀(薛仁貴)는……맞았네 : 설인귀(614~683)는 당나라의 장수로 고구려 보장왕 4년(645), 당 태종이 고구려를 공격할 때 군졸로 응모했다가 안시성에서 공을 세워 유격장군(遊擊將軍)으로 발탁되었다. 보장왕 25년(666)에 연개소문이 죽고 그 장남 연남생(淵男生)이 아우들에게 쫓겨 당나라에 원병을 청하자 좌무위장군(左武衛將軍)으로 다시 고구려를 침략하여 고구려를 멸망시켰다. 설인귀가 처음 일개 군졸로 1차 고구려 정벌에 참전했을 때, 낭장(郎將) 유군앙(劉君昻)이 고구려 병사들에게 포위되어 사세가 위급하자 설인귀가 말을 몰아 재빨리 앞으로 달려나가 고구려 장수의 목을 베고 그 목을 말안장에 매달고 돌아왔는데, 이 일로 설인귀의 무용(武勇)이 알려져

예로부터 명군들이 먼 지방 정벌 힘썼으나 從古明王勤遠略
높은 곳에서 팔짱 끼고 태평 누리는 것만 못하다네 不如高拱享升平

행궁[213]의 높은 누각 찬란하게 우뚝 솟아 있고 行宮飛閣鬱崔嵬
풍물들 성대하게 눈 안 가득 들어온다 風物森然滿眼開
산은 진나라 황제 돌 채찍질 한 물에서 끊어지고[214] 山斷秦皇鞭石水
구름은 요나라 황후 단장한 누대에 비껴 있네[215] 雲橫遼后洗粧臺
수레 가득 사슴뿔은 길림의 공물이요 盈車鹿角吉林貢
지붕 모양 낙타는 사막에서 온 것이라 如屋槖駝沙漠來
팔방을 포괄하고 고금을 초월하니 包擧八荒超往古
천하 경영은 출중한 재주라야 해내리 經營應仗出群才

높은 누대에서 멀리 바라보며 황화를 추억하니[216] 高樓極望憶皇華

장수로 발탁되었다. 《舊唐書 卷83 薛仁貴列傳》

213 행궁(行宮) : 산해관 안에는 황제들이 순행할 때 머무는 행궁이 있었다.

214 산은……끊어지고 : 산해관 주변 산맥이 바다에 이어진 모습을 형용한 것으로 진시황(秦始皇)의 석교(石橋) 고사를 사용하였다. 옛날 진시황이 동해에 바윗돌로 징검다리를 놓아 바다를 건너가서 해가 뜨는 곳을 보려고 하자, 신인(神人)이 나타나서 바위를 바다로 몰고 갔는데 빨리 가지 않는 돌은 채찍질을 하였으므로 바윗돌이 모두 피를 흘리며 붉게 변했다고 한다. 《三齊略記》

215 구름은……비껴 있네 : 산해관이 북경과 멀지 않아 구름이 북경으로 이어져 있음을 형용한 것이다. 북경의 경산(景山) 부근에 소장대(梳妝臺)라는 고적(古蹟)이 있는데, 요나라가 연경을 차지하였을 때 요나라의 소태후(蕭太后)가 화장하던 곳이라고 한다. 《野獲編》《遼史拾遺 卷14》

216 황화(皇華)를 추억하니 : 사명(使命)을 받고 도성을 떠나면서 임금의 전송을 받

안팎으로 뻗은 산하[217]에 자줏빛 노을 비치네	表裏山河映紫霞
해내의 신주에는 전사가 동일한데[218]	海內神州同傳舍
중원은 오늘날 누구의 차지 되었는고	域中今日是誰家
누른 국화 핀 옛 수자리로 사신이 멀리서 오고	黃花古戌行人遠
푸른 나무 선 도성[219]으로 역로가 아득하다	綠樹秦京馹路賒
만 리 나그네 유람길에 세밑이 되었는데	萬里羇遊逢歲暮
석양 속 어드메서 슬픈 갈피리 소리 들려오나	夕陽何處又悲笳

서생은 머리 세도록 푸른 빛 등불 마주하고	書生白首對靑燈
책 속에 펼쳐진 산하는 실제로 본 적 없다네	卷裏山河見未曾
가을 강물이 어찌 해약의 경지 엿보랴[220]	秋水詎能窺海若

던 때를 추억한다는 말이다. 황화는 《시경》 〈소아(小雅) 황황자화(皇皇者華)〉에, "휘황찬란한 꽃들이여, 저 언덕과 진펄에 피었구나. 부지런히 내달리는 사나이는, 매번 행여 못 미칠까 염려하네.〔皇皇者華, 于彼原隰. 駪駪征夫, 每懷靡及.〕"라고 한 데서 온 것으로, 이 시는 임금이 외국으로 가는 사신을 전송하면서 위로와 경계를 나타낸 것이다.

217 안팎으로 뻗은 산하 : 안팎으로 큰 산과 큰 강이 둘러 있다는 뜻으로 험한 요해처를 가리킨다. 《춘추좌씨전(春秋左氏傳)》 희공(僖公) 28년 조에 "싸워서 이기지 못한다 하더라도 밖과 안으로 산과 강물이 막고 있으니 반드시 해될 것은 없다.〔若其不捷, 表裏山河, 必無害也.〕"라고 하였다.

218 해내(海內)의……동일한데 : 신주는 전국(戰國)시대 제(齊)나라의 추연(鄒衍)이 중국을 적현신주(赤縣神州)라고 일컬은 이후로 중원을 가리키는 말로 쓰였다. 전사는 객관(客館)으로, 사신이 머무는 객관은 예나 지금이나 변함없이 동일하다는 말이다.

219 푸른……도성 : 당(唐)나라 시인 송지문(宋之問)의 〈아침 일찍 소주를 출발하며〔早發韶州〕〉 시에, "푸른 나무 늘어선 도성 가는 길〔綠樹秦京道〕"이라고 하였다.

여름 벌레와는 겨울 얼음 말하기 어렵네[221] 夏蟲難與語寒氷
용문의 웅장한 필력은 한사마요[222] 龍門筆壯漢司馬
파협의 기이한 시문은 두소릉이라[223] 巴峽詩奇杜少陵
문 밖 나서지 않고 천지우주 어찌 알랴 不出戶庭知六合

220 가을……엿보랴 : 좁은 견문으로는 넓은 견문을 지닌 이의 경지를 알아볼 수 없다는 말이다. 해약은 해신(海神)의 이름이다. 《장자(莊子)》〈추수(秋水)〉에, 가을이 되어 물이 불어나 모든 냇물이 황하로 흘러들어 그 물줄기가 거대해지자 하수의 신인 하백(河伯)이 자신을 대단하게 생각했는데, 바다에 이르러보니 강물과는 비교도 되지 않을 정도로 드넓어 그 끝을 알 수가 없자 해약에게 자신의 어리석음을 토로한 우화가 나온다.

221 여름……어렵네 : 윗 구절과 같은 뜻이다. 《장자》〈추수〉에서 해약이 하백에게, “우물 안 개구리가 바다를 말할 수 없는 것은 우물 안에 매여 있기 때문이고, 여름 벌레가 얼음을 말할 수 없는 것은 여름에만 집착하기 때문이며, 고루한 선비가 도를 말할 수 없는 것은 가르침에 속박되어 있기 때문이다. 지금 그대는 강물에서 나와서 큰 바다를 보고는 곧 그대의 부족함을 알았으니, 그대와 더불어 큰 진리를 말할 만하구나.〔井蛙不可以語於海者, 拘於虛也, 夏蟲不可以語於冰者, 篤於時也, 曲士不可以語於道者, 束於敎也. 今爾出於涯涘, 觀於大海, 乃知爾醜, 爾將可與語大理矣.〕”라고 하였다.

222 용문(龍門)의……한사마(漢司馬)요 : 한사마는 전한(前漢)시대에 《사기(史記)》를 저술한 사마천(司馬遷)을 가리킨다. 사마천은 경제(景帝) 연간에 용문에서 태어나 10여 세에 고문(古文)을 다 익히고, 20여 세에는 천하를 유람하고자 하여 남으로 강회(江淮)·회계(會稽)·우혈(禹穴)·구의(九疑)·원상(沅湘) 등을 유람하고, 북으로 문수(汶水)·사수(泗水)를 건너 제로(齊魯)의 지역에서 강학(講學) 하다가 양초(梁楚) 지역을 거쳐서 돌아왔는데, 이때 얻은 견문으로 명문장가가 되었다고 한다. 《史記 卷130 太史公自序》

223 파협(巴峽)의……두소릉(杜少陵)이라 : 두소릉은 당(唐)나라 때의 유명한 시인 두보(杜甫)이다. 두보는 안록산(安祿山)의 난리를 피해 파촉(巴蜀) 지방으로 피난 가서 수많은 명시를 남겼다.

성인께서도 오히려 태산에 오르셨나니[224] 聖人猶復泰山登

224 성인께서도……오르셨나니 : 《맹자》 〈진심 상(盡心上)〉에, "공자가 동산에 올라가서는 노나라를 작게 여겼고, 태산에 올라가서는 천하를 작게 여겼다. 그러므로 바다를 본 사람에게 다른 물은 물이 되기 어렵고, 성인의 문하에 종유한 사람 앞에서 다른 사람의 말은 말이 되기 어려운 것이다.〔孔子登東山而小魯, 登太山而小天下. 故觀於海者難爲水, 遊於聖人之門者難爲言.〕"라고 하였다.

사호석[225] 영평부 양산에 있다.

射虎石 在永平府陽山

흰 풀과 누른 모래 덮인 우북평　白草黃沙右北平
한나라 비장 이곳에서 활약했네[226]　漢家飛將此橫行
안문에서 제후에 봉해지려는 뜻 펼치지 못하고[227]　雁門未展封侯志
원비[228]는 부질없이 호랑이 쏜 명성만 전하네　猿臂空傳射虎名
천 년 전 영웅의 풍모 바위 표면에 나타나고　千載英風生石面

225 사호석 : 이 작품은 이계가 1782년(정조6) 동지 겸 사은사 부사로 연경에 가는 사행 여로 중 영평부에 있는 사호석을 읊은 시이다. 사호석은 영평부에서 동쪽으로 6, 7리 지점에 있다. 한(漢)나라 때 장수 이광(李廣)이 우북평 태수(右北平太守)로 있을 때, 희미한 달빛 아래 길을 가다가 길옆에 웅크린 채 노려보는 호랑이를 보고 위협을 느껴 온 힘을 다해 활을 당겨 쏘고 가서 보니, 진짜 호랑이가 아니고 큰 바윗돌이었으며, 화살촉은 바위 깊숙이 박혀 있었다고 한다.《史記 卷109 李將軍列傳》 평성 '경(庚)'운의 측기식 수구용운체 칠언율시이다.

226 흰……활약했네 : 이광이 우북평 태수로 오자 흉노가 이 사실을 듣고서 '한나라 비장군(飛將軍)이다.'라고 하면서 수년간 피하여 감히 우북평을 침입하지 못하였다고 한다.《史記 卷109 李將軍列傳》

227 안문(雁門)에서……못하고 : 안문은 한나라 때 흉노와의 접경 지역으로 산서성(山西省) 흔현시(忻州市) 대현(代縣) 현성(縣城) 북쪽이다. 이광이 이곳에서 흉노와 접전하여 패하여 사로잡혔는데, 들것에 실려갈 때 거짓으로 죽은 체하고 있다가 기회를 보아 갑자기 들것에서 뛰어내려서, 말을 타고 가는 적을 밀어뜨리고 말을 빼앗아 남쪽으로 수십 리를 달려와 다시 패잔병을 수습하였다.《史記 卷109 李將軍列傳》

228 원비(猿臂) : 원숭이처럼 팔이 길게 늘어져 무릎 아래까지 내려온다는 뜻이다. 이광은 키가 크고 원숭이처럼 팔이 길어 원비장군으로 불렸다.《史記 卷109 李將軍列傳》

사철 단비는 산의 정령이 우는 것이로다　　四時靈雨泣山精
지금까지도 음우[229]의 흔적 남아 있으니　　至今飮羽痕猶在
희미한 수풀 달빛에 온갖 짐승 놀라네　　林月依微百獸驚

229 음우(飮羽) : 음우는 화살이 깊이 박힌 것을 뜻한다. 《여씨춘추(呂氏春秋)》 〈정통(精通)〉에 "양유기가 외뿔소를 쏘았는데 바위에 맞아서 화살이 깃털까지 박혔다.〔養由基射兕中石, 矢乃飮羽.〕"라고 하였다.

고려보[230]

高麗堡

고려보 아래 잠시 수레 멈추고	高麗堡下暫停車
묻노라 그대들은 언제부터 여기 살았던고	問爾何年此地居
고향땅 아득하니 산해관 바깥이요	鄉國蒼茫山海外
생활은 비슷하니 논농사 방식일세[231]	生涯彷彿水田餘
동풍 부는 백오에 한식이 슬프고[232]	東風百五悲寒食
화표에서 삼천 년 지나 옛터를 꿈꾸리[233]	華表三千夢故墟

230 고려보 : 이 작품은 이계가 1782년(정조6) 동지 겸 사은사 부사로 연경에 가는 사행 여로 중 고려보 마을을 지나며 지은 시이다. 고려보는 오늘날의 하북성 당산시(唐山市) 풍윤(豐潤) 고려포촌(高麗鋪村)으로, 병자호란 당시 포로로 잡혀간 조선인들이 정착해 살면서 형성된 곳이다. 평성 '어(魚)'운의 평기식 수구용운체 칠언율시이다.

231 생활은……방식일세 : 고려보에 조선처럼 논농사를 짓고 있음을 말한 것이다. 김경선(金景善)의 《연원직지(燕轅直指)》 권2 〈출강록(出疆錄) 고려보기(高麗堡記)〉에, "고려보 동리(洞里) 앞에는 수십 묘의 논〔水田〕이 있다. 논이라고는 압록강을 건넌 후 처음 보았는데, 과연 우리나라의 제도와 같았다."라고 하였다.

232 동풍……슬프고 : 동지(冬至)로부터 105일이 지나 봄기운이 도는 때가 한식이므로 한식을 다른 말로 백오절(百五節)이라고도 하였다. 고려보에 사는 조선의 후예들이 한식날에 조선에 있는 선조의 산소에 성묘하지 못하는 슬픔을 말한 것이다.

233 화표(華表)에서……꿈꾸리 : 화표는 55쪽 주63 참조. 정영위는 천 년 만에 고향을 찾은 것으로 되어 있으나, 때로 시구(詩句)에서 오랜 세월이 지난 뒤라는 의미로 삼천 년이라고 쓰기도 한다. 송(宋)나라 때 육유(陸游)의 〈장가행(長歌行〉에, "사람은 화표주에 삼천 년만에 돌아왔네.〔人歸華表三千歲.〕"라고 하였다. 고려보에 사는 조선의 후예들이 살아서는 고향에 돌아가지 못하고 나중에 정영위처럼 학이 되어서라도

남방 음악 연주하려다 되레 얼굴 돌리니[234] 欲操南音還背面
내 감히 긴 말 못하고서 서서 머뭇거리노라 未敢長語立躊躇

선조의 고향에 찾아가리라는 뜻이다.

234 남방……돌리니 : 고려보에 사는 조선의 후예들이 고향을 그리워하다가 슬픈 얼굴빛과 눈물을 감추기 위해 얼굴을 돌린다는 뜻이다. 남방 음악을 연주한다는 것은 고향을 그리워한다는 뜻이다. 이는 다음의 고사에서 온 것이다. 춘추시대 초(楚)나라 악관(樂官)인 종의(鍾儀)가 진(晉)나라에 포로로 잡혀 있었는데, 진나라 혜공(惠公)이 군부(軍府)를 시찰하다가 종의가 묶여 있는 것을 보게 되었다. 그리하여 그의 결박을 풀어 주고 대화를 나눈 뒤 그의 집안이 악관 출신이라는 말을 듣고는, 거문고를 주며 음악을 연주하게 하였다. 그러자 종의가 남방의 음악을 연주하여 고향에 대한 그리움을 나타내었고, 혜공은 범문자(范文子)의 말에 따라 그를 예우하여 고국으로 돌려보내 두 나라의 화목을 도모했다.《春秋左氏傳 成公9年》

계문연수[235]

薊門煙樹

한 폭의 산과 강이 그림과도 같으니	一幅山河似畫圖
천 겹의 안개 서린 나무 멀리 둘러 있구나	千重煙樹遠縈紆
들쑥날쑥 뒤집힌 그림자 때때로 왔다갔다	參差倒影時來往
출렁출렁 맑은 물결 언뜻 나타났다 사라졌다[236]	瀲灩澄波乍有無
야마가 혹 해시를 이루어 내기도 하거니	野馬或能成海市
풍장이 홀연 강호에 가득한 듯하네[237]	風檣忽若滿江湖

235 계문연수 : 이 작품은 이계가 1782년(정조6) 동지 겸 사은사 부사로 연경에 가는 사행 여로 중 연경 근처 계주(薊州)의 승경(勝景)을 읊은 시이다. 계문연수는 연경팔경(燕京八景) 가운데 하나이다. 계문은 연경의 덕승문(德勝門) 밖 서북쪽에 있는 지명으로, 이곳에 연기와 안개 속에 한 줄기 긴 숲이 수백 리 밖에 은은히 비쳐 보이는데, 멀리서 바라보면 뚜렷이 구름 낀 나무와 같다가 바싹 가서 살펴보면 아무것도 보이지 않아 마치 신기루(蜃氣樓)가 일어났다가 공중에서 없어지는 것과 같다고 한다.《陶谷集 卷29 庚子燕行雜識》 참고로 나머지 일곱 가지 승경은 거용관(居庸關)의 중첩된 푸른 산〔居庸疊翠〕, 옥천에 드리운 무지개〔玉泉垂虹〕, 태액지의 가을바람〔太液秋風〕, 경도의 봄철 꽃나무 그늘〔瓊島春陰〕, 서산에 쌓인 눈〔西山積雪〕, 노구교의 새벽달〔蘆溝曉月〕, 금대의 낙조〔金臺夕照〕로, 이상은 청(淸)나라 손승택(孫承澤)의《춘명몽여록(春明夢餘錄)》에 보인다. 평성 '우(虞)'운의 측기식 수구용운체 칠언율시이다.

236 들쑥날쑥……사라졌다 : 거꾸로 된 형상으로 아른거리는 계문연수의 신기루를 형용한 것이다.

237 야마(野馬)가……듯하네 : 계문연수의 신기루를 형용한 말이다. 야마는《장자(莊子)》〈소요유(逍遙遊)〉에 보이는데, 공기 중에 떠도는 야생마 같은 기운이라는 뜻으로 아지랑이를 가리킨다. 해시는 바다 위에 나타나는 신기루를 가리킨다. 풍장은

어양[238]은 예로부터 황량한 변경으로 일컬어지더니 漁陽自古稱荒塞
신령스런 기운이 황도에 가까이 있어서가 아니겠는가
莫是靈華近帝都

돛단배를 가리키는 말이다.

238 어양(漁陽) : 계주(薊州)의 옛 명칭이다.

계주 도중에[239]

薊州途中

우 임금 발자취[240] 아득히 눈 안에 들어오니	禹迹芒芒到眼前
구주의 강역이 멀리 바라보는 가운데 둘러 있네[241]	九州疆幅望中圓
연운[242]의 대륙에는 원기가 떠 있고	燕雲大陸浮元氣
해대[243]의 산들에는 아득한 하늘 숨어 있네	海岱諸山隱遠天
상인들 대부분 기북의 말[244]을 탔고	商旅多騎冀北馬
인가는 반나마 계문의 안개[245] 띠었네	人家半帶薊門煙

239 계주 도중에 : 이 작품은 이계가 1782년(정조6) 동지 겸 사은사 부사로 연경에 가는 사행 여로 중 연경 근처의 계주(薊州)의 풍광을 보고 감회를 읊은 시이다. 평성 '선(先)'운의 측기식 수구용운체 칠언율시이다.

240 우(禹) 임금 발자취 : 하(夏)나라 때 우 임금이 천하 구주(九州)를 나누었으므로, 우 임금의 발자취는 곧 중원을 가리킨다. 《書經 夏書 禹貢》

241 구주(九州)의……둘러 있네 : 원문의 '강폭(疆幅)'은 강역과 같은 말이며, '원(圓)' 역시 강역의 형상을 형용할 때 쓰는 말이다. 강역을 '폭원(幅員, 幅圓)'으로 표기하기도 하는데, 이때 '폭'은 넓이를 나타내고 '원'은 둘레를 나타낸다.

242 연운(燕雲) : 연주(燕州)와 운주(雲州)의 병칭으로, 여기서는 연경 일대 지역을 가리킨다.

243 해대(海岱) : 발해(渤海)와 대산(岱山)의 병칭으로, 산동(山東) 지역을 가리킨다. 대산은 태산(泰山)이다.

244 기북(冀北)의 말 : 기북은 기주(冀州) 북쪽으로 말이 많이 나는 곳이다. 한유(韓愈)의 〈송온처사부하양군서(送溫處士赴河陽軍序)〉에 "기주 북쪽은 천하에서 가장 많이 말이 생산되는 곳이다.〔夫冀北馬多天下.〕"라고 하였다.

245 계문(薊門)의 안개 : 121쪽 주235 참조.

예전에 지면에서 보고 어렴풋하던 글들이	曾從紙上依俙說
오늘 직접 와서 보자 비로소 시원해지네	今日躬來始豁然

연경 교외에서 묵으며[246]

宿燕郊

만 리 길 가고 가서 겹겹 관문 지나니　　行行萬里度重關
백발로 기운 드높아 흥취 줄지 않누나　　白髮昂藏興未刪
청석령(青石嶺)[247] 이남은 모두 바닷가이고　　青石以南都是海
옥전현(玉田縣)[248] 바깥은 다시 산이 없어라　　玉田之外更無山
시정은 연운 속에 막힘 없이 솟아나고　　詩情澹蕩煙雲裏
한해의 물색은 도로 사이에서 저물어가네[249]　　歲色崢嶸道路間
연경 교외에서 하루 묵고 날 밝으면 출발하리니　　一宿燕郊明發去
신경[250]의 아름다운 기운에 또 얼굴 펴리라　　神京佳氣且開顔

246 연경 교외에서 묵으며 : 이 작품은 이계가 1782년(정조6) 동지 겸 사은사 부사로 연경에 가는 사행 여로 중 연경에 거의 도달하여 교외에서 하루를 묵으면서 지은 시이다. 평성 '산(刪)'운의 평기식 수구용운체 칠언율시이다.

247 청석령(青石嶺) : 74쪽 주109 참조.

248 옥전현(玉田縣) : 청(淸)나라로 사신 갈 때 압록강을 건너 책문(柵門)에 들어간 후에 나오는 30개의 참(站) 가운데 하나로, 계주(薊州) 직전에 자리하고 있다.

249 저물어가네 : 원문의 '쟁영(崢嶸)'에는 세월이 흘러가는 모양이라는 뜻도 있다. 이계가 연경에 당도했을 시기가 세밑 무렵이므로 온갖 경물들이 한해를 마감하고 저무는 모양을 말한 것이다.

250 신경(神京) : 황제가 사는 도성을 가리키는 말이다.

길가의 거지[251]

路傍乞兒行

쌍쌍이 거지들 길가에 섰는데	兩兩乞兒立道周
비둘기 낯에 고니 형상[252]으로 칭얼거리네	鳩面鵠形聲吚嚘
말이 통하지 않아 마음속으로 답답해하며	語音不通心內煩
손으로 입 가리키는 것이 무얼 달라는 듯하네	以手指口如有求
역관을 불러다 고향을 묻게 했더니	呼來象鞮問鄉邑
말하기를 계주에서 떠돌아다니는 사람이라	云是流人自薊州
이곳 풍속이 가난을 천시하여	此邦風俗賤窮窶
마을 사람이며 친척들도 도와주려 하지 않고	隣里親戚不相謀
불행히도 흉년 들어 정처 한 번 잃게 되면	不幸歲饑一失所
외로운 처지 사방에 의지할 곳 없이 되며	煢煢四顧無處投
초나라 활 찾든 말든[253] 하듯 참으로 한가로운 일처럼 여기고	楚弓得失眞閑事

251 길가의 거지 : 이 작품은 이계가 1782년(정조6) 동지 겸 사은사 부사로 연경에 가서 거지떼들을 보고 그들의 말과 자신의 생각을 읊은 것이다. 거지들의 안타까운 상황을 말하고 태평성세를 희구하였다. 평성 '우(尤)'운의 고체시(古體詩)이다.

252 비둘기……형상 : 때가 묻어 비둘기처럼 까만 얼굴에 제대로 먹지 못해 고니처럼 깡마른 형상을 표현한 것이다.

253 초(楚)나라……말든 : 《공자가어(孔子家語)》 권2 〈호생(好生)〉에 "초 공왕(楚恭王)이 사냥 나갔다가 활을 잃어버렸다. 측근들이 찾으라고 하자 공왕이 '그만두라. 초나라 왕이 활을 잃었으면 초나라 사람이 가질 것인데 무엇 하러 찾는가?'라고 하였다."

진나라 사람 살지든 여위든[254] 자기와 아무 상관없다 여긴다오
秦人肥瘠豈我憂
다만 생각건대 사해가 모두 동포이니 但念四海皆同胞
그대들은 유독 횡목의 무리[255]가 아니오 라고 하네 爾曹獨非橫目儔
주머니 속의 돈을 서둘러 내주게 하니 趣令取與囊中錢
굶어 죽어 구덩이에 구르는 꼴을 어찌 차마 그대로 두고 보랴
何忍立視其塡溝
앞 거지는 이미 지나가고 다음 거지들이 이어오니 前人旣過後人繼
열 걸음 백 걸음마다 가던 수레를 멈추네 十步百步停行輈
오호라 어이하면 다시 격양의 세상[256]을 만나서 嗚呼安得復見擊壤世
온 하늘 아래 필부가 근심하는 일 없을 수 있으랴 普天無有匹夫愁

라고 하였다.

254 진(秦)나라……여위든 : 한유(韓愈)의 〈쟁신론(諍臣論)〉에 "월나라 사람이 진나라 사람의 살찌고 여윈 것을 보듯이 하여 조금도 그 마음에 감정의 변화가 일어나지 않고 있다.〔若越人視秦人之肥瘠, 忽然不加喜戚於其心.〕"라고 하였다.

255 횡목(橫目)의 무리 : 횡목은 만물 중에서 오직 사람만이 눈이 가로로 생겼다 하여 사람을 가리키는 말로 쓰인다. 《장자(莊子)》〈천지(天地)〉에 "선생님은 횡목의 백성에게 뜻이 없습니까? 성인의 정치를 듣고자 합니다.〔夫子無意於橫目之民乎? 願聞聖治.〕"라고 하였다.

256 격양(擊壤)의 세상 : 아무 걱정 없는 태평성세를 가리킨다. 요(堯) 임금이 천하를 다스린 지 50년이 되었을 때, 친히 미복 차림으로 길거리에 나가서 살펴보니 한 노인이 배불리 먹고 배를 두드리며 격양가(擊壤歌)를 부르기를, "해가 뜨면 나가서 일하고 해가 지면 들어가서 쉬도다. 우물 파서 물을 마시고 밭 갈아서 밥을 먹거니, 임금의 힘이 나에게 무슨 상관이 있으랴.〔日出而作, 日入而息. 鑿井而飮, 耕田而食, 帝力何有於我哉.〕"라고 하였다. 《論衡 藝增》

동악묘[257]

東嶽廟

엄숙하고 거룩한 동황 곤룡포와 면류관 근엄하니[258]	肅穆東皇儼袞旒
금빛기와와 옥섬돌이 청구에 웅장하네	金甍玉砌壯青丘
향로의 연기는 태산의 맑은 구름에 어우러지고	爐煙岱嶽晴雲合
탑 그림자는 부상[259]의 아침 햇살에 나타나네	塔影扶桑曉日浮
만물의 발생은 한 기운[260]에 의지하고	萬物發生資一氣
사시의 향기로운 제물 천 년토록 이어진다	四時芬苾閱千秋
열조에서 높이고 받들어 규모가 갈수록 넓어지니	列朝崇奉功逾廣
제작의 진귀함[261]을 누가 짝할 수 있으랴	制作瑰奇誰與儔

257 동악묘 : 이 작품은 이계가 1782년(정조6) 동지 겸 사은사 부사로 연경에 가서 연경의 동문(東門)인 조양문(朝陽門) 밖에 있는 도가(道家)의 사원인 동악묘를 보고 읊은 시이다. 동악묘는 태산신(泰山神)인 동악대제(東嶽大帝)를 모셨던 사당이다. 평성 '우(尤)'운의 측기식 수구용운체 칠언율시이다.

258 엄숙하고……근엄하니 : 1828년(순조28) 연경을 다녀온 박사호(朴思浩)의 《심전고(心田稿》 권2 〈동악묘기(東嶽廟記)〉에 "황금으로 태산신(泰山神)의 소상(塑像)을 만들어 놓았는데, 구슬을 드리운 면류관에 수놓은 곤룡포를 입은 위엄 있는 왕자(王者)의 모습이다."라고 하였다.

259 부상(扶桑) : 동해 끝에 해가 뜨는 곳에 있다는 신목(神木)의 이름으로, 해가 뜰 때 이 나무 아래에서 솟아나 나무를 스치고 떠오른다고 한다.

260 한 기운 : 원문의 '일기(一氣)'는 천지가 나뉘기 전의 혼돈(混沌)의 기운으로 만물의 원기를 가리킨다.

261 제작의 진귀함 : 동악묘에 갖춰진 건물 등이 모두 진귀함을 말한 것이다.

남관에서 제야에 심회를 쓰다[262] 2수

南館除夜記懷 二首

묵은해와 새해가 오늘 밤 교차하니 舊歲新年此夜中
나그네 심사 날리는 쑥대처럼 어지러워라 羈懷撩亂似飛蓬
혼정신성[263]을 삼천 리 멀리 떨어져 못 하고 晨昏遠隔三千里
나이로는 육십의 노옹 이제 되었구나 甲子今成六十翁
귀밑머리 새치는 근심 속에 몇 가닥 하얗게 늘어나고
鬢雪幾添愁裏白
등잔 불꽃은 눈앞에서 유독 붉게 아른거린다 燈花偏向眼前紅
베개맡에서 문득 새벽닭 울음 들리니 枕邊忽聞晨鷄唱
꼬끼오 하는 소리는 고국 닭과 같구나 喔喔聲猶故國同

262 남관에서……쓰다 : 이 작품은 이계가 1782년(정조6) 동지 겸 사은사 부사로 연경에 가서 사신의 숙소에서 제야를 보내며 고국과 임금에 대한 그리움을 읊은 시이다. 남관은 조선 사신들이 유숙하던 옥하관(玉河館)을 가리킨다. 지금의 천안문(天安門) 광장 동쪽에 있었다. 1수는 평성 '동(東)'운 측기식 수구불용운체, 2수는 평성 '지(支)'운의 측기식 수구용운체 칠언율시이다.

263 혼정신성(昏定晨省) : 《예기》 〈곡례(曲禮)〉에 "모든 자식 된 사람의 예는 겨울이면 어버이를 따뜻하게 해 드리고 여름이면 서늘하게 해 드리며, 저녁에는 잠자리를 편안하게 보아 드리고 새벽에는 안부를 살피는 것이다.〔凡爲人子之禮, 冬溫而夏凊, 昏定而晨省.〕"라고 한 데서 온 말로 부모에게 문안 올리고 봉양하는 것을 가리킨다. 이계는 10살과 13살에 각각 생모상과 부친상을 당하였으나 부친 홍진보(洪鎭輔)가 파평윤씨(坡平尹氏)를 재취(再娶)하였고, 파평윤씨는 1787년(정조11)에 세상을 떠나므로, 여기서 말하는 혼정신성의 대상은 계모(繼母)인 파평윤씨를 가리킨다.

매년 오늘 성상께 문안 올릴 때 每年今日問安時
궁궐 물시계가 새벽 재촉할 제 옥섬돌에서 기다렸지 仙漏催晨候玉墀
내시가 전하여 외치자 성상의 교지 내려지고 中使傳呼宣旨下
많은 관원들 절하고 무릎 꿇느라 퇴조가 더디었네 千官拜跪退朝遲
이국에서 봄날 다가옴을 문득 보고 殊方忽見青陽逼
맑은 밤에 북두성 드리움을 부질없이 올려다본다[264] 淸夜空瞻北斗垂
구름 너머 봉래는 그 어드메뇨 雲外蓬萊何處是
봄빛이 만년지[265]에 두루 비치리로다 春光應遍萬年枝

264 맑은……올려다본다 : 임금에 대한 그리움을 나타낸 것이다. 북두성은 임금을 가리킨 말이다.

265 만년지(萬年枝) : 대궐에 심었던 만년청(萬年靑)이라는 사철수로, 동청(冬靑)이라고도 한다.

녹천도에 쓰다[266]

戶部侍郞金簡送示蕉園小像帖 名曰綠天圖 遂作長篇以題其後

호부시랑 김간이 〈녹천도〉라고 명명한 파초 정원의 소상 화첩을 보내와 보여주기에, 마침내 장편시를 지어 그 뒤에 썼다.

낙양성 아름다운 기운이 신령스러운 숭산 둘러싸니 洛城佳氣繞神嵩
이름난 원림(園林) 곳곳에 온갖 꽃 만발했네 名園處處百花叢
어느 가문에서 맑고 그윽한 언덕 하나를 차지했나 誰家一丘占淸幽
파초 만 뿌리가 개인 하늘을 가렸구나 芭蕉萬本礙晴空
그 가운데 초연한 야학[267]의 자태 있으니 中有翛然野鶴姿

266 녹천도에 쓰다 : 이 작품은 이계가 1782년(정조6) 동지 겸 사은사 부사로 연경에 가서 청(淸)나라 호부시랑 김간과 교유하고 그가 건네준 〈녹천도〉를 받아본 뒤 그 화첩에 시를 써 준 것이다. 김간(?~1794)은 자는 가정(可亭), 시호는 근각(勤恪)으로, 원래는 내무부(內務府) 한군(漢軍) 양황기(鑲黃旗)에 속했다가 가경(嘉慶) 초에 누이가 고종(高宗)의 귀비(貴妃)가 되자 만주(滿洲) 정황기(正黃旗)로 편입되고 금가씨(金佳氏)를 하사받았다. 총관내무부대신(總管內務府大臣)에 올랐고 《사고전서(四庫全書)》 편찬에 참여하여 부총재(副總裁)를 맡았다. 이후 호부시랑, 공부(工部) 및 이부상서(吏部尙書) 등을 역임했다. 김간의 선조는 본래 조선 사람으로 그의 선조 김상명(金祥明)은 의주(義州)에 살다가 중국에 들어가 벼슬이 예부상서에 이르렀다. 서호수(徐浩修)의 《연행기(燕行記)》와 이갑(李押)의 《연행기사(燕行記事)》 등에서 김간이 조선 사신을 잘 대우한 기록이 보인다. 〈녹천도〉라는 제명(題名)과 작품 속의 언급을 볼 때, 김간이 보여준 화첩은 파초를 심은 원림(園林)의 화첩으로 생각된다. 녹천은 파초 잎을 가리키는 말이다. 평성 '동(東)'운의 고체시이다.

267 야학(野鶴) : 들에 사는 학으로 평범한 새들과는 함께 하지 않고 홀로 고고히

녹음 가득한 정원에 퇴청(退廳)하여 와 있네　　滿庭濃陰退自公
팔락팔락 취선은 맞이하는 듯한 모양새라　　翩翩翠扇如相迓
모자 벗고 머리 드러내니 맑은 바람이 일어오네　　脫帽露頂來淸風
가랑비 구슬처럼 흩어지는 빗방울은 옥돌 소리 울리는 듯　　微雨散珠鳴琳琅
밝은 달 흘러내린 광채는 영롱한 빛 투명해라　　明月流輝透玲瓏
흥이 일어 시 지음에 측리[268]에다 적고　　興到題詩當側理
객이 와서 술 마심에 벽통보다 나아라[269]　　客來飮酒勝碧筩
여기에다 궤안을 펼쳐놓은 기이한 암석 있어　　復有奇石羅几案
청초한 자태가 완연히 주인옹을 닮았구나　　淸峭宛似主人翁
참으로 전원(田園)에 사는 늙은이의 한가한 정취 넉넉하니　　眞是野老閑趣足
사농[270]의 직임이 웅대함을 그 누가 알랴　　誰知司農職事雄

지내므로, 속세를 벗어나 초연히 지내는 은자(隱者)를 비유하는 말로 자주 쓰인다.

268 측리(側理) : 해태(海苔)를 넣어 만든 좋은 종이로 종횡으로 무늬가 있어 붙여진 이름이다.

269 객이……나아라 : 파초 잎으로 만든 술잔에 술을 따라 마시는 풍취가 연잎으로 만든 술잔에 따라 마실 때보다 더 좋다는 말이다. 벽통은 연잎으로 만든 술잔으로, 삼국시대 위(魏)나라 정각(鄭慤)이 삼복(三伏) 때마다 사군림(使君林)에 가서 피서를 했는데, 항상 큰 연잎에 술 석 되를 담고 연의 잎과 줄기 사이를 비녀로 뚫어서 술이 줄기를 타고 내려오게 하여, 마치 코끼리의 코처럼 구부려서 줄기 끝에 입을 대고 술을 빨아 마시면서 이를 벽통주(碧筩酒)라고 하였다.《酉陽雜俎 酒食》 소식(蘇軾)이 말하기를, "우리 형 자명은 술을 마심에 파초 잎으로 석 잔만 마셨다. 나는 젊어서 술잔을 바라만 봐도 취하였는데, 지금은 파초 잎 석 잔은 마실 수 있다.〔吾兄子明飮酒三蕉葉. 吾少時, 望見酒盞而醉, 今亦能三蕉葉矣.〕"라고 하였다.《古今事文類聚 續集 卷13》

정월에 조회하러 사신은 삼한 땅의 나그네이니　　朝元使者三韓客
뗏목 타고 우연히 영봉에 노니네[271]　　乘槎偶然遊瀛蓬
순반에서 덮개 기울이자마자 마음이 기우니[272]　　筍班傾蓋卽傾心
선대가 동쪽 계림 땅에서 나왔다 스스로 말하네　　自言系出鷄林東
나에게 한 폭의 그림과 시를 보여주니　　示我一幅圖與詩
주옥같이 찬란하게 현란한 광채 붉어라　　璀璨珠璣炫彩紅
그림 속 인물 모발에는 모두 안개와 노을 기운 띠었고
毛髮盡帶煙霞氣
붉고 푸른 채색은 조화주의 솜씨 가로챘네　　丹青能奪造化功
공경의 풍류가 편안하고 담박함을 중시하니　　公卿風流重恬素
황제의 교화와 다스림이 바야흐로 소융[273]하심을 비로소 알겠어라
始識化理方昭融

270 사농(司農) : 고대에 전곡(錢穀)을 담당하던 관직의 이름으로, 여기서는 호부시랑을 가리킨 것이다.

271 뗏목……노니네 : 뗏목을 탄다는 것은 사신의 직무를 수행하러 온 것을 가리킨 말이다. 이는 한(漢)나라 장건(張騫)이 무제(武帝)의 명을 받들고 황하(黃河)의 근원을 찾으러 뗏목을 타고 갔다가 은하수 위로 올라가 하늘 궁궐을 구경했다는 전설에서 유래한 것이다.《天中記 卷2》영봉은 신선이 산다는 영주(瀛州)와 봉래(蓬萊)의 합칭으로 선경(仙境)을 가리킨 것인데, 여기서는 천자의 수도인 연경을 가리킨 것이다.

272 순반(筍班)에서……기우니 : 청나라 조정에서 만나 잠깐 말을 나누는 사이에 마음이 가서 교유를 맺게 되었다는 말이다. 순반은 옥순반(玉筍班)의 준말로, 재능이 뛰어난 사람이 즐비한 조정의 반열이라는 뜻이다. 덮개를 기울인다는 것은 경개여구(傾蓋如舊)를 가리키는 것으로, 길가에서 서로 만나 수레 덮개를 기울이고 잠깐 이야기하는 사이에 오랜 벗처럼 느끼게 된다는 말이다.

273 소융(昭融) :《시경》〈대아(大雅) 기취(旣醉)〉에 "소명함이 매우 밝다.〔昭明有融.〕"에서 온 말로, 제왕(帝王)의 예지(叡智)를 뜻한다.

붓을 들어 녹천가에 화답하고자 하지만　把筆欲和綠天歌
치우치지 않는 대아의 소리는 잇기가 어려워라[274]　大雅難繼聲渢渢
다만 보건대 공의 마음은 파초의 심[275]과 같으니　但見公心似蕉心
천 번 거두고 만 번 펼쳐도 절로 다하지 않으리로다　千抽萬展自不窮

274 붓을……어려워라 : 김간이 〈녹천도〉에 쓴 치우치지 않는 대아와 같은 시에 화답하고자 하나 능력이 부족하여 그렇게 하기가 어렵다는 말이다. 원문의 '범범(渢渢)'은 치우침이 없는 중용(中庸)의 소리이다. 춘추시대 오(吳)나라 계찰(季札)이 노(魯)나라에 사신으로 가서 위(魏)나라의 시를 듣고 말하기를, "범범하다. 크면서도 요약되고 검소하여 행하기 쉽다.〔渢渢乎, 大而婉, 險而易行.〕"라고 하였는데, 두예(杜預)는 '범범'을 '중용의 소리'라고 풀이하였다. 《春秋左氏傳 襄公29年》

275 파초의 심 : 새로운 덕이 그치지 않고 계속 자라남을 비유한 말이다. 《장자전서(張子全書)》 13권 잡시(雜詩)에, "파초의 심이 다하여 새 가지가 뻗고 나면, 새로 말린 새 심이 은연중에 벌써 따라나네. 새 심을 보고 우리의 새 덕을 기르고, 금방 따르는 새 잎을 보고 우리의 새 지식 기르기를.〔芭蕉心盡展新枝, 新卷新心暗已隨. 願學新心養新德, 旋隨新葉起新知.〕"이라고 하였다.

한림 대구형에게 드리다[276]

贈戴翰林衢亨

평소 고인을 사모하고	生平慕古人
일찍이 사방의 뜻[277] 품었으나	夙懷四方志
항상 한스럽기는 동해 구석진 곳에서	每恨東海偏
중화의 아름다운 문물 보지 못하는 것이었네	未覩中華懿
머리카락 이미 노쇠하여 짧아졌더니	顚髮已種種
우연히 설날 조회하러 가는 사신에 충원되어	偶充朝元使

276 한림 대구형에게 드리다 : 이 작품은 이계가 1782년(정조6) 동지 겸 사은사 부사로 연경에 가서 한림원 수찬으로 있던 대구형(戴衢亨, 1755~1811)과 교유하고 지어준 시이다. 대구형은 자는 하지(荷之), 호는 연사(蓮士), 시호는 문단(文端)으로 강서(江西) 대유(大庾) 사람이다. 어렸을 때부터 시문을 잘 지었으며 1776년에는 건륭제(乾隆帝)에게 시를 바치고 내각중서(內閣中書)가 되었다. 1778년 전시(殿試)에서 갑과(甲科)의 장원을 차지하고 한림원 수찬이 되었다. 이후 시독학사(侍讀學士), 체인각대학사(體仁閣大學士) 등을 역임하였다. 현재 중국 강서성(江西省) 남창시(南昌市)에 대구형의 장원을 기념하여 건립한 장원교(壯元橋)가 남아 있다. 이계가 이때 대구형에게 준 서신은, 권15에 〈여대한림구형서(與戴翰林衢亨書)〉라는 표제로 대구형의 답서가 부기되어 수록되어 있다. 또한 권18 〈태사씨자서(太史氏自序)〉의 말미에도 이때 대구형과 시문을 교환한 내력이 기록되어 있으며, 외집 권10 마지막에는 대구형이 이때 이계의 〈육서경위(六書經緯)〉를 칭찬하면서 써준 장편시가 수록되어 있다. 거성 '치(寘)'운의 고체시이다.

277 사방(四方)의 뜻 : 천하를 경영하는 데에 뜻을 두는 것을 의미한다. 고대에 사내아이가 태어나면 뽕나무 활로 쑥대 화살을 천지 사방에 쏨으로써 장차 천하에 원대한 일을 행하기를 기대하였다. 《禮記 內則》

눈으로는 신주[278]의 광대함을 보고	眼看神州大
발로는 요 임금의 봉토[279] 밟게 되었네	足踐堯封地
전해 들으니 대씨가 있어	側聞有戴氏
찬란히 이어지는 명성 멀리까지 닿으니[280]	赫舃聲遠曁
삼소와 수레를 나란히 할 만하고	三蘇可竝駕
이륙과 고삐를 나란히 하도다[281]	二陸方聯轡
장원은 어찌도 빼어나신지	狀元何英妙
걸출하게 나라의 상서로운 보물 되셨나니	裒然爲國瑞
그 광채 접할 길 없는지라	無路接光輝
사모하면서 계신 곳 향해 발돋움만 할 뿐이었네	願言徒傾跂
기개가 자못 호방한 객은	有客頗倜儻
문장을 좋아하고 의리도 좋아하니	好文仍好義

278 신주(神州) : 적현신주(赤縣神州)의 준말로 중국을 가리킨다. 전국시대 제(齊)나라 추연(鄒衍)이 중국을 적현신주라 하고, 중국 밖에 적현신주와 같은 것이 아홉 개가 있으니 그것을 구주(九州)라고 하며, 구주와 그 바깥을 둘러싸고 있는 바다를 영해(瀛海)라고 한다고 하였다. 《淮南子 地形訓》

279 요 임금의 봉토 : 원문의 '요봉(堯封)'은 요 임금 때 순(舜)에게 명해서 천하를 순시하여 12주를 만들고, 12개의 큰 산에 봉토(封土)를 쌓아 제사 지내게 했다는 데서 온 말로 중국의 강역을 가리킨다. 《書經 虞書 舜典》

280 전해 들으니……닿으니 : 대구형의 부친인 대제원(戴第元)과 숙부 대균원(戴均元)과 형 대심형(戴心亨)이 모두 관각(館閣)의 관직을 맡아 번갈아 문형(文衡)을 역임하였으므로 당시에 이들을 강서사대(江西四戴)라고 불렀다. 《清史稿 列傳 卷128》

281 삼소(三蘇)와……하도다 : 삼소는 북송(北宋) 때의 대문장가인 소씨(蘇氏) 삼부자를 가리키는 말로 소순(蘇洵)과 그의 아들 소식(蘇軾), 소철(蘇轍)을 말한다. 이륙은 진(晉)나라 때의 명문장가인 육기(陸機)와 그의 동생 육운(陸雲)을 병칭하는 말이다. 수레와 고삐를 나란히 한다는 것은 명성과 실력이 대등하다는 뜻이다.

광범의 서신을 모방하여 올리고　擬上光範書
공융의 명함을 마침내 품었네[282]　遂懷孔融刺
이미 군자의 의용(儀容)을 만나고　既覯君子儀
겸하여 주인의 지극한 마음을 받았으니　兼致主人意
한번 만남에 즉시 걸상을 풀고　一晃卽解榻
재회하면 다시 신발을 거꾸로 신겠네[283]　再晃更倒屣
이치를 말할 때에는 털끝만 한 것까지도 분석하고　談理如析毫
문장을 논할 때에는 이미 그 참맛을 맛보았으니　論文已嚌胾
위아래로 천고의 역사를 거침없이 말함에　上下揚千古

282 광범(光範)의……품었네 : 이계가 명망 있는 대구형과 교분을 가지기 위해 서신과 명함을 올렸다는 말이다. 광범은 당(唐)나라 때 황궁의 선정전(宣政殿) 서남쪽에서 중서성(中書省)으로 통하는 문으로 재상이 집무를 보기 위해 지나는 곳이다. 한유(韓愈)가 재상에게 자신을 추천하면서 서신을 세 차례나 올린 일이 있는데 이를 광범삼서(光範三書)라고 하며 《한창려집(韓昌黎集)》 권16 〈상재상서(上宰相書)〉가 바로 그것이다. 공융의 명함은, 후한(後漢) 때의 공융이 당대의 명사였던 변양(邊讓)과 교분을 쌓기 위해 명함을 보냈던 일을 가리킨다. 《후한서(後漢書)》 권80 〈문원전(文苑傳)〉에, 대장군 하진(何進)이 명사인 변양을 부르자 당에 가득한 빈객들이 그의 풍모를 흠모하였고, 부연(府掾)이었던 공융과 왕랑(王郎)은 나란히 명함을 보내 교유를 구하였다는 내용이 보인다.

283 한번……신겠네 : 시제(詩題)의 주석에서 언급한 바와 같이 이계는 대구형을 직접 만나지는 못하고 서신으로만 교유했으므로, 이 구절들은 직접 만난 광경을 묘사한 것이 아니라 가정하여 말한 것이다. 걸상을 푼다는 것은, 후한(後漢) 때 예장태수(豫章太守) 진번(陳蕃)이 본디 전혀 빈객을 접대하지 않다가 당대의 명사였던 서치(徐穉)가 찾아오면 걸어두었던 걸상을 풀어서 내려놓고 정중히 접대했다는 고사에서 연유한 말이다. 《後漢書 卷53 徐穉列傳》 신발을 거꾸로 신는다는 것은, 후한 때의 왕찬(王粲)이 채옹(蔡邕)을 방문하자 채옹이 너무도 반가운 나머지 바삐 맞이하느라 경황이 없어 신발도 거꾸로 신은 채 달려 나간 고사에서 연유한 말이다. 《三國志 卷21 魏志 王粲傳》

통쾌하기가 가위의 예리함과 같도다　快若幷刀利
빈 채로 왔다가 매번 채워서 돌아감에　虛往每實歸
또한 공의 작은 부분이나마 엿볼 수 있었으니　亦足窺一二
다행히 구불구불 휘어진 나무 꾸며주시어　幸因蟠木容
호련 같은 그릇임을 알 수 있었네[284]　得識瑚璉器
비록 공의 문하에는 들지 못하였으나　縱未登門屛
오히려 기쁘게 문자를 질정하였더니　猶喜質文字
사신의 여정에는 정해진 규칙이 있는지라　王程有常限
귀국할 날짜가 얼마 남지 않았어라　歸期在造次
저 사람[285] 그리워하는 심정 어찌 이루 다 말하며　勝言懷伊人
기류[286]에 움직이는 마음이 어찌 없을쏘냐　寧無感氣類

284 다행히……있었네 : 대구형의 안목으로 이계의 재능을 알아보고 칭찬해 주었다는 말이다. 나무를 꾸민다는 것은 남을 좋게 알아봐 준다는 말이다. 전한(前漢) 때 추양(鄒陽)의 〈옥중상서(獄中上書)〉에 "뿌리와 가지가 구불구불 휘어진 나무도 임금의 총애를 받는 수가 있는데, 그 이유는 좌우에서 모시는 신하가 먼저 그 나무를 아름답게 꾸며 주기 때문이다.〔蟠木根柢, 輪囷離奇, 而爲萬乘器者, 何則. 以左右先爲之容也.〕"라는 말이 나온다. 《史記 卷83 鄒陽列傳》

호(瑚)와 연(璉)은 모두 고대에 제사를 지낼 때 곡식을 담는 그릇으로 재능있는 사람을 비유할 때 쓰이는 말이다. 《논어》 〈공야장(公冶長)〉에 자공(子貢)이 자신은 어떤 사람인지 묻자 공자가 말하기를 호련이라고 답한 내용이 보인다.

285 저 사람 : 원문의 '이인(伊人)'은 그리움의 대상을 가리키는 말로, 《시경》 〈진풍(秦風) 겸가(蒹葭)〉와 〈소아(小雅) 백구(白駒)〉 등에서 모두 그리운 사람과 좋은 벗을 지칭하는 말로 사용되었다.

286 기류(氣類) : 서로 기운이 비슷하여 의기투합할 수 있는 사이를 가리킨다. 《주역》 〈건괘(乾卦) 문언(文言) 구오(九五)〉의 "같은 소리끼리는 서로 응하고, 같은 기운끼리는 서로 찾게 마련이니,……이는 각자 자기와 비슷한 것끼리 어울리기 때문이다.

뜻하지 않게도 봉래의 객이	不意蓬萊客
은근하게 값진 대접을 받게 되니	慇懃致珍餽
광채가 번뜩이는 옥함에는	瑤函動光彩
문방사우(文房四友)가 나열되어 있었네[287]	羅列文房四
손으로 어루만지기를 멈추지 않음에	摩挲手不停
하나하나 향기롭고 매끄러우니	箇箇香且膩
어찌 물건만 아름다우랴	豈徒物爲美
진실로 현자가 나에게 준 것이기 때문이로다	諒是賢者賜
더군다나 나는 문필에 종사하며 늙은지라	況我老翰墨
참으로 알맞게도 기호하는 물건들이니	眞愜性所嗜
선사해 주신 물건은 마음에서 우러난 것이니	貺之由中心
이 물건 받아 나의 오래된 상자 속에 보관하리로다[288]	受言藏弊笥
스스로를 돌아볼 때 소원한 사람인데도	自顧疏且遠
이에 멀리하여 버리지 않아 주셨건만	乃蒙不遐棄
후의에 보답할 길이 없으니	無以答厚意
예의로 교제함에 있어 진실로 부끄럽도다	禮際良可愧
다만 바라건대 밝은 덕을 숭상하여[289]	但願崇明德

〔同聲相應, 同氣相求……則各從其類也.〕"라는 말에서 나온 것이다.

287 광채가……있었네 : 본집 권15 〈여대한림구형서(與戴翰林衢亨書)〉에 "고명하신 공께서 저를 멀리하여 버리지 않으시고 특별히 문방구를 은혜롭게 보내주실 줄 어찌 생각이나 했겠습니까.〔豈意高明不我遐棄, 特惠文房之具.〕"라는 내용이 보인다.

288 이……보관하리로다 : 원문의 '수언(受言)'의 '언'은 어조사이다. 《시경》〈소아(小雅) 동궁(彤弓)〉에 "동궁이 시위가 느슨하니 이를 받아서 간직하네.〔彤弓弨兮, 受言藏之.〕"라고 한 용례가 보인다.

아홉 길 높이에 한 삼태기를 보태기를[290]	九仞加一簣
망망한 우주 안에	茫茫宇宙內
무엇이 남아의 사업 아니랴만	孰非男子事
오직 기로에서 잘 선택해야 하니	惟能擇路岐
그런 뒤에 정밀하고 순수한 경지로 나아가야 하네	然後造精粹
감히 한마디 말을 드리노니	敢將一言贈
그런대로 한 조각 마음을 펼쳐 보이는 것이라	聊披片心示
서로의 마음 통하는 것이 귀하나니	精神貴相通
다른 나라에 떨어져 있는 것이 무슨 방해 되리오	何間山川異
봄바람이 강과 바다를 일렁일 제	春風動江海
아득히 말 채찍질하며 귀국길에 오르니	悠悠策征驷
바라건대 동쪽으로 날아가는 새에 소식 전해주시고	願憑東飛翼
한 장 서신 부침을 아끼지 마시기를	毋慳尺素寄

289 밝은 덕을 숭상하여 : 일반적인 덕담이기도 하겠으나, 《문선(文選)》 제15권에 실려 있는 한(漢)나라 때 이릉(李陵)이 소무(蘇武)와 작별하며 지어준 시인 〈여소무시삼수(與蘇武詩三首)〉의 "우리 힘써 밝은 덕을 숭상하여 백발이 성성할 때까지 변치 않기로 기약하세.〔努力崇明德, 皓首以爲期.〕"에서 기인한 것으로 볼 수 있다.

290 아홉……보태기를 : 최후의 순간까지도 방심하지 말고 노력하여 덕을 닦자는 말이다. 《서경》 〈주서(周書) 여오(旅獒)〉에 "아홉 길 높이의 산을 만드는 데 공이 한 삼태기의 흙이 부족하여 무너진다.〔爲山九仞, 功虧一簣.〕"라고 하였고, 《논어》 〈자한(子罕)〉에 "비유컨대, 산을 만들 적에 마지막 흙 한 삼태기가 부족해서 산을 못 만들고 중지하는 것도 내가 그렇게 하는 것이다.〔譬如爲山, 未成一簣, 止, 吾止也.〕"라고 하였다.

정월 보름날 관등놀이 20운[291]

元宵燈戲二十韻

울창한 원명원[292]에	鬱鬱圓明苑
봄 돌아와 개인 풍경 맑아라	春回霽景澄
한 해 가운데 오늘 밤 달빛 속에	一年今夜月
천고토록 정월 보름 등불 밝혔네	千古上元燈
홀연 구름 같은 휘장 펼쳐지고	特地張雲幄
허공 가로질러 채색 무대 세워진다[293]	橫空起綵棚
꽃무늬 깃발은 빽빽하게 하늘거리고	花幡森婀娜
화려한 누각은 높다랗게 우뚝 솟네	綺閣抗峻嶒

291 정월……20운 : 이 작품은 이계가 1782년(정조6) 동지 겸 사은사 부사로 연경에 가서 정월 대보름날 궁중에서 펼쳐지는 관등놀이를 묘사한 것이다. 관등은 예로부터 정월 대보름에 행하던 놀이이다. 당시 연경에서 행해졌던 관등놀이에 대한 기록은 작자 미상의 《계산기정(薊山紀程)》 제3권 〈유관(留館) 등희(燈戲)〉와 김경선(金景善)의 《연원직지(燕轅直指)》 제5권 〈유관록 하(留館錄下)〉 등에 보인다. 평성 '증(蒸)'운의 고체시이다.

292 원명원(圓明苑) : 베이징 서쪽 교외 이화원(頤和園) 동쪽에 있는 황실 정원이다. 원래는 강희제(康熙帝)가 네 번째 아들 윤진(胤禛)에게 하사한 별장이었으나 윤진이 옹정제(雍正帝)로 즉위하자 황궁의 정원으로 조성하였다. 그 뒤 건륭제(乾隆帝)가 바로크식 건축양식을 더하여 원명원을 크게 확장하였다.

293 허공……세워진다 : 작자 미상의 《계산기정》 제3권 〈유관 등희〉에, "전각 처마 및 뜰 난간엔 모두 양각등(羊角燈)을 벌여 달았다. 처마 가 양쪽 곁엔 각각 채붕각(彩棚閣)을 세우고 채붕각 안엔 푸른 돌로 가산(假山)을 만들었다."라고 한 부분이 보인다.

붉은 줄을 여러 사람이 끌어당기자마자 丹繘纔群挽
둥근 공이 갑작스레 위로 솟아오르네 圓毬倏上升
어둠 속의 봉화는 뛰어오르는 듯 번쩍이고 暗烽閃似躍
불룩한 배는 무너지는 듯 터지네[294] 穹腹坼如崩
뒤섞인 모양은 주두[295]가 매달린 듯 錯落懸珠斗
휘황찬란함은 옥승[296]이 늘어진 듯 熒煌拖玉繩
만 점의 은빛 꽃 일렁거리고 銀花飄萬點
천 층의 보배 거울 걸려 있구나 寶鏡掛千層
달그림자는 화저에 간직되고[297] 蟾影藏華渚
무지개다리에서 광릉을 비웃는도다[298] 虹橋笑廣陵

294 불룩한……터지네 : 작자 미상의 《계산기정》 제3권 〈유관 등희〉에 "또, 비문(碑門) 모양으로 가목(架木) 하나를 설치하고 하나의 큰 북을 달았으며, 북 밑에는 화승(火繩)을 드리워서 불을 붙였다. 불이 타서 화승이 다하면, 북 밑의 한 판자가 열려서 저절로 떨어지고 상자 속에서 한 덩어리 종이 뭉치가 날아가 쪼개져서 사방으로 흩어진다. 그리하여, 갑자기 채의(彩衣) 입은 선동(仙童) 및 단영(丹楹)·화사(畫榭)·기금(奇禽)·이수(異獸) 등이 첩첩이 생겨 나와, 모두 등의 형태가 동일치 않았는데 뭐라고 형언할 수 없었다."라고 하였는데, 이 광경을 가리킨 듯하다.

295 주두(珠斗) : 북두칠성을 가리키는 말이다. 북두칠성의 모양이 구슬을 꿰맨 듯하기 때문에 이렇게 부른 것이다.

296 옥승(玉繩) : 옥이 이어진 밧줄 같다는 뜻으로 북두칠성의 북쪽 두 개의 별을 가리키며, 뭇 별들을 가리키는 말로도 쓰인다.

297 달그림자는 화저(華渚)에 간직되고 : 대보름날 달빛이 환하게 지상에 내려오는 광경을 형용한 것이다. 화저는 전설상의 지명으로, 《송서(宋書)》 권27 〈부서지 상(符瑞志上)〉에 "제지(帝摯) 소호씨(少昊氏)의 어머니는 여절(女節)인데 마치 무지개만큼 큰 별이 아래로 화저(華渚)에 흘러 내려오는 것을 보고 이윽고 꿈속에서 감응하여 소호(少昊)를 낳았다."라고 하였다.

창공에는 달빛이 한창 환한데 璇霄方晃朗
뇌성 같은 대포소리 홀연 울려퍼지네 雷砲忽轟騰
불꽃은 샘물 용솟음치는 것 마냥 솟아 나오고 火出同泉湧
연기는 안개 일어나는 것 마냥 날아오르네[299] 煙飛竝霧興
폭죽 부딪히는 소리는 산이 갈라지려는 듯 砰硠山欲裂
계속하여 이어지며 메아리친다 絡續響相膺
별들의 광채는 일렁일렁 거리고 星斗光搖盪
누대의 기운은 뭉게뭉게 오르네[300] 樓臺氣烘蒸
흩어지는 빛살은 가는 싸락눈처럼 뿜어져 나오고 散芒噴細霰

298 무지개다리에서 광릉(廣陵)을 비웃는도다 : 오늘날의 무지개다리에서 펼쳐지는 대보름날 관등놀이가 옛날 광릉의 관등놀이보다 훨씬 더 화려하다는 말이다. 당(唐)나라 현종(玄宗) 개원(開元) 18년(730) 정월 대보름에 현종이 관등놀이가 가장 화려한 곳이 어디냐고 묻자 섭선사(葉仙士)가 광릉(廣陵)이라고 대답하였다. 현종이 광릉의 관등놀이를 볼 수 있는 방법이 없겠느냐고 묻자, 섭선사가 잠깐 사이에 무지개다리를 만들었다. 그러고는 현종에게 뒤를 돌아보지 말고 따라오라고 당부하였다. 현종이 이 무지개다리에 올라 순식간에 광릉에 도착하여 관등놀이를 구경했다고 한다.《古今事文類聚 前集 卷7 廣陵觀燈》

299 창공에는……날아오르네 : 관등놀이와 함께 펼쳐지는 낙화(落火)놀이, 즉 폭죽놀이를 가리킨 것이다. 작자 미상의《계산기정》제3권〈유관 등희〉에 "또 낙화놀이를 했는데, 마치 전통(箭筒) 모양처럼 생긴 붉은 지통(紙筒)을 뜰에 벌여 세운 다음, 화승을 지통 입에다 태우니, 불은 지통 속으로부터 훨훨 일어났으며, 우당탕하는 소리는 마치 우레 치는 소리와 같았다. 그리고 그 불꽃이 이리저리 날아 흩어지고, 흩어졌다간 다시 뜰에 떨어졌다. 그 광경은 마치 풍로(風爐)가 공중으로부터 엎어져서 흩어져 내리는 것과 같았다."라고 한 기록이 보인다.

300 별들의……오르네 : 폭죽이 자욱하게 터져 그 연기로 별들의 광채가 일렁이고 누대도 연기로 쌓인 모습을 형용한 것이다.

흐르는 빛줄기는 나는 화살처럼 빠르네　　流線疾飛矰
후군(後軍)이 어지러이 와서 줄을 이으니　　後殿紛來屬
전군(前軍)이 도리어 번갈아 잇네[301]　　前茅却遞承
삼군이 명령을 듣고　　三軍聽號令
백귀가 두려워 떨며 도망가네　　百鬼竄兢凌
그림 병풍에는 신선들이 늘어서 있고　　畫障羅仙侶
구리 주렴은 늙은 중으로 변하네[302]　　銅簾化老僧
태평이라는 글자가 만들어지고　　文成太平字
만세를 다투어 노래 부르네　　歌競萬年稱
붓으로는 다 묘사하기가 어렵고　　筆下描難盡
인간세상에서 본 적이 없는 일이라　　人間見未曾
어찌 성대하고 화려한 구경만 하는 것이랴　　豈徒觀盛麗
풍년을 불러오기 위한 것임을 알겠도다　　知是導豐登

301 후군(後軍)이……잇네 : 사람들이 횃불을 들고 원형으로 돌며 계속 이어지는 모양을 형용한 듯하다.

302 구리……변하네 : 관등놀이의 한 광경인 듯한데, 정확히 어떤 것인지는 미상이다.

문승상묘[303]

文丞相廟

고요하고 쓸쓸한 의관으로 작은 등불 짝하니	寂寞衣冠伴小燈
백 년의 종사가 두 눈썹에 얹혔어라[304]	百年宗社兩眉稜
연릉은 이미 진나라 소리가 큼을 알아보았고[305]	延陵已識秦聲大

303 문승상묘 : 이 작품은 이계가 1782년(정조6) 동지 겸 사은사 부사로 연경에 가서 문천상(文天祥, 1236~1282)의 사당을 참배하고 지은 시이다. 문천상은 남송(南宋) 말의 충신으로 자는 송서(宋瑞), 호는 문산(文山), 시호는 충렬(忠烈)이다. 원(元)나라 군대의 침입에 맞서 마지막까지 저항하다가 포로가 되어 투항을 권유받았으나 끝까지 거절하고 사형되었다. 문천상의 사당은 현재 베이징 둥청구〔東城區〕 푸쉐후퉁〔府學胡同〕 서쪽 입구에 있는 문승상사(文丞相祠)이다. 1376년 명나라 홍무제 때 창건되었고, 1408년 영락제(永樂帝) 때 재건되었으며, 만력제(萬曆帝) 때 순천부학(順天府學)의 오른쪽에서 왼쪽으로 이전되었다. 평성 '증(蒸)'운의 측기식 수구용운체 칠언율시이다.

304 백……얹혔어라 : 남송(南宋) 백여 년의 종사가 사당 안의 문천상(文天祥) 소상(塑像)의 엄숙한 미간(眉間)에 어려 있다는 말로, 문천상이 남송의 종사를 부지한 공적을 표현한 것이다.

305 연릉(延陵)은……알아보았고 : 연릉은 춘추시대 오왕(吳王) 수몽(壽夢)의 넷째 아들인 계찰(季札)을 가리키는데, 여러 왕자 중에 계찰이 가장 어짊을 안 수몽이 그에게 왕위를 전하려고 했으나 받지 않았고, 연릉 땅에 봉해졌으므로 연릉 계자(延陵季子)라 일컫기도 한다. 음악에 조예가 깊어 그 나라의 음악을 들어보고 그 나라의 흥망성쇠를 미리 점쳤는데, 노(魯)나라에 사신으로 가서 각국의 음악을 듣다가 진나라 음악을 듣고서는, "이것을 하나라의 소리라고 하니, 하나라의 소리를 낼 수 있다면 광대해진다. 광대함이 지극하니 아마도 주나라의 옛 소리일 것이다.〔此之謂夏聲, 夫能夏則大, 大之至也, 其周之舊乎.〕"라고 하였다.《史記 卷31 吳太伯世家》 천하가 이미 진나라에

제갈은 한나라 불이 일어나도록 불기 어려웠네[306] 諸葛難噓漢火興
천지가 갈라지고 무너지는데 그 자신 홀로 서고 天地分崩身獨立
바람과 우레 몰아치는데 기세가 나란히 드높았네 風雷震盪氣齊騰
먼지 가득한 사당 벽 치우는 사람 없고 塵埃滿壁無人掃
노승 하나만이 향을 집어 피우누나 惟有拈香一老僧

의해 통일될 것을 안 연릉과 대세를 알지만 나라를 위해 목숨을 버린 문천상을 대비한 것이다.

306 제갈(諸葛)은……어려웠네 : 제갈은 삼국시대 촉한(蜀漢)의 승상이었던 제갈량(諸葛亮)을 가리킨다. 한나라 불을 일으킨다는 것은 한나라 황실을 다시 부흥시킨다는 것인데, 오행(五行)으로 따질 때 한나라는 화덕(火德)으로 흥기하였으므로 한나라 불이라고 표현한 것이다. 제갈량의 뛰어난 재주로도 이미 정해진 천하의 운수를 돌리기는 어려웠다는 뜻으로, 분전했으나 남송(南宋)의 멸망을 되돌릴 수는 없었던 문천상을 비긴 것이다.

만수산[307] 2수
萬壽山 二首

나무도 없는 황량한 돈대에 해 어둑한데	荒臺無樹日冥冥
연로에는 봄 돌아와 풀빛 절로 푸르다	輦路春回草自靑
옛것이라고는 오직 서원[308]의 달만 남아	舊物惟餘西苑月
밤 깊을 제 되레 수황정[309] 비추누나	夜深還照壽皇亭

한밤중에 매산[310]에 자규새[311] 울음 들리노니	中夜煤山聞子規
날고 날아도 온 천지에 의탁할 가지 없음일레	飛飛四海托無枝
되레 부럽기는 요동 화표의 학은	却羡遼東華表鶴

307 만수산 : 이 작품은 이계가 1782년(정조6) 동지 겸 사은사 부사로 연경에 가서 만수산에 대해 읊은 것이다. 만수산은 만세산(萬歲山)이라고도 하며, 태액지(太液池) 북쪽에 인공으로 조성한 산 이름이다. 명(明)나라 마지막 황제 의종(毅宗)이 이곳에서 자결하였다. 제1수는 평성 '청(靑)'운, 제2수는 평성 '지(支)'운의 칠언절구이다.

308 서원(西苑) : 북경의 태액지(太液池)에 접해 있는 정원의 명칭이다.

309 수황정(壽皇亭) : 만수산에 있는 정자의 이름으로 명나라 의종이 이자성(李自成)이 침입하자 목을 매어 자결한 곳이다.

310 매산(煤山) : 만수산의 다른 이름이다.

311 자규새 : 명나라 마지막 황제인 의종을 비유한 것이다. 자규새는 두견새의 별칭으로, 망제혼(望帝魂), 불여귀(不如歸)라고도 한다. 촉나라 망제(望帝) 두우(杜宇)가 재상인 별령(鱉令)에게 운하 공사를 맡겨 멀리 보내고 그의 아내와 간통을 하였다가 뒤에 그에게 왕위를 빼앗기고 달아나서는 타향에서 원통함을 품고 죽었다. 그 뒤에 그의 혼이 두견새가 되어 밤새 원통하게 피를 토하며 우는데, 그 소리가 마치 "촉도로 돌아가자, 돌아감만 못하다.〔歸蜀道, 不如歸.〕"라는 것처럼 들린다고 한다.

천 년 지나도 오히려 다시 돌아갈 때 있나니[312] 千年猶有再歸時

312 요동(遼東)……있나니 : 55쪽 주63 참조.

황도에서[313]

皇都卽事

우견과 주애가 판도 안으로 들어오니[314]	羽畎珠崖入版圖
산하 만 리를 뜰과 길거리처럼 진무하네[315]	山河萬里撫庭衢
연경은 예로부터 왕업이 일어난 땅이요	燕中自古興王地
천하가 지금까지 황제를 옹위한 도읍이라	天下于今拱帝都
팔기[316]를 제어하여 원대한 책략을 넓히고	節制八旗恢遠略
사고를 베풀어서 문아한 유자를 성하게 하네	鋪張四庫盛文儒

이때 황제가 천하의 서적을 크게 모아 경(經)・사(史)・자(子)・집(集)으

313 황도에서 : 이 작품은 이계가 1782년(정조6) 동지 겸 사은사 부사로 연경에 가서 천하를 잘 통치하고 있는 황도의 모습을 읊은 것이다. 평성 '우(虞)'운의 측기식 수구용운체 칠언율시이다.

314 우견(羽畎)과……들어오니 : 우견은 우산(羽山)의 골짝이라는 뜻으로, 우산은 강소성(江蘇省) 동해현(東海縣) 서북에 있으며 순(舜) 임금이 곤(鯀)을 가둔 곳이기도 하다. 《서경》〈하서(夏書) 우공(禹貢)〉에 "그 공물은 오색의 흙과 우산 골짝의 여름철 꿩과 역산 남쪽의 우뚝이 자라는 오동나무와 사수의 물가에 떠 있는 경쇠이다.〔厥貢惟土五色, 羽畎夏翟, 嶧陽孤桐, 泗濱浮磬.〕"라고 하였다. 주애는 중국 남쪽의 해남도(海南島)이다. 이 두 곳은 모두 멀리 떨어진 변경을 가리키는 것으로, 이곳이 판도로 들어왔다는 것은 천하가 다 통일되었음을 가리킨 것이다.

315 산하(山河)……진무하네 : 온 천하를 연경의 조정에서 마치 집 앞의 뜰과 길거리처럼 다스리고 있다는 말이다. 진(晉)나라 유령(劉伶)의 〈주덕송(酒德頌)〉에 "해와 달을 지게문과 창으로 삼고, 광활한 천지 사방을 뜰과 길거리로 삼았다.〔日月爲扃牖, 八荒爲庭衢.〕"라고 하였다.

316 팔기(八旗) : 73쪽 주108 참조.

로 분류하고 《사고전서(四庫全書)》라 이름하니, 도합 수만 권이었다. 문필(文筆)에 재능 있는 사민(士民)을 모집하여 봉록을 주면서 선사(繕寫)하였기 때문에 이렇게 말한 것이다.

태평성세 오십 년이 전대보다 탁월하지만	昇平五紀超前代
다만 의복 차림이 옛 법식과 다르구나[317]	只是衣裳異典謨

317 다만……다르구나 : 중원이 만주족의 차지가 되어 한족(漢族)의 복색이 오랑캐 만주족의 복색으로 바뀐 것을 말한 것이다.

2월 6일 북경을 떠나며 길에서 읊다[318]

二月六日 離北京途吟

귀국하는 만 리 여정 여기에서 시작되니　萬里歸程自此開
사신단은 이월에 연대[319]와 이별하네　星軺二月別燕臺
부상[320]의 새벽 해는 구름 사이에서 솟아오르고　扶桑曉日雲間湧
창해의 봄바람은 말 머리에 불어온다　滄海春風馬首來
일어나는 시흥은 경물 풍광에 더욱 더해지고　物色更添詩興動
바쁜 나그네 마음은 흐르는 세월에 유달리 함께하네　流光偏與客心催
멀리 바라보노라니 고국에는 어느 때나 당도하여　遙瞻故國何時到
압록강 연화[321] 속에 옥 술잔 잡으려는지　鴨水煙花把玉杯

318 2월……읊다 : 이 작품은 이계가 1782년(정조6) 동지 겸 사은사 부사로 연경에 가서 사신의 임무를 마치고 해를 넘겨 1783년 2월에 연경을 떠나면서 지은 시이다. 평성 '회(灰)'운의 측기식 수구용운체 칠언율시이다.

319 연대(燕臺) : 연경(燕京)의 황금대(黃金臺)라는 뜻이다. 황금대는 전국(戰國)시대 연나라 소왕(昭王)이 인재를 초빙하기 위해 누대를 지어놓고 그 위에 천금(千金)을 쌓은 곳이다.《史記 卷34 燕召公世家》여기서는 연경을 가리킨다.

320 부상(扶桑) : 59쪽 주72 참조.

321 연화(煙花) : 운무에 휩싸인 꽃을 가리키며, 대체적으로 봄 풍경을 일컫는다.

백하 가는 길에 또 정사(正使)의 시운에 차운하다[322]

白河途中 又次上使韻

봄바람 살랑살랑 떠나는 사신 수레 전송하니	春風拂拂送行輈
강둑 버들은 하늘하늘 새벽 아지랑이는 떠 있네	堤柳依依曉靄浮
동쪽으로 통주 지나 지금 몇 리나 왔는가	東過通州今幾里
백하 나루 머리에서 어선을 부르노라	白河渡口喚漁舟

322 백하……차운하다 : 이 작품은 이계가 1782년(정조6) 동지 겸 사은사 부사로 연경에 가서 사신의 임무를 마치고 해를 넘겨 1783년에 연경을 떠나 귀국하면서 지은 시이다. 백하는 지금의 하북성 통현(通縣)에 있으며, 노하(潞河) 또는 북운하(北運河)로도 불렸다. 조백하(潮白河)와 이어져 남북 대운하의 북쪽 종착지가 되므로 청나라 당시 수많은 배들이 출입하여 장관을 이루었다. 당시 사행단의 정사는 정존겸(鄭存謙)이었다. 평성 '우(尤)'운의 칠언절구이다.

연경을 떠난 지 이틀째에 날씨가 맑고 화창하여 몹시 기쁜 마음에 입으로 읊다[323]

離燕兩日 天氣晴和 喜甚口占

연경 객관에서 지루하게 사십 일을 보내고 燕館支離閱四旬
귀국하는 길은 화창하게 석 달 봄날 짝하네 歸裝駘蕩伴三春
여린 버들가지는 떠나는 말을 붙잡으려 하고 柳絲嫩欲牽行騎
정겨운 새소리는 멀리 가는 사람을 전송하는 듯 禽語款如送遠人
지난날 연경 올 때 얼음 서리 정말로 매섭고 추웠는데
向日氷霜何慘洌
오늘 고국 돌아갈 때는 경물이 도리어 온화하구나 如今雲物却氤氳
예전과 지금 기후가 다른 것과는 관계없이 非關氣候殊前後
이 모두가 왕령이 사신들에게 미치심이로다 摠是王靈曁使臣

323 연경을……읊다 : 이 작품은 이계가 1782년(정조6) 동지 겸 사은사 부사로 연경에 가서 사신의 임무를 마치고 해를 넘겨 1783년에 연경을 떠나 귀국하면서 지은 시이다. 평성 '진(眞)'운의 측기식 수구용운체 칠언율시이다.

향림사[324] 절에 백송이 있다.

香林寺 寺有白幹松

길옆 사찰에 부들방석[325] 정결하고 路傍蘭若淨蒲團
손을 맞는 승려는 각관[326]을 썼네 延客比丘戴角冠
구름 기운은 금탑의 그림자를 항상 만들고 雲氣常留金塔影
봄바람은 백송의 차가움을 바꾸지 못하네[327] 春風不變白松寒
부질없이 촌여인에게 향 사루어 공양하게 했더니 謾教村女燃香供
잔뜩 행인들이 말 멈추고 바라보게 되었네 贏得行人駐馬看
다만 사찰이 저자에 붙어 있어 只是沙門隣市井
유독 승려 눈썹 끝에 선가(禪家)의 운치 보이지 않네 獨無禪韻見眉端

324 향림사 : 이 작품은 이계가 1782년(정조6) 동지 겸 사은사 부사로 연경에 가서 사신의 임무를 마치고 해를 넘겨 1783년에 연경을 떠나 귀국하면서 지은 시이다. 향림사는《계산기정(薊山紀程)》,《담헌연기(湛軒燕記)》,《무오연행록(戊午燕行錄)》등의 각종 연행록에 향화암(香花庵), 향림암(香林庵) 등으로 표기된 곳으로, 백간점(白澗店)에 있으며 아담한 크기에 백송 수십 그루가 자라고 있다고 공통적으로 기록되어 있다. 평성 '한(寒)'운의 평기식 수구용운체 칠언율시이다.

325 부들방석 : 원문의 '포단(蒲團)'은 부들로 둥글게 틀어 만든 방석으로, 주로 승려들이 좌선할 때 쓰던 물건이다.

326 각관(角冠) : 승려나 도사들이 착용하는 각진 모양의 관(冠)이다.

327 봄바람은……못하네 : 백송의 가지가 흰색이므로 백송이 차갑다고 말한 것이며, 이는 봄바람이 불어와도 그대로임을 말한 것이다.

보리밭 가는 것을 보며[328]

觀耕麥

농가에서 이월에 새로 개인 날씨 알리니　　農家二月報新晴
밭머리 곳곳마다 짝을 부르는 소리[329]　　處處田頭喚侶聲
초순이 되기 전에 보리 나누어 파종하고　　未到初旬分麥種
긴 보습만 가지고 나귀에 묶어 밭가네　　獨持長鑱帶驢耕
예로부터 토양은 지역에 따라 다름을 알거니와[330]　　從知土脈隨方異
더구나 하늘이 내려준 적절한 때에 힘도 덜 들임에랴　　況得天時用力輕
멀리서 상상하건대 고국의 정원에 장차 농사일 벌일 터이니　　遙想故園將有事
내 어이하면 청명[331]까지 도착할 수 있을까　　我行安得及淸明

328 보리밭……보며 : 이 작품은 이계가 1782년(정조6) 동지 겸 사은사 부사로 연경에 가서 사신의 임무를 마치고 해를 넘겨 1783년에 연경을 떠나 귀국하면서 중국의 밭갈이 풍경을 보고 지은 시이다. 평성 '경(庚)'운의 평기식 수구용운체 칠언율시이다.

329 짝을 부르는 소리 : 농사일에 여념이 없음을 가리킨다. 《예기》 〈월령(月令)〉에 "농사를 담당하는 관리에게 명하여 우경의 일을 계획하게 한다.〔命農計耦耕事.〕"라고 하였는데, 여기에서 우경은 두 사람이 짝을 지어 나란히 밭을 가는 일을 가리킨 것으로, 후에는 농사 자체를 가리키는 말로 쓰였다.

330 예로부터……알거니와 : 보통 음력 3월에 밭갈이를 시작하는데, 이계가 지나면서 본 중국의 밭에서는 2월에 밭갈이를 하고 있으므로 이렇게 말한 것이다.

331 청명(淸明) : 음력 3월에 드는 24절기의 다섯 번째 절기로 한식(寒食) 하루 전날이거나 같은 날일 수 있으며, 춘분(春分)과 곡우(穀雨) 사이에 있다. 이 무렵에 논밭의 흙을 고르는 가래질을 시작한다.

계주[332]

薊州

명승고적이 요주(遼州) 계주 사이에 많이 전하니 勝蹟多傳遼薊間
뭇 봉우리 수려함 다투며 맑은 물굽이 둘러 있네 群峰競秀帶清灣
한밤중에 용이 뛰어넘은 곳은 호타하(滹沱河)요[333] 龍跳半夜滹沱水
천 년 전 신선으로 변한 곳은 고야산이로다[334] 仙化千年姑射山
옛 나루 아득하여 어느 곳이 그곳인지 古渡迷茫何處是

계주 동쪽에 작은 나루가 있는데 속칭 '호타'이다. 지지(地志)에 의거하면 호타는 분명히 연(燕)·조(趙) 지방 사이에 있으니, 분변하지 않을 수 없기 때문에 말한 것이다.

332 계주 : 이 작품은 이계가 1782년(정조6) 동지 겸 사은사 부사로 연경에 가서 사신의 임무를 마치고 해를 넘겨 1783년에 연경을 떠나 귀국하면서 계주를 지나며 지은 시이다. 평성 '산(刪)'운의 측기식 수구용운체 칠언율시이다.

333 한밤중에……호타하(滹沱河)요 : 호타하는 하북성 요양현(饒陽縣) 동북쪽에 있는 강으로, 여기에서 말하는 용은 후한(後漢)의 광무제(光武帝)이다. 광무제 유수(劉秀)가 아직 천하를 평정하지 못했을 적에, 성제(成帝)의 아들 유자여(劉子輿)를 사칭한 도적 왕랑(王郎)의 군대에 쫓겨 황망히 호타하로 후퇴하면서, 왕패(王霸)를 보내 호타하를 건널 수 있는지 미리 정탐하게 하였다. 왕패가 호타하에 와서 보니 배가 한 척도 없어 건너갈 수 없었으나 왕패는 군대가 동요할까 염려하여 얼음이 얼어 건널 수 있다고 거짓으로 보고하였는데, 막상 군대가 도착해 보니 호타하가 그 사이에 얼어 있어 무사히 후퇴하여 위급한 상황을 모면하였다.《後漢書 卷1 光武帝紀》

334 천……고야산(姑射山)이로다 : 고야산은《장자(莊子)》〈소요유(逍遙遊)〉에 신선이 살고 있다고 한 막고야산(藐姑射山)이다. 다만 막고야산은 보통 그 위치를 알 수 없다고 하거나 산서성(山西省)에 있는 것으로 비정하는데, 여기에서 이계가 계주를 읊으면서 어떤 산을 가리켜 고야산과 천 년 전의 신선을 언급했는지는 미상이다.

돌아가는 구름 아스라이 멀어 부여잡을 수 없어라 歸雲縹緲邈難攀
부질없이 와불만이 사찰에 남았으니 空餘臥佛留蕭寺
영웅들 명멸(明滅)했던 몇 겁의 날들을 다 겪었던고
閱盡英雄幾刦還

연수를 다시 보며[335]

再觀煙樹

봄이 와 계문 앞에 다시 당도해보니 春來重到薊門前
따스한 햇살 온화한 바람 더욱 아득히 이어지네 暖日和風更渺綿
천 그루 나무는 푸른 바다 위로 일제히 떠오르고 千樹齊浮滄海上
끊어진 무지개는 석양 곁으로 비스듬히 뻗어 있네 斷虹斜曳夕陽邊
연파는 아득하게 원기를 머금었고 煙波澒洞涵元氣
촌락은 어슴푸레 창공과 섞여 있네 村落迷茫混碧天
겉으로 보이는 형상의 참과 허상 논할 것 없으니 色相莫論眞與幻
물거품 같은 세계가 무엇이 그렇지 않으랴 泡漚世界孰非然

335 연수를 다시 보며 : 이 작품은 이계가 1782년(정조6) 동지 겸 사은사 부사로 연경에 가서 사신의 임무를 마치고 해를 넘겨 1783년에 연경을 떠나 귀국하면서 계문의 연수를 다시 보며 지은 시이다. 연수는 121쪽 주235 참조. 평성 '선(先)'운의 평기식 수구용운체 칠언율시이다.

옥전에서 초승달을 보며 정사(正使)의 시에 차운하다[336]
玉田看新月 次上使韻

옥루는 아득하게 맑은 밤에 막혀 있으니	玉樓迢遞阻淸宵
어느 날에야 사신 뗏목은 높은 하늘에 닿을까[337]	幾日星槎到絳霄
멀리서 생각건대 도성의 꽃 피고 달 밝은 밤	遙想禁城華月夜
선랑[338]들 함께 정월 대보름에 다리밟기 할 테지	仙郞共踏上元橋

336 옥전에서……차운하다 : 이 작품은 이계가 1782년(정조6) 동지 겸 사은사 부사로 연경에 가서 사신의 임무를 마치고 해를 넘겨 1783년에 연경을 떠나 귀국하면서, 달밤에 옥전을 지나며 지은 시이다. 옥전은 조선과 청(淸)나라를 잇는 사신 행로에 있는 30개의 참(站) 가운데 하나인 옥전현(玉田縣)으로 계주(薊州) 직전에 자리하고 있다. 당시 정사는 정존겸(鄭存謙)이었다. 평성 '소(蕭)'운의 칠언절구이다.

337 옥루(玉樓)는……닿을까 : 옥루는 천상에 있다는 백옥루(白玉樓)이며, 원문의 '강소(絳霄)'는 하늘의 가장 높은 곳을 가리키는 말이다. 이는 모두 조선의 임금이 있는 궁궐을 비유한 것으로 빨리 귀국하고 싶은 마음을 표현한 것이다. 원문의 '성사(星槎)'는 사신의 행렬을 가리킨 것으로, 선사(仙槎)라고도 한다. 옛날 어떤 사람이 바닷가에 살면서 해마다 음력 8월이 되면 어김없이 뗏목이 떠오는 것을 보고, 그 뗏목에 양식을 가득 싣고 수십 일 동안 갔더니, 멀리 궁실(宮室)에는 베 짜는 아낙들이 많고 물가에는 소를 끌고 와 물을 먹이는 사내가 있었다. 그가 돌아와서 점술(占術)로 유명한 엄군평(嚴君平)에게 물어보았더니 "모년 모월 모일에 객성(客星)이 견우성(牽牛星)과 직녀성(織女星)을 범하였다."라고 하였다. 소를 끌고 있던 사내가 견우였던 것이다. 이 고사로 인하여 사행(使行)을 성사라고 한다. 《博物志 卷10》

338 선랑(仙郞) : 젊은 청년들을 가리키는 미칭이다.

다시 차운하여 이의산의 시체를 모방하다[339]

又次效李義山體詩

봉래의 아름다운 기운 동편 하늘에 가득하니　蓬萊佳氣滿東天
사신 깃발 펄럭이고 새도 훨훨 날아간다　征旆悠揚去鳥翩
신녀는 구슬 가지고 푸른 바다에서 노닐고　神女弄珠遊碧海
진인은 옥을 뿌려 남전으로 변화시켰네[340]　眞人種玉化藍田

339 다시……모방하다 : 이 작품은 이계가 1782년(정조6) 동지 겸 사은사 부사로 연경에 가서 사신의 임무를 마치고 해를 넘겨 1783년에 연경을 떠나 귀국하면서, 앞의 시에 이어서 옥전(玉田)에서 정사(正使) 정존겸(鄭存謙)의 시운에 차운하여 지은 것이다. 이의산은 당(唐)나라 시인 이상은(李商隱, 812~858)으로, 호는 옥계생(玉溪生)이며 의산은 그의 자이다. 그의 시는 한(漢)·위(魏)·육조시(六朝詩)의 정수를 계승하였고, 두보(杜甫)를 배웠으며, 이하(李賀)의 상징적 기법을 사랑하였다. 또한 전고(典故)를 자주 인용하고 풍려(豊麗)한 자구를 구사하여 수사문학(修辭文學)의 극치를 보여준 것으로 평가받고 있다. 평성 '선(先)'운의 평기식 수구용운체 칠언율시이다.

340 신녀(神女)는……변화시켰네 : 이 구절은 이상은의 시 〈금슬(琴瑟)〉의 "푸른 바다에 달이 밝으니 구슬에는 눈물이 어려 있고, 남전에 햇살 따스하니 옥에선 연기 피어나네.〔蒼海月明珠有淚, 藍田日暖玉生煙.〕" 구절의 시상을 차용한 것이다. 구슬에 눈물이 어려 있다는 것은, 교인(鮫人)의 눈물을 가리키는 것이다. 교인은 남해 바다 속에 사는 전설상의 종족인데, 베를 짜면서 울 때마다 눈물방울이 모두 진주로 변한다고 한다. 세상에 나와 살다가 주인과 작별할 때, 슬픔에 겨워 눈물을 그릇 가득 쏟고는 그것을 주인에게 주고 간다는 전설이 있다. 남전은 섬서(陝西) 지방의 좋은 옥의 생산지로 유명한 곳인데, 맑고 따뜻한 날 산을 보면 산 위에 온통 안개 같은 영명한 기운이 엉겨 있다고 한다. 《古今事文類聚 續集 卷22 評義山瑟詩》

이 시를 지을 당시 이계는 하북성 옥전현(玉田縣)에 있었는데, 옥전현은 바다와 멀지 않으며 옥전현이라는 명칭에 옥과 관련된 고사가 있으므로 이상은의 시 구절 시상

귀국하는 마음 경쾌하기가 요동의 학[341]과 같고　歸心快若遼東鶴
길 가는 행색 표연하기가 뗏목 위 신선[342] 같네　行色飄然槎上仙
봄 다 가기 전에 한성에 당도할 터이니　會到漢城春未晚
고운 꾀꼬리 여린 버들에 봄 경치 즐기겠네　嬌鸎嫩柳樂芳年

을 차용하여 본문에서처럼 읊은 것이다. 옥을 뿌려 남전으로 변화시켰다는 것은 다음 고사에서 유래한 것이다. 옛날 양백옹(楊伯雍)이라는 사람이 3년 동안 무종산(無終山)에서 목마른 행인들에게 물을 길어다 마시게 해 준 결과, 이에 감동한 선인(仙人)으로부터 한 말의 옥씨를 받아 파종하여 수많은 미옥(美玉)을 생산하여 부유하게 되었는데, 무종산이 옛날 연(燕)나라 땅에 있기 때문에 이 미옥(美玉)을 연옥(燕玉)이라고 불렀으며, 그 지명도 옥전현(玉田縣)으로 바꿔서 칭했다 한다.《搜神記 卷11》 옥전현 역시 옛날 양백옹이 옥을 심어 남전처럼 옥이 생산되게 되었다는 뜻이다.

341 요동의 학 : 55쪽 주63 참조.

342 뗏목 위 신선 : 159쪽 주337 참조.

옥전에서 출발하며[343]

發玉田

여정이 반산[344]과 옥전 지나니 行度盤山與玉田
눈에 들어오는 산천이 배로 선명하고 고와라 山川到眼倍鮮姸
하늘 맞닿은 큰 들판은 바다처럼 평평하고 連天大野平如海
성곽 가까운 긴 숲은 안개처럼 담담하네 近郭長林淡似煙
시골 여인 꽃을 꽂고 사신 행렬 쳐다보고 巷女簪花看使蓋
마을 아이 책을 끼고 시전을 달라 하네 村童挾冊乞詩箋
중화의 옛 풍속이 그래도 사랑할 만하나 中華舊俗猶堪愛
이번 행차에 성대하던 시절의 모습 못 보는 것이 한스럽구나 恨未吾行覩盛年

343 옥전에서 출발하며 : 이 작품은 이계가 1782년(정조6) 동지 겸 사은사 부사로 연경에 가서 사신의 임무를 마치고 해를 넘겨 1783년에 연경을 떠나 귀국하는 여로에 옥전현(玉田縣)을 출발하면서 지은 시이다. 평성 '선(先)'운의 측기식 수구용운체 칠언율시이다.

344 반산(盤山) : 순천부(順天府) 계주(薊州)에서 25리 지점에 있으며 반용산(盤龍山)이라고도 불렸다. 《讀史方輿紀要 卷11》

풍윤으로 가는 길에 입으로 읊어 정사(正使)에게 드리고 서장관(書狀官)에게도 보이다[345]

豐潤路中口占獻上使兼示三价

기미의 중간에 객성이 정체되었으니[346] 箕尾中間滯客星
구름 낀 하늘 아득히 넓게 푸른 바다와 떨어져 있네 雲天遼闊隔滄溟
왕명 받들고 올 제 북방 눈 몰아쳐 천 개의 산이 희게 되었고 含綸朔雪千山白
소매 떨치며 갈 제 봄 바람 불어와 만 그루 버들이 푸르구나 拂袖東風萬柳青
사절을 따라 조벽이 이미 온전히 보전되었고[347] 趙璧已完隨使節

345 풍윤으로……보이다 : 이 작품은 이계가 1782년(정조6) 동지 겸 사은사 부사로 연경에 가서 사신의 임무를 마치고 해를 넘겨 1783년에 연경을 떠나 귀국하는 여로에 풍윤현(豐閏縣)으로 가면서 지은 시이다. 풍윤현은 계주(薊州)의 속현(屬縣)으로 동으로 160리에 영평부(永平府)가 있다.《讀史方輿紀要 卷117》 당시 사행단의 정사는 정존겸(鄭存謙), 서장관은 홍문영(洪文泳)이었다. 평성 '청(青)'운의 측기식 수구용운체 칠언율시이다.

346 기미(箕尾)의……정체되었으니 : 사신 행렬이 연경을 출발하여 조선을 향하고 있음을 별자리에 비유하여 말한 것이다. 기미는 90쪽 주146 참조.

347 사절(使節)을……보전되었고 : 사신의 임무를 완벽하게 잘 수행하고 돌아간다는 말이다. 조벽은 전국(戰國)시대 조(趙)나라에서 소유하고 있었던 보물인 화씨벽(和氏璧)이다. 진(秦)나라 소왕(昭王)이 조나라 혜문왕(惠文王)에게 화씨벽과 진나라의 15성을 바꾸자고 압박하였는데, 조나라 인상여(藺相如)가 이 구슬을 가지고 진나라에

왕령(王靈)의 구제로 한사[348]가 무탈하였네　漢槎無恙濟君靈
경쾌한 사신 행렬 유관[349]으로 가는 길　翩翩駟馬楡關路
술 가지고 망해정[350]에 함께 올라보겠네　携酒同臨望海亭

갔다가 성을 주겠다는 진나라의 약속이 미덥지 못하자, 인상여가 기지를 발휘해 다시 화씨벽을 온전히 보전해서 조나라로 돌아온 일이 있다. 《史記 卷81 藺相如列傳》

348 한사(漢槎) : 한사는 사신 행렬을 가리킨다. 159쪽 주337 참조.

349 유관(楡關) : 산해관(山海關)의 이칭(異稱)이다. 산해관이 하북성 임유현(臨楡縣)에 있으므로, 지명을 따서 그렇게 부른 것이다.

350 망해정(望海亭) : 산해관 남쪽 20리 지점에 있는 정자로 징해정(澄海亭)이라고도 한다.

진자점[351]

棒子店

우연히 진자점 지나며　　偶過榛子店
아득히 계문란[352] 떠올리노라　　遙憶李文蘭

351 진자점 : 이 작품은 이계가 1782년(정조6) 동지 겸 사은사 부사로 연경에 가서 사신의 임무를 마치고 해를 넘겨 1783년에 연경을 떠나 귀국하는 여로에 진자점을 지나며 지은 시이다. 진자점은 오늘날의 진자진(榛子鎭)으로 풍윤현(豐閏縣)과 사하역(沙河驛) 중간 지점에 있는 작은 성이다. 평성 '산(刪)'운의 측기식 수구불용운체 오언율시이다.

352 계문란(李文蘭) : 계문란은 명(明)나라 말기에 청(淸)나라 사람들에게 잡혀 노예가 되어 심양(瀋陽)으로 끌려간 강남(江南) 출신의 여인인데, 사행 여로에 있는 진자점의 어느 청루(青樓)의 벽에 남긴 시가 있어 조선 사신들의 글에 자주 올라 유명하였다. 남구만(南九萬)의 《약천집(藥泉集)》 제2권 〈진자점 벽(壁)에 쓰여 있는 계문란의 시운에 차운하다〉라는 시의 주에 관련 내용이 상세한데 다음과 같다. "난주(灤州)의 진자점 벽에 먼지가 뒤덮인 가운데 시가 쓰여 있는데, 그 시에 이르기를 '낭자를 한 몸 옛날 화장함을 부질없이 가여워하고, 길 가는 여인 월나라 비단 치마를 바꾸었네. 부모의 생사 어느 곳에서 알까, 봄바람 심양에 올라오는 것 애통하네.〔椎髻空憐昔日粧, 征裙換盡越羅裳, 爺孃生死知何處, 痛殺春風上瀋陽.〕'라고 하였으며, 그 아래에 쓰여 있기를, '이 계집종은 강주(江州) 우상경(虞尙卿)의 아내이다. 남편은 죽음을 당하였고, 이 계집종은 포로로 잡혀 왕장경(王章京) - 장경은 군대를 거느리는 오랑캐의 직책이니, 우리나라의 초관(哨官)과 같은 것이다. - 에게 팔려갔다. 무오년 정월 21일에 눈물을 뿌리며 벽을 털고 이것을 쓰노니, 천하에 유심(有心)한 사람들이 있어 이것을 보고 가엾게 여겨 구원해주기를 바라노라. 이 계집종은 또한 비루하고 속됨을 스스로 부끄러워하지 않았으니, 아, 서글프다. 계집종의 나이는 21세이니, 계(季) -아래 두 글자가 지워졌음- 수재(秀才)의 딸이고, 어머니는 진씨(陳氏)이며, 오라비 이름은 국상(國庠)이니, 부학(府學)의 수재(秀才)이다. 계문란-아래 글자가 지워졌음-' 하

옛 역에 봄은 다시 왔건만　古驛春重到
요동성(遼東城)에 학은 돌아오지 않네[353]　遼城鶴未還
부질없이 벽에다 시를 써서 남기니　空留題壁字
어느 곳이 지아비 그리던 산이런고　何處望夫山
채녀를 속량해 주는 사람 없어　蔡女無人贖
멀리서 한나라 초승달 바라봤으리[354]　遙瞻漢月彎

였다."라고 한 기록이 보인다.

353 요동성(遼東城)에……않네 : 돌아오지 않는 계문란을 비유한 것이다. 요동성에 학은 55쪽 주63 참조.

354 채녀(蔡女)를……바라봤으리 : 계문란을 채녀에 비유한 것이다. 채녀는 후한(後漢) 때의 학자인 채옹(蔡邕)의 딸인 채염(蔡琰)을 가리킨다. 흉노(匈奴)의 포로가 되어 오랑캐 땅에서 12년 동안 살다가 조조(曹操)의 구원을 받고 중국에 돌아온 뒤 비분강개의 심정을 읊으며 〈호가십팔박(胡笳十八拍)〉을 지었다고 한다. 《樂府詩集 琴曲歌辭 胡笳十八拍》

사하로 가는 중에 정사(正使)의 시에 차운하다[355]

沙河途中 次上使韻

동방에 해 돋을 제 다시 동쪽 향해 가니	東方欲曙又東行
버들 드리워진 장정[356]에 가랑비 개였네	垂柳長亭小雨晴
하늘과 바다는 서로 이어져 기운 들이고 내며	天海相連呼吸氣
산과 강은 끝도 없이 정기(精氣)를 배태했네	山川不盡胚胎精
기이한 봉우리 붓 빼어난 곳은 창려현이요[357]	奇峰筆秀昌黎縣
고죽 풍모 맑은 곳은 비자성이라[358]	孤竹風淸肥子城

355 사하로……차운하다 : 이 작품은 이계가 1782년(정조6) 동지 겸 사은사 부사로 연경에 가서 사신의 임무를 마치고 해를 넘겨 1783년에 연경을 떠나 귀국하는 여로에 사하역으로 향하며 지은 시이다. 사하역은 사행 경로에 있는 역참 가운데 하나로 영평부와 풍윤현 사이에 있는데, 지금의 중국 하북성 당산시(唐山市) 서남부에 있다. 당시 사행단의 정사는 정존겸이었다. 평성 '경(庚)'운의 평기식 수구용운체 칠언율시이다.

356 장정(長亭) : 32쪽 주11 참조.

357 기이한……창려현(昌黎縣)이요 : 창려현의 문필봉(文筆峰)을 형용한 말이다. 황재(黃梓)의 《갑인연행록(甲寅燕行錄)》 권2 〈도관록(度關錄)〉에 "무령현(撫寧縣)의 북쪽에는 과자산(瓜子山)이 있고 서쪽으로 10리쯤에는 토이산(兎耳山)이 있는데 산의 형세가 토끼의 귀 같기 때문이다. 그 남쪽으로는 창려산(昌黎山)이 있어 문필봉이 우뚝하게 구름까지 솟아 있다. 창려현이 그 서쪽에 있다. 사람들이 말하기로 한문공(韓文公, 당나라 때의 문장가 한유(韓愈))이 태어난 곳으로 지금까지도 한(韓)씨 성을 가진 이들이 그 현에 많다고 한다."라고 하였다.

358 고죽(孤竹)……비자성(肥子城)이라 : 은(殷)나라에 대한 절의를 지켜 굶어 죽은 백이(伯夷)와 숙제(叔齊)의 고국인 고죽국(孤竹國)이 있었던 노룡현(盧龍縣)을 말한 것이다. 서호수(徐浩修)의 《연행기(燕行記)》 제4권에 "노룡현은 본래 상(商)나라

눈 가득 아름다운 풍광에 자주 말을 멈추니 滿目韶光頻駐馬
들판 다리 흐르는 물에서 봄소리를 듣노라 野橋流水聽春聲

고죽국이었다. 춘추시대 때에는 비자국(肥子國)이 되었고, 한(漢)나라에서는 비여현(肥如縣)으로 만들어 요서군(遼西郡)에 예속시켰으며, 후위(後魏)에서는 연화(延和) 초에 요서군과 평주(平州)의 치소(治所)로 하였고, 또 신창현(新昌縣)을 붙여 두어 북평현치(北平縣治)로 하였다. 북제(北齊)에서는 요서군(遼西郡)을 폐지, 북평(北平)에 편입하였고, 수(隋)나라에서는 개황(開皇) 연간에 비여현을 폐지하여 신창(新昌)에 편입하였다가 뒤에 신창을 고쳐 노룡이라고 하였다."라고 하였다.

난하 청절사[359]

灤河淸節祠

두 사람 모신 옛 사당이 푸른 물굽이 곁에 있으니 二子遺祠枕碧灣
맑은 바람 상쾌하게 인간 세상 멀리 했네 淸風蕭爽遠人寰
소나무 삼나무 빛깔 어리나니 바다로 도망쳤었고 松杉色映曾逃海
고사리 향기 피어오르나니 옛날 산에서 캤었지[360] 薇蕨香生舊採山
모래 깨끗한 석양 강가에 두 마리 해오라기 잠들고 沙淨夕陽雙鷺宿
눈 녹은 봄물에 작은 배 한가로이 떠있네 雪消春水小舟閑
사당 문 앞 길 하나가 상나라 들판으로 통하니 門前一路通商野
외려 당시 말고삐 붙잡고 돌아오던 일 상상하노라 尙想當年叩馬還

359 난하……청절사 : 이 작품은 이계가 1782년(정조6) 동지 겸 사은사 부사로 연경에 가서 사신의 임무를 마치고 해를 넘겨 1783년에 연경을 떠나 귀국하는 여로에 백이(伯夷)와 숙제(叔齊)를 모신 사당인 청절사를 방문하여 지은 시이다. 난하는 영평부 서쪽에 있는 강의 이름으로 이곳에서 10리쯤 떨어진 곳에 백이와 숙제의 사당인 청절사가 있다. 평성 '산(刪)'운의 측기식 수구용운체 칠언율시이다.

360 소나무……캤었지 : 백이와 숙제를 모신 사당에서 그들의 행적을 떠올린 것이다. 백이는 일찍이 포악하고 무도한 은(殷)나라 주왕(紂王)을 피해 북해(北海)가로 도망쳐 숨어 지낸 사실이 있으며, 주(周)나라 무왕(武王)이 은나라를 정벌하려 할 때 백이와 숙제는 신하가 임금을 정벌할 수 없다면서 무왕의 말고삐를 붙잡으며 말리다가 뜻을 이루지 못하고 수양산(首陽山)에 들어가 고사리를 캐어 먹다가 굶어 죽은 사실이 있다. 《孟子 離婁上》《史記 卷61 伯夷列傳》

묵태의 아들을 대신하여 강자아에게 드리다[361]

代墨胎子贈姜子牙

천하가 두 노인의 이름을 동등하게 여겼으니[362] 天下曾同二老名
말 앞에서 만류하기 어렵자 옷깃 떨치고 떠났네 馬前難挽拂衣行
우거진 풀숲에서 한번 서산의 고사리 움켜잡으니 蒙茸一掬西山蕨
제나라 전체 칠십 성과도 바꾸지 않으리[363] 不易全齊七十城

361 묵태의……드리다 : 이 작품은 이계가 1782년(정조6) 동지 겸 사은사 부사로 연경에 가서 사신의 임무를 마치고 해를 넘겨 1783년에 연경을 떠나 귀국하는 여로에 지은 것으로 앞의 시를 참고할 때 청절사를 방문한 즈음에 지은 것으로 보인다. 묵태의 아들은 백이(伯夷)를 가리킨다. 묵태는 백이의 복성(複姓)이다. 강자아는 주(周)나라를 도와 은(殷)나라를 멸망시킨 강태공(姜太公)을 가리킨다. 자아는 강태공의 자이다. 이계는 백이의 입장을 강태공에게 대변하는 형식으로 이 시를 지었다. 평성 '경(庚)'운의 칠언절구이다.

362 천하가……여겼으니 : 두 노인은 덕이 높은 사람이라는 뜻으로 백이와 강태공을 가리킨다. 《맹자》〈이루 상(離婁上)〉에 "백이와 강태공 두 노인은 천하의 대로인데 문왕(文王)에게 귀의했으니, 이는 천하의 아버지가 문왕에게 귀의한 것이다. 천하의 아버지가 귀의했으니, 그 자제들이 문왕에게 귀의하지 않고 어디로 가겠는가.〔二老者, 天下之大老也而歸之, 是天下之父歸之也. 天下之父歸之, 其子焉往.〕"라고 하였다.

363 우거진……않으리 : 백이는 제나라 칠십 성을 주더라도 자신의 절조를 바꾸지 않을 것이라는 말이다. 제나라를 언급한 것은 강태공이 봉해진 곳이 제나라이기 때문이다.

강자아의 답시[364]

姜子牙答詩

팔백의 제후가 맹진에서 회합하니[365]	八百諸侯會孟津
하늘의 뜻을 저버리기 어려워 백성들 구원하노라	天心難拂救生民
백발로 매가 날 듯함[366]이 내 어찌 즐거우랴	白髮鷹揚吾豈樂
천 년 세월 군신의 의리 세운 그대에게 부끄럽다오	媿君千載植君臣

364 강자아의 답시 : 이 작품은 앞의 시에 이어서 백이(伯夷)에게 강태공(姜太公)이 답한 형식으로 지었다. 평성 '진(眞)'운의 칠언절구이다.

365 팔백의……회합하니 : 문왕(文王)이 죽은 뒤, 강태공이 무왕(武王)을 도와서 은나라 주왕(紂王)를 정벌할 때, 은나라를 버리고 무왕을 돕기 위해 맹진에 모인 제후가 팔백 명이나 되었다고 한다.《史記 卷4 周本紀》

366 백발(白髮)로……듯함 : 강태공이 위수(渭水)에서 낚시질을 하다가 문왕에게 발탁되었을 때 이미 나이가 80세였으므로 백발이라 한 것이며,《시경》〈대아(大雅) 대명(大明)〉에 강태공이 전쟁을 지휘하는 모습을 형용하기를, "이때 태사 상보가 마치 매가 날 듯하여, 저 무왕 도와서 상나라를 정벌하니, 회전한 그날 아침 청명했도다.〔維師尙父, 時維鷹揚, 涼彼武王, 肆伐大商, 會朝淸明.〕"라고 하였다. 상보는 강태공의 존호이다.

묵태의 아들을 대신하여 기자에게 드리다[367]

代墨胎子 贈箕子

세 어진 이[368]도 기울어가는 사직 구하지 못하니　三仁莫救社稷傾
회전(會戰)하는 아침 청명함을 천하가 어이 하랴[369] 天下其如會朝淸
공의 마음은 홍범을 전한 것[370]에서 이미 알았으니　公心已見傳洪範
흰머리로 무엇하러 수고롭게 백마 타고 가는고[371]　白首何勞白馬行

367 묵태의……드리다 : 이 작품 역시 앞의 시들에 연이어지는 것으로, 내용으로 볼 때 앞의 시들과 마찬가지로 청절사(淸節祠)를 방문한 즈음에 지어진 것으로 보인다. 기자는 은나라 주왕(紂王)의 숙부로 은나라가 망한 뒤 무왕(武王)에 의해 조선에 봉해진 인물이다. 이계는 백이의 입장을 기자에게 대변하는 형식으로 이 시를 지었다. 평성 '경(庚)'운의 칠언절구이다.

368 세 어진 이 : 은나라의 세 명의 어진 사람으로 주왕(紂王)의 서형(庶兄)인 미자(微子)와 숙부 기자(箕子) 및 비간(比干)이다. 미자는 주왕이 포악무도한 것을 보고 떠나갔고, 기자와 비간은 간언하다가 비간은 죽음을 당하고 기자는 노예가 되었다. 《論語 微子》

369 회전(會戰)하는……하랴 : 주나라 무왕(武王)이 천명(天命)을 받아 은나라를 멸망시키는 일을 천하가 막을 수 없었다는 뜻이다. 회전하는 아침이 청명했다는 것은 171쪽 주366 참조.

370 홍범(洪範)을 전한 것 : 홍범은 나라를 다스리는 아홉 가지 큰 법칙인 홍범구주(洪範九疇)를 가리킨다. 무왕이 은나라를 정벌하고 나서 기자를 방문하여 천도(天道)와 떳떳한 윤리를 묻자, 기자는 은나라의 유민이지만 윤리가 바르게 펼쳐지지 못할까 염려하여 무왕에게 홍범구주를 설명해주었다. 《書經 周書 洪範》

371 흰……가는고 : 무엇하러 기자가 주나라에 조회하러 가느냐고 묻는 말이다. 조선(朝鮮)에 봉해진 기자가 주나라에 조회하러 간 사실은 《사기》 권38 〈송미자세가(宋微子世家)〉와 《죽서기년(竹書紀年)》 무왕 16년 조에 보인다.

기자의 답시[372]
箕子答詩

미친 척하며 스스로의 뜻 행함[373]이 어찌 몸을 온전히 하는 것이랴만
佯狂自靖豈全身
군자가 명이함[374]이 바로 인을 얻는 것이라네　　君子明夷是得仁
동해 한 모퉁이에 그대의 사당 남아 있으니　　東海一隅存子祀

372 기자의 답시 : 이 작품은 앞의 시에 이어서 백이(伯夷)에게 기자가 답한 형식으로 지었다. 평성 '진(眞)'운의 칠언절구이다.

373 미친……행함 : 은나라 주왕(紂王)이 포악무도하여 간언해도 받아들여지지 않자 기자는 미친 척하며 노예가 되어 목숨을 보전하였다. 《사기》 권38 〈송미자세가(宋微子世家)〉에 "주왕이 방탕무도하자, 기자가 간하였으나 듣지 않았다. 어떤 이가 기자에게 '떠나야 한다.'고 하자, 기자가 말하기를, '신하가 되어 간했다가 듣지 않는다고 떠나간다면 이는 임금의 악을 드러내어 스스로 백성들에게 환심을 사는 행위이니, 나는 차마 그렇게 하지 못한다.'라고 하고, 머리를 풀어헤치고 거짓으로 미친 체하면서 노예가 되었다.〔被髮佯狂而爲奴.〕"라고 하였다. 원문의 '자정(自靖)'은 각자 스스로의 분수대로 자신의 뜻을 행한다는 뜻이다. 《서경》 〈주서(周書) 미자(微子)〉에 "스스로 분수대로 자신의 뜻을 편안히 행하여 사람마다 각자 자신의 뜻을 선왕에게 바쳐야 하니, 나는 길을 떠나 은둔함을 돌아보지 않겠다.〔自靖, 人自獻于先王, 我不顧行遯.〕"라고 하였다.

374 군자가 명이(明夷)함 : 난세에 밝다고 자처하며 자세히 살피기보다는 사리에 어두운 척 처신하면서 남을 포용하는 것이 결과적으로는 밝게 처신하는 것이라는 말이다. 《주역》 〈명이(明夷) 상전(象傳)〉에 "밝음의 덩어리가 땅속으로 들어가는 상이 명이이니, 군자는 이 상을 보고서 무리를 대할 적에 어둠을 써서 밝게 한다.〔明入地中, 明夷, 君子以, 莅衆, 用晦而明.〕"라고 하였다.

후관 쓰고 끝내 희씨(姬氏)의 신하 되지 못했네[375] 冔冠終不作姬臣

375 후관(冔冠)……못했네 : 백이가 끝내 은나라에 대한 절의를 지켜 주나라를 섬기지 않았다는 말이다. 희씨는 주나라 왕실의 성씨이다. 후관은 두건의 이름으로《의례(儀禮)》〈사관례(士冠禮)〉에 "주나라는 피변, 은나라는 후관, 하나라는 수관이다.〔周皮弁, 殷冔, 夏收.〕"라고 하였다.

무령현에서 서진사 소신에게 주다[376]

撫寧縣 訪徐進士紹薪 携登會心亭 留贈 自其大人鶴年 以翰墨自娛 尹白下淳 曹參判命采 皆有手筆 在壁上 故手寫一絶以贈之

376 무령현에서……주다 : 이 작품은 이계가 1782년(정조6) 동지 겸 사은사 부사로 연경에 가서 사신의 임무를 마치고 해를 넘겨 1783년에 연경을 떠나 귀국하는 여로에 영평부 무령현(撫寧縣)에 들러 지은 것이다. 이덕무(李德懋)의 《청장관전서(靑莊館全書)》 권66 〈입연기(入燕記)〉에 "유관(楡關)에서 서쪽으로 20리를 가면 무령현이 있다. …… 동문은 고려성(古驪城)이라 하였고, 시장 점포 북쪽 끝에는 서학년(徐鶴年)의 집이 있다. 옥우(屋宇)가 굉장히 컸으므로 전부터 우리나라의 사신들이 반드시 들어가 구경했다. 학년의 자(字)는 명고(鳴皐)이고 진사(進士)를 지냈다. 사람됨이 장자(長者)의 풍도가 있었고 집이 부유해서 객을 좋아했으나 지금은 이미 죽었고, 아들이 둘 있다. 맏아들은 소분(紹芬)으로 자가 영향(咏香)이고, 둘째 아들은 소신(紹薪)으로 자가 초단(樵丹)이다. …… 실(室) 문에는 조명채(曹命采)의 시를 걸어 놓았고 방안에는 윤순(尹淳)의 시를 걸어 놓았다. 당(堂) 오른편에는 작은 골목이 있고 골목 북쪽에는 회심(會心)이라는 작은 정자가 있다. 깨끗한 안상(案床)에 밝은 창이 있어 진서를 벗어난 듯했다. 뜰 가운데에는 긴 못을 팠고 못 옆에는 괴이한 돌과 이름난 꽃을 벌여 놓았으며, 조롱 속에는 작은 새를 기르고 있었다."라고 하였다.

조명채(1700~1764)는 본관은 창녕(昌寧), 자는 주경(疇卿), 호는 난재(蘭齋)이다. 이조참판, 대사헌 등을 역임하였으며, 사도세자(思悼世子) 사건 때 옥사와 관련하여 국문을 당하였다가 곧 풀려났으나 2년 뒤에 죽었다. 윤순(1680~1741)은 본관은 해평(海平), 자는 중화(仲和), 호는 백하(白下)·학음(鶴陰)·만옹(漫翁)이다. 1723년(경종3) 응교로 사은사 서장관(書狀官)이 되어 청나라에 다녀왔다. 이조 참판, 공조판서, 경기도 관찰사 등을 역임하였다. 윤순은 조선 후기를 대표하는 글씨의 대가로 우리나라의 역대 서법과 중국 서법을 아울러 익혀 한국적 서풍을 일으켰다. 그의 문하에서 이광사(李匡師) 등이 배출되었다. 한편 윤순은 이 당시 서학년에게 써준 글씨 때문에 오랑캐에게 아첨했다는 탄핵을 받기도 하였다. 이 당시 윤순이 변론한 소장이 《영조실록》 5년 5월 5일에 실려 있다.

평성 '동(冬)'운의 칠언절구이다.

무령현에서 서진사 소신을 방문하여 손을 이끌고 회심정에 올라 시를 남겨 주었다. 이 집안은 그의 대인인 학년 때부터 한묵으로 스스로 즐겨 백하 윤순과 참판 조명채 모두 손수 필적을 남긴 것이 벽 위에 있었다. 그러므로 손수 절구 한 수를 적어준 것이다.

구름 사이 깎은 듯 서 있는 옥부용[377] 雲間削立玉芙蓉
기이하고 빼어남이 오로봉[378]과 다투네 奇秀應爭五老峰
어느 해에 이부는 용을 타고 떠났는가[379] 何年吏部騎龍去
신령스러운 기운 그때로부터 다 모이지 않았네[380] 靈氣由來不盡鍾

속읍에 창려현(昌黎縣)이 있는데 기이한 봉우리가 수려하여 문필봉(文筆峰)이라 한다. 세상에서 전하기를 한자(韓子 한유(韓愈))의 선대의 묘가 그 아래에 있다고 한다.

377 옥부용(玉芙蓉) : 설봉(雪峰)을 형용하는 말이다.

378 오로봉(五老峯) : 중국 강서성의 명산인 여산(廬山)의 오로봉을 말한다. 송(宋)나라 때의 학자 염계(濂溪) 주돈이(周敦頤)가 이곳에 집을 짓고 살았으며, 이 봉우리의 동남쪽에 위치한 백록동서원(白鹿洞書院)에서 주희(朱熹)가 학규(學規)를 정해 학생들을 가르치기도 하였다.

379 어느……떠났는가 : 한유(韓愈)가 세상을 떠난 것을 가리킨 것이다. 한유는 이부시랑의 벼슬을 역임했으며, 소식(蘇軾)이 지은 〈조주한문공묘비(潮州韓文公廟碑)〉에 “공이 옛날 용을 타고 백운향에서 노닐면서, 손으로 은하수를 찢어서 하늘의 문장 나누었지.〔公昔騎龍白雲鄉, 手抉雲漢分天章.〕”라고 하였다.

380 신령스러운……않았네 : 산천의 신령스러운 기운을 받은 한유가 훌륭한 문장가가 되었고, 그가 세상을 떠난 이후로 산천에 남아 있는 신령스러운 기운이 아직 누군가에게로 다 모여들지 않았다는 말이다. 이는 주인인 서진사가 그 기운을 받아 한유처럼 훌륭한 문장가가 되리라는 축원의 말이다.

한족 아이 머리 깎는 노래[381]

漢兒剃頭行

머리를 깎고 깎으니　　剃頭復剃頭
아이가 무릎 위에서 우네　　兒在膝上啼
아이야 삼가 울지 말거라　　兒兮愼莫啼
내 마음 이미 녹아 문드러졌단다　　我心已酸悽
남들이 들을까 두려우니　　更怕他人聞
소리를 우선 낮춰야 하리라　　聲音且宜低
옛날에 내가 처음 너를 들어올렸을 때　　昔我初擧汝
눈썹 뼈 풍성하기가 무소 같았지　　額角豐如犀
그래서 말하길 장성하기 기다려　　謂言待長成
쌍상투 틀고 관(冠)도 씌워야지　　丱兮又弁兮
그리하면 주렁주렁 갓끈 길게 드리우고　　葳蕤垂纓長
드높기는 처마와 나란하겠네　　崔嵬與簷齊
삼가례(三加禮)[382]에 빈객과 벗들 초청하고　　三加速賓友

381 한족……노래 : 이 작품은 이계가 1782년(정조6) 동지 겸 사은사 부사로 연경에 가서 사신의 임무를 마치고 해를 넘겨 1783년에 연경을 떠나 귀국하는 여로에 청(淸)나라 어린아이의 머리를 깎아 변발을 만드는 과정을 보면서 오랑캐의 풍속으로 변한 중국의 현실을 안타까워한 시이다. 이 작품은 환운(換韻)이 많은 고체시로, 12구까지는 평성 '제(齊)'운, 18구까지는 상성 '호(皓)'운, 20구는 거성 '호(號)'운, 22구는 상성 '조(篠)'운, 32구까지는 평성 '선(先)'운, 40구까지는 상성 '지(紙)'운을 사용하였다.

382 삼가례(三加禮) : 관례(冠禮) 때 세 번 관을 갈아 씌우는 의식으로, 초가(初加)

성인의 도리로 축원해야지　祝以成人道
예를 행할 때에 광채가 있으리니　周旋有光輝
장차 너의 늙은 부모를 위로하리라 라고 했지　將慰乃翁媼
지금 너는 젖먹이 신세도 벗지 못하여　今汝未免乳
출입할 때 외려 강보에 싸여 있네　出入猶在抱
그런데 차마 늘어진 머리털을 자르고　忍剪髿髿髮
되레 성성이 모자[383]를 씌우는구나　還覆猩猩帽
그런다고 어찌 아름답고 어여쁘지 않으랴만　豈不美且嫚
장유(長幼)를 어떻게 구별하겠나　那辨長與少
선왕이 의상을 제정할 때에　先王制衣裳
원복[384]을 가장 앞에 위치시켰네　元服最居先
다른 사람이 올려다볼 적에 존엄하게 보이는 것이 귀하고　瞻視貴尊嚴
관대를 장식할 적에 화려함을 숭상하였네　藻飾尚華鮮
어사는 해치의 뿔을 쓰고　御史獬豸角

·재가(再加)·삼가(三加)로 나뉜다.

383 성성이 모자 : 오랑캐인 여진족의 모자를 가리킨 것이다. 《예기》〈곡례(曲禮)〉에 "앵무새는 말을 잘하나 나는 새에 지나지 않고, 성성이는 말을 잘하나 금수에 지나지 않으니, 사람치고 예가 없으면 그 또한 금수의 마음이 아니겠는가.〔鸚鵡能言, 不離飛鳥, 猩猩能言, 不離禽獸, 今人而無禮, 不亦禽獸之心乎.〕"라고 하였다.

384 원복(元服) : 머리에 쓰는 관(冠)을 가리킨다. 《의례(儀禮)》〈사관례(士冠禮)〉에 "처음으로 관을 씌우고는 말하기를 '좋은 달 좋은 날에 원복을 씌우나니, 너의 어린 마음을 버리고 성인(成人)의 덕을 따르라.〔始加祝曰, 令月吉日, 始加元服, 棄爾幼志, 順爾成德.〕"라고 하였다.

학사는 금초의 매미를 쓰네[385] 學士金貂蟬
고아한 사람은 방산을 올리고 高人抗方山
훌륭한 재상은 진현을 얹네[386] 良相戴進賢
너는 운다만 끝내 무엇을 알겠느냐 汝啼竟何知
네가 태어난 것이 참으로 가련하구나 汝生眞可憐
우선 한 움큼 정도 남겨 뒤통수에 붙여두니 且留一握寄腦底
애오라지 부인과 남자를 구별함이라 聊別婦人與男子
관을 쓴 자는 내일 사당에 알현할 터인데 冠者明日當廟見
다만 우리 조상께서 알아보시지 못할까 두렵구나 但恐吾祖不識爾
오호라 매미에게도 갓끈이 있고 닭에게도 관이 있거늘[387]
嗚呼蟬有緌兮鷄有冠
아아 사람은 저것들만도 못하구나 吁嗟人兮不如彼

385 어사(御史)는……쓰네 : 옛날에 어사 등 법을 집행하는 관리는 해치관(獬豸冠)을 썼다. 해치는 신수(神獸)의 이름으로 성질이 충직하여 곡직(曲直)을 잘 분변할 뿐만 아니라, 사람들이 서로 싸우는 것을 보면 그중에 사악하고 부정한 자를 뿔로 받아버린다는 전설이 있다. 또 임금을 측근에서 모시는 학사 등의 시신(侍臣)은 금초로 장식한 관을 썼다. 금초는 황금으로 만든 구슬인 황금당(黃金璫)과 담비 꼬리인 초미(貂尾)의 합칭이다. 이때 황금당에 매미 모양의 장식을 붙였다.

386 고아한……얹네 : 방산은 방산관(方山冠)으로 옛날에 종묘에서 제례를 올릴 때 악무(樂舞)를 담당했던 사람들이 쓰던 관인데 은자(隱者)의 관으로도 통용되었다. 진현은 진현관(進賢冠)으로 옛날 관리들이 쓰던 관의 일종이다.

387 매미에게도……있거늘 : 매미에게도 갓끈이 있다는 것은 매미의 입이 길게 배 아래로 나 있는 것을 옛사람들이 갓끈처럼 여긴 것이다. 닭의 관은 닭볏을 가리킨 것이다.

은나라 후관(冔冠)과 주나라 면류관[388]을 어디에서 보려나 殷冔周冕何處見

후일에 그림에 그려진 모습이나 가리키겠지 他日指點圖畫裏

388 은나라……면류관 : 후관은 두건의 이름으로, 《의례(儀禮)》〈사관례(士冠禮)〉에 "주나라는 피변을 쓰고 은나라는 후관을 쓰고 하나라는 수관을 썼다.〔周皮弁, 殷冔, 夏收.〕"라고 하였다. 또 《논어》〈위령공(衛靈公)〉에 안연(顏淵)이 나라 다스리는 것을 묻자, 공자가 말하기를, "하나라의 책력을 행하고, 은나라의 수레를 타고, 주나라의 면류관을 쓰며, 음악은 소무를 쓰고, 정나라의 음악을 추방해야 하며, 말재주 있는 사람을 멀리해야 할 것이다.〔行夏之時, 乘殷之輅, 服周之冕, 樂則韶舞, 放鄭聲, 遠佞人.〕"라고 하였다.

징해루 다섯 노래[389]

澄海樓五詠

층층 징해루가 큰 자라[390] 누르고 있으니　澄海層樓壓巨鰲
안개구름 넓게 퍼져 사신 옷에 젖어드네　煙雲浩淼濕征袍
와황의 도끼 그림자는 머나먼 푸른 바다요[391]　媧皇斧影青冥遠
진제의 채찍 흔적은 높이 선 절벽이라[392]　秦帝鞭痕斷石高

389 징해루 다섯 노래 : 이 작품은 이계가 1782년(정조6) 동지 겸 사은사 부사로 연경에 가서 사신의 임무를 마치고 해를 넘겨 1783년에 연경을 떠나 귀국하는 여로에, 산해관에 들러 지은 시이다. 징해루는 산해관 남쪽 20리 지점에 있는 망해정(望海亭)의 별칭이다. 홍대용(洪大容)의 《담헌서(湛軒書)》 〈연기(燕記) 망해정(望海亭)〉에 "이 정자는 만리장성의 맨 끝머리에 있는데, 바다로 수백 보쯤 쑥 들어가 2층으로 성 위에 높이 솟아 있고 층계 십여 개가 있었다."라고 하였다. 제1수는 통운(通韻)인 평성 '호(豪)'운과 '소(蕭)'운, 제2수는 평성 '가(歌)'운, 제3수는 평성 '회(灰)'운, 제4수는 평성 '선(先)'운, 제5수는 평성 '양(陽)'운의 칠언율시이다.

390 큰 자라 : 동해 바다에 있는 삼신산(三神山)이 뿌리가 없어서 어디로 흘러갈지 알 수 없게 되자, 천제(天帝)가 거대한 황금 자라 여섯 마리로 하여금 그 산을 머리로 떠받치게 했다는 신화가 《열자(列子)》 〈탕문(湯問)〉에 전한다. 징해루가 해변에 위치하였으므로 한 말이다.

391 와황(媧皇)의……바다요 : 와황은 뱀의 몸에 사람 머리를 한 전설상의 인물인 여와씨(女媧氏)를 가리킨다. 상고(上古) 때 공공씨(共工氏)라는 제후가 축융(祝融)과 싸우다가 이기지 못하자 노하여 머리로 부주산(不周山)을 들이받아 하늘을 떠받치는 기둥이 부러지고 땅을 묶어둔 밧줄이 이지러졌는데, 여선(女仙)인 여와씨가 오색의 돌을 갈아서 하늘을 기우고 큰 자라의 다리를 잘라 땅의 사방 기둥을 받쳤다고 한다. 《淮南子 覽冥訓》 드넓게 펼쳐진 바다를 여와씨가 사용했을 도끼의 그림자에 비유한 것이다.

호쾌히 붉은 난간 의지해 떠오르는 해 바라보니 好倚朱欄觀出日
아직도 구리 주춧돌 남아 놀란 파도 막누나 尙留銅礎捍驚濤
황하(黃河) 근원 찾는 사신 뗏목 타고 돌아오니[393] 河源使者乘槎返
긴 바람 빌려 푸른 허공에 날아오르고저 欲借長風狃碧霄

취하여 높은 누각에 기대 한바탕 노래 부르니 醉倚高樓一放歌
천지는 아득하고 하늘과 파도는 섞여 있네 乾坤漭蕩混空波
곤붕은 북쪽에서 옮겨 가도 머물던 땅 남아 있고[394] 鯤鵬北徙猶餘地

392 진제(秦帝)의……절벽이라 : 진제는 진시황(秦始皇)을 가리킨다. 옛날 진시황이 석교(石橋)를 만들어 바다 건너 해 뜨는 곳을 보고자 했는데, 그때 어떤 신인(神人)이 돌을 운반했지만 돌이 빨리 옮겨지지 않기에 채찍으로 돌을 치자 돌들이 모두 피를 흘렸다고 한다.《三齊略記》높은 절벽을 진시황 때 채찍을 맞은 돌에 비유한 것이다.

393 황하(黃河)……돌아오니 : 사행의 임무를 마치고 귀국길에 있는 자신을 한(漢)나라 때 장건(張騫)에 비긴 것이다. 한나라 무제(武帝) 때 장건이 사명을 받들고 서역에 나가는 길에 뗏목을 타고 황하의 근원을 찾아 한없이 거슬러 올라가다가 한 성시(城市)에 이르러 보니, 한 여인은 방 안에서 베를 짜고 한 남자는 소를 끌고 은하(銀河)의 물을 먹이고 있었다. 그래서 그들에게 "여기가 어느 곳인가?"라고 묻자, 그 여인이 지기석(支機石) 하나를 장건에게 주면서 말하기를 "성도(成都)의 엄군평(嚴君平)에게 가서 물어보라."라고 하였다. 과연 그가 돌아와서 엄군평을 찾아가 지기석을 보이자, 엄군평이 말하기를 "이것은 직녀(織女)의 지기석이다. 아무 연월일(年月日)에 객성(客星)이 견우(牽牛), 직녀를 범했는데, 지금 헤아려 보니 그때가 바로 이 사람이 은하에 당도한 때였도다."라고 하였다.《博物志》

394 곤붕(鯤鵬)은……남아 있고 : 곤붕은《장자》〈소요유(逍遙遊)〉에 나오는 큰 물고기와 새의 이름이다. 장자가 말하기를 "북쪽 바다에 물고기가 있으니, 그 이름이 곤(鯤)이다. 곤의 크기는 몇 천 리나 되는지 알 수 없다. 그것이 변하여 새가 되니, 그 이름이 붕(鵬)이다. 붕의 등은 몇 천 리나 되는지 알 수 없다. 이 새가 남쪽 바다로 옮겨갈 때 9만 리를 날아올라 여섯 달을 가서야 쉰다."라고 하였다.

강한은 동쪽 바다 흘러와 구덩이 채우지 못하네[395] 江漢東歸不滿科
비로소 둥근 태양이 의마와 같음[396]을 믿겠고 始信日輪如蟻磨
머리 돌려 풍진세상이 벌집과 같음을 보노라 回看塵界等蜂窠
내 마음에는 헤아릴 수 없는 법이 있나니 吾心更有無量法
한 잔 물과 푸른 바다 양을 비교하지 말지어다[397] 勺水滄溟未較多

바닷가 드높이 서 있는 백 척의 누대 海上岧嶢百尺臺
동남쪽으로 하늘 트여 눈앞에 펼쳐진다 東南天豁眼前開
장성은 가까이 허무로 들어가 다하고[398] 長城近入虛無盡

395 강한(江漢)은……못하네 : 큰 강인 강수(江水)와 한수(漢水)가 동쪽으로 흘러 바다에 들어오면, 거대한 바다의 한 구덩이 분량만큼도 되지 못한다는 뜻이다.

396 둥근……같음 : 의마는 개미와 맷돌을 가리키는 것으로 천체에서 일월의 운행을 비유하는 말이다. 《진서(晉書)》 〈천문지 상(天文志上)〉에 "하늘은 일산(日傘)을 펼친 것처럼 둥글고, 땅은 바둑판처럼 네모졌다. 하늘의 운행은 맷돌을 돌리는 것처럼 왼쪽으로 운행한다. 해와 달은 오른쪽으로 운행하지만 하늘을 따라 왼쪽으로 돌기 때문에 사실상 동쪽으로 운행하는 해와 달이 하늘에 이끌려 서쪽으로 지게 된다. 비유하자면 개미가 맷돌 위를 기어가는데, 맷돌은 왼쪽으로 돌지만 개미는 오른쪽으로 기어가고, 맷돌은 빠르게 돌지만 개미는 천천히 기어가기 때문에 개미가 맷돌을 따라 왼쪽으로 돌아갈 수밖에 없는 것과 같다.〔天員如張蓋, 地方如棊局. 天旁轉如推磨而左行. 日月右行, 隨天左轉, 故日月實東行, 而天牽之以西沒. 譬之於蟻行磨石之上, 磨左旋而蟻右去, 磨疾而蟻遲, 故不得不隨磨以左迴焉.〕"라고 하였다.

397 내……말지어다 : 한 잔 물과 바닷물이 그 질량의 차이가 엄청나게 큰 것 같지만, 결국은 같은 물이어서 차별이 없듯이, 한 마음 안에 무량한 법이 갖추어져 있어 온 삼라만상을 포괄할 수 있다는 철학적 의미를 표현한 것이다.

398 장성(長城)은……다하고 : 만리장성이 동해 바다에 와서 끝남을 말한 것이다. 허무는 바다를 가리키는 말로, 백거이(白居易)의 〈장한가(長恨歌)〉에 "문득 듣건대, 바다 위에 신선의 산이 있으니, 이 산은 아득하고 까마득한 곳에 있다고 하네.〔忽聞海上

백일은 멀리 광막한 곳[399]에서 오누나　白日遙從曠漠來
만 리의 차가운 바람은 막 소매에 가득 차고　萬里冷風初滿袖
석 달 봄 청명한 기운은 우선 술잔에 머금네　三春灝氣且銜杯
영웅의 사업도 부질없이 물결처럼 흘러가 버리니　英雄事業空流水
천 년 세월 손가락으로 퉁기며 한 번 웃고 돌아보네　彈指千年一笑回

진시황과 한무제가 옛날 신선 찾으러　秦皇漢武昔求仙
몇 번이나 봉호[400]로 선약(仙藥) 캐는 배 보냈던고　幾遣蓬壺採藥船
이미 인간 세상에서 즐거운 일을 다 누려놓고　已向人間窮樂事
되레 물외에서 장수하는 법을 배우려 하는구나　還思物外學長年
구름이 대악에 아른거림은 그저 부질없는 말이요[401]　雲迷岱嶽唯空語

有仙山, 山在虛無縹緲間.〕"라고 하였다.

399 광막한 곳 : 텅 비고 허환(虛幻)하여 인위가 없는 자연 그대로의 세계를 가리킨다. 《장자》 〈소요유〉에 "지금 그대에게 큰 나무가 있는데, 그 쓸모없음을 근심한다. 어찌 무하유지향과 광막한 들판에 심지 않는가?〔今子有大樹, 患其無用, 何不樹之於無何有之鄕廣莫之野.〕"라고 하였다.

400 봉호(蓬壺) : 신선이 산다는 봉래산(蓬萊山)을 가리킨다. 《습유기(拾遺記)》 〈고신(高辛)〉에 "삼호(三壺)는 바다에 있는 세 개의 산인데, 방호(方壺) 즉 방장산(方丈山)과 봉호(蓬壺) 즉 봉래산(蓬萊山)과 영호(瀛壺) 즉 영주산(瀛洲山)이다."라고 하였다.

401 구름이……말이요 : 대악은 태산(泰山)을 가리킨다. 신선술에 빠졌던 한나라 무제(武帝)가 일찍이 태산에 올라가 후토(后土)에 제사 지내고 봉선(封禪)을 하였는데, 그날 밤에는 그곳에 마치 빛이 있는 것 같았고, 낮에는 흰 구름이 봉선한 제단 가운데에서 솟아올랐다는 고사가 있다. 《史記 卷28 封禪書》 신선술에 탐닉하는 것은 부질없는 일임을 비판한 것이다.

바람이 여산에 일어남은 끝내 차가운 연기여라[402] 風起驪山竟冷煙
우스워라 당시에 뚫어지게 보던 곳 堪笑當時眼穿處
동국의 작은 물가 벗어나지 못했어라 不離東國小洲邊

푸른 바다와 누른 먼지가 모두 아득하니 碧海黃塵摠杳茫
한가로이 뜬 구름과 날아가는 새와 달리 나는 바쁜 몸이네 浮雲去鳥異閑忙
전횡[403]의 옛 섬은 물보다 푸르고 田橫古島靑於水
강녀[404]의 외로운 봉우리는 서리처럼 희구나 姜女孤峰白似霜

402 바람이……연기여라 : 여산은 진시황의 능이 있는 곳이다. 평생 신선술을 구하려고 백방으로 노력한 진시황도 결국은 죽어서 무덤에 묻힘을 말한 것이다.

403 전횡(田橫) : 전횡은 유방(劉邦)과 항우(項羽)가 천하의 패권을 놓고 싸우던 때 제왕(齊王)으로 있던 전영(田榮)의 동생인데, 한나라의 한신(韓信)이 제왕을 격파하자 형의 뒤를 이어 왕이 되었다. 그 뒤 한나라가 항우를 격파하자, 자신을 따르는 무리 500명을 거느리고 동해의 섬으로 도망쳐 들어갔다. 이에 한나라 고조(高祖)가 사람을 시켜 부르니, 전횡은 낙양으로 가다가 수치스러움을 못 이겨 자살하였다. 그러자 전횡을 따르던 무리 500명도 모두 전횡의 뒤를 따라 자살하였다.《史記 卷94 田橫列傳》

404 강녀(姜女) : 강녀는 맹강(孟姜)이다. 성은 허씨(許氏)이고, 섬서(陝西) 동관(同官) 사람으로 정녀사(貞女祠)에 모셔진 열녀이다. 강녀에 관한 전설은 그 내용이 백사(白沙) 이항복(李恒福)의 〈망부대(望夫臺) 정녀사(貞女祠)에서 월사의 서악묘(西嶽廟) 시에 차운하다〉라는 시의 서문에 "세상에 전하는 말에 의하면, 진(秦)나라가 장성(長城)을 쌓을 적에 범랑(范郞)이라는 역도(役徒)가 이 역사 중에 죽었다. 그런데 그의 아내 허씨(許氏)가 남편과 헤어진 지 오래되어 남편이 죽은 줄을 알지 못하고 직접 와서 찾아보니, 남편은 이미 죽어 해도(海島)에 장례한 뒤였다. 허씨는 망부대 위에서 남편을 위해 곡하다가 마침내 그 자리에서 죽어 돌아가지 못했는데, 뒤에 산해관 주사(山海關主事) 장동(張棟)이 이 대에 사당을 세우고 장시현(張時顯)이 비문을 지어 비를 세웠다."라고 보인다.《白沙別集 卷5 朝天錄上》

현귀(顯貴)함이 하늘을 뒤흔든들 어찌 붙잡아둘 수 있으랴 豪貴掀天寧把玩
풍성은 예로부터 홀로 남아 향기롭도다[405] 風聲從古獨留芳
뗏목을 타겠다던 선니 어른을 다시 생각하노니 乘桴更憶宣尼叟
머리 돌려 중원 바라봄에 감개가 하염없어라[406] 回首中原感慨長

405 현귀(顯貴)함이……향기롭도다 : 지위가 높고 귀해지는 것은 죽으면 그만이지만 아름다운 이름을 세상에 남기면 먼 후세까지 전해진다는 뜻이다.

406 뗏목을……하염없어라 : 중하(中夏)의 도가 행해지지 않고 있는 중원의 현실에 감개함을 느낀 것이다. 선니는 한(漢)나라 평제(平帝) 때 포성선니공(褒成宣尼公)으로 추시(追謚)된 공자를 가리킨다. 《논어》 〈공야장(公冶長)〉에 공자가 "도가 행해지지 않으니, 뗏목을 타고 바다에 뜨리라.〔道不行, 乘桴浮于海.〕"라고 하였다.

산해관(山海關)을 나서며[407]

出關

남은 달빛 희미한데 새벽 호각 소리 길 재촉하니	殘月熹微曉角催
사신 수레 다시 만리장성 굽이로 향하누나	輶車復向長城隈
진나라 관문을 닭 울기 기다리지 않고 나오니	秦關不待鷄聲出
한나라 부절이 기러기 그림자 따라 막 돌아가네[408]	漢節初隨雁影回

407 산해관(山海關)을 나서며 : 이 작품은 이계가 1782년(정조6) 동지 겸 사은사 부사로 연경에 가서 사신의 임무를 마치고 해를 넘겨 1783년에 연경을 떠나 귀국하는 여로에, 산해관을 나가서 요동으로 향하며 지은 시이다. 평성 '회(灰)'운의 측기식 수구용운체 칠언율시이다.

408 진(秦)나라……돌아가네 : 철벽같이 엄중한 산해관의 관문을 나서는 것과 오랜 시간 고생하며 사신의 임무를 수행한 사실을 직접적인 관련성은 없으나 옛 고사를 사용하여 지은 구절이다. 진나라 관문과 닭 울음소리는 전국(戰國)시대 맹상군(孟嘗君)의 고사를 차용한 것이다. 제(齊)나라 맹상군은 조그만 재주라도 있으면 식객으로 받아들여 식객이 3천여 명에 달했는데, 그가 일찍이 진나라에 들어갔다가 모함을 받고 위급하게 되었을 때 성명을 바꾸고 도망쳐서 밤중에 함곡관(函谷關)에 당도했으나, 함곡관의 법에 닭이 울기 전에는 문을 열어주지 않게 되어 있었다. 진나라 소왕(昭王)이 사람을 시켜서 급히 맹상군을 쫓게 하여 그들이 바짝 뒤쫓아 오고 있는 터라, 상황이 몹시 다급하던 차에 마침 맹상군의 식객(食客) 중에 닭 울음 흉내를 잘 내는 사람이 닭 울음소리를 내자 인근의 닭들이 일제히 울어 마침내 관문이 열려 무사히 빠져 나갈 수 있었다.《史記 卷75 孟嘗君列傳》

한나라 부절과 기러기는 한나라 때 흉노(匈奴)에 사신 갔다 억류되었던 소무(蘇武)의 고사를 차용한 것이다. 한나라 무제 때 소무가 흉노에 사신으로 갔는데, 흉노의 선우(單于)가 그를 굴복시키려고 온갖 회유와 협박을 가해도 소용이 없자, 북해(北海) 주변의 황량한 변방에 그를 억류하고 양을 치게 하였다. 뒤에 한나라 소제(昭帝)가

산색에서 귀로가 가까움을 기쁘게 보고　　　山色喜看歸路近
촌락 모습은 오래 알고 지낸 벗이 다가오는 듯 보여라
　　　村容如見故人來
앞에 펼쳐진 요동 바다는 기자(箕子)의 강역[409]에 이어지니
　　　前臨遼海連箕域
멀리 바라보며 다시 고장대[410]에 오르리　　　騁目還登古將臺

흉노와 화친을 맺고 소무를 돌려보내 줄 것을 요청하자, 흉노 측에서는 소무가 이미 죽었다고 속였다. 이에 한나라 사신이 "우리 천자가 상림원(上林苑)에서 기러기를 쏘아 잡았는데, 기러기 발목에 묶인 편지에 '소무 등이 어느 늪 속에 있다.'라고 기록되어 있었다."라고 다그쳐서, 소무가 비로소 19년 만에 귀국할 수 있었다.《漢書 卷54 蘇建傳 蘇武》

409 기자(箕子)의 강역 : 옛날 주(周)나라 무왕(武王)이 은(殷)나라 왕족이었던 기자를 조선(朝鮮)에 봉했으므로, 우리나라를 가리켜 기자의 강역이라 한 것이다.

410 고장대(古將臺) : 책문(柵門) 북쪽에 있는 봉우리를 가리킨다. 김경선(金景善)의《연원직지(燕轅直指)》제5권〈회정록(回程錄) 계사년(癸巳年) 3월 10일〉에 "책문에서 북쪽으로 5리를 가면 동, 서, 북 3면은 모두 석벽이 매우 험준하고, 산등성이에 이따금 돌을 쌓아서 성을 만든 터가 있으며, 오직 남쪽 한 면만이 약간 편편한데, 옛날 성문이 여기에 있었다 한다. …… 점차 수백 보를 들어가니, 왼편에 별안간 봉우리 하나가 우뚝 솟았다. 봉우리는 모두 암석이고 높이는 수십 길인데 '고장대'라 부른다."라고 하였다.

망부석가[411] 산해관 밖 강녀묘 뒤에 있다.
望夫石歌 在山海關外姜女廟後

산머리 한 조각 돌 山頭一片石
우뚝이 푸른 바다 곁에 서 있네 屹立青海傍
높이 솟아 진왕의 채찍[412] 맞지 않고 偃蹇不受秦王鞭
고고하고 순결한 것이 자못 정녀의 마음 같아라 孤潔頗似貞女腸
정녀가 누구인지 사신이 물으니 行人借問貞女誰
허씨 소녀로 자는 맹강이라 許氏少女字孟姜
강씨 여인 어렸을 적 어찌나 얌전하고 정숙한지 姜女少小何窈窕
동쪽 이웃 범씨네 사내에게 시집 갔다네 嫁與東隣范家郎
낭군 나이 약관에 곧장 종군하게 되니 郎年弱冠卽從軍
아득히 만 리 떨어진 어양[413]에서 수자리 서게 됐네 迢迢萬里戌漁陽
청동 거울에 이별 후의 얼굴 보내드리고 青鏡持贈別後面
가는 허리엔 시집 올 때 치마 벗지 않았네 纖腰未脫嫁時裳
젊은 부인 이별의 고통에서 헤어나오지 못한 채 少婦不解別離苦
고운 자태로 십 년 세월 독수공방하였네 娉婷十年守空床

411 망부석가 : 이 작품은 이계가 1782년(정조6) 동지 겸 사은사 부사로 연경에 가서 사신의 임무를 마치고 해를 넘겨 1783년에 연경을 떠나 귀국하는 여로에, 산해관의 강녀묘에 들러 지은 시이다. 강녀묘는 185쪽 주404 참조. 평성 '양(陽)'운의 고체시(古體詩)이다.

412 진왕(秦王)의 채찍 : 113쪽 주214 참조.

413 어양(漁陽) : 계주(薊州)의 옛 이름이다.

금미산에 풀 희니[414] 눈바람 몰아치고　金微草白風雪虐
옥창에 꽃 날리니 세월은 바삐 가네　玉窓花飛歲月忙
만리장성 공역은 어찌 저다지도 화급한가　長城之役何太急
천자의 매서운 명령 냉엄하기가 서리 같구나　天子威令寒如霜
천 번 다지느라[415] 견디지 못한 근육이며 뼈 끊어지는데
千杵不堪筋骨絶
홀몸이라 칼과 화살 상처 누가 씻어주리　一身誰洗刀箭瘡
어젯밤 깊은 규방 꿈속에 낭군 오셨는데　昨夜深閨夢郎至
안색은 초췌하고 말은 분명치가 않았네　顔色憔悴言未詳
망연자실 놀라 깨니 여인의 마음 쿵닥거려　惝怳驚覺妾心動
급작스레 맑은 새벽 일어나 행장 꾸렸네　倉卒淸晨起嚴裝
허약한 체질로 산과 강 건너기는 거리낌 없었다만　弱質不憚度關河
유순한 마음으로 시부모를 어찌 차마 이별했나　柔情那忍別爺孃
천신만고 끝에 유새[416]에 당도했거늘　千苦萬辛到楡塞

414 금미산(金微山)에 풀 희니 : 변방에 날씨가 추워짐을 뜻한다. 금미산은 중국 변방 흉노와의 접경 지역에 있으며 진한(秦漢) 시절에 전쟁이 잦았던 곳이다. 금휘(金徽)라고도 하며 지금은 아이태산(阿爾泰山)이라 한다. 후대에는 변방을 가리키는 단어로 사용되었다. 풀이 희다는 것은 날씨가 춥고 서리가 내려 풀이 시든 것을 가리킨 것이다. 왕유(王維)의 시에 "누런 구름을 보니 변새(邊塞)가 가까운 줄 알겠고, 풀색이 흰 것 보니 변방의 가을을 알겠도다.〔雲黃知塞近, 草白見邊秋.〕"라고 하였다.《王右丞集 卷15 隴上行》

415 천 번 다지느라 : 축성(築城)할 때 흙을 다지는 것을 가리킨다. 당(唐)나라 육구몽(陸龜蒙)의 〈축성사(築城詞)〉에, "성 위의 한 무더기 흙, 손으로 천만 번 다지네.〔城上一培土, 手中千萬杵.〕"라고 하였다.《笠澤藂書 卷5》

416 유새(楡塞) : 164쪽 주349 참조.

낭군의 종적은 끝내 묘연하였네　郎君蹤迹竟杳茫
비로소 누가 말하길 아무 해에 돌에 눌려 죽었다고도 하고
始言某年石壓死
또 누구는 어느 곳에서 전쟁 중에 죽었다 하네　或說何方戰陣亡
성벽 곁에 쌓인 해골 성벽과 나란하니　城邊積骸與城齊
풍채 좋은 그대는 어느 곳에 쓰러지셨는가　子之丰兮何處僵
사람 마음 이 지경에 이르러 어찌할 도리 없으니　人情到此可奈何
그저 머리 들고서 하늘 향해 부르짖을 뿐　惟有昂首呼穹蒼
눈물 다하고 기운 다 빠져 소리도 나오지 않으니　淚盡氣竭聲不續
방황하며 다시 산 언덕에 올랐어라　彷徨更陟山之岡
아침마다 저녁마다 낭군 오시기를 바라니　朝朝暮暮望郎來
근심 어린 구름 짙게 깔리고 바다와 하늘은 길기도 하네
愁雲靄霿海天長
제나라 성 무너져 버림은 기량을 곡해서요[417]　齊城已崩哭杞梁
상수 대나무 공연히 얼룩짐은 아황의 눈물 때문이라[418]
湘竹空斑泣娥皇

417 제(齊)나라……곡해서요 : 기량은 춘추(春秋)시대 제나라의 대부이다. 기량이 거(莒)를 공격하던 중 전사하자 그의 아내는 시체를 안고 성 아래에서 통곡을 하였는데, 열흘이 지나자 성곽이 무너져 내렸다고 한다. 《列女傳 貞順 齊杞梁妻傳》

418 상수(湘水)……때문이라 : 상수는 중국 남쪽 동정호(洞庭湖)로 들어가는 소상강(瀟湘江)으로, 이 일대에서 자라는 자줏빛 반점이 있는 대나무를 소상반죽(瀟湘斑竹)이라고 한다. 전설에 의하면 순(舜) 임금이 남쪽 지방을 순행하다가 승하하자, 두 비(妃)인 아황(娥皇)과 여영(女英)이 소상강을 건너가지 못해 슬피 울다가 상수에 몸을 던져 죽었는데, 눈물이 대나무에 떨어져 반점이 생겼다고 한다. 《述異記 卷上》

밝은 달 비치는 야밤에 산 귀신과 함께 울부짖고 明月夜伴山鬼啼
푸른 파도치는 봄날에 물새와 함께 날았네[419] 滄波春與水禽翔
길이 남은 주먹바위는 물결에 침식되지 않는데 長留拳石水不齧
다만 들리나니 여산의 풀은 이미 거칠어졌다네[420] 但聞驪山草已荒
그대 못 보았나 동해에 또 제상의 처 있으니 君不見東海又有堤上妻
천 년토록 꽃다운 혼이 길이 서로 바라보네 千載芳魂永相望

신라(新羅)의 박제상(朴堤上)이 일본에 사신으로 갔다가 돌아오지 못하니, 그 처가 치술령(鵄述嶺)에 올라가 남편이 있는 곳을 바라보며 통곡하다가 죽었는데, 국인(國人)들이 그 위에 사당을 세웠으므로 언급한 것이다.

영신(迎神)하는 말은 다음과 같다.

흰 마름을 따고 두약 향기로우며[421] 採白蘋兮杜若香
맑은 물을 뜨고 초장[422]을 올리노라 挹淸水兮奠椒漿
별을 머리에 이고 달을 허리에 찼는데 星冠兮月珮

419 물새와 함께 날았네 : 강녀가 바다에 투신한 것을 형용한 말이다.

420 길이……거칠어졌다네 : 강녀의 절조는 천고에 변함이 없으나 만리장성을 수축했던 진시황은 이미 죽어 무덤의 흙이 되어 그 이름이 퇴색했다는 말이다. 여산은 진시황의 능이 있는 곳이다.

421 흰……향기로우며 : 《초사(楚辭)》 〈구가(九歌) 상부인(湘夫人)〉에 "흰 마름 올리며 멀리 바라본다.〔登白蘋兮騁望.〕"라고 하였다. 이는 흰 마름을 제수(祭需)로 갖추고 여영(女英)의 신(神)을 맞이하여 흠향하게 하려는 것이다. 두약은 향초의 일종이다. 또 같은 작품에서 "물가에서 두약을 캐니 은자에게 주려는 것이네.〔搴汀洲兮杜若, 將以遺兮遠者.〕"라고 하였다.

422 초장(椒漿) : 산초를 넣어 만든 술을 가리킨다.

바람은 휘익 불어 당에 가득하구나　風肅肅兮滿堂
낭군이 오실 적에 백마를 타리니　郎之來兮乘白馬
그 모습 황홀하여 밤에도 빛나네　形恍惚兮夜有光
혼이여 한 물가에서 배회하도다　魂兮徘徊水一方

저녁에 영원부로 들어가며[423]

暮入寧遠府

바다에 가까운 긴 물가에 안개가 자욱하니	長洲近海氣濛濛
한길 가로수 가느다랗게 먼 공중에 흐릿하다	官樹依微翳遠空
방초는 봄날 학야[424] 바깥에 돋아나고	芳草春生鶴野外
사신은 집이 압록강 동쪽에 있다네	行人家在鴨江東
전날 밤 내린 눈으로 가벼운 먼지 날리지 않고	輕塵不動前宵雪
온종일 부는 바람에 사행 깃발 길게 펄럭이네	征旆長搖盡日風
돌아가는 말은 제 알아서 영원부 길을 찾으니	歸馬自尋寧遠路
성루는 반나마 붉은 석양에 물들었네	城樓一半夕陽紅

423 저녁에 영원부로 들어가며 : 이 작품은 이계가 1782년(정조6) 동지 겸 사은사 부사로 연경에 가서 사신의 임무를 마치고 해를 넘겨 1783년에 연경을 떠나 귀국하는 여로에, 영원부로 들어서며 지은 시이다. 영원성은 지금의 요녕성 흥성시(興城市)이다. 평성 '동(東)'운의 칠언율시이다.

424 학야(鶴野) : 요동 벌판을 가리킨다. 학야라고 한 것은 신선술을 배워 학으로 변해 요동에 돌아온 정령위(丁令威)의 고사에서 유래한 것이다. 정령위는 84쪽 주134 참조.

행산 가는 중에[425]

杏山道中

관문 안은 버들이 이미 누렇게 시들었는데 關內柳已黃
관문 밖은 풀이 아직 싹트지도 않았네 關外草未萌
관문 안은 보리밭 밭갈이 시작하는데 關內麥始畊
관문 밖은 눈이 아직도 휘몰아치네 關外雪猶橫
땅의 기운은 바다와 육지가 다르고 地氣殊海陸
하늘의 기후는 그늘짐과 개임이 바뀌네 天時換陰晴
멀리서 떠올리노니 압록강 물가는 遙想鴨水濱
아직도 천 리 길을 더 가야 하누나 尙隔千里程
봄추위가 참으로 매서운데 春寒正凌厲
하물며 옥루[426]가 맑음에 있어서랴 況乃玉樓淸
간절한 마음으로 북쪽을 그리며 바라보고[427] 耿耿懷北望

425 행산 가는 중에 : 이 작품은 이계가 1782년(정조6) 동지 겸 사은사 부사로 연경에 가서 사신의 임무를 마치고 해를 넘겨 1783년에 연경을 떠나 귀국하는 여로에, 행산으로 가면서 지은 시이다. 행산은 대릉하(大淩河) 부근의 행산보(杏山堡)로, 명나라 의종(毅宗) 숭정(崇禎) 말년에 1641년 청나라와 명나라가 국가의 명운을 걸고 일대 결전을 벌였던 곳이다. 명나라는 이 싸움에서 패한 뒤에 청나라의 기세를 막을 수 없어 결국 북경이 함락되었다. 평성 '경(庚)'운의 고체시(古體詩)이다.

426 옥루(玉樓) : 천상 세계를 가리키는 말로 여기에서는 하늘을 지칭한 것으로 보이나, 정확한 의미는 미상이다.

427 간절한……바라보고 : 북쪽을 그리며 바라본다는 것은 임금을 상징하는 북두성을 바라본다는 뜻으로 임금에 대한 그리움을 나타낸 구절이다.

유유히 동쪽을 향해 나아가네	悠悠向東行
머리 들어 멀리 떠가는 구름 바라보니	仰視浮雲邁
때때로 날아가는 새 소리 들려오네	時聽飛鳥鳴
사물을 보며 흥취 부침이 많으니	覽物多寄興
나그네 심사를 그 누가 알랴	誰識遊子情

춘분일에 생양점에서 묵다[428]

春分日 宿生陽店

흐르는 시간과 고향 생각 둘 다 끝이 없더니　流光歸思兩無垠
역로에서 처음으로 주야가 나뉘는 때를 만났네　驛路初逢晝夜分
장해는 걸음을 끝까지 하지 못하였는데[429]　章亥未能窮地步
객성은 공연히 천문을 절로 움직이네[430]　客星空自動乾文

428 춘분일에 생양점에서 묵다 : 이 작품은 이계가 1782년(정조6) 동지 겸 사은사 부사로 연경에 가서 사신의 임무를 마치고 해를 넘겨 1783년에 연경을 떠나 귀국하는 여로에, 생양점에 묵으며 지은 시이다. 춘분은 24절기의 네 번째 절기로 경칩(驚蟄)과 청명(淸明)의 중간에 드는 절기이며 음력 2월 무렵에 든다. 이날 태양이 남쪽에서 북쪽으로 향하여 황도(黃道)와 적도(赤道)가 교차하는 점인 춘분점(春分點)에 이르렀을 때, 태양의 중심이 적도 위를 똑바로 비추어, 양(陽)이 정동(正東)에 음(陰)이 정서(正西)에 있으므로 춘분이라 한다. 이날은 음양이 서로 반인 만큼 낮과 밤의 길이가 같고 추위와 더위가 같다. 생양점은 사행 여로에서 송산점(松山店)과 대릉하점(大凌河店) 사이에 위치한 곳이다. 평성 '문(文)'운의 칠언율시이다.

429 장해(章亥)는……못하였는데 : 장해는 달리기를 잘했다고 전해지는 전설 속의 인물인 대장(大章)과 수해(竪亥)의 병칭이다. 모두 우(禹) 임금의 신하였다고 하는데, 《회남자(淮南子)》 권4 〈지형훈(地形訓)〉에 "우 임금이 대장으로 하여금 동극(東極)에서 서극(西極)까지 걸어서 거리를 재보게 하였더니 2억 3만 3,500리(里) 75보(步)였고, 수해로 하여금 북극에서 남극까지 걸어서 거리를 재보게 하였더니 똑같이 2억 3만 3,500리 75보였다."라는 이야기가 나온다. 이 시에서 장해는 임금의 명을 받고 사신의 임무를 수행하고 있는 이계 자신을 가리킨 것이다. 즉 전설 속의 대장과 수해는 우 임금의 명을 받고 땅 끝까지 걸었으나 지금 사신이 된 자신은 아직 귀국하여 임무를 완수하지 못한 상태라는 말이다.

430 객성(客星)은……움직이네 : 이 역시 사신의 임무가 아직 끝나지 않았는데 객성

봄바람은 새벽에 의무려산[431] 눈 치우고　春風曉捲巫閭雪
바다 기운은 날 개어 갈석산[432] 구름 불어 보내네　海氣晴嘘碣石雲
더욱 기쁘기는 들판 객정(客亭)이 취관과 같으니[433]　更喜野亭同翠管
생양관 안에서 배나 기운 넘쳐라　生陽館裏倍氤氳

이 공연히 움직였다는 말이다. 객성은 사신을 가리킨다. 옛날에 어떤 사람이 바닷가에 살면서 해마다 음력 8월이 되면 어김없이 뗏목이 떠오는 것을 보고 그 뗏목에 양식을 가득 싣고 수십 일 동안 갔더니, 멀리 궁실(宮室)에는 베 짜는 아낙들이 많고 물가에는 소를 끌고 와 물을 먹이는 사내가 있었다. 그가 돌아와서 점술(占術)로 유명한 엄군평(嚴君平)에게 물어보았더니 "모년 모월 모일에 객성(客星)이 견우성(牽牛星)을 범하였다."라고 하였다. 소를 끌고 있던 사내가 견우였던 것이다. 《博物志 卷10 雜說下》

431 의무려산(醫巫閭山) : 89쪽 주143 참조.

432 갈석산(碣石山) : 중국 하북성 창려현(昌黎縣) 북쪽에 위치한 산으로 동쪽 바다에 접해 있는데, 황하가 바다로 들어가는 곳이다.

433 더욱……같으니 : 생양점의 이름이 절기를 잘 나타내는 이름을 하고 있는 것이 기쁘다는 말이다. 취관에는 여러 뜻이 있는데 여기서는 관악기를 의미한다. 옛날 후기(候氣)의 법칙에 의하면, 방 하나를 삼중(三重)으로 밀폐하고 방 안에 나무 탁자 12개를 각각 방위에 따라 안쪽은 낮고 바깥쪽은 높게 비치한 다음, 12개의 율관을 12개의 탁자 위에 각각 안치하고 갈대 재〔葭灰〕를 각 율관의 안에 채워 놓고 절기를 기다려 살피면 한 절기가 이를 때마다 해당 율관의 재가 날아 움직였다고 한다. 황종(黃鐘)은 11월 동지(冬至), 태주는 정월(正月), 고선(姑洗)은 3월, 유빈(蕤賓)은 5월, 이칙(夷則)은 7월, 무역(無射)은 9월, 대려(大呂)는 12월, 협종(夾鐘)은 2월, 중려(仲呂)는 4월, 임종(林鐘)은 6월, 남려(南呂)는 8월, 응종(應鐘)은 10월에 각각 배속된다. 《律呂新書》

십삼산에 이르러[434]

抵十三山

봄바람 속에 다시 십삼산에 당도하니 春風還到十三山
구름 속 무성한 초목 옛 얼굴 드러내네 雲裏丰茸見舊顔
더욱 사랑스럽기는 눈 녹아 진면목이 나오니 更愛雪消眞面出
나방 같이 풍성한 눈썹에 푸른 소라 모양 쪽을 새로 꽂았네[435] 蛾眉新攢碧螺鬟

434 십삼산에 이르러 : 이 작품은 이계가 1782년(정조6) 동지 겸 사은사 부사로 연경에 가서 사신의 임무를 마치고 해를 넘겨 1783년에 연경을 떠나 귀국하는 여로에, 십삼산에 당도하여 지은 시이다. 십삼산은 92쪽 주150 참조. 평성 '산(刪)'운의 칠언절구이다.

435 나방……꽂았네 : 십삼산의 모습을 아름다운 미인에 비긴 것이다. 나방 눈썹과 푸른 소라 쪽은 모두 미인의 모습을 형용하는 말이다.

눈 속에 여양역으로 향하며[436]

雪中向閭陽驛

봄날 깊었는데도 눈발 날리니	春深猶下雪
조화에는 또한 기이함이 많도다	造化亦多奇
남은 추위를 언뜻 보내고 나자마자	薄送餘寒去
이내 따스한 기운 불어 이어지네	旋噓暖氣隨
바람에 이끌려 처음에는 솜털 같더니	牽風初似絮
땅에 뿌려질 때는 되레 실처럼 되네	灑地却成絲
나무에 붙어서는 도리어 빛깔을 내고	着樹翻生色
산에 뒤덮여 다투어 자태를 뽐내네	籠山競獻姿
가볍고 아름다운 눈발 내키는 대로 춤을 추고	輕盈如意舞
싸늘하게 부는 바람은 소리가 있는 시로다	颯爽有聲詩
점점이 내리는 눈은 조금씩 소매를 적시고	點點微霑袖
흔들흔들 바람은 깃발에 차지 않네	搖搖不滿旗
길 가는 나그네는 길 미끄러움을 근심하지만	征夫愁路滑
농가에서는 밭이 윤택해짐을 기뻐하네	農戶喜田滋

436 눈……향하며 : 이 작품은 이계가 1782년(정조6) 동지 겸 사은사 부사로 연경에 가서 사신의 임무를 마치고 해를 넘겨 1783년에 연경을 떠나 귀국하는 여로에, 여양역으로 향하며 지은 시이다. 눈길을 헤치고 나가는 정경과 임금에 대한 그리움을 묘사하였다. 여양역은 사행 여로 가운데 십삼산(十三山)과 광녕(廣寧) 사이에 있는 곳으로 요녕성 북진현(北鎭縣)에 속한 역이다. 평성 '지(支)'운의 고체시(古體詩)이다.

고운 햇살은 지관[437]에 내리쬐고 麗景添鳷觀
사신은 봉지에서 읊겠네[438] 詞臣賦鳳池
매번 아름다운 흥취 일어날 때마다 每逢佳興到
아름다운 님[439] 향한 그리움이 사무치게 이네 偏起美人思
머나먼 동쪽 하늘 슬피 바라보노라니 悵望東天遠
돌아가는 구름은 고개를 더디 넘는구나 歸雲度嶺遲

437 지관(鳷觀) : 지관은 한(漢)나라 때 궁관(宮觀)인 지작관(鳷鵲觀)을 가리킨다. 여기서 지작관을 언급한 것은 눈에 기인한 것이다. 두보(杜甫)의 시에 "구름은 봉래전과 가까워 항상 오색이 찬란하고, 눈은 지작관에 아직도 많이 남아 있네.〔雲近蓬萊常五色, 雪殘鳷鵲亦多時.〕"라고 하였다. 《杜少陵詩集 卷6 宣政殿退朝晩出左掖》

438 사신(詞臣)은 봉지(鳳池)에서 읊겠네 : 사신은 홍문관(弘文館) 등과 같이 문학을 관장하는 신하를 가리킨다. 봉지는 궁궐 안의 연못을 가리킨다. 이는 사마상여(司馬相如)의 고사에서 기인한 것이다. 서한(西漢)의 양 효왕(梁孝王) 유무(劉武)가 양원(梁園)이란 호사스러운 자신의 원림(園林)에서 세모(歲暮)에 사마상여·매승(枚乘)·추양(鄒陽) 등과 함께 주연(酒筵)을 베풀고 놀다가 눈이 오자 흥에 겨워 먼저 시를 읊고는 종이를 주면서 사마상여에게 시를 짓게 하였다는 고사가 있다. 진(晉)나라 사혜련(謝惠連)의 〈설부(雪賦)〉에 자세한 내용이 보인다. 《文選 卷13 謝惠連 雪賦》

439 아름다운 님 : 임금을 가리킨 것이다.

눈이 내린 뒤 일찌감치 길을 나서며[440]

雪後早行

한길 버들 푸릇푸릇 새벽 빛깔 새로운데　　官柳靑靑曉色新
여양 성곽 바깥에 나그네 있도다　　閭陽郭外有行人
하늘에서 바람 불어 의무려산(醫巫閭山) 눈 내려 보내니
　　天風吹下巫閭雪
요동 아홉 고을 먼지가 다 맑아지도다　　淨盡遼東九郡塵

440 눈이……나서며 : 이 작품은 이계가 1782년(정조6) 동지 겸 사은사 부사로 연경에 가서 사신의 임무를 마치고 해를 넘겨 1783년에 연경을 떠나 귀국하는 여로에, 여양역에서 출발하며 지은 시이다. 평성 '진(眞)'운의 칠언절구이다.

동쪽으로 돌아가며[441]

東歸操

가고 가고 또 가고 가고	行行重行行
천 리를 왔다 다시 천 리를 가네	千里復千里
천 리 길 벌써 두 번 걸으니	千里已再涉
내 걸음 자못 그칠 줄 모르네	我行殊未已
떠나올 제는 배가 급류에 올려진 듯했더니	去似船上瀨
돌아갈 제는 물고기가 물에 풀려난 듯하여라	歸若魚縱水
지난날에는 바람을 따르는 깃발이었다면	昔作隨風旗
오늘은 활시위를 벗어난 살과 같아라	今同脫弦矢
산천이 어찌 달라졌으랴	山川豈有異
사람 마음이 참으로 이와 같도다	人情信若此
떠나오던 길은 날마다 고향에서 멀어졌더니	去路日以遠
돌아가는 길은 날마다 고향에 가까워지누나	歸路日以邇
떠나올 제 수심을 뒤쳐 생각해보면	翻思去時愁
돌아갈 때 기쁨을 알고말고	當識歸時喜

441 동쪽으로 돌아가며 : 이 작품은 이계가 1782년(정조6) 동지 겸 사은사 부사로 연경에 가서 사신의 임무를 마치고 해를 넘겨 1783년에 연경을 떠나 귀국하는 여로에 고향에 가까워지는 기쁨을 읊은 것이다. 상성 '지(紙)'운의 고체시(古體詩)이다.

새벽에 양장하를 출발하며[442]

曉發羊腸河

고향 땅 가까워 그리움 재촉하니 地近鄕思促
고향 돌아가는 이 길을 일찍 떠날 만하도다 歸人可早行
일어나 남은 달빛을 보고 起看殘月色
앉아서 뭇 닭 소리를 듣네 坐聽衆鷄鳴
기슭 눈 속에 멀리 길을 찾고 岸雪遙尋路
촌락 등불에 혹 빛을 빌리노라 村燈或借明
수레가 다가옴을 전혀 알지 못하다가 車來渾不覺
은은하게 방울 소리 들리어오누나 隱隱聞鈴聲

442 새벽에 양장하를 출발하며 : 이 작품은 이계가 1782년(정조6) 동지 겸 사은사 부사로 연경에 가서 사신의 임무를 마치고 해를 넘겨 1783년에 연경을 떠나 귀국하는 여로에 양장하를 출발하며 지은 시이다. 양장하는 사행 여로 중에 있는 하천의 이름으로 광녕(廣寧) 동쪽 소흑산(小黑山)에서 5리 지점에 있다. 평성 '경(庚)'운의 칠언율시이다.

월봉에 올라 안개 속에서 요동 벌판을 바라보다[443]

登月峰 霧中望遼野

길 가던 중 월봉 위에 당도하여	行到月峰上
올라가 바라봄에 장관이 펼쳐지네	登臨望眼饒
하늘가에 좌해[444]가 보이고	天邊看左海
안개 속에 온 요동 땅이 사라지네	霧裏失全遼
들판의 나무는 띄엄띄엄하다 다시 빽빽해지고	野樹疏還密
인가는 가까워지다가 되레 멀어진다	人家近却遙
고향 돌아가는 마음 참으로 호탕하니	歸心正浩蕩
새소리는 절로 노랫말 같아라	禽語自成謠

443 월봉에……바라보다 : 이 작품은 이계가 1782년(정조6) 동지 겸 사은사 부사로 연경에 가서 사신의 임무를 마치고 해를 넘겨 1783년에 연경을 떠나 귀국하는 여로에 요동 벌판에 있는 월봉산에 올라 지은 시이다. 평성 '소(蕭)'운의 오언율시이다.

444 좌해(左海) : 중국의 동해인 황해(黃海)를 가리키며, 우리나라를 지칭하기도 한다.

밤에 백기보의 옛 객관에 당도하여[445]

夜抵白旗堡舊館

맑은 구름은 역로에서 생겨나고	晴雲生驛路
따뜻한 기운은 평원으로 들어오네	暖氣入平原
눈 녹은 물은 수레바퀴 따라 튀어오르고	雪溜隨車迹
봄날 진창은 버드나무 뿌리에 차오르네	春泥上柳根
새는 안개 너머 나무에서 지저귀고	鳥啼煙外樹
개는 물가 마을에서 짖는다	犬吠水邊村
옛 주인이 손님을 맞이할 줄 아니	舊主能迎客
석양에 문 앞을 쓸어 청소 하는구나	斜陽淨掃門

445 밤에……당도하여 : 이 작품은 이계가 1782년(정조6) 동지 겸 사은사 부사로 연경에 가서 사신의 임무를 마치고 해를 넘겨 1783년에 연경을 떠나 귀국하는 여로에 요동의 백기보에 당도하여 중국으로 올 때 묵었던 객관에 다시 묵으며 지은 시이다. 백기보는 87쪽 주140 참조. 평성 '원(元)'운의 오언율시이다.

새벽에 출발하여 노구하로 향하며[446]

曉發向蘆溝河

고국 돌아가는 말 나는 듯이 다시 동쪽 향하니	歸馬翩翩又向東
장정[447]의 등불은 새벽안개에 싸였네	長亭燈燭曉煙籠
숲 사이 먼 하늘빛 점점 밝아지고	林間遠色遲遲白
바다 위 떠오르는 빛 차츰 붉어진다	海上浮光冉冉紅
초목은 절로 원기 속에서 자라나고	草木自生元氣裏
풍운은 서로 태허 속에서 꿈틀댄다	風雲相盪太虛中
고향 소식을 해 넘겨 듣지 못했으나	故鄕消息經年隔
하늘가에 들려오는 기러기 소리가 외려 기쁘네	猶喜天邊聞叫鴻

446 새벽에……향하며 : 이 작품은 이계가 1782년(정조6) 동지 겸 사은사 두사로 연경에 가서 사신의 임무를 마치고 해를 넘겨 1783년에 연경을 떠나 귀국하는 여로에 백기보를 출발하면서 지은 시이다. 제목에 '노구하'라고 표기하였으나 이는 아마도 '노하구(蘆河溝)'의 오기(誤記)인 듯하다. 노구하는 북경 근처에 있는 하천 이름이며, 노하구는 다수의 연행록에서 백기보와 대황기보(大黃旗堡) 사이에 있는 지명으로 나온다. 이계의 여정상 노하구를 향하며 지은 시이다. 평성 '동(東)'운의 칠언율시이다.

447 장정(長亭) : 32쪽 주11 참조.

요하(遼河)를 건너며[448]

渡遼行

물가의 버드나무 초록빛 하늘거리는데 汀洲楊柳綠旖旎
나그네는 새벽에 요하를 건너노라 行人曉渡遼河水
요하는 옛날에 기자의 땅이니 遼河舊是箕子地
동쪽으로 압록강과 일천 리 거리라네 東去鴨水一千里
나그네 고국 떠나올 제 얼음이 강을 메웠더니 行人去時氷塞江
오늘 돌아갈 때는 물결이 출렁이네 今日歸來波瀰瀰
봄바람은 간들간들 사행 깃발 감고 春風褭褭捲行旗
한길은 하늘에 이어져 곧기가 화살 같구나 官路連天直如矢
산머리 하얀 해는 동쪽에서 떠오르고 山頭白日自東出
구름 너머 기러기는 다시 북쪽으로 날아가네[449] 雲外候雁更北徙
한양의 복사꽃 오얏꽃 흐드러지게 필 터인데 漢城桃李將爛漫
우리 행차 며칠이면 그때에 당도할거나 我行幾日當到此

448 요하(遼河)를 건너며 : 이 작품은 이계가 1782년(정조6) 동지 겸 사은사 부사로 연경에 가서 사신의 임무를 마치고 해를 넘겨 1783년에 연경을 떠나 귀국하는 여로에 요하를 건너면서 지은 시이다. 상성 '지(紙)'운의 고체시(古體詩)이다.

449 구름……날아가네 : 원문의 '후안(候雁)'은 절기를 알리는 기러기라는 뜻으로 철새인 기러기를 가리키는 용어이다. 기러기는 매년 춘분(春分)이 지나면 북쪽으로 날아가고 추분(秋分)이 지나면 남쪽으로 돌아가서 그 시기가 일정하다. 이 구절에는 시를 지을 당시의 절기가 봄이라는 뜻이 담겨 있다.

거류하에 이르러 성엣장이 나루를 막아 건널 수 없게 되어 옛 전장을 바라보다[450]

到巨流河 流澌塞津不得渡 仍觀古戰場

음산한 강 안개 봄날에도 개이지 않으니	江霧陰陰春不開
나그네 말 세운 채 오랫동안 배회하네	行人立馬久徘徊
천 년 세월 옛 보루 모래에 창이 묻혀 있고	千年古壘沙沈戟
만 조각 성엣장 눈이 돈대를 감쌌네	萬片流澌雪擁臺
전사자의 뼈는 이미 강물 따라 다 사라졌건만	戰骨已隨河水盡
겨울 까마귀는 부질없이 석양빛 속에 맴도네	寒鴉空帶夕陽回
성과 땅 다투던 흔적 전혀 남아 있지 않으니	爭城爭地渾無迹
나무꾼 젓대소리 어부 노랫소리 울려 절로 슬퍼라	樵笛漁歌響自哀

450 거류하에……바라보다 : 이 작품은 이계가 1782년(정조6) 동지 겸 사은사 부사로 연경에 가서 사신의 임무를 마치고 해를 넘겨 1783년에 연경을 떠나 귀국하는 여로에 거류하에서 지은 시이다. 거류하는 봉천(奉天) 신민현(新民縣) 동쪽에 있는 강 이름이다. 평성 '회(灰)'운의 칠언율시이다.

아침에 강을 건너며 입으로 읊다[451]

朝日過河口占

수레 턱에 기대 안개 낀 물가 건너며 憑軾度煙汀
주렴 걷고 새벽별을 바라보노라 捲簾看曉星
먼 산은 푸르게 한 치 마디 크기로 떠 있고 遠山浮寸碧
평야는 파란 허공으로 들어가네[452] 平野入空青
아득히 하늘과 맞닿은 나무 杳杳連天樹
희미하게 물가에 가까운 정자 依依近水亭
봄빛은 더욱 화창하니 春光增澹蕩
동쪽 바다[453]로 향하고 있음을 알겠구나 知是向東溟

451 아침에……읊다 : 이 작품은 이계가 1782년(정조6) 동지 겸 사은사 부사로 연경에 가서 사신의 임무를 마치고 해를 넘겨 1783년에 연경을 떠나 귀국하는 여로에 거류하를 건너며 지은 시이다. 평성 '청(青)'운의 오언율시이다.

452 먼……들어가네 : 멀리 조그맣게 보이는 푸른 산과 드넓은 평야가 파란 하늘과 맞닿아 마치 하늘로 빨려 들어가는 듯한 지평선을 형용한 것이다.

453 동쪽 바다 : 조선을 가리킨 것이다.

고가점으로 가는 도중에[454]

高家店途中

동쪽으로 심양 가는 길 가리키니	東指瀋陽路
구름 사이로 봉우리 몇 개 보이네	雲間見數峰
엷은 안개에 하늘은 희미하고	輕煙天淡淡
따뜻한 햇살에 강물은 넘실넘실	暖日水溶溶
봄은 새들이 조잘대는 때로 접어들고	春入鳥聲淺
산은 비 올 기미가 농후하게 남아 있네	山餘雨意濃
아름다운 풍광과 시흥	韶光與詩興
천 리 길에 서로 어울리누나	千里兩相從

454 고가점으로 가는 도중에 : 이 작품은 이계가 1782년(정조6) 동지 겸 사은사 부사로 연경에 가서 사신의 임무를 마치고 해를 넘겨 1783년에 연경을 떠나 귀국하는 여로에 고가점으로 향하며 지은 시이다. 고가점이 정확히 어디를 가리키는지는 미상이나, 행로를 따져볼 때 거류하(巨流河)와 심양(瀋陽) 사이에 있는 지명으로 생각된다. 혹 고가자(孤家子)의 오기는 아닌가 의심된다. 고가자는 거류하를 지나 심양으로 가는 길에 있던 곳으로 심양(瀋陽) 동남쪽에 있었다. 평성 '동(冬)'운의 칠언율시이다.

또 원 자 운으로[455]

又得原字

요하의 동쪽 가 또한 평원이니 遼河東畔亦平原
옛 수자리 서던 곳 비낀 안개에 가던 수레 멈추네 古戍斜煙逗去轅
해그림자 길이를 버들 그림자에서 보고 日晷短長看柳影
강물 깊이를 모래 쓸린 자국에서 아노라 江流深淺見沙痕
소와 양은 올 적의 길을 제 스스로 알고 牛羊自識來時路
닭과 개는 어느 마을에서 우는고 鷄犬遙喧何處村
해거름에 앞 시내에서 전에 묵었던 객점 찾으니 薄暮前溪尋舊店
주막 깃발 날리는 바람 속에 반나마 문이 열렸구나 酒旗風裏半開門

455 또……운으로 : 이 작품은 이계가 1782년(정조6) 동지 겸 사은사 부사로 연경에 가서 사신의 임무를 마치고 해를 넘겨 1783년에 연경을 떠나 귀국하는 여로에 지은 시이다. 평성 '원(元)'운의 칠언율시이다.

변성점[456]

邊城店

들판 나루에서 사흘 밤 지체되고	野渡遲三夜
이국 산하에서 두 해를 묶여 있네	關山滯二年
말 앞에서 떨어지는 해를 보고	馬前看落日
나무 밑에서 먼 하늘을 바라보네	樹底見遙天
역로의 버들은 다리 가에 서 있고	驛路橋邊柳
인가의 연기는 물가에서 피어오르네	人家水上煙
사신 수레 오히려 쉬지 않으니	征車猶未息
밤빛 벌써 어둑어둑해지네	暝色已蒼然

456 변성점 : 이 작품은 이계가 1782년(정조6) 동지 겸 사은사 부사로 연경에 가서 사신의 임무를 마치고 해를 넘겨 1783년에 연경을 떠나 귀국하는 여로에 변성점에서 지은 시이다. 변성점은 노변성(老邊城), 백변성(白邊城), 백변참(白邊站) 등으로 다양하게 불렸는데 심양에서 60리 정도 떨어진 곳에 있었다. 평성 '선(先)'운의 오언율시이다.

아침에 출발해 영안교를 향하며[457]

朝發向永安橋

아득한 평야에 물은 잔잔히 흐르고	平田渺渺水潺潺
하늘가 옅은 구름 먼 산에 사뿐 걸렸네	天際微雲澹遠山
싹 트려는 봄풀은 푸른 안개에 젖었고	春草欲萌空翠濕
풍광은 말굽 사이에 많이 있어라	光風多在馬蹄間

457 아침에……향하며 : 이 작품은 이계가 1782년(정조6) 동지 겸 사은사 부사로 연경에 가서 사신의 임무를 마치고 해를 넘겨 1783년에 연경을 떠나 귀국하는 여로에 영안교로 향하며 지은 시이다. 영안교는 심양 교외에 있던 다리 이름이다. 평성 '산(刪)' 운의 칠언절구이다.

저녁에 심양에 당도하여[458]

暮抵瀋陽

고운 햇살 가벼운 바람에 해무(海霧) 걷히니	麗日輕風淨海氛
수레 먼지 깃발 그림자 어지러이 뒤섞여 길을 가네	車塵旗影去繽紛
구름에 단악[459] 아련하니 아직도 천 리 남았고	雲迷檀嶽猶千里
봄에 심양 당도하니 삼분의 이 거리 지나왔네	春到瀋陽過二分
고국 그리는 마음은 넓고 깊게 흘러가는 물 따르고	歸思汪汪隨逝水
장정에서는 역력하게 비끼는 석양 보내네	長亭歷歷送斜曛
신년에 동쪽에서 온 나그네는 보이지 않고[460]	新年不見東來客
하늘 끝에 기러기 몇 무리가 처음 보이네	天末初看雁數群

458 저녁에 심양에 당도하여 : 이 작품은 이계가 1782년(정조6) 동지 겸 사은사 부사로 연경에 가서 사신의 임무를 마치고 해를 넘겨 1783년에 연경을 떠나 귀국하는 여로에 심양에 당도하여 지은 시이다. 평성 '문(文)'운의 칠언율시이다.

459 단악(檀嶽) : 우리나라의 산을 가리킨 것이다.

460 신년에……않고 : 조선에서 새해를 경축하기 위해 중국으로 보내던 정조사(正朝使)가 아직 심양에 도착하지 않았다는 말이다.

성경[461]

盛京

백두산 아래에서 수리 쏘고서[462] 돌아오고　　白頭山下射雕歸
황초령[463] 앞에는 만 마리 말이 살졌네　　黃草嶺前萬馬肥
큰 사막에서 용과 호랑이의 기운 날아오르고　　大漠飛騰龍虎氣

명(明)나라 말엽 동북방에 항상 불과 같은 기운이 있었는데, 이는 청(淸)나라 여진족이 장차 흥성할 조짐이었으므로 말한 것이다.

웅장한 성에서 제왕의 기내(畿內)를 노려보았네[464]　雄城睥睨帝王畿

461 성경 : 이 작품은 이계가 1782년(정조6) 동지 겸 사은사 부사로 연경에 가서 사신의 임무를 마치고 해를 넘겨 1783년에 연경을 떠나 귀국하는 여로에 심양에 당도하여 지은 시이다. 성경은 심양의 다른 이름이다. 이계는 이 작품에서 청(淸)나라가 흥기하여 천하를 차지한 사실을 서술하였다. 평성 '미(微)'운의 칠언율시이다.

462 수리 쏘고서 : 오랑캐를 형용하는 말이다. 한(漢)나라 때 장군 이광(李廣)이 흉노와 싸울 적에 이광을 따라갔던 중귀인(中貴人)이 흉노 3인의 사격을 받아 상처를 입고 돌아오자, 이광이 "이들은 반드시 수리를 떨어뜨릴 만한 활솜씨가 있는 자들이다.〔是必射雕者也.〕"라고 하였다.《史記 卷109 李將軍列傳》

463 황초령(黃草嶺) : 정확히 어디를 가리키는지 미상이다. 박세당(朴世堂)의《서계집(西溪集)》권16〈전라도병마절도사정공행장(全羅道兵馬節度使鄭公行狀)〉에 "노병 100여 기가 항상 의주의 황초령 아래에 와서 잘 자란 풀을 말에게 먹였다.〔虜兵百餘騎, 常就義州黃草嶺下, 茂草秣馬.〕"라는 기록이 보이고 의주와 중국 사이 압록강에 황초평(黃草坪)이라는 섬이 있으나, 박세당이 말한 황초령이 황초평인지는 의문이고, 박세당이 말한 황초령이 이계가 말한 황초령과 같은 것인지도 미상이다.

464 웅장한……노려보았네 : 청나라가 심양에 웅거하여 명나라 북경을 호시탐탐 노렸다는 말이다.

구름은 흑수에서 생겨나 풍패를 이루고[465]	雲生黑水成豐沛
하늘은 장성을 보내 자미에 들어갔네[466]	天送長星入紫微
천지를 석권하고 탑상(榻床) 하나 높으니	席捲八荒高一榻
복릉의 가래나무 벌써 한 아름이나 되었네[467]	福陵梓樹已盈圍

465 구름은……이루고 : 여진족이 만주에서 왕업을 일으켰다는 말이다. 흑수는 흑룡강(黑龍江)을 가리키는 지명이자 만주 동북부 지역에서 활동하던 말갈족(靺鞨族)의 하나로 곧 여진족을 가리킨다. 풍패는 한나라 고조 유방의 고향으로 곧 제왕의 고향을 가리킨다.

466 하늘은……들어갔네 : 여진족이 명나라를 침범했다는 말이다. 장성은 혜성을 가리키며 자미는 자미원(紫微垣)에 있는 별로 임금을 상징한다.

467 천지를……되었네 : 여진족이 천하를 차지하고 천자의 높은 자리에 앉은 세월이 오래되었다는 말이다. 복릉은 청나라 태조 누르하치〔努爾哈赤〕와 황후 예허나라씨〔葉赫那拉氏〕의 능으로 심양에 있다.

구요동[468]

舊遼東

천 년 세월 흥망이 겁화[469]에 사그라지니	千載興亡刦火殘
봄바람에 돌아가는 배에서 봉창에 기대 보노라	春風歸棹倚篷看
외로운 성이 강물 마주하니 어부가 멀리서 들리고	孤城對水漁歌逈
옛 탑이 공중에 떠 있으니 학 그림자 차갑다	古塔浮空鶴影寒
황량한 돈대에 끊어진 주춧돌 남은 것만 보이니	但見荒臺餘斷礎
야율과 완안[470]을 뉘라서 알랴	誰知耶律與完顔
유독 슬프기는 만력[471] 때 두 유격	獨憐萬曆雙游擊

468 구요동 : 이 작품은 이계가 1782년(정조6) 동지 겸 사은사 부사로 연경에 가서 사신의 임무를 마치고 해를 넘겨 1783년에 연경을 떠나 귀국하는 여로에 구요동을 방문하여 지은 시이다. 구요동은 요양에서 5리 정도 떨어진 곳에 있으며 한(漢)나라 때에는 양평성(陽平城)이라고 하였고 오대(五代) 때에는 발해(渤海)라고 하였다. 이곳의 광우사(廣祐寺)에 있는 백탑(白塔)이 매우 유명하며, 명나라 말엽에는 명나라 군사와 청나라 군사가 격전을 벌이기도 하였다. 평성 '산(刪)'운의 칠언율시이다.

469 겁화(刦火) : 불교에서 세계가 괴멸할 때 일어난다는 큰 불로, 무수한 시간동안 생멸(生滅)이 윤회한 것을 가리킨다. 한 무제 때 곤명지(昆明池) 밑바닥에서 나온 검은 재에 대하여, 인도 승려 축법란(竺法蘭)이 "바로 그것이 겁화에 타고 남은 재〔刦灰〕"라고 대답한 고사가 전한다.《高僧傳 卷1 竺法蘭》

470 야율(耶律)과 완안(完顔) : 과거에 만주를 지배했던 거란(契丹)과 금(金)나라를 가리킨다. 야율은 거란 황족의 성씨이고 완안은 금나라 황족의 성씨이다.

471 만력(萬曆) : 명나라 신종(神宗)의 연호로 임진왜란 때 조선에 원병을 파견하기도 하였다.

한 번 용만[472] 건넜다 다시 돌아오지 못함이라　　　一渡龍灣更不還

유격 사유(史儒)와 대조변(戴朝弁)이 평양(平壤)에서 전투에 패하여 죽었다.[473]

472 용만(龍灣) : 의주(義州)의 별칭이다.

473 유격……죽었다 : 임진왜란 당시 요진(遼鎭)의 유격으로 있던 사유와 대조변 등이 총병(摠兵) 조승훈(祖承訓)을 따라 평양성 전투에 참전하였으나 왜군을 이기지 못하고 탄환에 맞아 죽었다. 《國朝寶鑑 卷31 宣祖朝8》

화표주가[474]

華表柱歌

화표주 앞에서 나그네 배회하니	華表柱前客徘徊
선인이 한 번 떠나감에 빈 누대만 남았네	仙人一去餘空臺
옛날의 선인은 학을 타고 떠났더니	昔日仙人騎鶴去
훗날의 선인은 학으로 변해 왔구나	他日仙人化鶴來
선인이 되고 학이 된 것 지금 몇 번이런가	爲仙爲鶴今幾度
푸른 바다 물 얕아져 누른 먼지 일어난다[475]	滄海水淺起黃埃
진나라 황제 누선[476]을 부질없이 슬프게 바라보고	秦帝樓船空悵望

474 화표주가 : 이 작품은 이계가 1782년(정조6) 동지 겸 사은사 부사로 연경에 가서 사신의 임무를 마치고 해를 넘겨 1783년에 연경을 떠나 귀국하는 여로에 요동성에 있는 화표주에 대해 읊은 것이다. 화표주는 55쪽 주63 참조. 평성 '회(灰)'운의 고체시(古體詩)이다.

475 푸른……일어난다 : 무수한 세월이 흘렀다는 말로 '상전벽해(桑田碧海)'의 고사를 가리킨 것이다. 선녀 마고(麻姑)가 신선 왕방평(王方平)을 만나 "지난번 우리가 만난 이래로 동해가 세 번이나 뽕밭으로 변한 것을 이미 보았는데, 지난번에 봉래에 가보니 바닷물이 또 과거에 보았을 때에 비해서 대략 반절이나 줄어들었으니, 어쩌면 다시 땅으로 변하려 하는 것인지도 모르겠다.〔接侍以來, 已見東海三爲桑田. 向到蓬萊, 水又淺於往者會時略半也. 豈將復還爲陵陸乎.〕"라고 하자, 왕방평이 웃으면서 "바다 속에서 또 먼지가 날리게 될 것이라고 성인들이 모두 말하고 있다.〔聖人皆言海中復揚塵也.〕"라고 하였다는 신화 속의 이야기가 전한다.《神仙傳 卷7 麻姑》

476 진(秦)나라 황제 누선(樓船) : 진시황이 방사(方士)인 서불(徐市)과 동남동녀(童男童女) 수천 명을 누선에 태워 보내 삼신산(三神山)의 불로초를 구하게 한 것을 가리킨다.《史記 卷6 秦始皇本紀》

한나라 황실 사궁[477]은 쓸데없이 높기만 하여라　漢家祠宮漫崔嵬
해마다 옛터에 봄 다시 돌아오니　年年故墟春重到
연기 같은 푸른 풀에 들꽃 피누나　碧草如煙野花開

477 한(漢)나라 황실 사궁(祠宮) : 신선술에 관심이 많았던 한 무제(漢武帝)가 건축한 도가의 사당을 가리킨다. 한 무제가 방사인 공손경(公孫卿)의 말을 듣고 장안(長安)의 감천(甘泉)에 비렴관(蜚廉觀), 계관(桂觀) 등을 짓게 하고는 공손경으로 하여금 부절(符節)을 가지고 기구를 베풀어 놓고서 신인(神人)을 기다리게 했다고 한다. 또 건장궁(建章宮) 안에 백량대(柏梁臺)를 짓고 승로반(承露盤)이라는 쟁반을 만들어 그 위에 선인장(仙人掌)을 설치해 이슬을 받아서 옥(玉)가루를 타서 마셨다고도 한다. 《史記 卷12 孝武本紀》

마천령을 넘으며[478]

踰磨天嶺

수목 둘러 있는 일천 벼랑 휘휘 감겨 있는데　　遶樹千崖轉
허공에 닿을 듯한 샛길 하나 나뉘어 있네　　摩空一徑分
돌샘은 항상 비를 띠고 있고　　石泉常帶雨
산불은 구름을 태우려 하네　　山火欲燒雲
골짝 깊어 봄빛을 감추고　　洞邃藏春色
봉우리 높아 석양빛 머무르네　　峰高逗夕曛
꽃 소식 응당 늦을 터이니　　秖應花信晚
바위에 쌓인 눈 어지러이 떨어지누나　　巖雪落紛紛

478 마천령을 넘으며 : 이 작품은 이계가 1782년(정조6) 동지 겸 사은사 부사로 연경에 가서 사신의 임무를 마치고 해를 넘겨 1783년에 연경을 떠나 귀국하는 여로에 요동에 있는 마천령을 넘으며 읊은 것이다. 마천령은 요양에서 연산관(連山關)으로 갈 때 넘는 고개 이름으로 요동을 동서로 나누고 있다. 평성 '문(文)'운의 칠언율시이다.

첨수점에서 연산관으로 향하며[479]

自甛水店向連山關

한 달을 큰 벌판 사이 전전했더니	三旬迤邐大野間
귀국하는 길 비로소 연산관으로 접어드네	歸路始入連山關
청석령과 마천령[480]	靑石嶺磨天嶺
한 산 다 지나면 또 한 산이 나오고	行盡一山又一山
낭자하[481]와 첨수하	娘子河甛水河
깊고 깊은 여울과 굽이굽이 물굽이 있네	深深瀨與曲曲灣
바위에 기댄 촌락 두셋 집 있는데	依巖籬落兩三家
가시 사립문 띳집 처마 더욱 한적하여라	棘扉茅簷更蕭閑
촌 아낙 짧은 베틀에 의지해 명주실 뽑고	村婦繅綿倚短機

479 첨수점에서 연산관으로 향하며 : 이 작품은 이계가 1782년(정조6) 동지 겸 사은사 부사로 연경에 가서 사신의 임무를 마치고 해를 넘겨 1783년에 연경을 떠나 귀국하는 여로에 첨수점에서 연산관으로 향하며 지은 시이다. 첨수점은 보통 첨수참(甛水站)으로 표기하며 요양과 연산관 사이에 있는 역참으로 동팔참(東八站) 가운데 하나이다. 연산관은 72쪽 주105 참조. 서로 통운(通韻)이 되는 평성 '산(刪)'운과 '한(寒)'운의 고체시(古體詩)이다.

480 청석령(靑石嶺)과 마천령(磨天嶺) : 청석령은 74쪽 주109 참조. 마천령은 앞 시 참조.

481 낭자하(娘子河) : 《청장관전서(靑莊館全書)》 권67 〈입연기 하(入燕記下)〉 등을 비롯한 연행록들에서 첨수점 다음 행선지로 낭자산(娘子山)을 기재하고 있는데, 아마도 낭자산에 흐르는 강 이름인 듯하다. 낭자산은 낭자산(狼子山)으로도 표기하며, 당나라 태종(太宗)이 고구려를 공격하러 갈 때 잠시 머문 곳이라고 전한다.

나무하는 아이 위태로운 산등성이 올라 소를 모네	樵童驅犗上危巒
삼월 삼짇날 해가 참으로 기니	三月三日日正長
야마[482]는 허공에 뜨고 골짜기 새 지저귀네	野馬浮空谷鳥喧
수레 휘장 그림자는 얽힌 잡목 속으로 들어가고	車襜影入雜樹交
말발굽 소리는 아롱다롱 어지러운 돌에서 생겨나네	馬蹄聲生亂石斑
벼랑의 눈 갓 녹아 비탈길이 미끄러우니	崖雪初消磴路滑
마부는 흥얼흥얼 올라갈 일을 근심하네	僕夫謳吟愁躋攀
바라봄에 고국이 멀지 않은 까닭에	爲是故國看不遠
시내와 산 곳곳에서 절로 얼굴 펴지네	溪山處處自開顔

482 야마(野馬) : 맑은 봄날 멀리 땅 위에 아른거리는 공기(空氣) 현상으로 복사열 때문에 공기의 밀도가 고르지 아니하여 아른아른하게 보이는 것을 말한다.

계명사가[483]
鷄鳴寺歌

낭자점(娘子店) 남쪽에 있다. 세상에서 전하기를, 당(唐)나라 태종(太宗)의 군대가 패배하여 길을 잃었는데 닭 울음소리를 따라 이곳에 와서 투숙하였고, 날이 밝은 후 보니 그저 빈산에 닭의 형상을 한 작은 암석만 보였으므로 명하여 사찰을 세워 암석을 수호하였다고 한다.

낭자산 아래에는 비바람 소리 들리고	娘子山下風雨聲
낭자산 위에는 한 마리 닭 울음소리	娘子山上一鷄鳴
닭이 꼬끼오 울고 다시 푸드득 홰치니	鷄聲喔喔復膊膊
야밤에 필마로 오는 이 누구인가	半夜何人匹馬行
요양 천 리에 구름 같은 군영 펼쳐지니	遼陽千里陣如雲
대당 천자가 동쪽으로 정벌 나옴이라	大唐天子東出征
맑은 가을날 부월이 푸른 하늘에서 내려오니[484]	淸秋斧鉞下靑冥

483 계명사가 : 이 작품은 이계가 1782년(정조6) 동지 겸 사은사 부사로 연경에 가서 사신의 임무를 마치고 해를 넘겨 1783년에 연경을 떠나 귀국하는 여로에 낭자점 부근에 있는 계명사에 들러 그 사적을 바탕으로 읊은 것이다. 계명사의 내력은 이계가 시서(詩序)에서 밝혀두었으나, 《계산기정(薊山紀程)》을 비롯한 여타의 연행록들을 참고하여 보태면 당나라 태종이 고구려와 안시성에서 싸우다 패배한 뒤 닭 울음소리를 따라 이곳에 이르러 아리따운 여인의 영접을 받고 그녀와 함께 하룻밤을 보낸 뒤 일어나 보니 텅 빈 산이었다고 한다. 서로 통운(通韻)이 되는 평성 '경(庚)'운과 '청(靑)'운의 고체시(古體詩)이다.

484 맑은……내려오니 : 부월(斧鉞)은 군자가 정벌할 때 병권의 상징으로 내려주는

백주대낮에 징소리 북소리 푸른 바다에 진동한다　白日金鼓震滄溟
용기를 주필산에 높이 세우니[485]　龍旂高竪駐蹕山
호려는 공연히 안시성에서 지쳐가네[486]　虎旅空老安市城
원융이 후퇴하며[487] 밤에 병기 거두니　元戎左次夜捲甲
큰 바람이 모래 날려 앞길이 희미하다　大風揚沙迷去程
규염과 일각의 천자[488]가 길을 방황하니　虯髯日角路彷徨

도끼이며, 푸른 하늘은 조정을 가리킨다. 즉 당나라 조정에서 태종이 직접 정벌에 나섰다는 뜻이다. 참고로 두보(杜甫)의 〈형주에서 광주로 부임하는 이대부 칠장을 전송하다〔衡州送李大夫七丈勉赴廣州〕〉 시에 "부월이 조정에서 내려오니 누선은 동정호를 지나가겠지.〔斧鉞下靑冥, 樓船過洞庭.〕"라고 하였다.

485 용기(龍旂)를……세우니 : 용기는 두 마리 용이 날아오르는 형상을 그린 깃발로, 임금의 행차에 쓰이는 의장(儀仗)의 하나이다. 주필산은 요녕성 요양현 서남쪽에 있는 산으로 일명 수산(首山)이라고도 한다. 당나라 태종 정관(貞觀) 19년(645) 6월에 고구려 별장(別將) 고연수(高延壽) 등이 이곳에서 당나라에 항복하였는데, 태종이 주필산이라 이름하고 돌에 새겨 공을 기록하였다. 주필은 황제가 행차하여 머물렀다는 뜻이다. 《舊唐書 卷3 太宗紀》

486 호려(虎旅)는……지쳐가네 : 호려는 용맹한 군사를 가리키는 말이다. 원문의 '노(老)'는 곤궁하다는 뜻이다. 《국어(國語)》 〈진어(晉語)〉에 "또 초나라 군대는 출정나온 지 오래되어 지쳤는데 무엇 때문에 후퇴하려는가?〔且楚師老矣, 何故退.〕"라고 한 용례가 보인다.

487 원융(元戎)이 후퇴하며 : 원융은 군대의 선봉을 맡은 큰 병거(兵車)를 뜻한다. 《시경》 〈소아(小雅) 유월(六月)〉에 "원융 십승으로 먼저 길을 떠난다.〔元戎十乘, 以先啓行.〕"라는 구절에서 나왔다. 원문의 '좌차(左次)'는 군대의 후퇴를 뜻한다. 《주역》 〈사괘(師卦) 육사(六四)〉에 "군대가 후퇴하며 머무니, 허물이 없도다.〔師左次無咎.〕"라고 하였다.

488 규염(虯髯)과 일각(日角)의 천자 : 규염은 용처럼 수염이 돌돌 말려서 위로 올라간 것을 가리키고 일각은 이마 중앙이 해처럼 융기한 골상(骨相)을 가리킨다. 이 둘은 모두 귀인(貴人)의 형상이다. 두보의 〈팔애시(八哀詩)〉에 "규염이 당 태종과 비

사방 들판은 적막하고 하늘은 깜깜하네 四野蕭條天冥冥
앞산에서 은은하게 닭 울음소리 들리고 前山隱隱聞鷄聲
깊은 숲에 어렴풋이 오두막이 보이네 深樹依依見柴荊
소리 따라 한 걸음 한 걸음 산길로 접어드니 尋聲步步入山蹊
아리따운 여인이 기다린 듯 영접하네 有女嬋娟如相迎
메조밥에 소주로 황제의 주린 배 채우니 黃粱白酒救龍饑
씻고 삶은 음식이 맛나고도 향기롭네 洗滌烹煎旨且馨
병에 담은 밥은 자못 희기의 처와 같고[489] 壺飧頗似僖羈妻
콩죽은 또한 무루정의 것과 같아라[490] 豆粥還同蕪蔞亭

솟하다.〔虯髯似太宗.〕"라고 하였으며, 당나라 고조(高祖)가 수(隋)나라 말기의 혼란한 때에 당검(唐儉)에게 은밀하게 시국의 일을 물었을 때 당검이 "공은 이마가 높이 솟은 모양이 해와 같다.〔明公日角龍庭.〕"라고 하였다.《杜少陵詩集 卷7》《唐書 卷58 唐儉列傳》

489 병에……같고 : 당나라 태종을 영접하여 밥을 올렸던 여인이 매우 현숙하였다는 뜻이다. 희기(僖羈)는 춘추(春秋)시대 조(曹)나라의 대부였던 희부기(僖負羈)를 가리킨다. 진(晉)나라 공자(公子) 중이(重耳)가 망명 생활을 하면서 조나라를 방문했을 때 조나라 임금이 중이의 갈비가 통뼈라는 말을 듣고 중이가 목욕할 때 가까이 다가가서 그의 알몸을 구경하여 욕을 보였다. 희부기의 아내가 중이의 비범함을 알아보고 희부기에게 권하여 중이에게 밥을 올릴 때 밥 속에 구슬을 넣어 중이에게 우호를 표시하도록 하였다. 후에 중이가 진나라로 돌아가 천하의 패자가 되어 조나라를 정벌하면서 희부기의 집에 군대가 들어가지 못하도록 하여 그 일족이 죽음을 면하였다.《春秋左氏傳 僖公 22年》 이 고사에서 인연하여 희부기의 처는 식견이 있는 여인을 가리킨다.

490 콩죽은……같아라 : 전쟁에 패하여 지쳐 있던 당나라 태종에게는 매우 소중한 죽이었다는 뜻이다. 후한(後漢) 광무제(光武帝)가 황제가 되기 전에 대사마(大司馬)로 있을 때 계주(薊州)에 가게 되었는데, 마침 반란이 일어나 고을에 들어가지 못하고 왕랑(王郞)의 군대에 쫓겨 도망하여 무루정(蕪蔞亭)에 이르렀다. 이때 군중(軍衆)이 모두 굶주리고 지쳤는데, 장군 풍이(馮異)가 콩죽을 올려 굶주림을 면할 수 있었다.

동방에 동 트려는데 새벽 기운 차가우니 東方欲明曉氣寒
용포에 이슬 젖은 채로 잠에서 막 깨었네 露濕龍袍睡初醒
빈산에는 적막하게 사람 보이지 않고 空山寥廓不見人
몇 점 남은 별빛이 하늘가를 가로질렀네 數點殘星天際橫
꿈인지 생시인지 한참을 의심하다 如夢如眞久然疑
서글피 사방 둘러보며 마음 더욱 놀라네 悄然四顧心更驚
눈앞에는 그저 주먹만한 돌 하나만 眼前惟有一拳石
천연적인 벼슬과 발톱이 완연히 돋아 있네 冠距天成宛如生
곡성의 황석 신령이 아니면 得非穀城黃石神
진창의 벽계 정령이 아닐런가[491] 無乃陳倉碧鷄精

뒤에 광무제가 등극을 하고 나서는 풍이에게 후하게 보답하면서 당시의 일을 고마워하였다. 《後漢書 卷17 馮異列傳》

491 곡성(穀城)의……아닐런가 : 모두 바위와 관련된 신이한 고사이다. 한(漢)나라 때 장량(張良)이 일찍이 하비(下邳)의 다리에서 어떤 노인을 만났는데, 이 노인이《태공병법(太公兵法)》이라는 책을 주면서, "이 책을 읽으면 제왕의 스승이 될 수 있을 것이다. 10년 후에 흥성할 것이고 13년 후에 제북(濟北)에서 나를 볼 수 있을 터이니, 곡성산(穀城山) 아래에 있는 누런 돌〔黃石〕이 바로 나이다."라고 하였다. 그 뒤에 과연 유방을 도와 대업(大業)을 이루었으며, 제북을 지나다가 곡성산 아래에서 황석을 발견하고는 잘 보호하여 제사를 지내 주었다고 한다. 《史記 卷55 留侯世家》

또한 춘추시대 진(秦)나라 목공(穆公) 때 진창 사람이 땅을 파다가 양처럼 생긴 듯한데 양은 아니고 돼지처럼 생긴 듯한데 돼지는 아닌 물건을 얻어 목공에게 바치러 가다가 길에서 두 동자를 만났다. 동자들이 "이것은 온술(媼述)이라는 것으로 항상 땅속에 있으면서 죽은 사람의 뇌를 먹고 산다. 만약 이것을 죽이고자 한다면 측백나무를 머리에 꽂으면 된다."라고 하였다. 그러자 온술이 "이 두 동자의 이름은 계보(雞寶)이다. 수컷을 얻으면 왕자(王者)가 되고 암컷을 얻으면 패자(霸者)가 된다."라고 하였다. 그리하여 진창 사람이 온술을 버려두고 두 동자를 좇으니 두 동자가 꿩으로 변하여 숲으로 도망쳤다. 진창 사람이 이 사실을 목공에게 고하자 목공이 숲속에서 큰 사

본래부터 성인은 백령이 수호하나니　由來聖人百靈護
육비[492]가 머리 높이 쳐듦에 사해가 평안해지네　六飛高驤四海寧
나는 석계를 보며 길게 탄식하노니　我見石鷄長歎息
당당한 만승천자가 어찌 스스로 가볍게 굴었나[493]　堂堂萬乘胡自輕
아아 방위[494]는 다시 나오지 않으니　嗚呼房魏不復作
천 년 세월 사찰은 공연히 드높아라　千載蘭若空崢嶸

냥을 벌여 암컷을 얻으니 돌로 변하였다. 문공(文公) 때에 사당을 세우고 진보(陳寶)라고 칭하였으며 섬서성 보계현(寶鷄縣)의 이름이 여기에서 유래하였다. 《列異傳 陳倉寶雞》

492 육비(六飛) : 황제의 수레 또는 황제를 이른다. 황제의 수레를 모는 여섯 필 말이 나는 듯 달린다고 하여 붙여진 이름이다.

493 당당한……굴었나 : 당나라 태종이 가벼이 고구려 정벌에 나선 것을 비판한 말이다.

494 방위(房魏) : 태종이 정관지치(貞觀之治)를 이루도록 보좌한 현신(賢臣)인 방현령(房玄齡)과 위징(魏徵)을 가리킨다. 태종이 고구려 정벌에 실패하고 탄식하기를, "위징이 있었던들 짐의 이번 정벌을 막았을 텐데."라고 하였고, 방현령은 임종 때 표문을 올려 더 이상 고구려 정벌을 하지 말 것을 극언하였다. 《通鑑節要 卷11》

책문에 당도하여[495]

到柵門

두 짝의 책문은 열릴려나 말려나	兩扇木城開未開
귀국하는 사람 이곳에 이르러 다시 지체되누나	歸人到此更遲徊
넘실넘실 저 강을 어느 때 건널고	盈盈一水何時渡
점점이 먼 산은 눈 속에 들어오네	點點遙山入望來
북두성 비스듬할 제 공연히 딱따기 치고	星斗闌干空擊柝
봄바람 호탕할 제 홀로 누대에 오르네	春風浩蕩獨登臺
어찌하면 몸에서 하늘 높이 날아오를 날개가 돋아	身邊安得冲霄翼
향안[496] 앞에서 옥 술잔을 받들까	香案前頭捧玉杯

495 책문에 당도하여 : 이 작품은 이계가 1782년(정조6) 동지 겸 사은사 부사로 연경에 가서 사신의 임무를 마치고 해를 넘겨 1783년에 연경을 떠나 귀국하는 여로에 책문에 당도하여 빨리 귀국하고픈 마음을 읊은 것이다. 평성 '회(灰)'운의 칠언율시이다.

496 향안(香案) : 대궐 안의 향로나 촛대 옆에 놓아두는 책상으로 임금을 가까이서 모신다는 뜻으로 자주 사용된다.

책문에서[497]

柵門卽事

요양의 동팔참[498]	遼陽東八站
태반이 만주 사람이 사네	太半滿人居
오랑캐 여인은 말을 잘 달리고	胡女能馳馬
산승은 나귀 타기 좋아하네	山僧好跨驢
시장에서 물건 사는 생활상 없고	生涯無市肆
그저 농사짓는 일을 업으로 삼네	職事但耕耡
유독 사랑스럽기는 삼한 땅이 가까워	獨愛三韓近
소반에 압록강 물고기 올라오는 것이라네	盤登鴨水魚

497 책문에서 : 이 작품은 이계가 1782년(정조6) 동지 겸 사은사 부사로 연경에 가서 사신의 임무를 마치고 해를 넘겨 1783년에 연경을 떠나 귀국하는 여로에 책문에 체류하며 요동의 생활상과 고국이 가까움을 읊은 것이다. 평성 '어(魚)'운의 오언율시이다.

498 동팔참(東八站) : 요동에 있는 낭자산(狼子山)·첨수참(甛水站)·연산관(連山關)·통원보(通遠堡)·송참(松站)·봉성(鳳城)·탕참(湯站)·구련(九連) 등 8개의 역참인데, 중국의 동쪽에 위치하고 있으므로 보통 '동팔참'이라고 불렀다.

뒤에 오는 일행이 당도하지 않아 열흘을 체류하며 울적한 마음을 달래다[499]

後車不至 淹滯一旬 遣悶

곳곳의 봄 풍광 모두 사랑스러운데　　春光處處摠堪憐
강 건너에서 고향 그리며 더욱 처량하여라　　隔水思鄕倍悄然
오려던 비 내리지 않으니 구름은 바다 같고　　欲雨不雨雲如海
돌아가려다 돌아가지 못하니 하루가 일 년 같아라　　將歸未歸日抵年
귓가에 들어오는 소리에 더욱 번민이 일고　　聲音入耳增煩惱
가슴 적시는 술잔에 그저 취해 잠드노라　　杯酌澆胸只醉眠
열흘을 지체하며 할 일 하나 없으니　　十日淹留無一事
맑은 창가에 홀로 앉아 시편을 뒤적이네　　晴窓獨坐檢詩篇

499 뒤에……달래다 : 이 작품은 이계가 1782년(정조6) 동지 겸 사은사 부사로 연경에 가서 사신의 임무를 마치고 해를 넘겨 1783년에 연경을 떠나 귀국하는 여로에 책문에 체류하며 무료한 마음을 읊은 것이다. 평성 '선(先)'운의 칠언율시이다.

서장관과 함께 가서 안시성을 보고 찬운암에 올라 이름을 적다[500]

同三价往見安市城 登攢雲巖題名

안시성으로 필마를 타고 오니	安市城中匹馬來
흰 구름 끝없고 새는 빙빙 돌며 나네	白雲無盡鳥飛廻
허공을 지탱한 검각엔 천 개 봉우리 서 있고	撑空劍閣千峰立
거상 같은 골짝 들어서니 한 길이 열려 있네[501]	入谷車箱一線開

500 서장관(書狀官)과……적다 : 이 작품은 이계가 1782년(정조6) 동지 겸 사은사 부사로 연경에 가서 사신의 임무를 마치고 해를 넘겨 1783년에 연경을 떠나 귀국하는 여로에 봉황성(鳳凰城) 인근 세상에 안시성의 유허라고 전해지는 곳에 가서 감회를 읊은 것이다. 김정중의 《기유록》에 이곳을 언급하면서 "언덕을 따라서 그 안에 들어가니, 확 트여서 수십만의 무리를 들일 만하며, 사면의 석벽이 깎은 듯이 구름 가에 높이 솟아 우러러보면 큰 독 안에 앉은 듯하니, 참으로 자연이 베풀어놓은 금성(金城)이다. 가운데에 큰 언덕이 돌을 이고 불쑥 서 있는데, 그 꼭대기는 평평하고 반듯하여 장막을 칠 만하며 성 밖 수십 리가 굽어보이니, 아마도 옛 장대(將臺)이리라. 그 아래에 작은 언덕이 있고 언덕 위의 바위 면에 '찬운암'이란 세 큰 자를 새겼는데, 운강(雲岡) 공용경(龔用卿)의 글씨다. 그 뒤의 바위에 '가정 정유년(1537년, 중종 32) 여름 사월 십일'이라 쓰였으며, 그 나머지는 이끼가 끼어서 알아 볼 수 없다."라고 하였다. 평성 '회(灰)'운의 칠언율시이다.

501 허공……있네 : 안시성으로 가는 길을 형용한 것이다. 검각은 중국 장안(長安)에서 서촉(西蜀)으로 들어가는 통로로 예로부터 험준한 요해지로 유명하였다. 현재의 사천성 검각현(劍閣縣) 북쪽에 있다. 거상은 수레의 짐칸처럼 우묵한 골짜기를 가리킨다. 두보의 〈망악(望岳)〉 시에 "거상 같은 골짝에 들어서니 돌아갈 길이 없다.〔車箱入谷無歸路.〕"라고 하였다. 김정중의 《기유록》에 "안시성은 봉황성(鳳凰城) 주변 30리에 있는데, 안시(安市)가 쌓았다고도 하고, 혹 고구려의 말로 봉황을 안시라고 하므로

천자가 배회했던 옛 보루 남아 있고　天子徘徊餘舊壘
장군이 길게 읍한 높은 돈대 있구나[502]　將軍長揖有高臺
삼한의 사신이 이름 적어 두고 가노니　三韓使者題名去
푸른 이끼 걷어내고 종횡으로 먹 글씨 쓰네　墨字縱橫破碧苔

이름지었다고 한다. 책문에서 5리쯤 떨어져서 들 가운데 우뚝이 선 높은 산이 바라보이는데, 삭룡산(朔龍山)이라 한다. 벌여 서서 천 봉우리가 되었는데 땅에서 빼어나 솟아올라 병풍처럼 둘러 안고, 그 서쪽이 터져서 물이 흐르는데 겨우 수레 하나가 통과할 만하다. 양 언덕에 석성(石城)의 옛터가 있으니, 곧 옛 안시성이다."라고 하여, 이계의 시에서 형용한 모습과 일치한다.

502 천자가……있구나 : 이세민(李世民)이 안시성을 공격하다가 실패하여 회군할 때 안시성 성주였던 양만춘(楊萬春)이 배사(拜辭)하자 이세민이 성을 잘 수비한 것을 가상히 여겨 비단 백 필을 주었다고 한다. 《三國史記 卷21 高句麗本紀9 寶臧王上 3年》《資治通鑑 卷198 唐紀14 太宗 下之上 貞觀19年》

책문을 나와 정오에 온정에서 밥을 짓다[503]

出柵 午炊溫井

사행 깃발 펄럭펄럭 두 곁마 나란하고 行旌拂拂兩驂齊
들 풍광 푸릇푸릇 만 개 버들 나직하네 野色靑靑萬柳低
양 소매 바람 부니 날개를 붙인 듯 雙袖風生如傅翼
경쾌한 수레 길 익숙하니 진창 붙지 않아라 輕車路熟不黏泥
산자락에 붙은 움집은 방초가 이어졌고 依山茇舍連芳草
숲 너머 행주[504]는 푸른 시내 가로다 隔樹行廚傍碧溪
언덕 가득 두견화는 붉은 잎 틔우려 하고 滿岸杜鵑紅欲坼
꾸룩꾸룩 어여쁜 새 사람 향해 지저귀네 關關好鳥向人啼

503 책문을……짓다 : 이 작품은 이계가 1782년(정조6) 동지 겸 사은사 부사로 연경에 가서 사신의 임무를 마치고 해를 넘겨 1783년에 연경을 떠나 귀국하는 여로에 온정에서 풍광을 읊은 것이다. 온정은 온정평(溫井坪)이라는 곳으로 미지근한 온천이 나오는 곳이며 책문과 구련성(九連城) 사이에 있다. 평성 '제(齊)'운의 칠언율시이다.

504 행주(行廚) : 이동 중에 임시로 차리는 주방을 가리킨다.

새벽에 압록강을 건너며[505]

曉渡鴨江

푸른 봄날 다시 압록강 앞에 이르니 青春還到鴨江前
여린 버들 새 버들개지 새벽안개에 가득하다 嫩柳新花漲曉煙
물결 고요하니 어룡이 사신을 맞이하고 波靜魚龍迎使節
모래 깨끗하니 갈매기 해오라기가 배를 인도한다 沙明鷗鷺導行船
운막[506]이 서로 이어지니 인산인해요 雲幕相連人似海
비단 돛 높이 걸리니 강물은 하늘빛이어라 錦帆高掛水如天
해 넘겨 고국 떠나 있느라 돌아가고픈 생각 급하니 經年去國歸思急
사신 탄 말 길게 울며 해 곁[507]으로 향하네 征馬長嘶向日邊

505 새벽에 압록강을 건너며 : 이 작품은 이계가 1782년(정조6) 동지 겸 사은사 부사로 연경에 가서 사신의 임무를 마치고 해를 넘겨 1783년에 연경을 떠나 귀국하는 여로에 압록강을 건너 조선 땅으로 들어서며 지은 것이다. 평성 '선(先)'운의 칠언율시이다.

506 운막(雲幕) : 운막은 운무(雲霧)처럼 가볍게 나부끼는 장막을 가리킨다.

507 해 곁 : 임금이 있는 도성을 가리킨 것이다.

정주에 이르러 서장관이 율시 한 수를 지어 보여주기에 붓 가는 대로 지어 화답하다[508]

到定州 書狀寄示一律 走筆以酬

나그네 기러기 어슷비슷 각기 앞뒤로 날고 旅雁差池各後先
두 별은 어제 밤 동쪽 궤도로 향했네[509] 雙星昨夜向東躔
몇 자 낮은 울타리는 중화 오랑캐 경계에 서 있고 短籬數尺華夷界
석 잔 이별주는 들판 강물 곁에서 마셨네 別酒三盃野水邊
송골산[510] 구름 안개 속에 떠나는 길 찾고 鶻峀雲煙尋去路
압록강 꽃 버들 속에서 돌아가는 배 잡았네 鴨江花柳擁歸船
통군정 위에서 다시 머리를 돌려보니 統軍亭上重回首
작년 빙설 속에 수레 몰던 때가 생각나누나 氷雪驅車想去年

508 정주에……화답하다 : 이 작품은 이계가 1782년(정조6) 동지 겸 사은사 부사로 연경에 가서 사신의 임무를 마치고 해를 넘겨 1783년에 연경을 떠나 귀국하는 여로에 조선 경내로 들어와 평안도 정주에 당도하여 지은 것이다. 당시 서장관은 홍둔영(洪文泳, 1732~?)이다. 평성 '선(先)'운의 칠언율시이다.

509 두……향했네 : 사행단이 조선 경내로 들어왔다는 말이다. 두 별은 견우성(牽牛星)과 직녀성(織女星)을 가리키며 이는 곧 사신을 비유한 것이다. 159쪽 주337 참조.

510 송골산(松鶻山) : 조선 의주(義州)와 중국 구련성(九連城) 사이에 있는 산 이름이다.

다시 패강에 이르러[511]

還到浿江

만 리 춘풍에 역마 타고 길 재촉해　萬里春風馹騎催
중원 갔던 사신이 해 넘겨 돌아왔네　中原使者隔年回
수레가 낙수의 푸른 구름 따라 떠났더니　車隨洛水青雲去
사람이 함관의 자색 기운 띠고 돌아왔구나[512]　人帶函關紫氣來
고국 의관 입은 이들 비단 자리에 둥글게 앉고　故國衣冠團錦席
맑은 강 갈매기 해오라기는 금 술잔에 비치네　淸江鷗鷺暎金盃
지난날 눈발 펄펄 내리던 곳에　往時雨雪霏霏處
푸른 오얏꽃 붉은 복사꽃 시야에 가득 펼쳐진다　碧李紅桃滿眼開

511 다시 패강에 이르러 : 이 작품은 이계가 1782년(정조6) 동지 겸 사은사 부사로 연경에 가서 사신의 임무를 마치고 해를 넘겨 1783년에 연경을 떠나 귀국하는 여로에 평양의 대동강(大同江)에 이르러 지은 것이다. 패강은 대동강의 고칭(古稱)이다. 평성 '회(灰)'운의 칠언율시이다.

512 수레가……돌아왔구나 : 낙수는 중국 낙양에 있는 강이고, 함관은 장안의 함곡관(函谷關)을 가리킨다. 모두 당시의 중국 도성인 연경을 비긴 것이다.

부(附). 중국인의 품평

엄창랑(嚴滄浪)이 시법(詩法)을 논한 것이 다섯 가지이니, 체제(體製)와 율격(格律)과 기상(氣像)과 흥취(興趣)와 음절(音節)이다.[513] 이 다섯 가지가 구비된 뒤에야 시를 말할 수 있다. 이계 홍선생은 시편이 고아(高雅)하고 공교(工巧)한데, 선생이 지은 요계잡영(遼薊雜詠) 십수수(十數首)는 혹은 옛것을 본받아 문사(文辭)를 드높이고 혹은 방도를 따라 법도에 합치되었다. 그 체제는 바르고〔正〕 그 율격은 엄격하고〔嚴〕 그 기상은 드높고〔超〕 그 음절은 분명하다〔亮〕. 또 바라다 보이는 산천과 계속 이어져 펼쳐지는 경물이 있어 재능을 펼칠 밑천이 되고 기상을 후련하게 펼쳤다. 비유하자면 거대한 바다는 날마다 쏟아내어도 다함이 없는데 그 사이에 큰 파도와 작은 물결이 서로 부딪히며 밀어주고 도와주어 이 움직임을 따라 용문(龍門)에 이르고 적석(積石)에 이르러[514] 위로 곤륜산(崑崙山)의 언덕으로 거슬러 오르는 것과 같으니, 얻은 바가 어찌 지극히 드넓지 않겠는가. 그 시를 읽어 보고서 창랑의 설에 징험하여 본다.

513 엄창랑(嚴滄浪)이………음절(音節)이다 : 송(宋)나라 엄우(嚴羽)가 지은 《창랑시화(滄浪詩話)》〈시변(詩辯)〉에 이 다섯 가지 구분이 보인다.

514 용문(龍門)에………이르러 : 용문과 적석은 모두 황하가 흘러가는 곳에 있는 지명으로, 적석은 황하의 상류에 해당하며 용문은 적석에서 내려온 물길이 마치 문처럼 대치하고 서 있는 양 언덕 사이로 지나가는 협곡 지역이다. 《서경》〈하서(夏書) 우공(禹貢)〉에 "황하의 물길을 인도하되 적석으로부터 용문에 이르렀다.〔導河積石至于龍門.〕"라고 하였다.

건륭(乾隆) 갑진년(1784) 봄 2월 상한(上澣)에 대유(大庾) 대심형(戴心亨)[515]은 쓴다.

515 대유(大庾) 대심형(戴心亨) : 자는 습지(習之), 호는 석사(石士)로 강서(江西) 대유(大庾) 사람이다. 한림원 편수(翰林院編修) 등을 역임했고《사고전서(四庫全書)》 편찬에도 참여했다. 부친 대제원(戴第元), 숙부 대균원(戴均元), 형 대구형(戴衢亨)과 함께 문장과 학문으로 명성이 있어 강서사대(西江四戴)로 불렸다.

악주에서[516]

岳州先祖舊莅也 小子忝按本道 巡節凡三到 而舍弟又蒙恩守是郡 奉老親爲專城養 余請暇來覲 太守備儀郊迎 回憶辛卯春以新恩到碧城時 同一勝事 莫非國恩也先休也 詩以識之-甲辰-

악주는 선조(先祖)께서 옛날에 다스리셨던 곳이다.[517] 소자가 외람되이 본도(本道)의 관찰사가 되어 순시하면서 무릇 세 번을 이곳에 왔는데, 아우가 또 은혜를 입어 이 군을 다스리게 되어[518] 노친을 모시고 전성(專城)의 봉양[519]을 하였다. 내가 휴가를 청하여 악주에 와서 노친

516 악주에서 : 이 작품은 1784년(정조8)에 이계가 안악 군수로 있는 아우 홍명호(洪明浩)를 찾아가 노친을 문안하고 옛 추억을 되돌아보며 지은 것이다. 자세한 배경은 제목에 잘 드러나 있다. 이계는 1770년(영조46) 2월에 황해도 관찰사가 되었고 이듬해 10월에 사간 이홍직(李弘稷)으로부터 주색(酒色)에 빠졌다는 논척을 받고 파직된 바 있다. 평성 '우(尤)'운의 칠언율시이다.

517 악주는……곳이다 : 이계의 증조부인 홍만회(洪萬恢, 1643~1710)가 안악 군수를 역임한 적이 있다.《本集 卷27 曾祖考判決事贈吏曹參判府君墓碣銘》

518 아우가……되어 : 이계의 아우 홍명호는 1783년(정조7) 10월 16일에 안악 군수에 제수되었다.《承政院日記 正朝 7年 10月 16日》

519 전성(專城)의 봉양 : 전성은 한 고을을 온전히 맡아 다스리는 태수를 가리키는

(老親)[520]을 만나 뵈니 태수인 아우가 의례(儀禮)를 갖추어 교외까지 나를 맞이하러 나왔다. 돌이켜 생각해보건대 신묘년(1771, 영조47) 봄에 아우가 신은(新恩)의 몸으로 벽성(碧城)에 당도했을 때[521]에도 함께 훌륭한 시간을 보냈으니, 나라의 은혜이며 선대의 아름다운 은덕 아님이 없다. 이를 시로 지어 기록한다. 갑진년(1784, 정조8)

첨유[522]가 세 번 지나며 서주에 머무니	襜帷三度駐西州
세월을 꼽아봄에 십오 년 전이로다	屈指天星十五秋
또렷한 호산은 옛 면모 드러내고	歷歷湖山呈舊面
왁자한 부로들 가는 수레 둘러싸네	紛紛父老擁行輈
내의에서 무거운 임금 은혜를 더욱 깨닫고[523]	萊衣更覺君恩重

것으로, 태수가 되어 어버이를 봉양한다는 말이다.

520 노친(老親) : 이계의 부친인 홍진보(洪鎭輔)와 생모인 청송심씨(靑松沈氏)는 모두 이계가 어릴 때에 별세하였으므로, 시제에서 말한 노친은 홍진보의 재취(再娶)이자 홍명호의 생모인 파평윤씨(坡平尹氏)일 것이다.

521 신묘년……때 : 신은은 과거에 새로 급제한 사람을 가리킨다. 《국조방목(國朝榜目)》에 따르면, 이계의 아우 홍명호(洪明浩)는 1771년(영조47) 정시문과에 병과로 급제하였다. 이때 홍명호가 급제하여 황해도 관찰사로 있는 이계를 찾아온 일이 있었던 것으로 보인다.

522 첨유(襜帷) : 사방에 휘장을 드리운 수레로 자사(刺史)의 수레를 가리킨다. 과거 황해도 관찰사를 역임했던 이계 자신의 행차를 가리킨 말이다.

523 내의(萊衣)에서……깨닫고 : 임금이 돌봐주신 은혜 덕분에 무사히 벼슬살이를 하면서 어버이를 기쁘게 모실 수 있게 되었다는 말이다. 내의는 노래자(老萊子)의 옷이라는 말이다. 옛날 춘추시대 초(楚)나라의 노래자는 나이가 70세에 이르렀을 때에도 부모 앞에서 색동옷을 입고 어린아이처럼 춤을 추면서 부모를 기쁘게 해드렸다고 한다. 《小學 卷4 稽古》

당발에서 남기신 자식 사랑에 한참 부끄럽네[524] 棠茇多慚子惠留
당시에 꽃 꽂았던 이가 오늘날은 인장을 찼으니[525] 當日簪花今佩印
아우와 형이 발걸음 나란히 함은 모두 선대의 아름다운 은덕이로다 弟兄聯武摠先休

524 당발(棠茇)에서……부끄럽네 : 자신이 덕으로 다스리던 지역에 다시 돌아와보니, 백성을 자식처럼 돌본 선왕의 덕 앞에서는 자신의 덕이 한참 부끄럽다는 말이다. 당발은 머물러 쉬던 감당나무라는 말이다. 《시경》 〈소남(召南) 감당(甘棠)〉에 "무성한 저 감당 가지를 베지도 말고 치지도 마라. 우리 소백이 머물러 쉬시던 곳이니라.〔蔽芾甘棠, 勿翦勿伐, 召伯所茇.〕"라는 구절에서 온 것이다. 이는 남국(南國)에 선정(善政)을 펼쳤던 소공(召公)의 덕을 백성들이 잊지 못하여 소공이 잠시 머물러 쉬던 감당나무조차도 아끼는 마음을 노래한 것이다. 남기신 자식 사랑은, 백성을 자식처럼 사랑하던 선왕(先王)의 마음을 말한 것이다. 《서경》 〈상서(尙書) 태갑 중(太甲中)〉에 "선왕이 곤궁한 자들을 자식처럼 사랑하니, 백성들이 그 명에 복종하여 기뻐하지 않는 이가 없다.〔先王子惠困窮, 民服厥命, 罔有不悅.〕"라고 하였다.

525 당시에……찼으니 : 이계가 황해도를 다스릴 때 과거에 합격하여 머리에 꽃을 꽂았던 동생이 오늘은 안악 군수가 되어 군수의 인장을 허리에 찼다는 말이다.

양로연을 베풀며[526]

設養老宴

사세의 동향[527]인 악주 한 고을에　四世桐鄕一岳州

체약[528]이 잇달아 날아 선대의 아름다움 계승하네　聯翩棣蕚繼前休

고개의 비석은 아직도 칭송하는 유민들에게 전파되고[529]　峴碑尙播遺民頌

봄날의 술은 도리어 흐르는 옛 은택을 잔질하네　春酒還斟舊澤流

526 양로연을 베풀며 : 이 작품은 1784년(정조8)에 이계가 안악 군수로 있는 아우 홍명호를 찾아가 노친을 문안하고 고을에서 노인들을 불러 양로연을 베풀며 지은 것이다. 평성 '우(尤)'운의 칠언율시이다.

527 사세(四世)의 동향(桐鄕) : 동향은 중국 안휘성 동성현(桐城縣)에 있는 지명으로, 생전에 어진 정사를 베푼 고을을 뜻한다. 한(漢)나라의 주읍(朱邑)이 젊었을 적에 동향의 색부(嗇夫)가 되어 청렴하고 공평하게 정사를 하였으므로 고을 사람들이 모두 사랑하고 존경하였다. 그 뒤 주읍이 병들어 죽으려 할 때에 아들에게 유언하기를 "내가 옛날에 동향의 관리였을 적에 그 백성들이 나를 사랑하였으니, 반드시 나를 동향에 장사 지내라." 하였다. 주읍이 죽자 그 아들이 동향에 장사 지냈는데, 동향의 백성들이 과연 사당을 세워서 세시(歲時)로 제사를 지냈다.《漢書 卷89 循吏傳 朱邑》여기서 사세의 동향이란 이계의 증조부인 홍만회(洪萬恢)가 안악 군수를 지낸 것을 가리킨 말이다. 증조부와 조부와 부친과 자신의 대수를 합쳐 사세라고 한 것이다.

528 체악(棣蕚) : 아가위꽃으로 형제를 가리킨다.《시경》〈소아(小雅) 상체(常棣)〉에 "활짝 핀 아가위꽃 얼마나 곱고 아름다운가. 이 세상에 누구라 해도 형제만 한 이가 없다네.〔常棣之華, 鄂不韡韡. 凡今之人, 莫如兄弟.〕"라고 한 데서 온 말이다.

529 고개의……전파되고 : 선조가 안악을 다스린 덕을 기록한 선정비(善政碑)가 고개에 남아 있어 안악의 백성들에게 칭송되고 있다는 뜻이다.

학발의 노인들 다투어 구장 잡아 끌며 춤추고[530] 鶴髮爭携鳩杖舞

연모의 노인들 일제히 뿔잔 들어 축수하며 산가지 놓네[531] 燕毛齊祝兕觥籌

바라기는 칠십 여 노인의 장수를 가져다가 願將七十餘人壽

훤당과 옥루[532]에 아울러 바쳤으면 竝獻萱堂與玉樓

530 학발(鶴髮)의……춤추고 : 학발은 학처럼 머리가 센 백발의 노인을 가리킨 것이다. 구장은 손잡이 부분을 비둘기 모양으로 조각한 지팡이로 옛날에 노인들에게 하사하던 지팡이이다.

531 연모(燕毛)의……놓네 : 양로연에 초대된 노인들이 임금의 만수무강을 축수한다는 말이다. 연모는 연회를 할 때 모발의 색깔에 따라 장유(長幼)를 구분하여 자리를 정하는 것이다. 《중용장구(中庸章句)》 제19장에 "연회를 할 때 모발의 색깔대로 자리의 차례를 정하는 것은 나이대로 차례 지우는 것이다.〔燕毛, 所以序齒也.〕"라고 하였다. 또한 《시경》 〈빈풍(豳風) 칠월(七月)〉에 "두 동이 술로 잔치를 베풀어 염소를 잡아서 저 공당에 올라가 저 뿔잔을 드니 만수무강하리로다.〔朋酒斯饗, 曰殺羔羊. 躋彼公堂, 稱彼兕觥, 萬壽無疆.〕"라고 하였다. 산가지 역시 만수무강을 축원하는 해옥첨주(海屋添籌)에서 온 것으로, 소식(蘇軾)의 《동파지림(東坡志林)》 권7에, 세 노인이 서로 자신의 나이를 말하였는데 한 노인이 "바다가 뽕밭으로 바뀔 때마다 산가지 하나씩을 놓았는데, 지금까지 내가 놓은 산가지가 이미 10칸의 집에 가득 찼다."라고 하였다.

532 훤당(萱堂)과 옥루(玉樓) : 훤당은 모친이 거처하는 북당(北堂)을 가리킨다. 《시경》 〈위풍(衛風) 백혜(伯兮)〉에 "어이하면 훤초를 얻어서 북당에 심어 볼까.〔焉得諼草, 言樹之背.〕"라는 말에서 나온 것이다. 이계의 모친인 파평윤씨를 지칭한 것이다. 파평윤씨는 242쪽 주520 참조. 옥루는 임금이 계신 궁궐을 가리킨다.

해주의 진사 이일수의 시운에 맞춰 지어 드리다[533]

步海州進士李一燧韻以贈之

부용당 위에서 꽃을 꺾을 제	芙蓉堂上折花時
강호에서 늦게야 십 년 만에 다시 만났네	湖海重逢十載遲
손뼉 치는 그대는 아직 뛰어난 기상 있는데	抵掌子猶奇氣在
수염 치켜드는 나는 이미 늙은이 되었다네	掀髥吾已老翁爲
시구 안에 감당나무 노래함[534] 괜스레 부끄러우니	空慚句裏歌棠樹
우선은 술동이 앞에서 죽지[535]를 들을지라	且向樽前聽竹枝
각건 쓰고 영미에 돌아올 때 기다려[536]	會待角巾歸潁尾

533 해주의……드리다 : 이 시는 1784년(정조8)에 이계가 안악 군수로 있는 아우 홍명호를 찾아가 노친을 문안하고 과거 황해도 관찰사 시절에 교분을 맺은 것으로 보이는 해주의 진사 이일수의 시에 화답한 것이다. 이 시에서 말한 이일수로 보이는 인물의 정보는 현재 《사마방목(司馬榜目)》에서 확인된다. 이계가 황해도 관찰사로 있던 1771년(영조47) 식년시(式年試)에 생원 3등 58위로 합격한 이일수는 본관은 인천(仁川), 자는 교지(敎之), 생년은 1740년(영조16)으로 당시 거주지가 해주로 기록되어 있다. 평성 '지(支)'운의 칠언율시이다.

534 시구……노래함 : 이일수가 지은 시에 이계의 선정(善政)을 칭송한 내용이 있었던 듯하다. 감당나무는 243쪽 주524 참조.

535 죽지(竹枝) : 죽지사(竹枝詞)를 가리킨다. 주로 지방의 풍속이나 여인의 정서를 읊는 가사(歌詞)의 일종이다. 소식(蘇軾)의 〈죽지가자서(竹枝歌自序)〉에 의하면, 죽지사는 본래 초(楚)나라에서 발생한 노래로 회왕(懷王)·굴원(屈原)·항우(項羽) 등의 슬픈 이야기가 전승되어 원통하고 애달픈 곡조를 띠게 되었다고 하였다.

536 각건(角巾)……기다려 : 이계가 은퇴할 때를 가리킨 것이다. 각건은 네모난 모양의 두건으로 은퇴한 사람이나 은자(隱者)가 쓰던 것이다. 영미는 영수(潁水)의 끝자락

당나귀 타고 서로 찾으며 한가로이 술잔 잡으세　　疋驢相訪把閑巵

이라는 뜻으로 전원을 가리킨다. 송(宋)나라 때 구양수(歐陽脩)가 단계(端谿)의 녹석침(綠石枕)과 기주(蘄州)의 죽점(竹簟)을 얻고 나서 매우 기뻐하여 지은 시에, “끝내는 자리 걷고 베개 들고 떠나서, 맑은 영미에 집 짓고 토지 사서 살아야지.〔終當卷簟携枕去, 築室買田淸潁尾.〕”라고 한 데서 온 말이다. 《文忠集 卷8》

총수산[537]

蔥秀山

지난해 삼월에 요동성 지날 때	去年三月度遼城
총수산 위 눈발이 오히려 펄펄 날리더니	蔥秀山上雪猶橫
올해 삼월 해서에 이르러서는	今年三月到海西
총수산 앞에 꽃이 참으로 선명하네	蔥秀山前花政明
해를 이어 이 봄날에 두 곳을 들러보니	年年此時過兩地
물색은 비록 같지만 풍기는 달라	物色雖同風氣異
서로 거리가 천여 리이고 보면	地之相去千里餘
맑은 강물 푸른 절벽이 어찌 비슷하랴	淸流翠壁何相似
끊어진 벼랑 가운데 툭 터져 영액[538]이 흐르고	斷崖中坼流靈液
기이한 소나무 뒤집혀 걸려 호기[539]를 머금었네	奇松倒掛含灝氣
덩굴 부여잡고 올라 옥류천[540] 퍼올리니	攀蘿酌取玉溜泉

537 총수산 : 이 작품은 1784년(정조8)에 이계가 안악 군수로 있는 아우 홍명호를 찾아가 노친을 문안하는 길에 황해도 평산의 총수산을 찾아 읊은 것이다. 같은 지명의 산이 중국의 요동에도 있는데 이계가 1782년(정조6) 동지 겸 사은사 부사로 연경에 가는 길에 요동의 총수산에 들러 읊은 시가 권6의 〈총수산에서 자며〉이다. 평성 '경(庚)'운과 거성 '미(未)'운과 상성 '지(紙)'운의 고체시(古體詩)이다.

538 영액(靈液) : 신령스러운 진액이라는 뜻으로 강물의 미칭(美稱)이기도 하다.

539 호기(灝氣) : 천지 사이에 가득 넘쳐흐르는 정대(正大)하고 강직(剛直)한 기운을 말한다.

540 옥류천(玉溜泉) : 황해도 평산(平山) 총수산 기슭에 있는 샘 이름이다. 샘이 솟는 바위 위에 '옥류천(玉溜泉)'이라는 세 글자가 크게 새겨져 있는데, 명나라 사신 주지

이 물을 마심에 속태를 씻어낼 수 있어라	飮此可以洗塵髓
바위에 누가 초상을 새겼나	石面誰刻衣冠影
고로들이 전하길 주태사의 것이라 하네[541]	故老相傳朱太史
태사가 당시에 기운찬 글씨 남겼으니	太史當年留健筆
중화 사람도 이곳 산수를 사랑하였음이라	華人亦愛此山水
아아 오래된 절벽은 길이 옛 모습 같을 것이나	嗚呼古壁㠯如舊
어이하면 다시 황화의 사신을 볼 수 있을까	安得復見皇華使

번(朱之蕃, ?~1624)이 쓴 글씨라고 한다.《陶谷集 卷3 玉溜泉感皇華舊跡》

541 바위에……하네 : 총수산 석벽에 주지번의 글씨와 함께 그가 새긴 초상도 있다고 한다.《林下筆記 卷29 春明逸史》

박연[542]

朴淵

무너지는 구름이 암석 들춰 갈라 문이 되니[543] 崩雲抉石擘爲門
급한 물보라 공중에 치솟아 태양이 어둡네 急水騰空白日昏
알겠거니 늙은 용이 깊은 연못에 잠자고 있어 知有老龍深處睡
온 산의 새들이 고요하게 떠들지 않음을 滿山禽鳥寂無喧

542 박연 : 이 작품은 1784년(정조8)에 이계가 안악 군수로 있는 아우 홍명호를 찾아가 노친을 문안하는 길에 황해도 개성(開城)의 천마산(天磨山)에 있는 박연폭포를 찾아 그 풍광을 읊은 시이다. 평성 '원(元)'운의 칠언절구이다.

543 무너지는……되니 : 무너지는 구름은 부수어지며 흩어져 내리는 폭포의 모습을 형용한 것으로, 폭포가 암석을 걷어내며 밑으로 떨어져 문의 형상이 되었다는 말이다.

범사정[544]

泛槎亭

산허리가 구름 끌어안은 것 멀리 바라봤더니 遠望山腰掩白雲
날리는 눈발 어지러이 떨어지는 광경을 홀연 보네 忽看飛雪落紛紛
허공 비추는 햇빛은 언뜻언뜻 보이고 映空日色參差見
강기슭 가득 바람 소리 끊겼다 이어졌다 하며 들리네 滿岸風聲斷續聞
만 골짝 내달리는 물줄기는 몰아치고 부딪히며 길이 흐르고 萬壑奔流長盪擊
석 달 봄 아름다운 기운은 조화로움을 잃었네[545] 三春佳氣失絪縕
이십 년 만에 다시 옴에 높은 흥취 남았으니 重來廿載餘高興
홀로 외로운 정자에 석양이 되도록 기대 있네 獨倚孤亭抵夕曛

544 범사정 : 이 작품은 1784년(정조8)에 이계가 안악 군수로 있는 아우 홍명호를 찾아가 노친을 문안하는 길에 황해도 개성(開城)의 천마산(天磨山)에 있는 박연폭포의 범사정에서 읊은 시이다. 범사정은 박연폭포 아래의 하담(下潭)인 고모담(姑姆潭) 서쪽 기슭에 있는 정자이다. 평성 '문(文)'운의 칠언율시이다.

545 석……잃었네 : 수련(首聯)에서 봄인데도 불구하고 눈발이 날리는 것을 두고 한 말이다.

화담 서사정[546]

花潭逝斯亭

화담 가에서 물고기 보는 낚시 누대 있으니	潭上觀魚有釣臺
한가한 구름 외로운 학과 함께 배회하노라	閑雲孤鶴與徘徊
선생이 떠나가신 후 공연히 강물만 흐르는데	先生一去空流水
고목에 봄 돌아와 꽃은 절로 피누나	古木春回花自開

546 화담 서사정 : 이 작품은 1784년(정조8)에 이계가 안악 군수로 있는 아우 홍명호를 찾아가 노친을 문안하는 길에 개성(開城)의 화담과 화담 옆에 있는 서사정에서 읊은 시이다. 화담은 개성 성 밖 동북부 오관산(五冠山) 아래의 연못으로 조선 중엽의 저명한 학자인 서경덕(徐敬德)이 호로 삼았으며, 서경덕의 묘소 역시 화담 뒤 언덕에 있다. 서사정은 서경덕이 화담 가에 세운 정자 이름이다. 평성 '회(灰)'운의 칠언절구이다.

소백록 小白錄

을사년(1785, 정조9)에 관상감(觀象監) 제거로 명을 받들어 풍기에 가서 경모궁 태실의 석축 공사를 감독하였다.
乙巳以雲觀提擧承命詣豐基 監董景慕宮胎室石役

충주에서 청풍으로 들어서며[547]

自忠州入淸風

사군[548]을 6여 년 만에 다시 오니	四郡重來六載餘
한 마리 나귀가 지금은 유거[549]로 바뀌었네	疋驢今又換輶車
귀밑 가 조금 희던 머리털 전부 눈처럼 쇠었으나	鬢邊淺白都成雪
풍류가 늙어도 사라지지 않음이 유독 괴이하구나	獨怪風流老不除

547 충주에서 청풍으로 들어서며 : 이 작품은 1785년(정조9)에 관상감 제거의 신분으로 정조의 명을 받들어 풍기로 사도세자(思悼世子) 태실 석축 공역을 감독하러 가면서 청풍 경계로 들어서며 지은 시이다. 이계는 앞서 1779년(정조3) 2월 경흥 부사에서 해직되어 도성으로 돌아온 뒤, 1780년(정조4) 9월 동의금부사에 제수될 때까지 한거(閑居)의 시간을 보내던 기간 사이에 이 근방을 유람하고 시를 남겼는데, 권5 〈사군록(四郡錄)〉의 시들이 바로 그것이다. 이계는 이 작품 속에서 그때와 지금의 달라진 처지와 한결같은 풍류를 서술하였다. 사도세자의 태실은 현재는 훼손되고 없으나 그 유적이 경상북도 예천군 상리면 명봉사 일대에 남아 있다. 평성 '어(魚)'운의 칠언절구이다.

548 사군(四郡) : 단양(丹陽), 영춘(永春), 청풍(淸風), 제천(堤川)으로 산수가 좋은 곳으로 이름나 예로부터 사군계산(四郡溪山) 또는 사군산수(四郡山水)라고 불렸다.

549 유거(輶車) : 가벼운 수레의 일종으로, 임금의 명을 받든 사신(使臣)이 타던 수레의 명칭이다.

단양 객관에 묵으며 봉서루에 올라 감회를 적다[550]
宿丹陽館 登鳳棲樓志感

어느 해에 우화하는 사다리[551]에	何年羽化梯
우리 조부께서 옛날 부여잡고 오르셨나	吾祖昔攀躋
지난 발자취에서 부석[552] 그리워하니	往躅思鳧舃
이름난 누각에 봉서루 있도다	名樓有鳳棲
푸른 책에는 걸출한 시구 전하고	青編傳傑句
백발 머리로 남아 있는 백성 마주하네	白髮對遺黎

왕고(王考)께서 경술년(1730, 영조6)에 이 읍을 다스리셨는데, 지금 벌써 50여 년의 세월이 흘러 유로(遺老)들은 다 세상을 떠나고 한 사람의 노교(老校)만 남아 있었으므로 불러다 대화를 나누었다. 옛 시집[553] 안에 단구

550 단양……적다 : 이 작품은 1785년(정조9)에 관상감 제거의 신분으로 정조의 명을 받들어 풍기로 사도세자(思悼世子) 태실 석축 공역을 감독하러 가면서 단양 객관에서 묵으며 지은 시이다. 봉서루는 봉서정(鳳棲亭)으로 이요루(二樂樓)와 함께 단양 관아 근처에 있던 누정이다. 평성 '제(齊)'운의 칠언율시이다.

551 우화(羽化)하는 사다리 : 우화는 날개가 돋쳐 신선이 된다는 말로 봉서정에 오르는 계단을 가리킨 것이다. 봉서정 곁에 우화교(羽化橋)가 있었던 것도 이러한 착상에 영향을 주었을 것이다.

552 부석(鳧潟) : 오리 신발이라는 의미로, 신발을 오리로 변화시켜 그것을 타고 공중을 날아다니는 것을 가리키며 지방 수령을 지낸 것을 비유할 때 쓰는 말이기도 하다. 후한(後漢) 때 하동(河東) 사람 왕교(王喬)가 섭현(葉縣)의 수령으로 있으면서 자주 도성(都城)에 드나들었는데, 올 때에 수레나 말도 보이지 않고 오직 두 마리의 집오리만 날아오는 것을 이상하게 여겨 그물로 잡은 결과 그물 속에 신발 한 짝만 있었다는 고사가 있다.《後漢書 卷112 方術列傳 王喬》

(丹丘)를 소재로 지은 시가 많다.

서글피 빈 난간에 의지하니　　　　怊悵憑虛檻
골짜기 새소리만 들리는구나　　　　惟聞谷鳥啼

553 옛 시집 : 이계의 조부 홍중성(洪重聖)의 《운와집(芸窩集)》을 가리킨다.

죽령을 넘어 풍주에 이르러[554]

踰竹嶺到豐州 順興倅鄭子敬 持淳 榮川倅鄭君 來鼎 來迎 喜而題贈

죽령을 넘어 풍주에 이르자 순흥 부사 정자경 지순 과 영천 군수 정군 내정 이 와서 맞이하므로 기뻐하며 시를 지어 주었다.

땅은 진한의 구획이요[555] 地劃辰韓國
별은 대각의 분야로다[556] 星分大角墟
백성들 풍속은 농사를 우선하고 民風先稼穡
유학의 교화는 시서를 근본으로 하네 儒化本詩書
옛날에 동도의 인끈[557]을 찼으니 昔佩東都綬

554 죽령을……이르러 : 이 작품은 1785년(정조9)에 관상감 제거의 신분으로 정조의 명을 받들어 풍기로 사도세자(思悼世子) 태실 석축 공역을 감독하러 가면서 풍기(豐基) 영역에 당도하여 고을 수령들의 환대를 받으며 지은 시이다. 정지순(1723~1795)은 본관은 동래(東萊), 자는 자경(子敬), 호는 선식재(善息齋)로 형조 좌랑(刑曹佐郎), 예천 군수(醴泉郡守), 순흥 부사(順興府使) 등을 역임하였다. 정내정(1742~?)은 본관은 영일(迎日), 자는 유화(幼和)로 의금부도사(義禁府都事), 산청 현감(山淸縣監), 영천 군수(榮川郡守) 등을 역임하였다. 평성 '어(魚)'운의 오언율시이다.

555 땅은 진한(辰韓)의 구획이요 : 옛날 우리나라를 삼한(三韓)인 마한(馬韓), 진한, 변한(弁韓)으로 구분할 때 경상도는 진한에 해당되었다.

556 별은 대각(大角)의 분야로다 : 대각성은 동방의 창룡(蒼龍) 7수(宿) 가운데 두 번째 별인 항성(亢星)에 속한 별이다. 동쪽으로 경상도 지역으로 들어선 것을 가리킨 것이다.

557 동도(東都)의 인끈 : 이계가 1760년(영조36)에 경주 부윤(慶州府尹)이 되었던 것을 가리킨다.

지금 익숙한 길의 수레를 타네	今乘熟路車
벗들이 군현에 많으니	故人多郡縣
술동이 술 마시며 친근하게 지내야지	樽酒好相於

순흥 부석사를 일정에 한계가 있어 가서 보지 못하고 추후에 주인에게 시를 부치다[558]

順興浮石寺 官程有限 不得往見 追寄主人

부석사가 백 척의 돈대에 매달렸으니	浮石寺懸百尺臺
하늘 바람이 풍경 흔들어 헛 천둥소리[559] 울리네	天風拂磬殷空雷
선비화[560] 한 가지엔 꽃이 피었는지 안 피었는지	仙飛一朶花開未
지팡이 던진 선옹은 다시 오지 않는구나	擲杖禪翁不復來

558 순흥……부치다 : 이 작품은 1785년(정조9)에 관상감 제거의 신분으로 정조의 명을 받들어 풍기로 사도세자(思悼世子) 태실 석축 공역을 감독하러 가면서 순흥 부사에게 보낸 시이다. 제목의 주인은 성주(城主)와 같은 뜻으로 순흥 부사를 가리킨 것이다. 앞 시에서 이계를 마중하러 나온 순흥 부사가 순흥에 있는 부석사를 유람할 것을 권하였으나 일정상 이계가 가지 못한 듯하다. 부석사는 지금의 영주시 부석면 봉황산 중턱에 있는 고찰이다. 신라 때 의상대사(義湘大師)가 676년에 창건하였다고 전한다. 평성 '회(灰)'운의 칠언절구이다.

559 헛 천둥소리 : 원문의 '공뢰(空雷)'는 비 없이 울리는 천둥을 가리키는 말이다.

560 선비화(仙飛花) : 선비화(禪扉花)로도 표기되며, 부석사 조사당(祖師堂) 앞에 있는 골담초(骨擔草)이다. 전해지는 말에 신라 때 의상대사가 부석사를 창건하고 도를 깨친 후 인도로 떠나면서 지팡이를 꽂으며 "이 지팡이에 뿌리가 내리고 잎이 날 것이니, 이 나무가 죽지 않으면 나도 죽지 않은 것이다."라고 하였다고 한다.

풍기에 이르러 명봉사에 가서 공역을 감독하고 조양루에 시를 적어 남기다[561]

到豐基 詣鳴鳳寺董役 留題朝陽樓

신령한 새가 몇 번째 봉우리에서 울었던고 靈鳥曾鳴第幾峰
중천에 옥부용[562]이 깎아지른 듯 서 있네 中天削立玉芙蓉
산 깊어 나무 기이하니 승려와 함께 장수하고 山深奇木僧俱壽
암석이 터져 폭포 흩날리니 해와 함께 절구질하네 石坼飛泉日竝舂
삼한의 복지에 보배로운 상자를 묻으니 福地三韓藏寶匣
천 년토록 상서로운 구름 쌍봉을 보호하리 祥雲千載護雙封

같은 언덕에 문종(文宗)의 태실(胎室)[563]이 있었으므로 쌍봉이라 한 것이다.

풍비[564]에 성상의 효성이 끝없이 전해지니 豐碑聖孝傳無極

561 풍기에……남기다 : 이 작품은 1785년(정조9)에 관상감 제거의 신분으로 정조의 명을 받들어 풍기로 사도세자(思悼世子) 태실 석축 공역을 감독하러 가서 명봉사에서 공역을 감독한 후 조양루에서 지은 시이다. 조양루는 순흥도호부(順興都護府) 관아의 문루(門樓)이다. 평성 '동(冬)'운의 칠언율시이다.

562 옥부용(玉芙蓉) : 백련(白蓮)의 별칭으로 아름다운 산봉우리를 비유한다.

563 문종(文宗)의 태실(胎室) : 원래 있던 태실은 일제강점기에 발굴되어 훼손되고 현재는 명봉사 경내에 문종대왕태실비(文宗大王胎室碑)가 남아 있다. 비문(碑文)에 따르면 1735년(영조11)에 세운 것이다.

564 풍비(豐碑) : 공적 등을 기록한 거대한 비석을 가리킨다. 여기서는 사도세자의 태실비를 지칭한 것이다. 현재 명봉사 경내에 세워진 명봉사 사적비가 사도세자의 태실비를 갈아내고 쓴 것으로 알려지고 있다.

한 폭에 옮겨 그려 구중궁궐에 바치리라[565]　　一幅移摹獻九重

565 한……바치리라 : 이 당시 그린 〈장조태봉도(莊祖胎封圖)〉는 현재 한국학중앙연구원 장서각에 소장되어 있다.

예천 반학정에 쓰다[566]

題醴泉伴鶴亭

지난 무신년(1728, 영조4)에 왕고(王考)께서 이 군을 다스리셨는데, 소자는 당시 나이 5세로 왕고를 따라 이 군에 왔었다. 올해 63세의 나이로 풍기봉심사(豐基奉審使)가 되어 돌아가는 길에 지나며 들어와 보니 산천은 전혀 알아보지 못하겠고 오직 반학정의 연못과 누대만이 완연히 어릴 때 놀던 그대로였다. 정자에 올라 주위를 바라보며 시간을 보내고 서글퍼하며 이 시를 적는다

교좌의 이름난 고을 주천이라 부르니[567]	嶠左名州號酒泉
지난 무신년에 우리 조부 따라 왔었지	昔從吾祖戊申年
육십 년 세월에 유로들은 다 사라지고	六十星霜遺老盡
한 굽이 연못과 누대 아직 의구하여라	池臺一曲尙依然

566 예천 반학정에 쓰다 : 이 작품은 1785년(정조9)에 관상감 제거의 신분으로 정조의 명을 받들어 풍기로 사도세자(思悼世子) 태실 석축 공역을 감독하러 갔다가 돌아오는 길에 예천의 반학정에 들러 지은 시이다. 반학정은 예천 관아 근처에 있던 정자 이름으로 지금은 소실되고 없다. 현재의 예천초등학교 자리가 과거의 예천 관아 자리이다. 서문에서 언급한 왕고는 이계의 조부인 홍중성(洪重聖, 1668~1735)이다. 평성 '선(先)'운의 칠언절구이다.

567 교좌(嶠左)의……부르니 : 조령(鳥嶺) 이남 지역인 영남을 교남(嶠南)이라고 불렀는데, 교좌는 바로 경상좌도를 가리킨 말이다. 주천은 예천의 옛 이름이다.

조령[568]

鳥嶺

하늘이 세워둔 겹겹 관문 검 한 자루도 많으니[569]	天設重關一劍多
삼한 땅에 이리도 좋은 산하가 있다네	三韓有此好山河
지금까지도 통탄스러운 것은 신원수가	至今痛恨申元帥
부질없이 오랑캐 놈들 팔 흔들며 지나게 함이라[570]	空使蠻兒掉臂過

568 조령 : 이 작품은 1785년(정조9)에 관상감 제거의 신분으로 정조의 명을 받들어 풍기로 사도세자(思悼世子) 태실 석축 공역을 감독하러 갔다가 돌아오는 길에 조령을 넘으면서 지은 시이다. 조령은 경상북도 문경시와 충청북도 괴산군을 잇는 고개이다. 평성 '가(歌)'운의 칠언절구이다.

569 하늘이……많으니 : 조령이 험준하여 한 사람의 힘만으로도 어렵지 않게 수많은 적을 막아낼 수 있다는 표현이다.

570 지금까지도……함이라 : 신원수는 임진왜란 당시 삼도순변사(三道巡邊使)로 왜군을 막으러 영남으로 내려간 신립(申砬, 1546~1592) 장군을 가리킨다. 당시 신립은 조령을 버리고 탄금대(彈琴臺)에서 배수진을 치고 싸우다가 전군이 몰살당하였다.

충주에서 배를 타고 옥강과 월탄으로 내려가며[571]

自忠州乘舟 下玉江月灘

삼월에 가벼운 배로 옥강으로 내려가니	三月輕舟下玉江
밝은 모래 향기로운 풀에 흰 갈매기 두 마리	明沙芳草白鷗雙
돛배가 급한 여울 지날 때 바람이 언덕 때리니	帆過急灘風拍岸
무수한 꽃잎 날려 봉창에 떨어지네	飛花無數落篷窓

571 충주에서……내려가며 : 이 작품은 1785년(정조9)에 관상감 제거의 신분으로 정조의 명을 받들어 풍기로 사도세자(思悼世子) 태실 석축 공역을 감독하러 갔다가 돌아오는 길에 충주에서 배를 타고 강을 따라 내려오며 지은 시이다. 옥강과 월탄은 모두 충주의 지명으로 현재의 충주시 금가면(金加面)에 속해 있다. 평성 '강(江)'운의 칠언절구이다.

쌍령의 옛 전쟁터를 지나며[572]

過雙嶺古戰場

산새들 지저귈 제 산에 해는 어둑하고	山鳥喧喧山日昏
천 척의 절벽에는 소나무 뿌리가 거꾸로 매달렸네	懸崖千尺倒松根
마을 사람들아 앞 못에서 낚시질 말지니	村人莫釣前潭水
물고기 뱃속에 의사의 혼이 깃들어 있나니라	魚腹應藏義士魂

572 쌍령의……지나며 : 이 작품은 1785년(정조9)에 관상감 제거의 신분으로 정조의 명을 받들어 풍기로 사도세자(思悼世子) 태실 석축 공역을 감독하러 갔다가 돌아오는 길에 경기도 광주(廣州)의 쌍령을 지나면서 지은 시이다. 병자호란 때 이곳에서 경상 좌병사 허완(許完)과 경상 우병사 민영(閔泳)이 경상도에서 4만의 군사를 모집하여 남한산성을 향해 진군하다 청나라 기병 300명의 공격을 받고 대패한 일이 있다. 평성 '원(元)'운의 칠언절구이다.

남한산성 서장대에 올라[573]

登南漢西將臺

바람이 몰아치는 정상에서 천풍에 기대서니	飄搖絶頂倚天風
아침 아지랑이 자욱한 중에 햇살 붉게 뻗치네	朝靄空濛日脚紅
한번 행인에게 산 아래 바라보게 하면	試使行人山下望
이 몸이 응당 흰 구름 속에 앉았으리	此身應坐白雲中

573 남한산성 서장대에 올라 : 이 작품은 1785년(정조9)에 관상감 제거의 신분으로 정조의 명을 받들어 풍기로 사도세자(思悼世子) 태실 석축 공역을 감독하러 갔다가 돌아오는 길에 경기도 광주(廣州)에 있는 남한산성의 서장대에 올라 지은 시이다. 서장대는 수어장대(守禦將臺)라고도 지칭하며, 1624년(인조2) 남한산성을 축조할 때 지은 4개의 장대 가운데 현재까지도 유일하게 남아 있는 건물이다. 평성 '동(東)'운의 칠언절구이다.

이계집

제7권

詩 시

신해년(1791, 정조15) 여름 평안도 관찰사로 천망(薦望)되어 배수되다.
關西錄 辛亥夏 薦拜平安道觀察使

4월 26일에 금릉관에서 유숙하였는데 이날이 나의 생일이라 감회가 있어 적다[1]

四月二十六日 宿金陵館 是余晬日 有感而題

청석령 정상에서 후기[2]가 맞이하니	青石嶺頭候騎迎
금릉관 바깥에 뿔피리 소리 맑구나	金陵館外角聲淸
칠순에 또 활 거는 날[3] 만나고	七旬又值懸弧日
십 년 만에 다시 절월(節鉞) 잡는 행차하네[4]	十載重膺杖節行

1 4월……적다 : 이 작품은 이계가 68세 되던 1791년(정조15) 4월에 평안도 관찰사에 제수되어 가는 길에 황해도 금천(金川)의 객관에서 유숙하며 지은 것이다. 금릉은 금천의 이칭이다. 평성 '경(庚)'운의 칠언율시이다.

2 후기(候騎) : 본대에 앞서 정찰 임무를 맡은 기병을 가리킨다.

3 활 거는 날 : 생일을 가리킨다. 옛날에 아들이 태어나면 뽕나무 활을 문 왼쪽에 걸어서 활을 잘 쏘기를 기대했던 데에서 온 말이다. 《禮記 內則》

4 십……행차하네 : 절월을 잡는다는 것은 관찰사가 되었다는 말이다. 절월은 관찰사가 가지고 가는 부절(符節)이라는 깃발과 부월(斧鉞)이라는 도끼이다. 이계는 앞서 1777년(정조1)에 외직인 경흥부사(慶興府使)가 되어 나갔다가 1779년(정조3)에 돌아왔다.

장년 되돌아봄에 용모와 머리털 변한 것 스스로 탄식하고

撫壯自嗟容髮改

근심 나눔에 기둥과 울타리의 영광을 감히 자랑하랴[5]

分憂敢詑翰屛榮

궁궐에서 하직인사 올린 뒤로 이제 사흘 흘렀으니 拜辭玉陛今三宿

북쪽 바라봄에 임금 사모하는 마음 더욱 깊어지노라

北望彌深戀闕情

5 근심……자랑하랴 : 근심을 나눈다는 것은, 임금과 근심을 나눈다는 말로 지방관을 뜻한다. 기둥과 울타리 역시 방백(方伯), 즉 관찰사를 가리키는 말이다. 《시경》 〈소아(小雅) 상호(桑扈)〉에 "울타리가 되고 기둥이 되니, 제후들이 법으로 삼도다.〔之屛之翰, 百辟爲憲.〕"라고 하였다.

총수관[6]

蔥秀館

삼십 년 사이 서관 길에서　　卅載西關路
다섯 번 총수산을 찾아왔네[7]　　五過蔥秀山
붉은 글씨는 바위에 남아 있고　　朱書留石面
백발의 몸은 나환[8]을 마주했네　　白髮對螺鬟

암벽 면에 중국 사신 주지번(朱之蕃)[9]이 적은 '옥류천(玉溜泉)' 세 글자가

6 총수관 : 이 작품은 이계가 68세 되던 1791년(정조15) 4월에 평안도 관찰사에 제수되어 가는 길에 황해도 평산(平山)의 총수관에서 지은 것이다. 총수관은 평산에 있는 객관으로 중국 사신들이 묵는 곳이기도 했다. 평성 '산(刪)'운의 오언율시이다.

7 삼십……찾아왔네 : 여기서 삼십 년이라고 한 것은 이계가 벼슬살이를 시작한 1752년(영조28)부터 기점으로 잡아 말한 것이다. 서관은 황해도와 평안도를 아울러 가리키는 말이다. 이계가 이전에 총수산을 다녀갔을 만한 때로는 1763년(영조39)에 의주 부윤(義州府尹)으로 부임했을 때와 1770년(영조46)에 황해도 관찰사로 부임했을 때와 1782년(정조6)에 동지 겸 사은부사(冬至兼謝恩副使)로 연경에 갈 때와 1784년(정조8)에 황해도 안악 군수(安岳郡守)로 부임해 있는 동생 홍명호를 찾아왔을 때를 들 수 있다. 이 가운데 1784년에는 권6에 있는 〈총수산(蔥秀山)〉 시를 남겼다. 총수산은 황해도 평산 북쪽 30리 지점에 있는 산이다. 본래는 '총수산(聰秀山)'이었는데 명(明)나라 사신 동월(董越)이 산의 봉우리가 푸르고 깎아지른 듯하여 마치 파 빛과 같으니 '총(聰)' 자를 '총(蔥)' 자로 고치자고 제안하여 고쳤다고 한다. 《新增東國輿地勝覽 卷41 黃海道 平山都護府》

8 나환(螺鬟) : 소라 껍질과 쪽진 머리라는 말로, 산들이 둥글둥글 겹쳐 있는 모습을 비유적으로 표현하는 말이다.

9 주지번(朱之蕃) : 1546~1624. 명나라 신종(神宗) 때의 문신으로 자는 원개(元介), 호는 난우(蘭嵎)이다. 신종 만력(萬曆) 23년(1595)에 진사시에 장원 급제하고

있다.

풍광은 지난번 왔을 때와 같은데　　物色猶前度
덧없는 인생은 이곳에서 늙었구나　　浮生老此間
모래사장 갈매기 가까이 날아오려 하니　　沙鷗飛欲近
옛 얼굴을 알아본 것이로다　　應識舊時顏

벼슬이 이부 시랑(吏部侍郎)에 이르렀다. 1606년(선조39)에 양유년(梁有年)과 함께 황제의 원손(元孫) 탄생을 알리는 조서를 가지고 조선에 사신으로 왔다.

동선령[10]

洞仙嶺

흐르고 흐르는 이십 년 세월 사이[11]	滾滾光陰廿載間
웅거[12]가 또 동선관으로 나왔네	熊車又出洞仙關
감당나무는 이미 부용각에서 늙었고[13]	甘棠已老芙蓉閣
옥절은 멀리 금수산으로 임하네[14]	玉節遙臨錦繡山
양자의 풍류는 그런대로 바랄 수 있으나[15]	羊子風流聊可跂

10 동선령 : 이 작품은 이계가 68세 되던 1791년(정조15) 4월에 평안도 관찰사에 제수되어 가는 길에 황해도 동선령을 지나며 지은 시이다. 동선령은 황해도 봉산(鳳山)에 있는 고개로, 황주(黃州)와 봉산의 분기점이다. 옛날에는 이 고개에 관문을 설치해 두었기 때문에 '동선관(洞仙關)'이라고도 불렀다. 평성 '산(刪)'운의 칠언율시이다.

11 이십……사이 : 1763년(영조39)에 의주 부윤(義州府尹)으로 부임했을 때를 기점으로 한 것이다.

12 웅거(熊車) : 수레앞턱가로나무가 엎드린 곰의 형상으로 된 수레로 한(漢)나라 때 공경(公卿)과 열후(列侯)들이 타던 것이다.

13 감당나무는……늙었고 : 현재 황해도 땅을 지나면서 과거 황해도 관찰사 시절을 떠올린 것이다. 감당나무는 지방관의 선정(善政)을 가리킨다. 주(周)나라 문왕(文王) 때 남국(南國)의 백성들이 소백(召伯)의 선정(善政)을 사모하는 마음으로 그가 머물러 쉬었던 감당나무를 아끼며 "무성한 감당나무 자르지도 말고 베지도 말라. 소백께서 그늘에 쉬던 곳이니라.〔蔽芾甘棠, 勿翦勿伐, 召伯所茇.〕"라고 하였다.《詩經 召南 甘棠》 부용당은 황해도 해주(海州) 감영(監營) 객관(客館) 서쪽 연못에 있는 정자 이름이다.

14 옥절(玉節)은……임하네 : 현재 평안도 관찰사로 부임하는 자신을 말한 것이다. 옥절은 옥으로 만든 부절로 황제나 왕후의 사신이 가지고 가는 신표(信標)이다. 금수산은 평양에 있는 산 이름이다.

장공[16]의 절제는 어찌 좇을 수 있으랴　張公節制若爲攀
남풍 불어 파릇파릇한 보리 자라게 하니　南風吹長青青麥
고삐 잡고 작황 물어봄에 한가함을 모르겠네[17]　攬轡詢農未覺閑

15 양자(羊子)의……있으나 : 양자는 중국 진(晉)나라 때의 장군 양호(羊祜)이다. 양호는 지방관으로 나가 양양(襄陽)을 다스리면서 선정을 베풀어 그가 죽자 백성들이 그를 추모하는 비석을 세웠는데 비석을 보는 사람들이 모두 눈물을 흘려 타루비(墮淚碑)라고 불리운 고사로 유명한 인물이다. 여기서 풍류란 양호가 군진(軍陣)에 있을 때에도 항상 갑옷 대신 가벼운 갖옷에 허리띠를 느슨히 맨 채 한가롭게 소요했음에도 대군을 잘 통솔한 일을 가리킨다. 《晉書 卷34 羊祜列傳》

16 장공(張公) : 진(晉)나라 때 사람인 장화(張華)이다. 양호와 오(吳)나라를 멸망시킬 계책을 세웠고 오나라 멸망에 공을 세워 광무현후(光武縣侯)에 봉해졌다.

17 고삐……모르겠네 : 한 지방을 담당하는 관찰사가 되어 선정을 펼치려는 포부를 가지고 농정(農政)도 살피느라 한가함을 모른다는 말이다. 고삐를 잡는다는 것은 지방관으로 나가 선정을 펼치려는 포부를 나타내는 표현이다. 후한(後漢) 때의 범방(范滂)이 기주 자사(冀州刺史)가 되어 떠날 때, 수레에 올라 고삐를 잡고서는〔登車攬轡〕 개연히 천하를 깨끗하게 정화시킬 뜻을 품었는데, 범방이 기주에 당도하자 탐관오리들이 겁을 먹고는 인끈을 자진해서 풀어놓고 달아났다는 고사가 있다. 《後漢書 卷67 范滂列傳》

인제 현감 신문초가 천 리 먼 길을 찾아왔기에 이끌고서 강루에 오르다[18] 신문초는 신광하이다.

麟蹄倅申文初光河千里遠訪 携上江樓

버들은 파릇파릇 꾀꼬리 우지지니 楊柳青青黃鳥啼
벗님과 패강[19] 서쪽에서 서로 만났네 故人相見浿江西
강가 채색 누각은 구름 사이로 솟았고 臨流畫閣雲間聳
강기슭 따라 난 긴 숲은 돛 너머로 가지런하다 竝岸長林帆外齊
기자의 성 평평하니 짐승의 뿔 남아 있고 箕子城平餘獸角
천손의 돌 늙었으니 또 기린의 발자국이로다[20] 天孫石老又麟蹄

18 인제……오르다 : 이 작품은 이계가 68세 되던 1791년(정조15) 4월에 평안도 관찰사에 제수되어 평양에 도착하였을 때 자신을 찾아온 인제 현감 신광하와 함께 평양 대동강의 누각에서 술을 마시며 지은 시이다. 경련(頸聯)의 '천손의 돌'이라는 표현을 볼 때 강루는 부벽루(浮碧樓)인 듯하다. 신광하(1729~1796)는 본관은 고령(高靈), 자는 문초(文初), 호는 진택(震澤)으로 석북(石北) 신광수(申光洙)의 동생이다. 형조좌랑, 인제 현감, 공조 참의, 좌승지 등을 역임하였다. 시문과 유람을 좋아하여 수많은 기행시(紀行詩)와 기행문을 남겼으며 목만갑(睦萬甲)·이헌경(李獻慶)·정범조(丁範祖) 등과 함께 당대 사문장(四文章)으로 꼽혔다. 저서에 《진택문집(震澤文集)》이 있다. 평성 '제(齊)'운의 칠언율시이다.

19 패강(浿江) : 평양 대동강(大同江)의 옛 이름이다.

20 기자(箕子)의……발자국이로다 : 짐승의 뿔과 기린의 발자국을 말한 것은 신광하가 인제 현감이기 때문에 인제라는 단어에 맞추어 말한 것이다. 짐승의 뿔은 성곽을 비유하는 말로 옛 기자의 유적들이 다 허물어져 땅과 같이 평평해졌으나 기자의 성곽 유적이 아직 남아 있다는 뜻이다. 《여씨춘추(呂氏春秋)》〈행론(行論)〉에 "짐승의 뿔에 비유하면 성이 될 수 있고 꼬리를 들면 깃발이 될 수 있다.〔比獸之角, 能以爲城, 擧其

화려한 주연 술 거나해지고 생황 노래 울리니　　綺筵酒半笙歌動
백발의 몸으로 소리 높여 읊조림에 흥취 낮지 않아라
白髮高吟興不低

尾, 能以爲旌.〕"라고 하였는데, 후세에 성곽을 지칭하게 되었다. 천손의 돌은 평양 대동강 부벽루(浮碧樓) 앞에 있는 조천석(朝天石)으로 고구려 동명성왕(東明聖王)이 이곳에서 기린마(麒麟馬)를 타고 하늘에 올라가 천제(天帝)에게 조회했다고 한다. '또'라는 말을 사용한 것은 신광하가 다스리는 인제도 그 뜻이 기린의 발자국이고 조천석에 남은 흔적도 기린의 발자국이라는 말이다.

인제 현감이 상원 관아에 머물면서 시를 부쳐왔기에 급히 차운하다[21]

麟蹄倅住祥原衙中寄詩走次

기린 탄 신선이 그윽한 거처 싫증나 騎麟仙子厭幽棲
필마 타고 기성[22]에 이계를 찾아왔네 疋馬箕城訪耳溪
꽃 버들 피는 삼춘에 거리의 원근도 잊고 花柳三春忘遠近
산과 강 넘어 천 리 길을 동쪽 끝에서 서쪽 끝으로 왔구나 關河千里盡東西
누각에 올라 둘러보니 시상이 샘솟는 듯하고 登樓縱目詩如湧
술잔 잡고 수염 치켜드니 기운 낮지 않아라 把酒掀髥氣不低
강가에서 이틀 묵고서 송별하니 信宿江頭仍送別
돌아가는 구름 까마득하고 풀은 무성하여라 歸雲渺渺草萋萋

21 인제……차운하다 : 이 작품은 이계가 68세 되던 1791년(정조15) 4월에 평안도 관찰사에 제수되어 평양에 있는 중에, 자신을 찾아왔다가 돌아가는 강원도 인제 현감(麟蹄縣監) 신광하(申光河)를 보내면서 지은 시이다. 상원은 평양 대동강 남쪽에 있는 고을 이름으로 오늘날 평안남도 중화군(中和郡)에 속해 있다. 평성 '제(齊)'운의 칠언율시이다.

22 기성(箕城) : 기자(箕子)의 성이라는 뜻으로 평양의 이칭(異稱)이다.

큰 비가 막 걷히고 연광정에 올라 불어난 물을 관상하다[23]

大雨初收 登練光亭觀漲

기성의 동쪽에 여러 물줄기 합쳐지니 箕城東面衆流同
성 위 높은 누각에 푸른 허공 출렁인다[24] 城上高樓漾碧空
흰 물의 빛깔은 천지 바깥으로 뒤쳐 날고 白水光翻天地外
푸른 산 그림자는 그림 속으로 들어온다 青山影入畫圖中
물고기 비늘처럼 늘어선 일만 집은 생황 노래 소리 멀리 들리고
魚鱗萬戶笙歌逈
익조의 머리를 단 일천 배[25]는 육지와 바다를 통하네
鷁首千檣陸海通
자사는 막 비 걷힌 뒤 한가로이 다니니 刺史閑行新雨後
뽕밭 삼밭 곳곳마다 풍년을 즐기네 桑麻處處樂年豐

23 큰……관상하다 : 이 작품은 이계가 68세 되던 1791년(정조15) 4월에 평안도 관찰사에 제수되어 평양에 있으면서 큰 비가 걷힌 뒤 불어난 강물을 바라보며 지은 시이다. 평성 '동(東)'운의 칠언율시이다.

24 푸른 허공 출렁인다 : 성곽에서 바라본 불어난 물에 푸른 하늘이 비쳐 일렁인다는 말이다.

25 익조(鷁鳥)의……배 : 익조는 백로와 비슷한 모양의 큰 새로 풍랑을 잘 견딘다 하여 뱃머리에 이 새의 형상을 새겨 걸어놓았다고 한다. 《淮南子 本經訓》

장락궁 옛터의 만수대에 올라[26]

登長樂宮舊墟萬壽臺

노목 우거진 층층 돈대 옛 성을 누르고 있으니　老木層臺壓古城
단군 기자 떠난 후에 다시 동명왕[27] 있었네　檀箕去後又東明
천 년 고국 흥망하는 사이 의관 여러 차례 바뀌었고　衣冠屢改千年國
일만 호 거느린 감영에 창들이 늘어선 문 지금 열렸네　棨戟今開萬戶營
장락궁 앞에는 풀빛이 남아 있고　長樂宮前餘草色
조천석[28] 위에는 파도 소리 들린다　朝天石上有波聲
뜬구름 같은 지난 일 찾을 곳 없나니　浮雲往事無尋處
비낀 해에 만수대 오름에 감개무량하여라　斜日登臨感慨生

26 장락궁……올라 : 이 작품은 이계가 68세 되던 1791년(정조15) 4월에 평안도 관찰사에 제수되어 평양에 있으면서 대동강 가의 만수대에 올라 지은 시이다. 장락궁은 평양성 안에 있던 옛 고려의 궁궐이다. 고려 때 숙종(肅宗)과 예종(睿宗)이 서경(西京)에 행차할 때마다 이 궁에서 신하들과 잔치를 벌였다.《新增東國輿地勝覽 卷51 平安道 平壤府》 만수대는 장락궁이 있던 곳으로 대동강 서쪽의 구릉 지대이며 현재는 김일성과 김정일의 동상 및 다수의 기념 시설이 들어서 있다. 평성 '경(庚)'운의 칠언율시이다.

27 동명왕(東明王) : 고구려의 시조인 주몽(朱蒙)을 가리킨다.

28 조천석(朝天石) : 275쪽 주20 참조.

7월 기망 패강에 배를 띄워 부벽루로 거슬러 올라가다[29]

七月旣望 泛舟浿江 溯上浮碧樓

대동강에 신선의 배 띄우니	大同江上泛仙舟
가랑비 막 개이고 저녁 아지랑이 걷힌다	微雨新晴夕靄收

29 7월……올라가다 : 이 작품은 이계가 68세 되던 1791년(정조15) 4월에 평안도 관찰사에 제수되어 평양에 있으면서 대동강에 배를 띄우고 부벽루로 향하면서 지은 시이다. 기망은 보름 다음 날인 16일을 가리키는 말이다. 부벽루는 평양 중구역 금수산 동쪽 청류벽(淸流壁)에 있는 누각으로, 원래 이름은 영명루(永明樓)이며, 고구려 광개토대왕 3년(392)에 세운 영명사의 부속건물이었다. 고려 예종(睿宗) 때 거울같이 맑고 푸른 물이 감돌아 흐르는 청류벽 위에 둥실 떠 있는 듯한 누정이라는 뜻에서 부벽루로 개명하였다. 임진왜란 당시 불탔던 것을 광해군 때 중건하였으며 진주의 촉석루, 밀양의 영남루와 함께 조선의 3대 누각으로 불렸다. 이계의 손자인 홍경모(洪敬謨,

그림 8 구한말 부벽루 풍경

한 해 중 밝은 달은 중원[30] 지난 뒤에 뜨고　　一年明月中元後
한밤중 맑은 바람은 대화 흐를 때 불도다[31]　　半夜淸風大火流
기린굴은 적벽의 승경보다 훨씬 낫고　　麟窟爭如赤壁勝
옥퉁소는 자첨의 놀이를 지금 이었네[32]　　玉簫今繼子瞻遊

1774~1851)의 《관암전서(冠巖全書)》 26책 〈패강선유첩(浿江仙遊帖)〉에 당시의 정경을 다음과 같이 기술하였다. "이에 가을 7월 기망에 소자첨의 적벽의 놀이를 모방하여 패강에 배를 띄우고 청류벽 아래로 거슬러 올라가서 근체 칠언율시 한 수를 읊으니 …… 좌중의 사람들이 모두 화답하여 시를 지었다. 옆에서 모시는 기녀에게 적벽부를 노래하여 흥을 돋우게 하고 이어서 부벽루 아래에서 노를 멈추었으니 참으로 멋진 풍류였다.〔迺於秋七月旣望, 倣蘇子瞻赤壁之遊, 泛舟于浿江, 遡洄於淸流壁之下, 賦近體詩七言律一首曰 …… 在座者皆賡之. 使侍妓歌赤壁賦以侑歡, 仍輟棹于浮碧樓下, 誠勝遊也.〕" 평성 '우(尤)'운의 칠언율시이다.

30 중원(中元) : 7월 15일 백중(百中)을 가리킨다. 1월 15일을 상원(上元), 10월 15일을 하원(下元)이라고 하며 7월 15일의 중원과 함께 삼원(三元)이라 하여 명절로 쳤다.

31 한밤중……불도다 : 시간적으로 7월임을 말한 것이다. 대화는 대화심성(大火心星)으로 동방의 창룡(蒼龍) 7수(宿) 중 하나이다. 《시경》 〈빈풍(豳風) 칠월(七月)〉에 "7월이라 대화심성이 서쪽으로 흘러 내려가거든 9월에 옷을 지어 주느니라.〔七月流火, 九月授衣.〕"라고 하였다.

32 기린굴은……이었네 : 이 시를 지은 시점이 7월 기망이므로 마찬가지로 7월 기망을 시간적 배경으로 하는 소식(蘇軾)의 〈전적벽부(前赤壁賦)〉와 비교한 것이다. 적벽은 중국 호북(湖北) 강한(江漢)의 양자강 언덕에 있는 절벽으로 삼국시대 조조(曹操)가 손권(孫權)과 유비(劉備) 연합군과 싸워 대패한 곳이다. 소식의 〈전적벽부〉는 "임술년 가을 7월 기망〔壬戌之秋七月旣望〕"이라는 구절로 시작한다. 기린굴은 《신증동국여지승람(新增東國輿地勝覽)》 권51 〈평안도(平安道) 평양부(平壤府)〉에 따르면, 평양 대동강 가의 부벽루 아래에 있는 굴로 고구려 동명왕(東明王)이 이곳에서 기린마(麒麟馬)를 길렀으며, 전하는 말에 따르면 동명왕이 기린마를 타고 이 굴로 들어가 땅속에서 조천석(朝天石)으로 나와 하늘로 올라갔다고 한다. 자첨은 소식의 자(字)이며, 〈전적

노로 공명을 치자 은하수 일렁이니[33] 空明擊汰星河動
가없는 깊은 강물에 만상이 떠 있어라 積水無邊萬象浮

벽부〉에 "퉁소를 부는 객이 노래에 장단 맞추어 화답하니, 그 소리가 구슬퍼서 원망하는 듯 사모하는 듯 흐느껴 우는 듯 하소연하는 듯하고 그 여운이 가냘프게 실낱처럼 이어져 끊어지지 않으니, 깊은 골짝에 숨은 교룡을 춤추게 하고, 외로운 배의 홀어미를 울릴 듯했다.〔客有吹洞簫者, 倚歌而和之, 其聲嗚嗚然, 如怨如慕, 如泣如訴, 餘音嫋嫋, 不絶如縷, 舞幽壑之潛蛟, 泣孤舟之嫠婦.〕"라고 하였다.

33 노로……일렁이니 : 공명은 허공의 밝은 달빛이 비치는 강물을 가리키는 단어이다. 달빛과 온갖 별빛이 비치는 은하수 같은 강물을 노 저어가는 광경을 묘사한 것이다. 소식의 〈전적벽부〉에 "계수나무 노와 목란 상앗대로 공명을 치며 물결을 거슬러 오른다.〔桂棹兮蘭槳, 擊空明兮泝流光.〕"라고 하였다.

남쪽 순행길에 오르며[34]

發南巡

동명관[35]에서 정절(旌節) 들고　　抗節東明館

34 남쪽 순행길에 오르며 : 이 작품은 이계가 68세 되던 1791년(정조15) 4월에 평안도 관찰사에 제수되어 가서 평안도 남쪽 지방 순시를 떠나며 성천(成川)에서 지은 시이다. 이계의 손자인 홍경모(洪敬謨)의 《관암전서(冠巖全書)》 16책 〈선루배유기(仙樓陪遊記)〉에 "임자년(1792, 정조16) 늦봄 13일에 조부께서 관찰사로 소속 고을의 봄농사 현황을 살피는 순행을 성천도호부(成川都護府)에서 출발하였는데 소자가 따르게 되었다. 저녁 무렵 강동현에서 머물렀다.〔壬子暮春之旬有三日, 王父以巡節省春屬部, 遵路于成都, 小子從焉. 夕次江東縣.〕"라고 한 기록에 근거할 때, 이 시는 1792년 3월 13일 무렵에 지은 시이다. 평성 '선(先)'운의 칠언율시이다.

그림 9 성천 동명관 전경(국립중앙박물관 소장 조선총독부박물관 유리건판 - 건판 007843)

앞장서서 패수 가로 말 몰아가네　　前驅浿水邊
어룡은 화각[36] 소리에 놀라고　　魚龍驚畫角
갈매기 해오라기는 누선을 피한다　　鷗鷺避樓船
가벼운 갖옷 곁으로 강은 드넓고　　江闊輕裘外
고삐 잡은 앞으로 바람이 이누나[37]　　風生攬轡前
천 리 길 멀다고 감히 말하랴　　敢言千里遠
서쪽을 돌아보니 번선이 무겁구나[38]　　西顧重藩宣

35 동명관(東明館) : 평양 동쪽의 성천부(成川府)의 객관 본채이다. 한국전쟁 당시 불타서 소실되었으나 웅장하고 화려한 건물 양식이 조선 후기 객사 건물의 대표격이었으며 사신의 영접과 의식을 지낼 때 사용되기도 하였다.

36 화각(畫角) : 관악기의 하나로, 죽통과 비슷하며 대나무나 가죽 등으로 만들었다. 겉에 채색 그림이 있었으므로 화각이라 하였다. 군대에서 저녁과 새벽을 알릴 때와 사기를 진작시킬 때 그리고 순행 등에 사용하였다.

37 가벼운……이누나 : 가벼운 갖옷과 고삐를 잡는다는 표현은 모두 한 방면을 책임진 지방관과 관련된 용어이다. 가벼운 갖옷과 관련해서는 274쪽 주15 참조. 고삐를 잡는 것과 관련해서는 274쪽 주17 참조.

38 서쪽을……무겁구나 : 번선은 한 방면을 맡아서 임금의 교화를 선포하는 관찰사의 직임을 가리킨다. 평양의 동쪽인 성천에서 서쪽으로 감영이 있는 평양을 돌아보며 관찰사의 무거운 책무를 떠올린 것이다.

동명왕묘[39]

東明王墓

동명왕의 묘라 하는 것이 있으니　　　　蓋[40]有東明墓

39 동명왕묘 : 이 작품은 이계가 68세 되던 1791년(정조15) 4월에 평안도 관찰사가 되어 평안도 남쪽 지역을 순시하던 중에 평안도 중화군(中和郡)에 있던 동명왕묘를 둘러보고 지은 시이다. 이계의 손자인 홍경모(洪敬謨)의 《관암전서(冠巖全書)》 16책 〈선루배유기(仙樓陪遊記)〉의 기록에 근거할 때, 이 시는 1792년 봄에 지은 시이다. 동명왕묘는 고구려의 시조인 동명성왕(東明聖王) 주몽(朱蒙)의 능묘이다. 당시에는 평안도 중화군 용산(龍山)에 있었으며 오늘날의 위치로는 평양시 역포구역 무진리 왕릉동이다. 평성 '양(陽)'운의 오언율시이다.

그림 10 동명왕릉(국립중앙박물관 소장 조선총독부박물관 유리건판-건판 014079)

불룩하게 솟아 부당[41] 같아라　穹然若斧堂
옥어는 지금 적막하고[42]　玉魚今寂寞
기린마는 끝내 황당한 일이라[43]　麟馬竟荒唐
천 년 세월 지탱한 나라 세운 사업이요　事業千年國
전대 왕조의 임금 정령이시라　精靈異代王
유민들이 옛 덕을 사모하여　遺民懷舊德
사시의 절기마다 분향 올리는도다　時節每焚香

40 蓋 : 여기에서 '蓋'는 확신이 아닌 추정의 의미이다. 동명왕의 묘라고 전해지는 봉분이 있으나 수천 년 전의 유적이라 추정의 표현으로 쓴 것이다.

41 부당(斧堂) : 위로 좁게 쌓아올린 봉분(封墳)을 가리키는 말이다. 《예기》〈단궁(檀弓)〉에 "봉분을 도끼날처럼 위가 좁게 쌓아 올린 것이 있으니, 나는 도끼날처럼 하는 것을 따르겠다.〔見若斧者矣, 從若斧者焉.〕"라고 한 데서 온 말이다.

42 옥어(玉魚)는 지금 적막하고 : 동명왕의 자취가 세대가 멀어 적막하여 알 수 없다는 말이다. 옥어는 물고기 모양의 옥 노리개로 부장품(副葬品)을 가리킨다. 당나라 고종(高宗) 때 대명궁(大明宮)에 밤마다 수많은 기병이 나타나자 황제가 술자(術者)를 시켜 혼에게 물었는데, 혼이 자신은 한(漢)나라 오초칠국(吳楚七國)의 반란 때 주벌당한 초왕(楚王) 무(戊)의 태자로 초왕이 죽을 때 연좌되지 않고 장안(長安)의 궁중에서 길러졌다가 장안에서 사망하였는데 황제가 자신을 묻어줄 때 옥어 한 쌍을 부장품으로 같이 묻어 주었으니 지금 궁궐 모퉁이를 파보면 옥어가 있을 것이라고 하였다. 이에 궁궐 모퉁이를 파서 옥어를 얻었다고 한다.《西京雜記》 그리고 동명왕이 기린마를 타고 하늘로 승천하여 돌아오지 않자 그 태자가 시신 대신 옥채찍을 묻어 장사 지냈다고 한다.《新增東國輿地勝覽 卷52 平安道 中和郡》

43 기린마는……일이라 : 281쪽 주32 참조.

삼등현에 들어와 작은 배를 타고 앵무주로 거슬러 올라가며 감회가 일어 적다[44]

入三登縣 乘小艇 溯上鸚鵡洲 有感而題

네 번째로 주몽의 나라에 들어와[45] 四入朱蒙國

44 삼등현에……적다 : 이 작품은 이계가 68세 되던 1791년(정조15) 4월에 평안도 관찰사가 되어 평안도 남쪽 지역을 순시하던 중에 평안도 삼등현의 승경(勝景)을 읊은 시이다. 이계의 손자인 홍경모(洪敬謨)의《관암전서(冠巖全書)》16책〈선루배유기(仙樓陪遊記)〉의 기록에 근거할 때, 이 시는 1792년 봄에 지은 시이다. 평안도 강동(江東)의 문성강(文城江)이 서쪽으로 흘러 능성강(能成江)이 되어 평안도 삼등현에서 황해도 수안군과의 경계를 지나는데 능성강 기슭에 황학루가 있고 그 밑으로 앵무주가 펼쳐져 관서의 승경으로 꼽혔다. 평성 '우(尤)'운의 칠언율시이다.

그림 11 규장각 소장 광여도(廣輿圖, 古 4790-58)의 황학루와 앵무주 부분

다시 황학루에 오르노라[46] 再登黃鶴樓

강산은 옛적과 같고 江山如昨日
구름과 달은 또 맑은 가을날 정취로다 雲月又淸秋
해오라기 있는 물가엔 새로 불어난 물 더해지고 鷺渚添新漲
고깃배는 저물녘 모래섬에 숨었네 漁舟隱晩洲
큰 글씨가 벽면에 남아 있으니 大書留壁面
소싯적 노닐던 일 회상하노라 回憶少年遊

45 네……들어와 : 주몽은 고구려의 시조인 동명왕(東明王)으로, 주몽의 나라는 곧 옛 고구려 지역인 평안도 지역을 가리킨다. 이계는 1758년(영조34)에 평안도 강동 현감(江東縣監), 1763년(영조39)에 평안도 의주 부윤(義州府尹)을 역임하였고 1782년(정조6)에 동지 겸 사은부사(冬至兼謝恩副使)가 되어 연경(燕京)으로 가면서 평안도를 지난 것을 포함하여 이번에 평안도 관찰사로 오게 된 것까지 모두 네 차례 평안도에 오게 된 것이다.

46 다시 황학루(黃鶴樓)에 오르노라 : 본권의 〈황학루에 시를 적어 남기다〔留題黃鶴樓〕〉에 "지난 무인년(1758, 영조34)에 내가 강동의 수령으로 삼등 수령까지 겸임하면서 황학루에서 노닐었다.〔往歲戊寅, 余以江東宰, 兼任三登, 遊黃鶴樓.〕"라고 하였다. 황학루는 삼등현 능성강(能成江)가 앵무주 부근에 있던 누대 이름으로 관서(關西) 지방의 명승으로 손꼽히던 곳이다.

강동현에서 묵으며[47]

宿江東縣

강동은 내가 예전에 부임했던 곳이다. 기묘년(1759, 영조35) 봄에 긴 제방을 쌓고 버들을 심어 수해를 방비하고 비석을 세워 기념하고 제방을 만류제(萬柳堤)라 이름하였다. 몇 년 지나지 않아 만 그루 버들이 숲을 이루어 수해가 마침내 사라지고 읍촌(邑村)이 번성하였다. 지금 이미 30여 년이 흘렀는데 울창하여 볼 만하다.

화려하게 펄럭이는 관찰사 깃발 길 가득 빛나니　　旌纛葳蕤滿路光
허리 아래 찬 옥린은 동장에서 바뀐 것이로다[48]　　玉麟腰下換銅章

47 강동현에서 묵으며 : 이 작품은 이계가 68세 되던 1791년(정조15) 4월에 평안도 관찰사로 제수되어 평양에 가서 평안도 남쪽 지역을 순시하던 중에 강동현에 들러 지은 시이다. 이계의 손자인 홍경모(洪敬謨)의 《관암전서(冠巖全書)》 16책 〈선루배유기(仙樓陪遊記)〉의 기록에 근거할 때, 이 시는 1792년 3월 13일에 지은 시이다. 이계는 앞서 1758년(영조34)에 평안도 강동 현감에 제수된 적이 있다. 만류제와 관련해서는 본집 권25에 〈강동만류제비(江東萬柳堤碑)〉가 있으며, 서울대학교 규장각에 강동 만류제비 탁본첩(奎10084)이 소장되어 있다. 〈강동만류제비〉에 따르면 이계가 비석을 세운 후 33년이 지나 평안도 관찰사로 다시 찾았을 때 명문(銘文)을 지어 비석을 다시 고쳐 세웠다고 하였으며, 규장각 소장 탁본첩은 이때 다시 세운 비석의 탁본이다. 평성 '양(陽)'운의 칠언율시이다.

48 허리……것이로다 : 이계가 임금의 총애를 입어 관찰사가 되어 과거에 다스리던 고을로 왔다는 뜻이다. 옥린은 옥에 기린 형상을 새긴 부절(符節)인 옥린부(玉麟符)를 가리키며, 동장은 구리로 만든 관인(官印)으로 군현(郡縣)의 수령이 사용하던 것이다. 수(隋)나라 양제(煬帝)가 신하인 번자개(樊子蓋)의 공로를 가상히 여겨 구리에 호랑이

요성에 거듭 온 학이 다시 있고[49] 遼城復有重來鶴
현관에 전에 왔던 사람을 다투어 보네[50] 玄觀爭看前度郎
아무 물가 낚시하며 노닐던 곳[51] 모두 가리킬 수 있고 某水釣遊皆指點
당시 휘하 태반은 세상 떠났네 當時部曲半凋亡
오직 파릇파릇한 만 그루 버들만 남아 있으니 惟餘萬柳青青色
손수 심은 나무 지금 키 큰 아름드리 나무 되었네 手植今成拱抱長

형상을 새긴 부절인 동수부(銅獸符) 대신에 특별히 옥린부를 만들어 주어 각별한 총애를 표시한 고사가 있다. 《隋書 卷63 樊子蓋列傳》

49 요성(遼城)에……있고 : 강동에 다시 찾아온 자신을 요동학에 빗대어 말한 것이다. 요성은 요동성(遼東城)을 가리킨다. 요동 사람이었던 정영위(丁令威)가 영허산(靈虛山)에서 신선술을 배운 후에 학이 되어 돌아와 성문의 화표주(華表柱)에 머물렀는데, 그때 한 소년이 활을 들고 쏘려하자 학이 공중을 배회하며 말하기를, '새여! 새여! 정영위가 집을 떠나 천 년 만에 돌아왔는데, 성곽은 그대로건만 사람들은 다르네. 어찌 신선을 배우지 않고 무덤만 즐비할고?'라고 하더니 마침내 높이 하늘로 사라졌다고 한다. 《搜神後記》

50 현관(玄觀)에……보네 : 강동에 다시 찾아온 이계를 사람들이 다투어 찾아와 본다는 뜻이다. 현관은 당나라 장안(長安)에 있던 도관으로, 당나라 때 시인인 유우석(劉禹錫)이 둔전원외랑(屯田員外郎)을 지내다가 낭주사마(郎州司馬)로 좌천된 뒤 10년 만에 다시 조정으로 불려 들어올 때, 장안에 있는 현도관에서 복사꽃이 만발한 것을 보고 지난 일을 회상하며, "현도관 안 천 그루 복숭아나무, 모두 유랑이 떠난 후 심은 것이네.〔玄都觀裏桃千樹, 盡是劉郎去後栽.〕"라고 하였다. 《舊唐書 卷160 劉禹錫傳》

51 아무……곳 : 이 표현은 한유(韓愈)의 〈소윤 양거원을 전송하며 쓴 서문〔送楊巨源少尹序〕〉에 "지금 그대가 고향에 돌아가서는 나무를 가리켜 말하기를 '아무 나무는 우리 선인께서 심은 것이요, 아무 물, 아무 언덕은 내가 어렸을 때에 낚시질하며 놀던 곳이다.'라고 할 것이다.〔今之歸, 指其樹曰某樹吾先人之所種也, 某水某丘, 吾童子時所釣遊也.〕"라고 한 데서 가져온 것이다. 《昌黎文集 卷21》

강선루[52]

降仙樓

52 강선루 : 이 작품은 이계가 68세 되던 1791년(정조15) 4월에 평안도 관찰사로 제수되어 평양에 가서 평안도 남쪽 지역을 순시하던 중에 성천도호부(成川都護府)에 들러 지은 시이다. 이계의 손자인 홍경모(洪敬謨)의 《관암전서(冠巖全書)》 16책 〈선루배유기(仙樓陪遊記)〉에 "임자년(1792, 정조16) 늦봄 13일에 조부께서 관찰사로 소속 고을의 봄농사 현황을 살피는 순행을 성천도호부에서 출발하였는데 소자가 따르게 되었다. 저녁 무렵 강동현에서 머물렀다. …… 다음 날 성천도호부에 들어가니, 부사가 무비(武備)를 갖추고서 방선문 밖 군진에서 맞이하여 앞장서서 인도하면서 군례로 알현하였다. 유선관에 숙소를 정하고 밤에 강선루에 올랐다. …… 소자에게 시를 받아쓰

그림 12 성천 강선루 전경(국립중앙박물관 소장 조선총독부박물관 유리건판-건판017978)

조화주가 기이한 솜씨를 해동에 유독 부렸으니　左海偏鍾造化奇
천손의 기린마[53]를 예로부터 사모하도다　天孫麟馬昔來思
누대는 곧장 강산과 더불어 조우하고　樓臺直與江山遇
아침저녁으로 다시 자태 바꾸는 모양 보기 좋아라　朝暮翻看變態宜
옥이 선 듯한 정신은 서리가 내린 뒤요[54]　玉立精神霜落後
바람 불어오는 소식은 달이 밝을 때라[55]　風來消息月明時
다시 열두 난간[56] 머리에서 바라보니　更從十二欄頭望
곳곳마다 깃털 수레와 무지갯빛 치마[57] 있는 듯해라　羽蓋霓裳處處疑

게 하며 읊으시기를 …… 〔壬子暮春之旬有三日, 王父以巡節省春屬部, 遵路于成都, 小子從焉. 夕次江東縣. …… 翌日入成都, 府伯具櫜鞬迎于訪仙門外陣, 而前導以軍禮見. 舍于留仙之觀, 夜登降仙樓. …… 命小子書之曰 ……〕"이라고 한 기록에 근거할 때, 이 시는 3월 14일 밤에 지은 것이다. 강선루는 평안도 성천 객사의 부속 누각으로, 고려 충혜왕(忠惠王) 때 성천 부사 오장송(吳長松)이 건립했다고 전해진다. 성천객사의 본채인 동명관(東明館) 북쪽에 있으면서 아래로 대동강의 제1지류인 비류강이 흐르고 강 건너에는 흘골산 12봉의 절경이 펼쳐져 있어 예로부터 관서팔경의 하나로 꼽혔다. 평성 '지(支)'운의 칠언율시이다.

53 천손의 기린마 : 275쪽 주20 참조.

54 옥이……뒤요 : 서리가 내린 뒤 나뭇잎들이 다 지고 암석만 남아 정결한 옥같이 서 있는 산의 기상을 형용한 것이다.

55 바람……때라 : 원문에서는 강을 언급하지 않았으나 강선루 앞으로 펼쳐진 강에 바람이 불고 달이 비치는 장면을 말한 것으로 보아야 한다. 소옹(邵雍)의 〈청야음(淸夜吟)〉에 "달이 하늘 한가운데 이르고, 바람이 물 위에 불어오는 때로다.〔月到天心處, 風來水面時.〕"라고 하였다.

56 열두 난간 : 강선루 옆으로 이어진 열두 난간 동명관(東明館) 유선관(留仙觀)의 십이루(十二樓)를 가리킨다.

그림 13 성천 동명관 십이루 내부(국립중앙박물관 소장 조선총독부박물관 유리건판-건판 007848)

57 깃털……치마 : 깃털 수레는 새 깃으로 수레 덮개를 장식한 신선의 수레를 가리키고, 무지갯빛 치마는 선녀가 입는 옷을 가리킨다.

비류강에 배를 띄우고 십이봉 아래로 거슬러 올라가다[58]
泛舟沸流江 溯洄十二峰下

조각배 두둥실 옥퉁소 비껴 부니 　輕舟搖曳玉簫橫
가랑비 막 그쳐 강물 맑아라 　微雨初收水色淸
서로 이어진 산세는 가늘어 끊어질 듯하고 　峰勢相聯纖欲斷
끓는 듯한 강물[59]은 고요하여 소리 없네 　江流如沸靜無聲
주렴과 난간은 신선이 머무는 누각[60]에 은은히 비치고 　簾櫳隱映留仙閣

58 비류강에……올라가다 : 이 작품은 이계가 68세 되던 1791년(정조15) 4월에 평안도 관찰사로 제수되어 평양에 가서 이듬해인 1792년 3월에 시작한 평안도 남쪽 지역 순시 도중에 성천도호부(成川都護府)에 들러 비류강을 타고 흘골산(紇骨山) 십이봉으로 가서 지은 시이다. 이계의 손자인 홍경모(洪敬謨)의 《관암전서(冠巖全書)》 16책 〈선루배유기(仙樓陪遊記)〉에 이때의 정황을 기술하면서 "십이봉 아래로 강물을 거슬러 올라가 천주봉의 층벽에 자취를 새기고 운자를 불러 시를 지으시기를……〔泝洄於十二峯下, 銘迹于天柱峯之層壁, 命韻曰……〕"이라고 하였다. 비류강은 평양 대동강(大同江)의 지류로 평안남도 맹산군(孟山郡) 영봉(靈峰)과 양덕군(陽德郡) 오강산(吳江山)에서 발원하여 평안남도 동부의 중앙을 서류하면서 성천을 가로질러 대동강으로 흘러드는 강이다. 흘골산의 십이봉은 벽옥봉(碧玉峰)·금로봉(金爐峰)·천주봉(天柱峰)·몽선봉(夢仙峰)·고당봉(高唐峰)·양대봉(陽臺峰)·신녀봉(神女峰)·조운봉(朝雲峰)·모우봉(暮雨峰)·생학봉(笙鶴峰)·자지봉(紫芝峰)·화주봉(火柱峰)이다. 평성 '경(庚)'운의 칠언율시이다.

59 끓는 듯한 강물 : 넘실대며 흘러가는 강의 이름이 '비류(沸流)'이므로 이름의 '비(沸)'에 착안하여 이렇게 말한 것이다.

60 신선이 머무는 누각 : 비류강 가에 위치한 성천의 객사인 동명관(東明館)의 부속 건물로 12개의 난간이 있는 유선관(留仙觀)을 가리킨 것이다. 292쪽 주56 참조.

구름과 나무는 흘골성[61]에 자욱하고 무성하다　　雲樹蔥蘢紇骨城
삼십 년 전 유람 모조리 꿈만 같으니　　卅載前遊渾似夢
암벽 사이 멀리 옛적 제명했던 것 가리키네　　壁間遙指舊題名

61 흘골성(紇骨城) : 평안도 성천의 흘골산에 있는 고구려 시대의 산성(山城)이다. 현재는 북한 국가지정문화재보존급 제83호로 지정되어 있다.

그림 14 성천 강가에서 바라본 흘골산성
(국립중앙박물관 소장 조선총독부박물관 유리건판-건판 004201)

모우대[62] 강선루 앞에 있다

暮雨臺 在降仙樓前

아리따운 여인 노래 허공을 걷는 사곡[63] 부르고 나니 佳人唱罷步虛詞
신녀봉[64] 꼭대기에 해 떨어지는 때로다 神女峰頭日落時
한바탕 맑은 바람에 강 안개 걷히니 一陣淸風江霧捲
푸른 하늘은 강물 같고 비는 실과 같아라 碧天如水雨如絲

62 모우대 : 이 작품은 이계가 68세 되던 1791년(정조15) 4월에 평안도 관찰사로 제수되어 평양에 가서 이듬해인 1792년 3월에 시작한 평안도 남쪽 지역 순시 도중에 성천도호부(成川都護府)에 들러 성천의 객사인 동명관(東明館)의 부속 건물인 모우대에서 지은 것이다. 이계의 손자인 홍경모(洪敬謨)의 《관암전서(冠巖全書)》 16책 〈선루배유기(仙樓陪遊記)〉에, "해가 이미 기울어 저녁이 되려 하였다. …… 잠시 후 다시 강선루(降仙樓)로 돌아와 자리하고 시기(侍妓)에게 〈보허사〉를 부르게 했다.〔日已向夕. …… 少焉還次于仙樓, 命侍娥唱步虛之詞.〕"라고 하여 이 시의 첫 구절과 부합된다. 따라서 이 시는 앞 시에 이어 이계가 흘골산 십이봉의 승경을 구경하고 해가 진 뒤 다시 성천 객사로 돌아와 지은 것이다. 평성 '지(支)'운의 칠언절구이다.

63 허공을 걷는 사곡(詞曲) : 세속을 벗어나 자유분방한 신선의 모습을 주제로 한 사곡을 가리킨다. 당(唐)나라 때 고변(高騈)의 〈보허사(步虛詞)〉가 가장 유명하다.

64 신녀봉(神女峯) : 성천의 흘골산(紇骨山) 십이봉의 하나이다.

은산에서 묵으며[65]

宿殷山

이상할사 동한의 땅　　怪底東韓地
은주가 이곳에 있다니　　殷州在此間
물은 기자의 나라에 조회하고[66]　　水朝箕子國
땅은 백이의 산에 접해 있네[67]　　疆接伯夷山
백사는 남기고 간 땅에 전하고[68]　　栢社傳遺土
주나라는 여러 완악한 자를 빠뜨렸네[69]　　周家漏庶頑

65 은산에서 묵으며 : 이 작품은 이계가 68세 되던 1791년(정조15) 4월에 평안도 관찰사로 제수되어 가서 있던 기간 중에 이듬해인 1792년 3월에 시작한 평안도 남쪽 지역 순시 도중에 은산현(殷山縣)의 객사에서 묵으며 지은 것이다. 은산은 성천의 북쪽에 있는 고을이다. 평성 '산(刪)'운의 오언율시이다.

66 물은……조회하고 : 모든 물은 동쪽으로 흐른다는 표현이며, 그러한 해동(海東)의 조선에 기자의 나라가 있었다는 말을 한 것이다.

67 땅은……있네 : 조선의 강역이 백이가 굶어죽은 수양산(首陽山)이 있는 요동(遼東)에 접해 있다는 말이다.

68 백사(栢社)는……전하고 : 은(殷)나라의 명맥이 동쪽 조선으로 이어졌다는 말이다. 백사는 은나라의 사(社)이다. 《논어》〈팔일(八佾)〉에 "하후씨(夏后氏)는 소나무를 심어서 사주(社主)로 삼았고, 은나라 사람들은 잣나무를 심어 사주로 삼았고, 주나라 사람들은 밤나무를 심어 사주로 삼았다.〔夏后氏以松, 殷人以柏, 周人以栗.〕"라고 하였다. 남기고 간 땅은 기자가 있던 조선을 가리킨다.

69 주나라는……빠뜨렸네 : 주나라가 은나라를 멸망시키고 은나라의 유민들을 다 주나라 도읍 근처로 옮겨 감시하였으나 기자를 포함해 기자를 따라 조선으로 건너간 무리들은 그 부류에서 빠뜨렸다는 말이다. 주나라에서는 은나라의 유민을 주나라에 복종하

시냇가 정자의 이름이 담담이니[70]	溪亭名澹澹
관사가 또한 맑고 한가하구나	官舍亦淸閑

지 않는 완악한 백성이라고 폄하하여 완민(頑民)이라고 불렀다. 《서경》〈주서(周書) 필명(畢命)〉에 "주공이 선왕을 도와 국가를 편안히 안정시키시고, 은나라의 완악한 백성들을 삼가 낙읍으로 옮겨서 왕실에 가깝게 하셨다.〔惟周公左右先王, 綏定厥家, 毖殷頑民, 遷于洛邑, 密邇王室.〕"라고 하였다.

70 시냇가……담담(澹澹)이니 : 담담정(澹澹亭)은 은산 객사에 있던 정자이다. 민제인(閔齊仁, 1493~1549)의 《입암집(立巖集)》 권3 〈은산 담담정에 쓰다〔題殷山澹澹亭〕〉 시의 제목주에 "어릴 때 벗인 신군 광미가 현감이 된 지 4년째에 정사는 공평해지고 사람들은 화기롭게 되자 이에 객헌의 동북쪽 모퉁이에 좋은 땅을 얻어 작은 정자를 지었다. 정자가 완성되고 나서 내가 마침 도착하니, 이에 신군이 나에게 정자의 이름을 청하였다. 내가 이 정자를 살펴보니, 먼 산이 조망에 들어오고 긴 시내가 가까이 흐르고 있으며 맑은 바람을 이끌어 들이고 밝은 달을 받아들여 담담하여 무한한 경취가 있는지라 담담이라고 이름하였으니, 괜찮을런가.〔少年友申君光美爲縣之四年, 政平人和, 迺於客軒東北隅, 得勝地作小亭. 亭旣成而予適至焉, 於是申君請余名. 予觀夫玆亭也, 呑遠山, 浥長川, 延淸風, 納明月, 澹澹有無限景趣, 則以澹澹名之, 其可乎.〕"라고 하였다. 신광미에 대해서는 자세한 이력이 미상이나, 민제인은 1542년(중종37)에 평안도 관찰사가 된 이력이 있다. 담담정 또한 이 무렵 건립되었을 가능성이 높다.

자모산성[71]

慈母山城

말 달려 층층 봉우리 오르니 　　驅馬上層巘
남쪽으로 자모산 임했네 　　南臨慈母山
깎아질러 천 길 절벽을 이루고 　　削成千仞壁
웅장하게 한 사람으로도 지킬 수 있는 관문 우뚝 솟았네 　　雄峙一夫關
만자라는 이름은 어찌 그리 기이한가 　　萬子名何異
장군은 전쟁 나가 돌아오지 않는구나 　　將軍戰不還

만자루(萬子樓)는 장대(將臺)의 이름으로 기이한 자취가 전해오고 있다.

사당[72]이 우뚝하게 서 있으니 　　遺祠巋然立

71 자모산성 : 이 작품은 이계가 68세 되던 1791년(정조15) 4월에 평안도 관찰사로 제수되어 가서 있던 기간 중에 이듬해인 1792년 3월에 시작한 평안도 남쪽 지역 순시 도중에 자산군(慈山郡)의 자모산(慈母山)에 있는 자모산성에 가서 지은 시이다. 평성 '산(刪)'운의 칠언율시이다.

72 사당 : 평안도 자산군의 의열사(義烈祠)를 가리킨다. 고려의 최춘명(崔椿命, ?~1250)과 조선의 홍명구(洪命耈, 1596~1637)를 제향한 곳이다. 최춘명은 본관은 해주(海州)로 최충(崔沖)의 후손이며 1231년(고종18)에 자주 부사(慈州副使)로 성을 지키면서 몽고군에게 포위되었으나 끝내 항복하지 않았고, 화의(和議)를 맺은 뒤에도 끝까지 항복하지 않아 몽고의 압력으로 서경(西京)에 투옥되었다가 최우(崔瑀)의 명령으로 처형을 당하게 되었으나, 오히려 감화를 받은 몽고 원수(元帥) 살례탑(撒禮搭)의 주선으로 석방되었다. 뒤에 논공행상에서 일등공신(一等功臣)이 되고 추밀원 부사(樞密院副使)에 발탁되었다. 홍명구는 본관은 남양(南陽), 자는 원로(元老), 호는 나재(懶齋), 시호는 충렬(忠烈)로, 1636년(인조14)에 평안도 관찰사가 되었을 때 병자호란

후인들이 오르도록 남겨준 것이로다　　　　留與後人攀

(丙子胡亂)이 일어나자 처음에는 자모산성을 지키다가 남한산성이 포위되었다는 소식을 듣고는 근왕병(勤王兵)을 거느리고 남쪽으로 내려가던 도중 김화(金化)에서 적병을 만나 싸우다가 전사하였다.

이화정[73] 영유 객사 곁에 있다. 임진왜란 때 임금의 어가가 머물렀던 곳이다.

梨花亭 在永柔客舍傍 是壬辰駐蹕處

아름답고 고운 청계현[74]에 佳麗淸溪縣
오래된 이화정 있도다 梨花有古亭
섬오랑캐 과거에 우리나라 깊이 침입하니 島夷昔深入
임금님 발걸음 잠시 서쪽에 머무르셨네 天步暫西停
산하를 경영하여 안정시키니 指畫山河定
초목에 밝은 빛 비춰 향기로워라[75] 昭回草木馨
변방 지키는 신하 광감[76] 품으니 藩臣懷曠感

73 이화정(梨花亭) : 이 작품은 이계가 68세 되던 1791년(정조15) 4월에 평안도 관찰사로 제수되어 가서 있던 기간 중에 이듬해인 1792년 3월에 시작한 평안도 남쪽 지역 순시 도중에 평안도 영유현(永柔縣)의 이화정에서 쓴 시이다. 이화정은 1573년(선조6) 2월에 선조(宣祖)가 의주(義州)에서 옮겨와 머물던 곳으로, 1750년(영조26)에 영조가 어필(御筆)로 사액(賜額)하였다.《大東地志》 평성 '청(靑)'운의 칠언율시이다.

74 청계현(淸溪縣) : 청계는 영유의 옛 이름이다.《新增東國輿地勝覽 卷52 平安道 永柔縣》

75 산하를……향기로워라 : 국난(國難)을 극복하고 나라를 안정시킨 선조의 은덕이 초목에까지 미쳐 향기롭다는 말이다. 소회(昭回)는 해와 달과 별과 은하수 등의 천체의 광채가 밝게 비치는 것을 의미한다. 소식(蘇軾)의 〈조주한문공묘비(潮州韓文公墓碑)〉에서 한유(韓愈)의 공덕을 표현하면서 "초목들도 밝게 비치는 그 빛을 입었도다.〔草木衣被昭回光.〕"라고 하였다.《東坡全集 卷86》

76 광감(曠感) : 광세지감(曠世之感)의 준말로 동시대에 태어나지 못하여 서로 만나

삼가 선왕의 궁정에 절하는 듯하여라 愀若拜彤庭

지 못한 것에 대한 감회라는 뜻이다.

삼화에서 출발하여 강서로 향하며[77]

發三和向江西

남쪽 순행 열 개의 군을 열흘에 도니 南巡十郡一旬旋
순행 깃발 펄럭펄럭 해변과 나란히 가누나 行旆逶迤竝海壖
천 리의 호산에 사람은 스스로 만족하고[78] 千里湖山人自得
삼추의 벼와 기장에 들판은 가없어라 三秋禾黍野無邊
석양 속의 소와 말은 깊은 골목으로 돌아가고 夕陽牛馬歸深巷
포구의 물고기와 소금 실으러 멀리서 온 배 정박하네 浦口魚鹽泊遠船
더욱 기쁜 것은 수레 앞으로 보고되는 백성들 소식이니 更喜車前民牒簡

77 삼화에서……향하며 : 이 작품은 이계가 68세 되던 1791년(정조15) 4월에 평안도 관찰사로 제수되어 가서 있던 기간 중에 이듬해인 1792년 3월에 시작한 평안도 남쪽 지역 순시 도중에 평안도 삼화현(三和縣)에서 출발하여 강서현(江西縣)으로 가면서 지은 시이다. 삼화현과 강서현은 모두 평양의 서쪽에 있는 지역으로 바다가 가깝다. 평성 '선(先)'운의 칠언율시이다.

78 천……만족하고 : 시절이 화평하고 정령이 잘 펼쳐져 사람들이 모두 스스로 만족하게 즐긴다는 말이다. 한유(韓愈)의 〈신수등왕각기(新修滕王閣記)〉에 "원주(袁州)에 부임한 지 7개월이 되는 달에 …… 강남서도를 관찰하게 하였다. …… 큰일은 역참(驛站)을 통해 조정에 보고하고 작은 일은 즉시 개선하였으며, 봄에는 양육하고 가을에는 형살(刑殺)하니 양의 기운이 열리고 음의 기운이 닫혔다. 관청에서 법령을 다스리니 며칠 사이에 호산 천 리 밖에서 인민들이 스스로 만족하였다.〔至州之七月, …… 觀察江南西道. …… 大者驛聞, 小者立變, 春生秋殺, 陽開陰閉, 令修於庭戶, 數日之間, 而人自得於湖山千里之外.〕"라고 하였다. 《昌黎文集 卷13》

이제부터 최고의 길조가 풍년에 있겠네[79] 由來上瑞在豐年

79 더욱……있겠네 : 농사가 순조로워 풍년의 조짐이 있어 백성들이 추위와 굶주림을 피하게 될 것이라는 말이다. 소식(蘇軾)의 〈여지탄(荔支嘆)〉에 "비와 바람 순조로워 온갖 곡식 풍년 들어야 할 것이니, 백성에게는 추위와 굶주림 면하는 것이 최고의 길조로다.〔雨順風調百穀登, 民不飢寒爲上瑞.〕"라고 하였다. 《蘇東坡詩集 卷39》

정오에 평양 적교 역원(驛院)에서 밥을 지어 먹고 비를 뚫고 감영으로 돌아오다[80]

午炊平壤狄橋院 冒雨還營

행로가 기성 가까워지자 풍경 더욱 기이해지니	行近箕城望轉奇
빗속에 순행 깃발 짐짓 더디고 더뎌라	雨中旌旆故遲遲
강을 낀 큰 들판은 손바닥처럼 평평하고	臨江大野平如掌
대지를 두른 뭇 봉우리는 눈썹처럼 고와라	匝地群峰嫩似眉
성 안에 일만 집 들어선 것 알지 못하였더니	城裏不知藏萬室
길옆에 일천 깃발 늘어선 것 홀연 보이네	路傍忽見列千旗
화각[81] 한 소리에 군악(軍樂)이 진동하니	一聲畫角鐃歌動
곳곳마다 남녀들 길 막고 즐기누나	處處攔街士女嬉

80 정오에……돌아오다 : 이 작품은 이계가 68세 되던 1791년(정조15) 4월에 평안도 관찰사로 제수되어 부임해 있던 기간 중에 이듬해인 1792년 3월에 시작한 평안도 남쪽 지역을 순시하고 평양 감영으로 돌아오며 지은 시이다. 적교는 광제교(廣濟橋)의 다른 이름으로 평양 서쪽 30리 대로에 있으며 강서현(江西縣)과 통한다.《新增東國輿地勝覽 卷51 平安道 平壤府》 평성 '지(支)'운의 칠언율시이다.

81 화각(畫角) : 284쪽 주36 참조.

백상루[82]

百祥樓

국화주에 반쯤 취하여　　半醉黃花酒
누각에 올라 한번 실컷 경치 보노라　　登臨一放睇
강물은 굽이굽이 천 리 흐르고　　江流千里曲

82 백상루 : 이 작품은 이계가 68세 되던 1791년(정조15) 4월에 평안도 관찰사로 제수되어 가서 있던 기간 중에 평안도 안주(安州)의 북쪽 장대(將臺)인 백상루에 올라가 지은 시이다. 백상루는 앞으로 청천강(淸川江)을 두르고 있으며 높은 지대에 위치하고 있어 강 너머로 산들이 낮게 바라다 보인다. 평성 '제(齊)'운의 오언율시이다.

그림 15 백상루 전경(국립중앙박물관 소장 조선총독부박물관 유리건판-건판 016348)

누각은 야트막한 일만 산 누르네	樓壓萬山低
땅은 청천강 북쪽으로 트였고	地坼淸川北
구름은 자줏빛 변경[83] 서쪽으로 가로지르네	雲橫紫塞西
해 곁[84]의 소식이 머니	日邊消息遠
가을날 사념 절로 쓸쓸하여라	秋思自凄凄

83 자줏빛 변경 : 북방 변경을 가리키는 말이다. 옛날 진(秦)나라가 만리장성을 쌓을 때 흙빛이 모두 자주색이었으며 한(漢)나라의 변경도 그러하였으므로 북방 변경을 '자새(紫塞)'라고 불렀다. 《古今注 都邑》

84 해 곁 : 임금의 주변을 비유하는 말로 도성을 가리키기도 한다.

박천의 대정강을 건너며[85]

渡博川大定江

길 하나가 남북으로 나뉘니	一路分南北
청천강이 박천 마주했네	淸川對博川
강촌은 모두 물가를 향해 있으니	江村皆面水
백성들 먹을거리 반쯤은 어업에 기대네	民食半依船
이곳 풍기는 원래 자별하거니와	風氣元殊別
세월이 또 많이 변천하였네[86]	光陰又變遷
중양절이 이미 지나갔으니	重陽節已過
누가 함께 좋은 자리에서 술에 취할런고	誰與醉芳筵

85 박천의 대정강을 건너며 : 이 작품은 이계가 68세 되던 1791년(정조15) 4월에 평안도 관찰사로 제수되어 가서 있던 기간 중에 평안도 박천군의 대정강을 건너며 지은 시이다. 대정강은 박천강, 대령강(大寧江) 등으로도 불리며 박천군 서쪽 15리에 있으며 청천강과 합류한다. 평성 '선(先)'운의 오언율시이다.

86 이곳……변천하였네 : 박천의 풍경이 도성과는 사뭇 달라 이색적인데다가 도성에서 떠나온 때로부터 시간이 많이 흘러 계절이 바뀌어 풍경이 그에 맞추어 또 변하였다는 말이다.

완대헌[87]

緩帶軒

청천강 북쪽에 새로 부를 설치하니	淸北新安府
관서에서 웅번(雄藩)을 제어하도다[88]	關西控制雄
지형은 산과 들이 반쯤이요	地形山野半
물산은 배와 수레로 통하네	生理舟車通
관로는 곧기가 화살과 같고	官路直如矢
층층 성곽은 빙 두른 것이 활과 흡사하여라	層城環似弓
명망 있는 선비 가문 많으니	衣冠多盛族
완연히 위쪽 기내의 풍도 있어라	宛有上畿風

87 완대헌 : 이 작품은 시의 편차나 구절 속의 언급 등을 고려할 때 이계가 68세 되던 1791년(정조15) 4월에 평안도 관찰사로 제수되어 가서 있던 기간 중에 평안도 구성부(龜城府)의 내성(內城) 남문(南門)인 완대루(緩帶樓)에 올라 지은 시로 보인다. 구성부는 청천강 이북 지역으로 박천(博川)과 정주(定州) 북쪽에 있다. 평성 '동(東)'운의 오언율시이다.

88 청천강(淸川江)……제어하도다 : 조선 세조(世祖) 때에 구성군(龜城郡)을 두고 도호부를 설치하였으며 인조(仁祖) 때에 별좌영장(別左營將)을 겸하였다가 영조(英祖) 때에 진겸수성장(鎭兼守城將)으로 고치고 도호부사 겸 구성진 병마겸절제사수성장(都護府使兼龜城鎭兵馬兼節制使守城將)으로 하였다. 《新增東國輿地勝覽 卷53 平安道 龜城都護府》《大東地志》

의검정에서 수령들과 함께 검무를 보다[89]

倚劍亭 同諸守令 觀劍舞

드높은 가을날 변방에 기러기 길게 우니	高秋塞外鴈聲長
행차 머무른 선성에 국화 누르다	弭節宣城菊有黃
채색 누각은 삼경에 등불이 달빛 같고	畫閣三更燈似月
아름다운 여인은 양 소매에 검날이 서릿발 같구나	佳人雙袖劒如霜
풍류는 짧아진 귀밑머리와 달리 무르익고	風流不與鬢毛短
시령[90]에 싸늘한 밤기운을 모두 잊었어라	詩令渾忘夜氣凉
더욱 기쁘기는 가산의 가객[91]이 이르러	更喜嘉山嘉客至
타향에서 서로 마주하며 중양절에 취함이로다	他鄉相對醉重陽

89 의검정에서……보다 : 이 작품은 이계가 68세 되던 1791년(정조15) 4월에 평안도 관찰사로 제수되어 가서 있던 기간 중에 평안도 선천부(宣川府) 관청에 있던 정자인 의검정에서 검무를 관람하며 지은 시이다. 평성 '양(陽)'운의 칠언율시이다.

90 시령(詩令) : 여럿이 모여 시를 지으면서, 시를 짓는 시간이나 짓지 못했을 때의 벌칙 등과 같이 시작(詩作)과 관련한 규정을 가리킨다.

91 가산(嘉山)의 가객(嘉客) : 누구를 가리키는지 미상이다.

동림 좌현성을 지나 철산으로 향하며[92]

過東林左峴城 向鐵山

어느 해에 좌현성 쌓았나	何年築左峴
서쪽 변경이 지척에 있도다	西塞在門庭
하늘은 진나라의 호구로 들어가고	天入秦壺口
산은 조나라의 정형을 둘렀네[93]	山圍趙井陘
한 사람이 일만 기병을 당해내고	一夫當萬騎
천 리를 겹겹 빗장으로 막고 있네	千里按重扃
북쪽 길이 요계[94]로 통하니	北路通遼薊
용만은 건령과 같아라[95]	龍灣似建瓴

92 동림……향하며 : 이 작품은 이계가 68세 되던 1791년(정조15) 4월에 평안도 관찰사로 제수되어 가서 있던 기간 중에 평안도 선천부(宣川府)의 좌현성에서 철산군(鐵山郡)으로 향하며 지은 시이다. 동림은 선천부의 지명이며 좌현성은 선천부에서 서북쪽으로 30리 지점에 있는 성으로 1769년(영조45)에 쌓은 성이다. 길이가 2,300여 보(步)로 관문(關門)을 설치하였으며 의주로 통하는 대로(大路)가 이곳을 경유하며 청천강 이북의 요충지가 되었다. 《大東地志》 평성 '청(青)'운의 오언율시이다.

93 하늘은……둘렀네 : 호구와 정형은 모두 좌현성의 형세를 중국 지명에 빗댄 것이다. 호구는 호구관(壺口關)으로 진(秦)나라가 설치한 상당군(上黨郡)에 있던 험준한 관문의 이름이다.《漢書 卷28 地理志上》 정형은 옛날 조나라 지역인 하북성 정형현(井陘縣) 동북에 있는 험준하기로 이름난 정형관(井陘關)으로 구새(九塞)의 하나로 꼽혔다.《呂氏春秋 卷13 有始》

94 요계(遼薊) : 중국의 동북 지역인 요동(遼東)과 계주(薊州)를 가리킨다.

95 용만(龍灣)은 건령(建瓴)과 같아라 : 용만은 중국과 접경 지역인 의주(義州)의 별칭이다. 건령은 병 속의 물을 지붕 위에서 거꾸로 쏟는다는 뜻으로 높은 곳에서 매우 유리한 지점을 차지하고 강한 형세를 이루고 있다는 말로, 의주의 형세를 비유한 것이다.

만부에 들어서며[96]

入灣府

이십구 년 만에 부절(符節) 안고 돌아오니	廿九年光擁節回
맑은 가을날 강가에 곧추선 화극[97] 열리네	清秋畫戟壓江開
물고기 낚던 강어귀에 산천은 변하지 않았고	山川不改釣魚港
송사 다스리던 누대를 부로들 아직 이야기하네	父老猶傳聽訟臺
삼도를 반 달 동안 누린 일[98] 참으로 꿈만 같고	半月三刀眞似夢
천 리 관풍찰속[99]하는 일 재주 없는 몸으로 부끄럽네	

96 만부에 들어서며 : 이 작품은 이계가 68세 되던 1791년(정조15) 4월에 평안도 관찰사로 제수되어 가서 있던 기간 중에 평안도 의주부(義州府)에 들러 지은 시이다. 만부는 용만부(龍灣府)로 의주부의 별칭이다. 이계는 앞서 1763년(영조39) 6월 24일에 의주 부윤으로 임명되었다가 반년 만인 1764년(영조40) 1월 21에 다시 대사간(大司諫)에 임명되어 조정으로 돌아온 사실이 있다. 《承政院日記 英祖 39年 6月 24日 · 40年 1月 21日》 평성 '회(灰)'운의 칠언율시이다.

97 화극(畫戟) : 채색한 창으로 이러한 창들이 줄지어 선 화극문(畫戟門), 즉 관아의 문을 가리킨다.

98 삼도(三刀)를……일 : 삼도는 '주(州)'의 옛 글자인 '리(刕)'를 가리킨다. 진(晉)나라 왕준(王濬)이 어느 날 칼 세 자루를 들보에 걸어 놓았다가, 그날 밤 꿈에 칼 한 자루를 그 곁에 더 걸어놓은 꿈을 꾸고는 이를 불길하게 생각하였는데, 이의(李毅)가 그 꿈을 해석하기를 "칼 세 자루는 곧 고을 주〔刕〕 자인데 칼 한 자루를 더하였으니, 이는 곧 익주(益州)가 된다. 그러니 그대가 익주 자사(益州刺史)가 될 길몽이다."라고 했는데, 뒤에 과연 왕준이 익주 자사가 되었다. 《晉書 卷42 王濬列傳》 이계는 의주 부윤으로 부임하자마자 곧 파직되었다.

99 관풍찰속(觀風察俗) : 관찰사(觀察使)의 어원(語源)으로 그 지방 풍속을 살피고

	觀風千里愧非才
거리 아이들 쓸데없이 내하모[100] 부르는데	街兒漫唱來何暮
백발을 어이하나 거울 속에서 재촉해 오거니[101]	白髮其如鏡裏催

다스리는 관찰사의 임무를 말한 것이다.

100 내하모(來何暮) : "어찌하여 이렇게 늦게 왔는가."라는 뜻으로, 선정(善政)을 펼치는 훌륭한 관리를 칭송하는 백성들의 노래를 가리킨다. 동한(東漢)의 염범(廉范)이 촉군 태수(蜀郡太守)로 부임하여, 옛 법규를 개혁하며 선정을 펼치자, 백성들이 "우리 염숙도는 왜 이리 늦게 오셨는가.〔廉叔度, 來何暮.〕"라는 찬가를 지어 불렀다고 한다. 숙도(叔度)는 염범의 자(字)이다. 《後漢書 卷31 廉范列傳》

101 백발을……오거니 : 과거에 의주에 부임했을 때와 달리 늙음이 빠르게 찾아와 거울 속의 모습이 백발로 노쇠해진 것을 한탄한 말이다.

진변헌에 묵으며[102]

館于鎭邊軒

가을바람 속 사마[103]가 용만으로 들어오니	秋風駟馬入龍灣
행색이 의연히 금의환향 같아라	行色依然似錦還
천 리 길 다시 온 것은 예전의 부윤(府尹)이요	千里再來前令尹
이십 년 만에 다시 마주한 것은 옛 산하로다	廿年重對舊河山
누대에서 투호놀이 하던 곳 아직도 기억하고	樓臺尙記投壺處
구름은 홀 괴던 곳 사이로 모두 실려 오네[104]	雲物都輸拄笏間
게다가 벗이 지금 이곳 주인이 되어[105]	況有故人今作主

102 진변헌에 묵으며 : 이 작품은 이계가 68세 되던 1791년(정조15) 4월에 평안도 관찰사로 제수되어 가서 있던 기간 중에 평안도 의주부(義州府)에 들러 의주부 동헌인 진변헌에 묵으며 지은 시이다. 평성 '산(刪)'운의 칠언율시이다.

103 사마(駟馬) : 말 네 마리를 맨 수레로, 고관이 타는 수레를 가리킨다.

104 누대에서……오네 : 과거 의주 부윤으로 있던 시절 휘하의 사람들과 노닐고 유유자적 흥취를 즐기던 곳에 다시 온 감회를 읊은 것이다. 후한(後漢) 때 정로장군(征虜將軍) 제준(祭遵)이 장군이 되어서는 막하(幕下)에 모두 유술(儒術)을 갖춘 사람들을 등용하였는데, 술을 마시며 음악을 베풀 적에는 반드시 아시(雅詩)를 노래하고 투호를 즐겼다고 한다.《後漢書 卷20 祭遵列傳》 그리고 진(晉)나라 때 왕휘지(王徽之)는 환충(桓沖)의 기병 참군(騎兵參軍)으로 있을 적에 한번은 환충이 그에게 말하기를 "경(卿)이 부(府)에 있은 지 오래되었으니, 요즘에는 의당 사무를 잘 알아서 처리하겠지."라고 하였으나, 그는 아무런 대꾸도 하지 않은 채 고개를 쳐들고 홀(笏)로 턱을 괴고는 엉뚱하게 "서산이 이른 아침에 상쾌한 기운을 불러온다.〔西山朝來, 致有爽氣耳.〕"라고 하면서 초연히 유유자적하였다.《世說新語 簡傲》

105 게다가……되어 : 이계가 의주에 갔을 것으로 생각되는 1792년(정조16) 가을

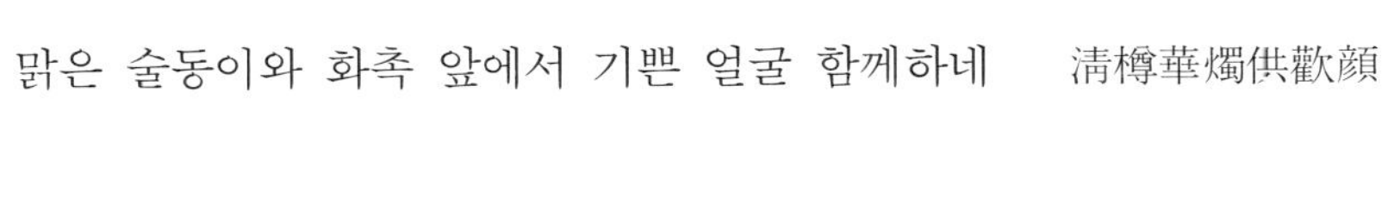

에 의주 부윤으로 있던 사람은 조진택(趙鎭宅, 1746~1795)이다. 《承政院日記 正祖 16年》

여러 수령들과 백일원에 나가 무사들을 시험하고 또 기녀들에게 장추에 말을 달리게 하다[106]

同諸倅出百一院 試武士 又令妓女馳馬長楸

좋은 날 평야에다 독아[107]를 세우니	吉日平郊建纛牙
관아[108] 일천 부대 고요하여 잡소리 없네	鸛鵝千隊靜無譁
씩씩한 남아는 모두 붉은 모전 활집 찼고	健兒盡佩紅氈韔
아리따운 여인은 모두 코가 하얀 말을 탔네	姹女皆騎白鼻騧

106 여러……하다 : 이 작품은 이계가 68세 되던 1791년(정조15) 4월에 평안도 관찰사로 제수되어 가서 있던 기간 중에 평안도 의주부(義州府)에 들러 무사들과 기녀들의 재주를 구경하고 지은 시이다. 당시 의주의 기생들이 말을 달리는 광경은 의주에서만 볼 수 있는 구경거리의 하나였는데, 저자 미상의 연행록으로 이계가 의주를 다녀간 때와 멀지 않은 1803년(순조3) 10월의 동지사(冬至使) 기록인《계산기정(薊山紀程)》권1에 다음과 같은 내용이 보인다. "이날 백일원에서 놀이를 했다. 백일원은 의주성 서문 밖에 있는데 어떤 사람은 강무당(講武堂)이라고도 했다. 당은 그리 크지 않은데 섬과 뜰은 평탄하고 넓어서 말 달리고 활 쏘는 장소로 합당하다. 먼저 무인(武人)의 무리들이 말 위에서 재주 부리는 것을 시험하여 보고, 그 시험이 끝나자 여러 기녀 중에서 말 잘 타는 자 5, 6인을 뽑아 각기 군복을 입히고 말을 달리게 했다. 말들은 다 재갈을 물고 우쭐거리는데 대(臺) 앞의 병졸이 호각을 한 번 불자 다들 안장을 두드리며 앞을 다투었다. 마치 전진에 나가 돌격하는 것같이 하는 것이었다." 평성 '마(麻)' 운의 칠언율시이다.

107 독아(纛牙) : 아독(牙纛)을 평측을 맞추기 위해 거꾸로 쓴 것으로, 아기(牙旗)와 같은 말이다. 깃대 끝을 상아로 장식한 대형 깃발로 장군이 있는 곳에 세우는 깃발이다.

108 관아(鸛鵝) : 군대의 진법(陳法)을 가리킨다. 관은 산마루에 진을 치는 것이고 아는 배수진을 치는 것이다.《春秋左氏傳 昭公 21年》

옥장[109]에 바람 번드치니 깃발은 불길처럼 펄럭이고

玉帳風翻旗似火

원문[110]에 햇살 내리쬐니 검에서 꽃 같은 빛 번뜩인다

轅門日射劒生花

국경 일대에 낭연[111]이 그치니 封疆一帶狼煙息

한가로이 요동의 산 마주한 채 북 피리 소리 듣누나

閑對遼山聽皷笳

109 옥장(玉帳) : 옥처럼 견고한 장막이라는 뜻으로 장수가 거처하는 장막을 가리킨다.

110 원문(轅門) : 수레의 끌채를 마주 세워 문의 모양을 만든 것으로, 군영(軍營)의 문을 가리킨다.

111 낭연(狼煙) : 이리의 똥을 불태워 나는 연기로 고대에 변방에서 군사에 관련한 일을 알리는 신호로 사용하였다. 여기에서는 전란을 가리킨다.

달빛 속에 통군정에 올라 봉군을 점호하고서 횃불을 올려 수졸들이 서로 호응하는 것을 보다[112]

乘月登統軍亭 點烽軍 仍擧火 見戍卒相應

압록강 머리에 흰 이슬 비껴내리니	鴨綠江頭白露橫
통군정 아래에 저녁 봉화 밝아라	統軍亭下夕烽明
푸른 물결 잔잔하니 어룡이 물속에 엎드려 있고	滄波不動魚龍伏
변경 달빛 가없으니 고각 소리 맑구나	塞月無邊鼓角淸

112 달빛……보다 : 이 작품은 이계가 68세 되던 1791년(정조15) 4월에 평안도 관찰사로 제수되어 가서 있던 기간 중에 평안도 의주부(義州府)의 통군정에 올라 지은 시이다. 통군정은 의주의 압록강 가에 있는 정자로, 고려 전기에 의주 읍성의 북쪽 압록강 일대가 한눈에 보이는 제일 높은 봉우리에 군사의 지휘통제처로 쓰기 위해 축조하였다. 서쪽으로는 멀리 신의주와 용암포(龍巖浦) 일대가 바라보이고 남쪽으로는 석숭산(石崇山)과 백마산(白馬山) 일대의 크고 작은 산봉우리들이 한눈에 들어오는 등, 경관이 수려하여 관서팔경(關西八景)의 하나로 꼽힌다. 이 통군정에 올라 압록강 일대에 늘어선 수자리들에서 봉화를 연이어 올리는 것이 큰 구경거리였다. 저자 미상의 연행록으로 이계가 의주를 다녀간 때와 멀지 않은 1803년(순조3) 10월의 동지사(冬至使) 기록인 《계산기정(薊山紀程)》 권1에 다음과 같은 내용이 보인다. "횃불 올리는 것을 구경하기 위해 어둠을 헤치고 통군정에 올라갔다. 횃불 하나를 가져다가 성 위에다 불을 붙여 놓으니, 압록강 위아래의 파수병들이 서로 경고하여 함성이 땅을 뒤흔들고 불빛이 하늘에 가득 찼다. 압록강 동서쪽 100여 리가 아득하여 끝이 없는데, 10여 섬의 명주(明珠)가 흩어져서 따로 원을 그리며 돌고 있는 것 같다. 한 번 올리면 한 번 호응하고, 두 번 올리면 두 번 호응하여, 세 번 네 번에 이르러서도 하나도 호응을 빠트리지 않는다. 성 위의 불이 꺼지자 그 천백으로 헤아리던 횃불 역시 뒤이어 자취가 없어진다. 이것은 변경의 조직 훈련이지만 장관(壯觀)이 아닐 수 없다." 평성 '경(庚)'운의 칠언율시이다.

목책 밖 사냥 연기는 어드메서 이는고 柵外獵煙何處起
모래사장 앞 수자리 불은 약속 맞춰 맞이하네 沙前戍火應期迎
멀리 바라봄에 마이산[113]이 구름 사이에 솟았으니 遙看馬耳雲間聳
눈길 헤치며 가던 당시[114] 되레 추억하노라 却憶當年踏雪行

그림 16 통군정에서 바라본 압록강
(국립중앙박물관 소장 조선총독부 유리건판-건판 021544)

113 마이산(馬耳山) : 의주(義州)의 객관(客館) 북쪽 압록강 가 통군정(統軍亭)에서 바라다보이는 산이다.

114 눈길……당시 : 이계가 1782년(정조6)에 동지 겸 사은부사(冬至兼謝恩副使)로 연경에 가기 위해 압록강을 건너 요동을 지나던 때를 가리킨다.

정오에 옥강진 진사에서 밥을 지어 먹다[115]

午炊玉江鎭舍

외로운 정자가 골짝 기슭에 임했으니　孤亭臨峽岸
기이하고 빼어난 모습 전에 듣던 대로라　奇絶驗前聞
깊고 그윽하게 뭇 봉우리 모여 있고　窈窕群峰合
굽이쳐 돌아 두 물줄기 나뉘네[116]　彎回二水分
옥 같은 여울은 눈처럼 밝고　玉灘明似雪
칼 같은 봉우리는 구름보다 푸르네　劍峀碧於雲
애석해라 강산의 승경을　可惜江山勝
사냥꾼과 수자리 무리에게 헛되이 버렸구나　虛抛獵戍群

115 정오에……먹다 : 이 작품은 이계가 68세 되던 1791년(정조15) 4월에 평안도 관찰사로 제수되어 가서 있던 기간 중에 평안도 의주부(義州府)의 옥강진에서 지은 시이다. 옥강진은 의주 동쪽에 위치한 진보(鎭堡) 이름이다. 평성 '문(文)'운의 오언율시이다.

116 굽이쳐……나뉘네 : 옥강(玉江)은 강의 근원이 둘로 하나는 천마산(天磨山)에서 나오고, 하나는 여자산(呂子山)에서 나와서 산양천(山羊遷)에 이르러 합쳐지고, 다시 50리를 서쪽으로 흘러서 압록강으로 들어간다. 《新增東國輿地勝覽 卷53 平安道 義州牧》

연평령을 넘어 오정봉을 지나 창성에 들어가 남문루에 오르다[117]

踰延坪嶺 過五丁峰 入昌城 登南門樓

수많은 나무 불사른 곳에 잔도가 막 열리니　棧路初開萬木焚
경쾌한 수레는 압록강변을 또 거슬러 오른다　輕車又遡鴨江濆
활처럼 굽은 급류는 협곡을 뚫는 듯하고　弓彎急水疑穿峽
검처럼 솟은 뾰족한 봉우리는 구름을 가르려 하네　劍立尖峰欲剪雲
눈 들어 봄에 되레 천지가 좁은가 의심하고　擧目却嫌天地窄
머리 돌려 봄에 홀연 화이의 지역이 나뉨을 깨닫노라
　回頭忽覺華夷分
변경에서 유독 창성의 중함을 쳐주니　邊門獨數昌城重
건너편 언덕에 종횡으로 갑옷 입은 군사 보이네　隔岸縱橫見甲軍

117 연평령을……오르다 : 이 작품은 이계가 68세 되던 1791년(정조15) 4월에 평안도 관찰사로 제수되어 가서 있던 기간 중에 삭주도호부(朔州都護府)를 지나 창성도호부(昌城都護府)에 입성하여 지은 시이다. 연평령은 삭주도호부에 있는 지명으로 삭주도호부에서 북쪽으로 18리 지점 창성도호부의 경계에 있다. 오정봉은 문헌에서 보이지 않으나 연평령과 창성 사이에 있던 봉우리 이름인 듯하다. 혹 창성에 오정탄(於丁灘)이라는 지명이 있고 이곳에 봉수(烽燧)도 있는데 이와 관련 있는지는 미상이다. 창성은 삭주부 경계에서 북쪽으로 23리 떨어져 있다.《新增東國輿地勝覽 卷53 平安道 昌城都護府 朔州都護府》 평성 '문(文)'운의 칠언율시이다.

밤에 제승당에서 묵으며 변경으로 나온 감회가 일어[118]

夜宿制勝堂 有出塞之感

세밑에 하늘 끝에서 나그네 심사 하염없으니	歲暮天涯客思催
변경에서 구월에 홀로 누대에 오르네	邊門九月獨登臺
먼 산하에 구름은 아득하고	浮雲漠漠山河遠
내리치는 풍우에 낙엽은 쓸쓸하다	落葉蕭蕭風雨來
밤 깊은 삼엄한 성에 괜스레 딱따기 치고	半夜嚴城空擊柝
벌판 가운데 옛 강역에서 또 술잔 기울이네	中原舊域且啣杯
천 리 떨어진 서울 소식 듣지를 못하니	京華消息違千里
지금 남쪽에서 북쪽으로 돌아오는 기러기가 없구나	南鴈今無向北回

118 밤에……일어 : 이 작품은 이계가 68세 되던 1791년(정조15) 4월에 평안도 관찰사로 제수되어 가서 있던 기간 중에 북쪽 변경을 순시하면서 지은 시이다. 시의 편차를 고려할 때 시제에서 말한 제승당은 창성도호부(昌城都護府)에 있던 것으로 보인다. 평성 '회(灰)'운의 측기식 수구용운체 칠언율시이다.

9월 22일은 천추절이므로 북망의 그리움을 이기지 못하여 도중에 입으로 읊다[119]

九月二十二日 千秋節也 不勝北望之戀 途中口占

가는 길 아득하고 강물은 동쪽으로 흐르니	行邁悠悠江水東
속절없이 흐르는 세월에 감회 그지없어라	流光冉冉思無窮
하늘 끝에서 마침 천추절을 만나니	天涯正値千秋節
시절은 한창 구월 중엽이로다	時序方闌九月中
청아한 밤 높은 누대에서 자주 북두성 바라보니	淸夜高樓頻望斗
금문 새벽 파루에 호숭 소리 멀구나[120]	金門曉漏阻呼嵩
멀리서 알쾌라 북원의 임금 노니시는 곳에	遙知北苑宸遊處
보배로운 장막 구름 걷히며 온갖 잎들 붉으리라	寶幕雲開萬葉紅

119 9월……읊다 : 이 작품은 이계가 68세 되던 1791년(정조15) 4월에 평안도 관찰사로 제수되어 가서 있던 기간 중에 북쪽 변경을 순시하면서 천추절을 맞아 임금을 향한 그리움을 표현한 시이다. 천추절은 임금의 생일을 높여 부르는 말로 당(唐)나라 현종(玄宗)이 자신의 생일을 천추절이라고 한 데서 유래하였다. 9월 22일은 정조의 생일이다. 북망은 임금을 상징하는 북두성을 바라본다는 뜻으로 임금을 향한 그리움을 표현한 것이다. 평성 '동(東)'운의 측기식 수구용운체 칠언율시이다.

120 금문(金門)……멀구나 : 멀리 변경에 나와 있어 천추절에 궁중에서 임금에게 축수하는 반열에 참여하지 못하는 안타까움을 말한 것이다. 금문은 한(漢)나라의 궁문인 금마문(金馬門)의 약칭으로 궁궐 문을 가리킨다. 호숭은 임금을 찬양하며 축수하는 소리를 가리킨다. 한(漢)나라 무제(武帝)가 숭산(崇山)에 올라 제사를 지낼 때에 산에서 만세 소리가 세 번 나는 것을 들었다는 데서 유래하였다. 《漢書 卷6 武帝本紀》

정오에 옛 창성에서 밥을 지어 먹으며[121]

午炊古昌城

강변의 일곱 고을[122] 바둑알처럼 늘어섰으니　　江邊七郡列碁同
첩첩산중에는 조도[123]가 통하네　　複嶺重重鳥道通
일만 수목은 가을비 내린 뒤 안개구름에 싸이고　　萬木煙雲秋雨後
몇몇 촌가에서는 석양 속에 다듬이 소리 들리네　　數家砧杵夕陽中
생활은 담박하여 오직 화전(火田)을 일구고　　生涯淡薄惟耕火
풍기는 굳세어서 활 당기기 좋아하네　　風氣勍强好挽弓
천 리의 강역이 이곳에서 끝나니　　千里提封從此盡
북쪽으로 와서는 날아가는 기러기 다시 보이지 않네　　北來無復見飛鴻

121 정오에……먹으며 : 이 작품은 이계가 68세 되던 1791년(정조15) 4월에 평안도 관찰사로 제수되어 가서 있던 기간 중에 북쪽 변경을 순시하면서 창성도호부(昌城都護府)의 고성(古城)에서 지은 시이다. 창성의 고성은 창성도호부 동쪽 150리 지점에 있었으며 성의 둘레가 1만 6천 97척이었다.《新增東國輿地勝覽 卷53 平安道 昌城都護府 朔州都護府》 평성 '동(東)'운의 평기식 수구용운체 칠언율시이다.

122 강변의 일곱 고을 : 압록강 강변에 위치한 의주(義州), 삭주(朔州), 창성(昌城), 벽동(碧潼), 초산(楚山), 위원(渭原), 강계(江界)를 가리킨다.

123 조도(鳥道) : 높은 산에 나 있는 협로(峽路)를 가리키는 말로, 나는 새도 넘기 어려울 만큼 높고 험준한 길을 가리킨다.

옛 창성에서 당아산성으로 향하며[124]

自古昌城 向當峩山城

가벼운 수레로 변경 지역 다 돌아보니 輕車窮絶徼
역로(驛路)가 층층 봉우리에 걸려 있구나 官路掛層峰
절벽에는 곰발바닥이 걸려 있고 斷壁熊懸掌
깊은 숲속에는 녹용이 나오네 穹林鹿出茸
변경 풍속이 오직 사냥만 하거니와 邊風惟射獵
백성들 생업으로 또한 농사도 짓네 民業亦耕農
까마득히 도성과 멀리 떨어져 있다 보니 逖矣王京遠
석양 무렵에 벌써 봉화를 올리누나 斜陽已擧烽

124 옛……향하며 : 이 작품은 이계가 68세 되던 1791년(정조15) 4월에 평안도 관찰사로 제수되어 가서 있던 기간 중에 북쪽 변경을 순시하면서 창성도호부(昌城都護府)의 고성(古城)에서 당아산성으로 향하며 지은 시이다. 옛 창성과 관련해서는 324쪽 주121 참조. 당아산성은 창성 당아산에 있는 산성으로, 1746년(영조22)에 처음으로 석성(石城)으로 축조한 것이다. 《大東地志》 평성 '동(冬)'운의 평기식 수구불용운체 오언율시이다.

용추[125] 산꼭대기에 있다
龍湫 在山上絶頂

급한 폭포수 절벽에 매달려 종일토록 쏟아지니　急水懸崖盡日舂
허공 가득 차가운 바람소리 높다란 소나무에 떨어진다　滿空寒籟落高松
물방울 날아오를 때는 마치 산봉우리 눈발 흩어지는 듯　飛時若散峰頭雪
연못 깊은 곳에는 바리때 속 용[126]이 웅크린 듯　深處疑藏鉢裏龍
가로 터진 석문은 끝내 무너지지 않고　橫坼石門終不壞
깎아낸 산돌은 전혀 기운 흔적이 없네[127]　斲來山骨渾無縫
어이하나 이런 훌륭한 곳이 황량한 곳에 묻혔으니　如何勝地淪荒域
자후[128]의 문장을 만나지 못한 것이 한스러워라　子厚文章恨未逢

125 용추 : 이 작품은 이계가 68세 되던 1791년(정조15) 4월에 평안도 관찰사로 제수되어 가서 있던 기간 중에 북쪽 변경을 순시하면서 지은 시이다. 여기서 말하는 용추가 정확히 어느 곳을 가리키는지는 정확하지 않으나 시의 편차와 경로 등을 고려할 때 창성(昌城) 내지는 창성에서 영변(寧邊)으로 가는 길에 있는 곳인 듯하다. 평성 '동(冬)'운의 측기식 수구용운체 칠언율시이다.

126 바리때 속 용 : 진(晉)나라 때 서역(西域)의 고승 섭공(涉公)이 주문을 외워 신룡(神龍)을 부릴 수 있었으므로, 매양 가뭄이 들 때마다 부견(苻堅)의 요청으로 기우제를 행하였는데, 그가 주문으로 용을 부르면 이윽고 용이 내려와 바리때 속으로 들어와서 큰비가 내리곤 했다는 고사가 있다. 《高僧傳》

127 깎아낸……없네 : 용추 주변 폭포에 의해 깎인 암석이 매끈함을 비유한 것이다.

128 자후(子厚) : 당송팔대가(唐宋八大家)의 한 사람인 유종원(柳宗元, 773~819)

의 자이다. 유종원은 특히 산수시(山水詩)와 산수유기(山水游記)에 뛰어나 다수의 명작을 남겼다.

영변으로 가는 도중에[129]

寧邊途中

열흘 동안 황량한 변경 순시하고 十日巡荒塞
오늘 아침에야 얼굴을 폈네 今朝始解顔
하늘은 개여 삭방의 기운 거두고 天晴收朔氣
구름은 트여 묘향산이 보이네 雲豁見香山
다시는 징과 딱따기 소리 듣지 않으니 不復聞金柝
참으로 옥관에 들어가는 것 같아라[130] 眞如入玉關
휘장 걷음[131]에 송사하는 문서 없으니 褰帷無訟牒
행색이 절로 청한하여라 行色自淸閒

129 영변으로 가는 도중에 : 이 작품은 이계가 68세 되던 1791년(정조15) 4월에 평안도 관찰사로 제수되어 가서 있던 기간 중에 북쪽 변경을 순시하고 영변대도호부(寧邊大都護府)로 향하면서 지은 시이다. 평성 '산(刪)'운의 측기식 수구불용운체 오언율시이다.

130 참으로……같아라 : 황량한 변경을 벗어나 내지(內地)로 들어오게 되었다는 말이다. 옥관은 한(漢)나라 때 중국에서 서역(西域)으로 통하던 관문이다. 한나라 때 반초(班超)가 서역을 다 평정한 뒤 중국으로 돌아가고 싶어서 황제에게 상소하기를, "신은 감히 주천군(酒泉郡)에 도달하기를 바라는 것이 아니라 단지 살아서 옥문관(玉門關)에 들어갔으면 합니다."라고 하였다. 《後漢書 卷77 班超列傳》

131 휘장 걷음 : 지방관의 행차를 비유하는 말이다. 후한(後漢) 때의 가종(賈琮)이 기주 자사(冀州刺史)로 부임할 때 백성을 가까이 대하기 위하여 수레의 휘장을 걷도록 한 고사에서 유래하였다. 《後漢書 卷31 賈琮列傳》

철옹산성 동대에 올라[132]

登鐵甕山城東臺

맑은 가을날 부월[133] 들고 동대에 오르니　　清秋斧鉞上東臺

132　철옹산성 동대에 올라 : 이 작품은 이계가 68세 되던 1791년(정조15) 4월에 평안도 관찰사로 제수되어 가서 있던 기간 중에 북쪽 변경을 순시하고 영변대도호부(寧邊大都護府)의 철옹산성 동대에 올라 지은 시이다. 철옹산성은 일명 약산산성(藥山山城)이라고도 하며 둘레가 20여 리이다. 1433년(세종15)에 옛터에다 그대로 돌로 쌓았으며 1633년(인조11)에 수축하였는데, 둘레가 2천 7백 60보(步)이고, 또 동대(東臺)에 승산창(勝山倉)을 두었다. 《大東地志》 평성 '회(灰)'운의 평기식 수구용운체 칠언율시이다.

그림 17　규장각 소재 해동지도(海東地圖, 古大 4709-41) 영변부 철옹산성

빙 두른 웅장한 성 어찌 이리 장쾌한고　包絡雄城何壯哉
천 겹의 늘어선 높은 산은 단지처럼 깊고　列嶂千重深似甕
아홉 구비 긴 강은 술잔처럼 작아라　長江九曲小如杯
방패와 창은 태평세월에 오랫동안 놓았고　干戈久偃升平日
실과 고치는 보장의 재능을 겸해야 하네[134]　絲繭須兼保障才
원수가 진영 옮긴 것은 원대한 책략 아니니[135]　元帥移營非遠略

133 부월(斧鉞) : 임금의 권위를 상징하는 작은 도끼와 큰 도끼를 아울러 이르는 말이다. 주로 출정하는 장군이나 큰 임무를 띤 장수에게 정벌과 생사여탈권을 인정하는 의미로 주었다. 여기서는 평안도 관찰사인 이계를 가리킨다.

134 실과……하네 : 관리가 백성들에게 세금만 거둘 것이 아니라 백성들을 안정시켜 나라의 든든한 보루가 되게 하는 재주를 갖추어야 한다는 말이다. 실과 고치는 누에고치에서 실을 뽑아내듯 백성들에게서 세금을 뽑아내는 것을 말한다. 전국시대 조 간자(趙簡子)가 윤탁(尹鐸)을 진양 태수(晉陽太守)로 임명하자, 윤탁이 "세금을 많이 걷을까요, 아니면 백성을 안정시켜 나라의 보장이 되게 할까요?〔爲繭絲乎. 抑爲保障乎.〕" 하고 물으니, 보장이 되게 하라고 대답하였으므로 윤탁이 그 호구(戶口)의 수를 줄여서 백성의 부세(賦稅)를 경감(輕減)하였는데, 그 뒤에 조 간자의 아들 조 양자(趙襄子) 때에 지백(智伯)이 침입하여 절체절명(絶體絶命)의 위기에 처했을 때, 마지막으로 진양으로 피신해서 지백의 군대를 대파(大破)하고 나라를 중흥한 고사가 있다. 《國語 晉語9》

135 원수가……아니니 : 병자호란 당시 철옹산성 전투의 사정을 말한 것이다. 1637년(인조15) 청(淸)나라의 대군이 침입하였을 때 영변의 철옹산성에는 부원수(副元帥) 신경원(申景瑗)이 군사를 거느리고 방어하고 있었는데, 청나라의 대군은 이를 직접 공격하지 않고 우회하여 곧장 도성으로 진격하였다. 그 결과 인조는 남한산성으로 피신하여 그곳에 고립되었고, 뒤이어 진격해온 청나라 군대에 맞서느라 신경원의 군대는 남한산성을 구하러 가지 못하였다. 청나라 군대 1천여 명이 철옹성을 공격하다가 성이 험준하여 함락시키지 못하자 포위를 풀고 물러갔는데 신경원은 굳게 성을 지키지 않고 퇴각하는 청나라 군대를 뒤쫓았다가 청나라 군대의 기습을 받고 붙잡히는 신세가 되었다. 시에서 진영을 옮겼다는 것은 천혜의 요새인 철옹성을 지키지 않고 청나라 군대를

천주가 하괴에 가까운 것을 한번 볼지어다[136]　　試看天柱近河魁

뒤쫓은 신경원을 말한 것이다.

136 천주(天柱)가……볼지어다 : 험준한 산으로 둘러싸인 철옹산성이 장수의 군막을 설치하기에 알맞은 곳임을 살펴보라는 말이다. 천주는 하늘을 떠받치고 있는 기둥으로 험준하고 높은 산을 비유할 때 쓰이기도 한다. 하괴는 술(戌)의 방위를 가티키는데 옛날에 주장(主將)이 이 방위에 진을 치고 있으면 승리한다고 여겨졌다. 장호(張淏)의 《운곡잡기(雲谷雜記)》〈옥장(玉帳)〉에 "술방(戌方)이 하괴인데, 주장의 막사는 마땅히 술방에 있어야 한다는 것을 이른 것이다.〔戌爲河魁, 謂主將之帳宜在戌也.〕"라고 하였다.

무진대[137]

無盡臺

조양[138] 땅이 묘향산 동쪽에 붙어 있으니 朝陽地接妙香東
한 굽이 맑은 강 위로 단풍이 떠 있네 一曲淸江上有楓
양 언덕은 돌아 흐르는 물결을 따르지 않고 兩岸不隨波勢轉
높은 누대는 강물 소리 가운데 길이 서 있네 高樓長立水聲中
깨끗한 모래에 해 비치니 곱디 곱게 하얗고 晴沙暎日娟娟白
낙엽에 바람 뒤치니 조각조각 붉구나 落葉翻風片片紅
취하여 위태로운 난간에 기대 속진 생각 씻으며 醉倚危欄塵慮淨
한가로이 용절[139] 가져다 어부와 마주하네 閒將龍節對漁翁

137 무진대 : 이 작품은 이계가 68세 되던 1791년(정조15) 4월에 평안도 관찰사로 제수되어 가서 있던 기간 중에 북쪽 변경을 순시하면서 평안도 개천군(价川郡) 무진대에 올라 지은 시이다. 무진대는 개천군 남쪽 은산현(殷山縣)과의 경계 지역 강변에 있는 누대이다. 평성 '동(東)'운의 평기식 수구용운체 칠언율시이다.

138 조양(朝陽) : 평안도 개천의 옛 이름이다.

139 용절(龍節) : 용 모양의 부절(符節)로, 왕명을 받들고 출행한 사람이 지니는 부절을 말한다. 여기서는 관찰사 신분의 이계를 말한 것이다.

패강의 얼음이 풀려 연광정에 오르다[140]

浿江氷解 登練光亭

동한에서 아름답고 수려하기로는 서경이 제일이니 東韓佳麗最西京
삼면을 두른 긴 강줄기가 거울처럼 평평하네 三面長江鏡面平
봇도랑에는 아직 기자의 정전[141]이 전해지고 溝洫尙傳箕子井
산하는 완연히 석두성[142]과 같아라 山河宛似石頭城
천 년토록 연화[143]의 색은 변하지 않고 千年不改煙花色
일만 집에는 풍악 소리 항상 떠들썩하네 萬戶常喧歌吹聲
더욱 기쁘기는 변경에 아무런 일이 없어 更喜邊疆無一事
원수가 여가에 봄농사 살피는 것이라네 元戎暇日省春耕

140 패강의……오르다 : 이 작품은 이계가 68세 되던 1791년(정조15) 4월에 평안도 관찰사로 제수되어 가서 있던 기간 중에 평양 대동강 가의 연광정에 올라 지은 시이다. 패강은 대동강의 별칭이다. 평성 '경(庚)'운의 평기식 수구용운체 칠언율시이다.

141 기자(箕子)의 정전(井田) : 은(殷)나라의 기자(箕子)가 주(周)나라 무왕(武王)으로부터 조선(朝鮮)에 봉해지고서 평양에 도읍을 정하고 정전제(井田制)를 시행했다고 하는데, 평양의 외성(外城) 안에 그 유적이 완연하게 남아 있었다고 한다.《新增東國輿地勝覽 卷51 平安道 平壤府》

142 석두성(石頭城) : 강소성 남경시(南京市) 청량산(淸涼山)에 있는 산성(山城)으로, 본디는 초(楚)나라의 금릉성(金陵城)이었는데, 오(吳)나라의 손권(孫權)이 증축하고서 이름을 고쳤다. 석수성(石首城)이라고도 한다. 성 밑으로 푸른 강물이 지나는 경치가 절경이다.

143 연화(煙花) : 꽃들이 피어나는 봄철의 수려한 경치를 가리키는 말이다.

봄 순시를 출발하여 상원에서 묵고 앵무주 하류를 건너다[144]

發春巡 宿祥原 渡鸚鵡洲下流

상산은 반나마 암읍[145]이니	祥山半巖邑
산길에 평평한 언덕이 적네	山路少平皐
어지러운 암석은 뿔과 어금니처럼 빽빽하고	亂石森牙角
키 작은 소나무는 머리카락 털처럼 가지 드리웠네	矮松倒髮毛
이른 새벽 쟁기질은 처음으로 흙 갈아엎고	早犁初墢土
묵은 보리[146]는 벌써 알이 올라오네	宿麥已升膏
홀연 보이나니 봄물 불어나	忽見春流漲
깨끗한 모래사장에 채색 거룻배 매네	晴沙繫彩舠

144 봄……건너다 : 이 작품은 이계가 68세 되던 1791년(정조15) 4월에 평안도 관찰사로 제수되어 가서 있던 기간 중에 휘하 고을들에 봄 순시를 가면서 상원군(祥原郡)을 지나 삼등현(三登縣)의 앵무주를 건너며 지은 시이다. 앵무주는 287쪽 주44 참조. 평성 '호(豪)'운의 평기식 수구불용운체 오언율시이다.

145 암읍(巖邑) : 지형이 험하고 산맥으로 둘러싸인 산골을 가리키는 말이다.

146 묵은 보리: 보리가 오래되었다는 말이 아니라 보리는 가을에 심어 이듬해에 익기 때문에 한 해를 묵는다는 의미로 숙맥이라고 부른다.

강동에 이르러 만류제의 새 비석을 보고 절구 한 수를 남기다[147]

到江東 觀萬柳堤新碑 留題一絶

만류제 앞 세 척의 비석 萬柳堤前三尺碑

설산은 오고 감에 따라 무겁고 가벼워지는 때로다[148] 雪山來去重輕時

지난날 개구리 부엌이 이제는 소 치는 울짱 되었으니[149]

147 강동에……남기다 : 이 작품은 이계가 68세 되던 1791년(정조15) 4월에 평안도 관찰사로 제수되어 가서 있던 기간 중에 휘하 고을들에 봄 순시를 가면서 옛날 자신이 다스렸던 강동현에 이르러 지은 시이다. 이계의 손자인 홍경모(洪敬謨)의 《관암전서(冠巖全書)》 16책 〈선루배유기(仙樓陪遊記)〉에 "임자년(1792, 정조16) 늦봄 13일에 조부께서 관찰사로 소속 고을의 봄농사 현황을 살피는 순행을 성천도호부(成川都護府)에서 출발하였는데 소자가 따르게 되었다. 저녁 무렵 강동현에서 머물렀다.〔壬子暮春之旬有三日, 王父以巡節省春屬部, 遵路于成都, 小子從焉. 夕次江東縣.〕"라고 기록하였고, 이어서 당시 읊은 이 시를 함께 기재하였다. 이러한 기록에 근거할 때 이 시는 1792년 3월 13일에 지은 시이다. 만류제와 비석에 대한 자세한 내용은 289쪽 주47 참조. 평성 '지(支)'운의 칠언절구이다.

148 설산은……때로다 : 이계가 강동에 옴에 따라 만류제 비석의 격이 무거워졌다는 말이다. 오고 감에 따라 비중이 달라진다는 것은 어떤 인물의 향배에 따라 그곳의 무게가 달라진다는 뜻으로, 두보(杜甫)의 팔애시(八哀詩) 가운데 하나인 〈증좌복야정국공엄공무(贈左僕射鄭國公嚴公武)〉시에서 설산의 수비를 담당했던 엄무(嚴武)에 대해 "공이 오니 설산이 무거워지고 공이 가니 설산이 가벼워졌네.〔公來雪山重, 公去雪山輕.〕"라고 하였다. 《杜少陵詩集 卷16》

149 지난날……되었으니 : 옛날 제방을 쌓기 전에는 수해가 빈번하여 민가의 부엌이 물에 잠겨 개구리의 소굴이 되었으나 지금은 제방을 쌓아 백성들의 생업이 번성하여

昔年蛙竈今牛柵

일천 집 베틀 머리에 앉아 아이를 젖먹이네　　千戶機頭坐哺兒

제방 곁에서 소를 치는 울짱을 만들 정도가 되었다는 뜻이다. 개구리의 부엌이란 물에 잠긴 부엌을 가리키는 말이다. 《국어(國語)》〈진어(晉語)〉에 "조 양자가 진양으로 달아나자, 진나라 군사가 그를 포위하고 성안으로 물을 대었더니, 물속에 잠긴 부엌에서 개구리가 알을 낳았다.〔趙襄子乃走晉陽, 晉師圍而灌之, 沈竈產蛙.〕"라고 한 기록이 있다.

유선관에서 사흘을 묵으며 주련 여섯 구절을 적고서 절구 한 수를 얼른 지어 기록하다[150]

三宿留仙觀 題柱聯六句 走草一絶以識之

150 유선관에서……기록하다 : 이 작품은 이계가 68세 되던 1791년(정조15) 4월에 평안도 관찰사로 제수되어 가서 있던 기간 중에 휘하 고을들에 봄 순시를 가면서 성천(成川)의 유선관에서 묵으며 그곳의 주련을 적어 걸고서 그 사실을 기록으로 남겨두기 위해 지은 시이다. 이계의 손자인 홍경모(洪敬謨)의 《관암전서(冠巖全書)》 16책 〈선루배유기(仙樓陪遊記)〉에 "임자년(1792, 정조16) 늦봄 13일에 조부께서 관찰사로 소속 고을의 봄농사 현황을 살피는 순행을 성천도호부(成川都護府)에서 출발하였는데 소자가 따르게 되었다. 저녁에 강동현에 머물렀다. …… 다음날 성천도호부에 들어가 …… 유선관에 숙소를 정하고 …… 다음 날 아침 누대 위에서 유생과 무사들을 시험하고 …… 또 그 다음 날 아침 큰 글씨로 주련을 써서 강선루(降仙樓)에 새겨 걸기를 '아득하니 제일 누관이요 펼쳐지나니 열두 봉우리로다.'라고 하고, 또 '투호하고 바둑 두니 육의의 청운보다 훨씬 낫고 술잔 잡고 달에게 물으니 완연히 삼등의 고루인 듯하다.'라고 하였다. 유선관에는 '옥향로에 향 사르니 황홀히 구름 속에 내려오고, 붉은 난간에서 젓대 부니 희미하게 달빛 아래 만난다.'라고 하였고, 십이 난간에는 '물에 비치는 붉은 난간, 그당의 기이한 봉우리'라고 하였다. 또 절구 한 수를 읊으시기를 …… 〔壬子暮春之旬有三日, 王父以巡節省春屬部, 遵路于成都, 小子從焉. 夕次江東縣.…… 翌日入成都, …… 舍于留仙之觀, …… 明朝試儒武于樓上, …… 又明日大書柱聯刻揭仙樓曰縹緲第一樓觀, 羅絡十二峯巒. 又曰投壺圍棋, 逈勝六宜之淸韻, 把酒問月, 宛似三登之高樓. 留仙觀曰玉爐燒香, 恍惚雲中之降, 朱欄弄笛, 依俙月下之逢. 十二欄曰映水朱欄。高唐奇峰。又呼一絶曰……〕"이라고 한 기록에 근거할 때, 이 시는 1792년 3월 16일에 지은 것이다. 일제강점기에 촬영한 아래 사진에 이계가 썼을 것으로 보이는 주렴 구절이 보이며 이는 홍경모가 언급한 강선루 주렴 첫 구절의 글자와 동일하다. 평성 '우(尤)'운의 칠언절구이다.

푸른 봄날 강선루[151]에 다시 오니	青春重到降仙樓
산색과 물빛이 지난 가을보다 낫네	山色波光勝去秋
열두 난간 머리에 큰 글자 적어 거니	十二欄頭題大字
아침노을이 옥 염구[152]로 날아 들어오네	朝霞飛入玉簾鉤

그림 18 유선관 내부 처마(국립중앙박물관 소장 조선총독부박물관 유리건판-건판017954)

151 강선루(降仙樓) : 성천도호부 객사의 부속 건물로 유선관과 이어져 있다. 291쪽 주52 참조.

152 염구(簾鉤) : 주렴을 거는 갈고리를 가리킨다.

일찍 출발하여 우제령을 넘어 정오에 태천의 자작원에서 밥을 지어 먹다[153]

早發踰牛蹄嶺 午炊于泰川之自作院

삼월에 추위가 여전히 드세니 三月寒猶競
일천 산 기색이 곱지 못해라 千山氣不妍
이른 꽃은 이제 막 껍질이 터지고 早花初甲坼
늙은 나무는 아직 주먹 쥐듯 오그라져 있네 老樹尙拳攣
변경과 본디 가까운 곳이라 自是塞門近
춘령 어김을 관계치 않는다네[154] 非關春令愆
농부들 절기를 잘 아니 農人能識節
곳곳에서 황폐한 전답 갈아엎누나 處處墢荒田

153 일찍……먹다 : 이 작품은 이계가 68세 되던 1791년(정조15) 4월에 평안도 관찰사로 제수되어 가서 있던 기간 중에 휘하 고을들에 봄 순시를 다니던 중 태천현(泰川縣)을 지나며 지은 시이다. 우제령은 태천현의 동쪽으로 운산군(雲山郡)과의 경계에 있는 고개 이름이고, 자작원은 태천현 서쪽의 자작현(自作峴)을 가리킨다. 평성 '선(先)'운의 측기식 수구불용운체 오언율시이다.

154 변경과……않는다네 : 북쪽 변방의 추운 고을이라 봄이 되면 시행할 정령(政令)을 시기에 맞추지 않더라도 상관이 없다는 말이다.

산길을 지나 의주로 들어서며[155]

今行取路中山 複峽棧路 峻險崎嶇 入龍灣界 始得平野

이번 행로는 산중으로 길을 잡아 겹겹 골짜기며 잔도가 가파르고 험하다가 용만 경계에 들어서고서야 평야가 나왔다.

귀주는 북방 들녘으로 이어졌는데	龜州連朔野
겹겹 골짜기 수레가 지날 수 없네	重峽不容輪
옛 성채에는 꽃이 수자리 서고	古壘花爲戍
황량한 마을은 사슴과 이웃하네	荒村鹿與隣
전전하며 여섯 고을 다니고	間關行六郡
길 위에서 석 달 봄을 보냈네	征邁了三春
어느새 용만 경계에 들어서니	乍入龍灣界
산하의 물색이 새로워라	山河物色新

155 산길을……들어서며 : 이 작품은 이계가 68세 되던 1791년(정조15) 4월에 평안도 관찰사로 제수되어 가서 있던 기간 중에 휘하 고을들에 봄 순시를 다니던 중 험한 산길을 지나 의주부(義州府)로 들어서며 지은 시이다. 용만은 의주의 별칭이다. 평성 '진(眞)'운의 평기식 수구불용운체 오언율시이다.

위화도에서 사냥하는 것을 구경하며[156]

觀獵威化島

4월 초하루에 위화도에서 사냥하는 것을 구경하러 수령들과 함께 압록강을 건너고 또 난자강(蘭子江)[157]을 건너 20리를 가서 섬으로 들어가니 평야가 쟁반과 같고 둘레가 30리는 되었다. 기병과 보병의 무사 수천 명이 사면에서 에워싸고 기녀 수십 명이 말을 타고 치달리니,[158] 이를 구경하는 의주부 사민(士民)의 수가 일만을 헤아렸다. 내가 드디어 깃발과 북을 세우고 그 뒤를 따르니 포획한 노루며 토끼, 꿩과 기러기 따위가 거의 수레에 가득 차 근고(近古)에 없던 일이라 하였다. 크게 시상하고서 고기를 삶고 술을 베푼 다음 검무(劍舞)를 관람하고 저녁에 파하고 돌아왔다.

장수가 봄 사냥을 큰 강가에서 하니　　元戎春獵大江邊

156 위화도에서……구경하며 : 이 작품은 이계가 68세 되던 1791년(정조15) 4월에 평안도 관찰사로 제수되어 가서 있던 기간 중에 휘하 고을들에 봄 순시를 하며 의주(義州)에 당도하여 압록강 가운데에 있는 위화도에 가서 사냥을 구경하며 지은 시이다. 위화도는 압록강이 운반한 토사(土砂)의 퇴적으로 강 가운데 만들어진 섬으로 고려 우왕(禑王) 14년(1388) 5월 요동(遼東) 정벌 때 우군도통사(右軍都統使) 이성계(李成桂)가 이곳에서 회군(回軍)하여 조선(朝鮮)을 개창하는 계기를 만든 곳이다. 평성 '선(先)'운의 평기식 수구용운체 칠언율시이다.

157 난자강(蘭子江) : 압록강의 지류이며 난자강(難子江), 점어강(鮎魚江)으로도 불리던 곳이다.《與猶堂全書 大東水經 其一 淥水 二》

158 기병과……치달리니 : 316쪽 주106 참조.

더딘 햇살 내리쬐는 평원에 경물이 고와라	遲日平原景物姸
일만 말 달리니 바람은 방초 속에서 일어나고	萬馬風生芳草裏
일백 꽃 피니 향기가 채색 깃발 앞에 밀려오네	百花香撲畫旌前
창 휘두르며 짐승 때리니 아침 안개 갈리고	揮戈格獸排朝霧
북 두드리며 고기 내리니 저녁 연기 자욱하네[159]	伐鼓行炰漲夕煙
이곳은 원래 왕업이 흥기한 곳이니	此地由來王跡起
지금까지 상서로운 기운 자욱하게 왕성하네[160]	至今佳氣鬱葱然

159 북……자욱하네 : 원문의 '행포(行炰)'는 삶고 구운 고기를 전해주는 행위를 가리키며, '석연(夕煙)'은 일반적인 저녁 연기라는 뜻 외에도 특히 저녁 무렵 취사(炊事)하느라 피어오르는 연기를 가리키기도 한다.

160 지금까지……왕성하네 : 원문의 '가기울총연(佳氣鬱葱然)'은 특히 제왕의 기운을 두고 한 말이다. 후한(後漢)의 광무제(光武帝)가 흥기하기 이전에 기운을 살피는 사람인 소백아(蘇伯阿)가 광무제 유수(劉秀)의 고향인 용릉(舂陵)을 멀리서 보고 "기운이 상서롭구나. 자욱하고 왕성하구나.〔氣佳哉. 鬱鬱葱葱然.〕"라고 감탄하였다.《後漢書 卷1 光武帝紀》

백마산성에서 임장군 경업의 영당에 참배하다[161]

白馬山城 拜林將軍慶業影堂

161 백마산성에서……참배하다 : 이 작품은 이계가 68세 되던 1791년(정조15) 4월에 평안도 관찰사로 제수되어 가서 있던 기간 중에 휘하 고을들에 봄 순시를 하며 의주(義州)의 백마산성에 있는 임경업의 영당에 참배하며 지은 시이다. 백마산성은 의주에 있던 석성(石城)으로, 내성은 고려 현종(顯宗) 때 강감찬(姜邯贊)이 쌓고, 조선 인조 때 임경업이 다시 쌓았으며, 서남쪽으로 지형이 매우 험하다. 임경업(1594~1646)은 인조 때의 무신으로 본관은 평택(平澤), 자는 영백(英伯), 호는 고송(孤松), 시호는 충민(忠愍)이다. 병자호란 당시 백마산성을 지키고 있었으나 청나라 군대는 임경업을 공격하지 않고 백마산성을 우회하여 곧바로 한양으로 진격하였다. 조선이 청나라에 항복한 이후에도 임경업은 명나라와 내통하다가 그 사실이 발각되었다. 결국 명나라로 망명하여 총병(總兵)이 되어 청나라를 공격하다가 포로가 되었고 조선으로 송환되어 장살(杖殺)당했다. 숙종 때에 복관(復官)되었다. 백마산성 내성 안에는 강감찬과 임경업을 배향한 현충사(顯忠祠)가 있었다. 평성 '한(寒)'운의 칠언절구이다.

그림 19 의주 백마산성 현충사 전경(국립중앙박물관 소장 조선총독부박물관 유리건판-건판028563)

장군의 유상이 층단에 걸려 있으니 將軍遺像掛層壇
백마산성은 차가운 압록강에 임해 있네 白馬城臨鴨水寒
지척의 중원은 어떤 세상이완대 咫尺中原何世界
지금까지 꼿꼿이 곤두선 머리털이 갓을 찌르려 하나[162] 至今壯髮欲衝冠

162 지척의……하나 : 머리털이 갓을 찌른다는 것은 웅혼하고 분기탱천한 사람의 기운이 위로 치솟는 모습을 형용한 말이다. 중원이 오랑캐인 여진족의 천하가 되었으므로 임경업 영령의 기운이 분기탱천함을 표현한 것이다.

청류당에서 두견꽃이 산에 가득한 중에 천연정에 올라 춤을 구경하다[163]

聽流堂 杜鵑滿山 登天淵亭觀舞

한 굽이 시내와 산이 변경에 가까우니　一曲溪山近塞門
강가 작은 누각에서 좋이 술동이 여노라　臨流小閣好開樽
꽃은 화극[164] 맞이하려고 바위 사이에서 나오고　花迎畫戟巖間出
바람은 비단 적삼 날리려고 물 밑에서 번드치네　風掣羅衫水底翻
전배들 풍류로는 시가 벽에 가득하고　前輩風流詩滿壁
중화인 품평은 필적이 흔적으로 남았네　華人題品墨留痕

석벽(石壁)에 '제일계산(第一溪山)' 네 글자가 있는데, 중국 사신 주지번(朱之蕃)의 필적이라 전해진다.

스무 해 벼슬살이 동안 세 번 와 보았더니　廿年宦跡曾三到
봄빛을 또 한 차례 누리게 되었구나　領得春光又一番

163 청류당에서……구경하다 : 이 작품은 이계가 68세 되던 1791년(정조15) 4월에 평안도 관찰사로 제수되어 가서 있던 기간 중에 휘하 고을들에 봄 순시를 하며 평안도 용천부(龍川府)에서 지은 시이다. 청류당은 용천부의 역참인 양책관(良策館)에 있던 건물로 당 앞에 시내가 흘러 청류당이라 하였다. 읍지나 지도 등에는 나오지 않으나 작자 미상의 《계산기정(薊山紀程)》과 김정중(金正中)의 《연행록(燕行錄)》에 청류당과 천연정을 함께 언급한 것으로 보아 천연정은 청류당에 인접해 있던 정자로 보인다. 평성 '원(元)'운의 측기식 수구용운체 칠언율시이다.

164 화극(畫戟) : 화려하게 색칠한 목창(木槍)으로 관부(官府)의 문을 지킬 때 병졸들이 쥐고 호위하는 것으로, 여기서는 관찰사인 이계의 행차를 말한 것이다.

가산으로 향하며[165]

向嘉山

삼월에 봄 순수 나서 사월에 돌아가니　三月行春四月還
천 리의 강역이 말발굽 사이로다　提封千里馬蹄間
청천강은 북쪽으로 연제[166]의 바다에 흘러들고　淸川北注燕齊海
묘향산은 서쪽으로 북방 변경 산에 이어지네　香嶽西連朔漠山
닭과 개 우는 소리 서로 들리나니 모두 비옥한 들판이요
鳴吠相聞皆沃野
배와 수레 서로 모이나니 모두 웅대한 관문이라　舟車交會摠雄關
백 년 동안 백성 편안히 쉬게 하고 길러 왕풍이 멀리 미치니
百年休養王風遠
꽃 가득한 변경 성에 수자리 북 한가해라　花滿邊城戍鼓閑

165 가산으로 향하며 : 이 작품은 이계가 68세 되던 1791년(정조15) 4월에 평안도 관찰사로 제수되어 가서 있던 기간 중에 휘하 고을들에 봄 순시를 하고서 평양으로 돌아가는 길 가산으로 향하며 지은 시이다. 가산은 오늘날의 평안북도 박천군(博川郡)으로 평안남도와의 경계에 있다. 평성 '산(刪)'운의 평기식 수구용운체 칠언율시이다.

166 연제(燕齊) : 옛 연나라와 제나라 지역인 중국의 산동(山東) 지역을 가리킨다.

비를 무릅쓰고 숙녕으로 향하며[167]

冒雨向肅寧

안북[168] 성 머리에서 새벽 호각 부니 安北城頭曉角吹
장정[169]에 네 마리 말 모는 수레 천천히 떠나간다 長亭駟馬去逶遲
바람에 하늘거리는 실버들은 깃발에 번드치고 風搖細柳翻旗脚
빗방울에 떨어진 가벼운 꽃잎은 창날에 점점이 붙네 雨打輕花點戟枝
천 리의 창생은 임석에 돌아오고[170] 千里蒼生回衽席
석 달 봄 아름다운 기운은 수레 휘장에 가득하다 三春佳氣滿襜帷
산의 봉화와 바다 수자리가 모두 다 무탈하니 山烽海戍俱無恙
수레에 기대 돌아가며 좋이 시를 읊조리노라 憑軾歸來好賦詩

167 비를……향하며 : 이 작품은 이계가 68세 되던 1791년(정조15) 4월에 평안도 관찰사로 제수되어 가서 있던 기간 중에 휘하 고을들에 봄 순시를 하고서 평양으로 돌아가는 길에 숙녕역(肅寧驛)으로 향하며 지은 시이다. 숙녕역은 평안도 숙천도호부(肅川都護府)에 속한 역원(驛院)의 이름으로 숙천부 서쪽 2리 지점에 있던 곳이다. 평성 '지(支)'운의 측기식 수구용운체 칠언율시이다.

168 안북(安北) : 평안도 안주목(安州牧)의 옛 이름이다.

169 장정(長亭) : 옛날에 행인들의 휴게소로서 5리(里)마다 단정(短亭)을 설치하고 10리마다 장정을 설치하였다.

170 천……돌아오고 : 창생은 백성을 가리키고, 임석은 침실의 이부자리를 가리키는 것으로, 백성들을 잘 다스려 백성들이 안락을 누리게 한다는 말이다.

저녁에 안정에 당도하여 길에서 읊다[171]

暮抵安定 道吟

부슬부슬 황매우[172]에 시냇물이 불어나니 黃梅小雨長溪痕
바람이 행차 깃발에 일렁여도 젖어서 날리지 않네 風颭行旌濕不飜
관교에 말을 세우니 산은 어둑해지려 하고 立馬官橋山欲暝
닭울음 소리 멀리 일백 꽃 핀 마을에서 들리네 鷄聲遙在百花村

171 저녁에……읊다 : 이 작품은 이계가 68세 되던 1791년(정조15) 4월에 평안도 관찰사로 제수되어 가서 있던 기간 중에 휘하 고을들에 봄 순시를 하고서 평양으로 돌아가는 길에 순안현(順安縣)에 당도하여 지은 시이다. 안정은 평안도 순안현에 속한 군명(郡名)이다. 평성 '원(元)'운의 칠언절구이다.

172 황매우(黃梅雨) : 매실이 노랗게 익어가는 시절에 내리는 비로, 보통 장맛비를 가리킨다.

평양에 돌아와[173]

還平壤

서관의 형승이 동방에서 으뜸이니　西關形勝冠東寰
이어진 별들 아득히 두미 사이에 나뉘었네[174]　星絡遙分斗尾間
맹장의 영웅다운 풍모는 청살수에 있고[175]　猛將英風淸薩水
신인의 기이한 자취는 묘향산에 있도다[176]　神人異迹妙香山
삼한으로 나뉘고 호랑이처럼 할거한 것 어느 때였나　三分虎踞曾何世
백묘와 구주[177]는 오히려 뒤쫓을 수 있어라　百畝龜疇尙可攀

173 평양에 돌아와 : 이 작품은 이계가 68세 되던 1791년(정조15) 4월에 평안도 관찰사로 제수되어 가서 있던 기간 중에 휘하 고을들에 봄 순시를 하고서 평양으로 돌아와 지은 시이다. 평성 '산(刪)'운의 평기식 수구용운체 칠언율시이다.

174 이어진……나뉘었네 : 두미는 28수(宿) 중의 두수(斗宿)와 미수(尾宿)이다. 이 두수와 미수 사이에 속한 별자리의 분야(分野)를 석목진(析木津)이라 하였고, 이는 중국의 동북방인 유주(幽州)와 요동(遼東) 그리고 우리나라를 비추는 자리이다.

175 맹장(猛將)의……있고 : 청살수는 과거에 살수(薩水)로 불렸던 청천강(淸川江)을 가리킨다. 고구려 영양왕(嬰陽王) 23년(612)에 수 양제(隋煬帝)가 수십만 대군을 이끌고 고구려를 침공하기 위해 청천강을 건널 때, 당시 고구려의 명장 을지문덕(乙支文德)이 그들을 배후에서 공격하여 패퇴시킨 살수대첩(薩水大捷)을 가리킨 것이다.

176 신인(神人)의……있도다 : 하늘에서 묘향산 박달나무 아래로 내려온 환웅(桓雄)이 곰에서 사람으로 화한 웅녀(熊女)와 혼인하여 단군(檀君)을 낳았다고 하는 신화를 가리킨 것이다.

177 백묘(百畝)와 구주(龜疇) : 백묘는 정전제(井田制)를 가리킨다. 《맹자》〈등문공 상(滕文公上)〉에, "사방 1리가 정이니 정은 900묘이다. 그 가운데가 공전이니 여덟

성인의 교화가 지금 옛날보다 뛰어나니　　聖化卽今超往古
인가의 연기 천 리에 용만[178]까지 이어졌네　　人煙千里接龍灣

집에서 모두 100묘를 사전으로 받아서 함께 공전을 가꾸어 공전의 일을 끝마친 다음에 감히 사전의 일을 다스린다.〔方里而井, 井九百畝. 其中爲公田, 八家皆私百畝, 同養公田, 公事畢然後, 敢治私事.〕"라고 하였다. 구주는 은(殷)나라의 왕족이던 기자(箕子)가 주(周)나라 무왕(武王)에게 전수했다는 홍범구주(洪範九疇)를 가리킨다. 이는 모두 조선에 봉해진 기자의 사적(事跡)을 말한 것이다.

178 용만(龍灣) : 중국과의 접경 지역인 의주(義州)의 별칭이다.

조카의 급제를 축하하며[179]

鄭甥東榦登科唱名 上特賜內部童樂 俾榮到浿上 設宴志喜

조카 정동간이 과거에 급제하여 창명[180]되어 임금께서 특별히 내부의 천동(天童)과 악수(樂手)[181]를 내려 패수(浿水) 가로 영도[182]하게 하였기에 연회를 베풀고 기쁜 마음을 기록하였다.

선동이 소매 연이어 가고 맑은 젓대 소리 울리니　仙童連袂動淸笳
황갑[183]의 은혜로운 영광이 고가[184]에 넘쳐나네　黃甲恩榮侈故家

179 조카의 급제를 축하하며 : 이 작품은 이계가 68세 되던 1791년(정조15) 4월에 평안도 관찰사로 제수되어 가서 있던 기간 중에 문과에 급제하여 평양으로 유가(遊街)를 온 조카 정동간을 위해 연회를 베풀고 기쁜 마음을 표현한 시이다. 정동간(1755~1813)은 본관은 동래(東萊), 자는 경행(敬行)이다. 이계의 누이인 풍산홍씨(豐山洪氏)와 정만순(鄭晩淳)의 아들로 이계에게는 조카가 된다. 이계가 평안도 관찰사로 재직 중이던 1792년(정조16) 식년시 문과에서 병과로 급제하였다. 의정부 검상(議政府檢詳), 이조 참의(吏曹參議) 등을 역임하였다. 정동간의 문과 급제가 1792년이므로 이 시를 지은 시점도 1792년이 된다. 평성 '마(麻)'운의 평기식 수구용운체 칠언율시이다.

180 창명(唱名) : 과거 급제자의 명단을 발표하는 방방(放榜) 때에 과거 급제자의 이름을 크게 호명하는 절차를 가리킨다.

181 천동(天童)과 악수(樂手) : 급제자가 광대와 악공들을 거느리고 풍악을 울리며 거리를 돌며 시험관과 선배 급제자와 친지 등을 찾아뵙는 유가(遊街) 때에 급제자를 앞에서 이끄는 어린아이를 천동이라 한다. 악수는 앞에서 음악을 연주하는 악공들이다.

182 영도(榮到) : 과거에 급제하여 영광스럽게 돌아오는 것이다.

183 황갑(黃甲) : 황색 종이에 쓴 과거 갑과(甲科) 급제자의 명단으로, 문과(文科)에

물고기와 새는 천상의 음악을 놀라며 듣고 魚鳥驚聽天上樂
강과 산은 달 속의 꽃[185]을 서로 비추네 江山交映月中花
높은 누각의 춤추는 검은 석양을 되돌리고[186] 高樓舞劍回斜日
푸른 강물에 펼쳐진 돛에 저녁놀 흩어진다 綠水揚帆散晩霞
자리 가득 사대부들 우악하신 성은 노래하니 滿席衣冠歌聖渥
몸 기울여 천 리 너머 서울 바라보노라 側身千里望京華

급제하는 것을 가리킨다.

184 고가(故家) : 대대로 조정에서 벼슬한 이름 있는 양반 가문을 가리킨다.

185 달 속의 꽃 : 문과에 급제한 사람의 머리에 꽂는 월계수(月桂樹)의 꽃가지를 가리킨 것이다.

186 높은……되돌리고 : 검무를 출 때의 검기(劍氣)가 해를 되돌릴 정도로 씩씩하여 지는 해를 되돌릴 정도였다는 말이다. 《회남자(淮南子)》〈남명훈(覽冥訓)〉에 "노 양공이 한나라와 원한이 있어 한창 전쟁을 하는데 해가 저물려 하자 창을 잡고 해를 향해 휘두르니, 해가 90리를 되돌아왔다.〔魯陽公與韓構難, 戰酣日暮, 援戈而撝之, 日爲之反三舍.〕"라고 하였고, 당(唐)나라 왕한(王翰)의 〈고장성음(古長城吟)〉에 "장사가 창을 휘둘러 흰 해를 되돌리니, 선우가 피를 뿌려 붉은 수레바퀴를 물들인다.〔壯士揮戈回白日, 單于濺血染朱輪.〕"라고 하였다.

분무대 낙성연 시[187] 병서

奮武臺落成讌詩 幷序

임금께서 서쪽 변경은 무비(武備)를 갖추어야 할 지역인데 태평세월에 젖어 무력이 튼튼하지 않다고 여기셨다. 그리하여 관찰사에게 명하여 말위(靺韋)[188]의 군사들을 크게 검열하되, 평양과 안주(安州)[189] 2백 리 안에는 모두 두 병영에 다 모이게 하고, 그 나머지 먼 곳의 고을에는 각기 도회(都會)[190]를 설치하여 시관(試官)을 정하여 각각

187 분무대 낙성연 시 : 이 작품은 이계가 68세 되던 1791년(정조15) 4월이 평안도 관찰사로 제수되어 가서 있던 기간 중에 평양 병영의 장대(將臺)인 분무대를 중수를 낙성한 날에 당시 평안도에서 있었던 무과 취재(取才)를 함께 기념하며 지은 시이다. 본집 권20 〈분무대중수기(奮武臺重修記)〉에 따르면, 분무대는 평양성 안에 있는 다섯 병영 가운데 중영(中營)의 대장대(大將臺)로, 시설이 낡고 헐어 이계가 부임한 이듬해인 1792년 4월에 공역을 시작하여 30일 만에 공역을 끝냈다고 하였다. 이 기록과 본시의 서문을 참조하면 이 시는 1792년 5월 6일에 지은 것이다. 평성 '한(寒)'운과 '산(刪)'운을 통운하여 쓴 측기식 수구용운체 칠언율시이다.

188 말위(靺韋) : 붉은 색 가죽 옷이라는 뜻으로 장수의 갑옷을 가리킨다. 춘추시대 진(晉) 나라 장수 극지(郤至)에게 초(楚)나라 임금이 감사의 뜻을 전하면서 "격전 중에 붉은색 가죽 바지를 입은 분이 군자의 풍모를 보여주면서 나를 보고는 다른 곳으로 피해 가곤 하였는데, 혹시 부상은 당하지 않았는지 모르겠소.〔方事之殷也, 有靺韋之跗注, 君子也, 識見不穀而趨, 無乃傷乎.〕"라고 말한 데에서 유래한 것이다.《春秋左氏傳 成公16年》

189 안주(安州) : 평안북도 병영의 소재지였다.

190 도회(都會) : 식년(式年)에 생원(生員)·진사시(進士試)와 문무과(文武科)를 막론하고 먼저 각도에서 초시(初試)인 향시(鄕試)를 보이는데, 각도에서 도내의 유생 또는 무사를 등록하여 향시를 보이는 곳을 가리킨다.

의 기예를 취해서, 갖추어 계문(啓聞)하게 하셨다. 그리하여 입격한 자 가운데 한량(閑良)[191]에게는 특별히 급제의 자격을 하사하고, 이미 출신(出身)한 자에게는 한 자급(資級)을 올려주고, 우등(優等)한 자에게는 실직(實職)을 제수하니 총 백여 사람이었다. 그러자 한 방면이 고무되어 나라를 보위하고 적개(敵愾)하려는 뜻을 품지 않는 이가 없었으니 진실로 세상에 보기 드문 성대한 일이었다. 이때에 분무대를 새로 지어 낙성하였는데 마침 성지(聖旨)가 내려온 날과 서로 맞아떨어졌으니 어찌 우연한 일이겠는가. 이에 속읍(屬邑)의 입격한 무사들에게 격문을 보내어 불러서 분무대에 크게 연회를 열고, 여러 고을의 도회 또한 그렇게 하였다. 5월 6일로 길일을 정하니, 수령 십여 인원과 전직 문무관원 삼십여 사람이 모였다. 풍악을 펼치고 유희를 베풀고서 술이 몇 순배 돌자 무사들이 모두 머리를 땅에 조아리고 일어나 춤추면서 성은을 칭송하였다. 이에 칠언시를 지어 기쁨을 표하니 수령들이 화운(和韻)하였다.

우뚝 솟은 높은 누대에 채색 방패 늘어서니	崔屼高臺列畫干
용사와 금고[192]가 층층 난간 옹위했네	龍蛇金鼓擁層欄
천 길 절벽을 깎아 세운 지형이요	地形削立千尋壁
백 리 산세가 평평하게 굽어 보이는 풍광이로다	眼界平臨百里山
긴 햇살에 깃발 그림자 기욺을 완전히 잊고	永日渾忘旗影倒

191 한량(閑良) : 아직 아무 무과에도 급제하지 못한 무반(武班) 사람을 가리킨다.
192 용사(龍蛇)와 금고(金鼓) : 용사는 창과 같은 무기(武器)를 가리키는 말이고, 금고는 근대를 지휘할 때 신호로 쓰던 징과 북을 가리키는 말이다.

더운 바람은 도리어 싸늘한 검광을 피하네 炎風却避劍光寒
바다 같은 성은에 환호하는 소리 우레처럼 울리니 歡聲雷動恩如海
조화로운 기운 넘실넘실 옥관[193]에 가득하여라 和氣洋洋滿玉關

193 옥관(玉關) : 중국의 서쪽 변경 끝인 옥문관(玉門關)으로, 여기서는 조선의 서쪽 변경인 평안도를 가리킨 것이다.

석호정[194]

石湖亭

정자는 대동강(大同江)과 보통강(普通江) 두 강이 합류하여 바다로 들어가는 지점에 있는데, 평평한 호수가 아득하여 끝을 분간할 수 없고 먼 산이 둘러싸고 있어 그림처럼 산뜻하고 곱다. 그리고 석봉(石峯)이 호수 안으로 굽어 들어가는데 정상에는 채색 누각이 서 있다.

194 석호정 : 이 작품은 이계가 68세 되던 1791년(정조15) 4월에 평안도 관찰사로 제수되어 가서 있던 기간 중에 평양 석호정의 풍광을 읊은 시이다. 석호정은 평양 서남쪽 40리 지점에 있던 정자이다. 평성 '동(東)'운의 평기식 수구불용운체 오언율시이다.

그림 20 해동지도(海東地圖) 평양부(平壤府)의 석호정 부분

탁 트이고 광활한 풍경이 거의 동정호(洞庭湖)의 군산(君山)[195] 다음이니, 연광정(練光亭)과 부벽루(浮碧樓)가 앞자리를 양보해야 마땅할 것이다.

큰 강이 서쪽 구렁으로 달려드니[196] 大江西赴壑
기이한 석봉이 물결 가운데 우뚝 솟아 있네 奇石屹波中
깊은 강물은 하늘과 함께 희고 積水兼天白
비낀 석양은 바다로 기울어져 붉어지네 斜陽倒海紅
어룡은 깊은 물결에 잠겨 있고 魚龍收暗浪
가무는 개인 하늘에 펼쳐지네 歌舞倚晴空
온종일 돌아가는 배를 멈추니 盡日停歸棹
가을 회포 아득하니 끝이 없어라 秋懷渺不窮

195 동정호(洞庭湖)의 군산(君山) : 군산은 중국 호남(湖南) 동정호 가운데에 있는 산 이름이다.

196 구렁으로 달려드니 : 바다로 흘러드는 모습을 말한 것이다.

만경대[197]

萬景臺

대는 평양 서남쪽 25리 지점에 동쪽과 서쪽의 강이 합류하는 곳에 있다. 강기슭 위로 높은 언덕이 불룩 솟아 있고 그 정상은 쟁반처럼 평평하여 누대를 세울 만하다. 앞으로는 세 강이 굽어 돌고 크고 작은 섬들이 엇갈려 펼쳐져 있는데 광활하게 바라보면 거의 백 리에 가깝다. 먼 산들이 둘러싸고 있고 산봉우리들은 기이하고 빼어나 석호(石湖)보다 더욱 승경(勝景)이니 나라 안에 필적할 만한 곳이 없는 지역이라 이를 만하다.

일백 시내 동쪽으로 패강 물가로 흐르니	百川東注浿江濆
강의 형세 굽어 돌아 파 자 모양이로다	江勢彎回巴字文
땅 갈라져 세 갈래 강줄기 서쪽 바다로 흘러들고	地劃三條西入海
하늘 낮아 일만 봉우리 위로 구름 가르네	天低萬岫上橫雲
겹겹 이어진 배들은 끊임없이 밀려오고	重重帆檣來無盡

197 만경대 : 이 작품은 이계가 68세 되던 1791년(정조15) 4월에 평안도 관찰사로 제수되어 가서 있던 기간 중에 평양 만경대의 풍광을 읊은 시이다. 만경대는 동쪽에서 보통강(普通江)이 남쪽으로 흘러 대동강과 합류하고 서쪽에서 순화강(順和江)이 남동쪽으로 흘러 대동강과 합류하는 지점에 형성되어 있다. 앞의 〈석호정〉 시의 작품해제에 있는 그림 속 석호정 맞은편이 바로 만경대이다. 예로부터 명승지였으며 오늘날은 김일성 생가를 중심으로 북한의 혁명사적지로 조성되어 있다. 평성 '문(文)'운의 평기식 수구용운체 칠언율시이다.

아득히 넓은 강변은 분간할 수 없이 묘연해라　　漢漢汀洲杳不分
황학 악양[198]과 응당 백중지세이리니　　黃鶴岳陽應伯仲
동쪽 삼한 땅 천 리에 다시 어디와 짝하랴　　東韓千里更誰群

198 황학(黃鶴) 악양(岳陽) : 중국 남창(南昌)의 등왕각(滕王閣)과 함께 중국의 3대 명루(名樓)로 꼽히는 무창(武昌)의 황학루와 동정호의 악양루를 가리킨다.

순행(巡行)을 출발하여 강동(江東)의 남강을 건너 삼등(三登)으로 향하다[199]

發巡渡江東南江向三登

행렬이 기다랗게 먼 물굽이 따라가자	行旆逶迤溯遠灣
맑은 가을 경물이 아스라이 펼쳐지네	淸秋物色逈開顔
한 해에 거듭 강동의 물을 건너니	一年重渡江東水
천 리에 장차 북변의 산 다하려 하네	千里將窮塞北山
온 들의 벼와 마는 수확을 차례로 하고	滿野禾穈收次第
행차 맞는 부로들은 다투어 뒤따르네	迎車父老競追攀

199 순행(巡行)을……향하다 : 이 시는 1791년(정조15) 4월에 이계가 68세의 나이로 평안도 관찰사로 부임하여, 이듬해 1792년 가을 추수 무렵 순행할 때 지은 작품이다. 이계는 평안도 감영에 도착하여 9월에 고창성(古昌城)과 철옹산성(鐵甕山城) 등을 둘러보았다. 이어 이듬해 봄 대동강 물이 풀리자 봄 순행을 시작하여 강동의 만류제(萬柳提), 백마산성(白馬山城), 석호정(石湖亭), 만경대(萬景臺) 등을 둘러보고, 추수 무렵 가을 순행을 출발하며 지은 시이다. 강동은 평양의 서쪽과 삼등의 북쪽에 있다. 남강은 강동현 남쪽 1리에 있는 수정천(水精川)을 가리키는 것으로 보인다. 따라서 가을 순행 때 이계는 평양 감영을 나가 서쪽으로 강동현에 이르렀고, 그곳에서 북쪽으로 방향을 틀어 수정천을 넘어 삼등현으로 간 것이다.

수련에서는 맑은 가을에 관찰사의 행렬이 먼 굽이를 따라 기다랗게 줄을 지어 가는 것을 묘사하였다. 함련 1구에서 한 해에 거듭 강동의 물을 건넜다고 읊은 것은 봄 순행 때 이계가 강동의 만류제에 들렀기 때문이다. 경련에서는 가을이 되어 벼수확을 하는 모습과 관찰사의 가을 순행을 맞이하는 부로들의 모습을 읊었다. 미련에서는 노을에 물든 황학루의 모습을 읊어 마무리하였다. 평성 '산(山)' 운의 측기식 칠언율시이다.

저 멀리 노을 지는 만 그루 숲 속에	遙看萬樹斜陽裏
높다란 황학루가 가물가물 바라뵈네	黃鶴高樓隱現間

황학루에 적다[200]

留題黃鶴樓

지난 무인년(1758, 영조34)에 내가 강동 현감으로서 삼등 현감을 겸임하고 있을 때 황학루에 노닐었다. 작년 신해년(1791, 정조15) 가을에 순절(巡節 관찰사)로서 와서 묵었고, 올 가을에 또 여기에 왔다. 적선(謫仙)의 시에 "세 번 황학루에 올랐네.〔三登黃鶴樓.〕"라고 한 것과 천 년 세월을 건너뛰어 서로 부합하니,[201] 시를 적어 기록한다.

깨끗한 모래 푸른 절벽이 방주와 어우러지고　　明沙翠壁映芳洲

200 황학루에 적다 : 이 시는 1792년 가을 순행 때 황학루에 올라 지은 작품이다. 황학루(黃鶴樓)는 평안도 삼등현(三登縣) 남쪽 1리 지점인 능성강(能成江) 가에 있는 누대이다. 황학루가 선 곳은 앵무주(鸚鵡洲)의 적벽(赤壁)이다. 적벽은 마치 돌로 깎아서 세운 듯하고 물에 들어간 자라등과 같아 사람이 앉을 수 있는데, 이 언덕 위에 황학루가 있다고 한다.

기구의 푸른 절벽과 방주는 앵무주와 적벽을 가리키는 듯하다. 승구는 예전에 본 정경을 회상하며 읊은 것인바 지난 해 가을은 1791년 부임하던 해의 가을을 가리키는 듯하다. 전구의 삼숙(三宿)은 소서(小序)의 내용을 감안할 때 사흘이 아니라 세 번 묵은 것으로 보인다. 결구는 돌아가는 배를 흰 구름과 단풍이 배웅한다고 하여 황학루 주변의 가을풍경을 담아내었다. 평성 '우(尤)' 운의 칠언절구이다.

201 적선(謫仙)의……부합하니 : 시는 이백의 시 〈난리를 겪은 뒤……〔經亂離後天恩流夜郎憶舊遊書懷贈江夏韋太守良宰〕〉에 "한 번 청운객이 되어, 세 번 황학루에 올랐네.〔一忝青雲客, 三登黃鶴樓.〕"라고 한 것을 가리킨다.《御定全唐詩》 부합한다는 것은 이계가 황학루에 세 번 올랐고, 마침 황학루가 있는 고을도 삼등현이기 때문에 이렇게 말한 것이다.

달빛과 강물 소리가 예전 가을보다 아름답네　月色江聲勝去秋
황학루에 세 번을 묵었다 가노니　黃鶴樓中三宿去
흰 구름과 단풍이 돌아가는 배 옹위하네　白雲紅葉擁歸輈

성천에 머물면서 유생과 무사들을 시험한 다음 달빛 아래 비류강에 배를 띄우고[202]

留成都試儒武 乘月泛舟沸流江

달빛 아래 배를 매고 다리 위로 가노라니	月下維舟橋上行
나의가 앞에서 인도하고 옥피리 비껴 있네[203]	羅衣前導玉簫橫
강선루의 그림자 거꾸로 비치고 은하수 일렁이니	仙樓影倒星河動
열두 난간에 화려한 촛불 밝힌 듯 환하여라[204]	十二欄頭畫燭明

202 성천에……띄우고 : 이 시는 1792년(정조16) 가을 순행 때 성천도호부(成川都護府)에 들러 유생과 무사들을 시험하고 지은 작품이다. 비류강(沸流江)은 성천부의 객관인 동명관(東明館) 서쪽으로 흐르는 강이다. 대동강의 제1지류로 양덕군에서 시작하여 대동강에 합류한다.

기구는 비류강에 뱃놀이를 마친 다음 강 어귀에 배를 정박하고 다리로 올라가는 장면을 읊었고, 승구는 연회에 동원된 나졸과 악공의 피리 소리를 읊었다. 전결 양구는 강선루와 별빛이 일렁이는 강물에 거꾸로 비치는 모습을 읊었다. 평성 '경(庚)' 운의 측기식 칠언절구이다.

203 나의(羅衣)가……있네 : 나의는 나졸을, 옥피리는 악관을 가리킨다.

204 강선루의……환하여라 : 원문의 '선루(仙樓)'는 성천 객관의 부속 누각으로 비류강을 굽어보고 선 강선루를 가리키고, 열두 난간은 강선루의 모습을 상징적으로 나타낸 표현이다. 석북(石北) 신광수(申光洙, 1712~1775)는 그의 시 〈강선루〉에서 "강선루 열두 난간에 노래하고 춤추며 사람을 머물게 하니, 비류강 너머 무산을 주렴 걷고 바라보네.〔歌舞留人十二欄, 巫山隔水捲簾看.〕"라고 읊었다. 참고로 강선루의 오른쪽에 만든 방이 영롱각(玲瓏閣)이고, 그 왼쪽에 있는 마루가 도영헌(倒影軒)이다.

저녁에 유선관(留仙觀)에 묵었다. 베갯머리에 퉁소 소리가 멀리서부터 들려오기에 나도 모르게 일어나 앉았다. 문을 열고 바라보니 달빛이 온 강에 그득한데, 퉁소 소리가 어디서 나는지 알 수 없었다. 마침내 불을 켜고 짓다[205]

夜宿留仙觀 枕上聞簫聲自遠而來 不覺起坐 開戶視之 月色滿江 未知聲之起處 遂呼燭而題

유선관 밤 연회가 새벽종 칠 때까지 이어져	仙樓夜讌抵晨鐘
취하여 침상에 기댄 채 설핏 선잠 들었네	醉倚匡床睡未濃
어디선가 들려오는 한 줄기 피리 소리	一聲玉笛來何處
무산의 몇 번째 봉우리인지 알지 못하겠네[206]	不辨巫山第幾峰

205 저녁에……짓다 : 이 시는 1792년(정조16) 가을 순행 때 성천도호부(成川都護府)에 들러 객관인 유선관(留仙觀)에 묵으며 지은 작품이다. 유선관은 객관의 본채인 동명관의 서쪽 부속 건물로 강선루 곁에 있으며, 포암(圃巖) 윤봉조(尹鳳朝, 1680~1761)가 지었다. 이계의 손자 홍경모(洪敬謨, 1774~1851)가 18세 때 조부를 따라 평양 감영에 함께 왔으며, 이 가을의 순행에도 참여하였다. 《관암전서(冠巖全書)》 책16 〈선루배유기(仙樓陪遊記)〉에 그 전말이 있어 참조할 수 있다.

유선관에서 밤 연회를 열고 새벽까지 즐기고 선잠이 들었다가 퉁소 소리에 깨어 지은 시이다. 기승 양구는 시를 짓게된 배경을 압축하여 읊었다. 전구는 선잠이 들었을 때 문득 들려온 피리 소리를 포착하여 담았으며, 결구에서는 그 소리를 무산십이봉의 어디쯤일 것이라고 하여 궁금증과 여운을 남겼다. 평성 '동(冬)' 운의 평기식 칠언절구이다.

206 무산(巫山)의……못하겠네 : 무산은 성천부 서쪽 2리 지점에 있는 흘골산(紇骨山)의 다른 이름이다. 12개의 봉우리로 이루어져 있어 세상에서 '무산십이봉(巫山十二峯)'이라 부르기 때문에 이렇게 읊은 것이다.

은산(殷山)의 담담정(澹澹亭)에서 동악(東岳) 이안눌(李安訥)이 벽에 적어놓은 시어에 화답하다[207]

殷山澹澹亭 和李東岳壁上詩語

담담정의 벽에 동악이 지은 절구 한 수가 적혀 있었는데, "높은 누대가 어지러운 산봉우리를 굽어보고 섰으니, 아스라이 붉은 주렴이 반공에 걷혔구나. 구성진 피리 소리에 사람들 잠 못 이루고, 오경의 시린 달만 앞 내에 그득하네.〔高樓俯壓亂山巓 縹緲朱簾捲半天 長笛一聲人不寐 五更寒月滿前川.〕"라고 하였다.[208] 읽으니 나도 모르게 상쾌해

207 은산(殷山)의……화답하다 : 이 시는 1792년(정조16) 가을 순행 때 은산현(殷山縣)의 담담정(澹澹亭)을 방문하여 그 벽에 걸린 동악(東岳) 이안눌(李安訥, 1571~1637)의 시를 보고 그 시어에 화답해 지은 시이다. 은산현은 순천군의 서쪽, 성천부의 북쪽에 있던 고을이다. 담담정은 은산 현감으로 있던 신광미(申光美)가 짓고, 민제인(閔齊仁)이 '담담하게 무한한 광경(光景)과 정취(情趣)가 있는〔澹澹有無限景趣〕 정자'의 의미로 이름을 붙였다. 시의 내용으로 보아 높은 지대에 올라선 정자로 보이는데, 자세한 사항은 미상이다. 이 시는 제목에서 '시어에 화답한다'고 하였는데, 실제 이안눌의 시에 쓰인 운자 '전(巓)', '천(天)', '천(川)'은 전혀 쓰지 않고 기구의 '고루(高樓)'와 결구의 '오경한월(五更寒月)' 두 시어만을 따서 인용하였고, 승구에서 이안눌이 담담정에서 시를 지은 사실을 언급함으로써 내용상의 측면으로만 화답하였다. 흔히 볼 수 있는 화답시와는 다른 특이한 사례이다.

기승 양구에서는 전대의 시호(詩豪) 이안눌이 가을날 담담정에 올라 칠언절구를 읊은 사실을 회고하였다. 전구에서는 이안눌이 전날 보았고 자신이 지금 보고 있는 시야 가득한 풍경을 남들은 모를 것이라고 읊었고, 결구에서는 그것을 아는 존재는 오직 이안눌이 그날 시에서 읊었던 '오경의 시린 달' 뿐이라고 읊어 자신과 이안눌을 강하게 연결시켰다. 평성 '동(東)' 운의 평기식 칠언절구이다.

208 동악이……하였다 : 이 시는 《동악집(東岳集)》 권5에 실려 있으며, 원제는 〈은

졌다. 하지만 은산현의 담담정은 마땅히 삼등현의 황학루에 한 걸음 양보해야 한다. 마침내 시어를 써서 속편을 짓는다.

백 척의 높은 누대에서 가을바람 맞으며 서서	高樓百尺立秋風
취한 뒤 호탕하게 읊은 분으로 동악옹이 계시네	醉後豪吟有岳翁
눈길 가득한 산천을 사람들 모르건만	滿目溪山人不見
오경의 시린 달만 층공에 걸렸어라	五更寒月掛層空

산의 담담정에서 어진 현감 홍경망에게 써서 주다〔殷山澹澹亭書贈洪明宰景望.〕>이다. 기구의 '고루(高樓)'는 《동악집》에 '비정(飛亭)'으로 되어 있다. 의미상의 변화는 없다.

북쪽으로 순행을 출발하여 안주(安州)로 향하다[209]

發北巡 向安州

청북과 청남의 길이 예서 나뉘어[210]	淸北淸南路始分
역원과 수자리가 아득히 끝이 없네	長亭遠戍漭無垠
희미하게 보이는 변방의 산은 깃발과 같고	邊山隱見如旗脚

209 북쪽으로……향하다 : 이 시는 1792년(정조16) 가을 순행 때 은산현에서 다시 북쪽으로 출발하여 안주로 들어가며 지은 작품이다. 안주는 은산현, 숙천도호부(肅川都護府), 순천군(順川郡)의 북쪽에 있으며, 영변의 묘향산(妙香山)을 거쳐온 청천강(淸川江)이 흐르고 있다. 청천강 하구의 요충지로 읍성은 돌로 쌓은 석성(石城)이다. 성곽의 둘레가 4천 2백 55척, 높이가 12척이며 안에 우물과 샘이 18개 있으며 군창(軍倉)이 있는데 평양(平壤)·삼화(三和)·용강(龍岡)·강서(江西)·삼등(三登)·중화(中和)·성천(成川) 등지의 조세를 이곳에서 모은다.

수련은 안주의 청천강을 기준으로 평안도의 남부 지역과 북부 지역이 나누어짐을 읊었다. 함련의 1구는 안주를 둘러싼 산 가두산(加頭山)과 오도산(悟道山) 등의 원경을, 2구는 안주 평야를 가로지르는 청천강의 모습을 읊었다. 경련의 1구는 군진의 피리 소리가 들려오는 늦가을 안주성의 모습을 읊었고, 2구는 해가 질 무렵 영막의 모습을 읊었다. 모두 멀리서 안주성으로 다가가며 본 모습이다. 미련은 안주성 가까이로 들어서자 웅장한 안주성 앞으로 목사가 휘하 장교들을 거느리고 서둘러 관찰사 행차를 마중 나오는 모습을 읊었다. 평성 '문(文)' 운의 측기식 칠언율시이다.

210 청북(淸北)과……나뉘어 : 평안도는 청천강을 기준으로 그 이북을 청북(淸北), 이남을 청남(淸南)이라고 한다. 《계산기정》에 "서도(西道)의 길에서 청남(淸南)과 청북(淸北)이라고 일컫는 것은 이 강을 한계로 한 것이며 또는 살수(薩水)라고도 부른다." 라고 하였다. 지금의 평안북도와 평안남도의 경계이기도 하다. 안주는 청남 지역의 최북단, 청천강의 하류에 위치한다.

종횡으로 흐르는 들녘의 강은 비단 무늬 수놓은 듯해라

野水縱橫錯繡紋

피리 소리 들려올 제 서리가 내릴 듯하고 畫角聲中霜欲墮

휘장에 그림자 드리워질 제 해가 뉘엿뉘엿하네 襜帷影裏日將曛

웅성의 백 성가퀴가 강을 굽어보고 솟았는데 雄城百雉臨江聳

쇠뇌 메고 앞서 달려오는 장군이 있네[211] 弩矢前驅有將軍

211 쇠뇌……있네 : 관찰사 행렬이 안주성에 도착할 무렵, 안주목의 목사(牧使) 이하 장교들이 자신을 맞으러 달려 나왔다는 뜻이다. 사마상여가 중랑장(中郎將)이 되어 고향인 파촉(巴蜀) 땅에 사신으로 갔을 때, 촉군 태수(蜀郡太守) 이하가 모두 교영(郊迎)하였으며, 현령(縣令)은 '몸소 쇠뇌를 등에 지고 앞장서서 달림으로써〔負弩矢先驅〕' 존경하는 마음을 표하였다고 한다.《史記 卷117 司馬相如列傳》

절도사 유령(柳令)효원(孝源)이 운주헌(運籌軒)의 동쪽에 새로 작은 정자를 짓고 나에게 편액으로 걸도록 '망해정(望海亭)'이라고 글씨를 써 달라고 요청하기에 드디어 칠율 한 수를 짓는다[212]

節度使柳令孝源新構小亭於運籌軒之東 請余書望海亭以揭之 遂題一律

212 절도사……짓는다 : 이 시는 1792년(정조16) 가을 순행 때 안주에 묵으며 지은 작품이다. 유효원(柳孝源, 1751~1813)은 본관은 진주(晉州), 자는 사백(斯伯)으로 삼도수군통제사 유진항(柳鎭恒)의 아들이다. 정조 즉위년(1776)에 무과 중시에 급제하였다. 활에 뛰어났으며, 선전관으로 출발하여 경상 병사(慶尙兵使), 장용영 병방(壯勇營兵房), 부총관(副摠管) 등을 거쳐 1792년 3월 23일 비변사의 천망(薦望)에 의해 평안 병사(平安兵使)가 되었다. 이계와는 이전해 1791년 2월 정사에서 이계가 이조판서로서 유효원을 영변 부사(寧邊府使)로 뽑은 인연이 있다. 뒤에 금군 별장(禁軍別將), 훈련원 도정(訓鍊院都正), 포도대장(捕盜大將)을 거쳐 경기 수사(京畿水使)에 올랐다. 운주헌은 병사(兵使)가 거처하는 곳을 말하는데, 여기서는 안주 병영의 운주헌을 말한다. 망해정은 유효원이 운주헌 동쪽에 별채로 만든 정자인데, 이 행차를 따라간 이계의 손자 홍경모는 〈안릉기(安陵記)〉에서 시원한 눈맛과 강줄기가 둘러싼 망해정 일대의 경치는 안주의 명루(名樓)인 백상루(百祥樓)에 견주어 보아도 손색이 없다고 기술하였다.

수련에서는 관찰사 행차가 안주 병영에 도착하는 모습을 읊었다. 함련의 1구에서는 안주를 가로지르는 청천강이 서해까지 이어진 모습을 읊었고, 2구에서는 고을의 산들이 안주 읍성을 둘러싼 모습을 읊었다. 경련의 1구에서는 안주 병사 유효원의 정사를 칭송하는 뜻을 담아 읊었고, 2구에서는 잘 정돈된 군대가 태평시대의 군악을 연주한다고 하여 군정 역시 빈틈없이 통제되고 있음을 읊었다. 미련에서는 아직도 천 리나 남은 긴 북변의 순행을 앞두고 문득 깊어지는 변경에서의 소회를 읊었다. 평성 '경(庚)' 운의 측기식 칠언율시이다.

계극이 서쪽으로 세류영에 임하여[213] 棨戟西臨細柳營
병영 동각의 화려한 기둥에 기대었네 轅門東角倚彫楹
긴 강은 희게 펼쳐져 멀리 바다까지 이어지고 長江拖白遙連海
첩첩의 산은 푸르게 둘러 모두 성곽을 향하네 疊岀縈靑盡向城
온 좌중의 빈객들은 절도사를 칭송하고 一席杯樽談節制
삼군의 군악 소리는 태평시대 연주하네 三軍笳鼓奏升平
변경 순행이 앞으로 아직 천 리나 남아 있건만 巡邊此去猶千里
북쪽으로 바라봄에 문득 출새의 마음 생겨나네 北望飜生出塞情

213 계극(棨戟)이……임하여 : 계극은 적흑색 비단으로 싼 나무창으로 고대에 관리가 쓰던 의장의 일종이다. 출행할 때에는 행렬의 맨 앞에 선 병사가 이 창을 들고 전도(前導)가 되며, 임소에 당도한 뒤에는 문정(門庭)에 세워 놓는다. 여기서는 관찰사 일행의 행차를 뜻한다. 세류영(細柳營)은 전한(前漢)의 장군 주아부(周亞夫)의 군영 이름인데, 여기서는 군기가 삼엄하게 정비된 안주 병영을 가리킨다.

영변을 출발하며[214]

發寧邊

진의 효산 함곡관이요 진(晉)의 태원이니[215] 秦地崤關晉太原

동한이 이곳에 북변 성곽 든든하게 세웠네[216] 東韓於此壯邊垣

군봉은 천가의 성곽되어 칼처럼 둘러싸고 있고[217] 群峰劍束千家郭

214 영변을 출발하며 : 이 시는 1792년(정조16) 가을 순행 때 안주에서 동북쪽으로 영변대도호부에 이르러 순찰하고, 다시 영변을 떠나 동북쪽으로 순행길에 오르며 지은 작품이다.

수련은 영변의 험고한 형승과 군사요충지로서의 성격을 읊었고, 함련의 1구에서는 약산을 비롯한 영변의 험준한 산세를, 2구에서는 만노문을 중심으로 한 영변 읍성의 든든한 군비(軍備)를 읊었다. 경련 1구에서는 영변도호부사 유효원의 변장으로서의 훌륭한 통솔력을 읊었고, 2구에서는 부사를 따르는 용맹한 병사들을 읊었다. 미련에서는 자신이 평안도에 외직으로 온 것을 회상하며, 올 때마다 고루에 올라 술을 마셨다고 하여 호방한 북변의 무장다운 기상을 드러내었다. 평성 '원(元)'운의 평기식 칠언율시이다.

215 진(秦)의……태원이니 : '영변은 북변을 수호하는 천하의 요새'라는 의미이다. 효관(崤關)은 효산(崤山)과 함곡관(函谷關)의 병칭으로, 모두 진(秦)나라 수도인 함양(咸陽)을 지키는 요충지인데 험준하기로 이름난 곳이다. 지금의 하남성에 있다. 태원(太原)은 산서성(山西省)에 있는 지명이다. 우 임금의 기주(冀州) 지역으로써, 노 소공(魯昭公) 때에 진나라 판도가 되어, 진나라의 전략적 요충지 역할을 하였으며 뒤에 조(趙)나라의 수도가 되었다. 이후 진양(晉陽) 또는 병주(幷州)로 불리웠다.

216 동한(東韓)이……세웠네 : 동한은 조선을 가리킨다. 영변도호부의 읍성은 돌로 쌓은 석성(石城)이며, 둘레가 2만 6천 8백 15척, 높이가 7척이며 안에 우물 50개와 시내 셋이 있다. 군사 도시답게 누정의 이름도 운주루(運籌樓), 결승정(決勝亭), 언무정(偃武亭) 등 군사적 색채가 진하다.

하나의 길은 만노문으로 활시위처럼 열렸네[218] 一路弦開萬弩門

수자가 병법 희롱하여 일찍이 번개같이 섬멸하니[219]

豎子弄兵曾電滅

건아들 창을 둘러매고 절로 구름같이 모여들었네[220]

健兒荷戟自雲屯

서쪽으로 호절 차고 온 것 이번이 세 번째인데[221] 西來虎節今三到

217 군봉(群峯)은……있고 : 영변을 둘러싼 여러 산들이 일천 가호의 부읍을 지키는 성곽 역할을 한다는 뜻이다. 영변은 약산(藥山), 검산(劍山), 이산(耳山) 등 험준한 산들이 많은데, 그 가운데 약산은 예로부터 "험준함이 동방에서 으뜸간다. 겹겹이 싸인 멧부리가 서로 사면을 에워싸 그 모양이 철옹(鐵甕 무쇠단지)과 같다." "하늘이 만든 요새이다." 등으로 일컬어져 왔다. 《新增東國輿地勝覽 卷54 寧邊大都護府》

218 하나의……열렸네 : 만노문(萬弩門)은 쇠뇌를 설치한 영변 읍성의 남문 이름이다. 영변 읍성의 남쪽과 북쪽 귀퉁이에 수레 한 대가 지나갈 빈 공간이 있어 여기에 문을 설치하고 누대를 세워 보완하였는데, 영변 부사 유효원이 여기에 쇠뇌를 설치하여 방비를 강화하였던 것이다. 이 때문에 관찰사로 부임하여 순찰하던 이계가 손수 '만노문(萬弩門)'이라 써서 이전에 걸려 있던 완월루(翫月樓)라는 편액과 바꾸어 달았다. 《耳溪集 卷12 萬弩門記》

219 수자(豎子)가……섬멸하니 : 수자는 '더벅머리를 한 꼬맹이 녀석'이란 말인데, 여기서는 쇠뇌를 설치하여 방비를 든든히 한 유효원을 가리킨다. 《사기》〈평원군열전(平原君列傳)〉에 "백기(白起)는 조그마한 더벅머리 녀석이다.〔白起小豎子.〕" 하였다. 백기는 진(秦)나라의 명장으로, 조(趙)나라와 싸울 때 조나라 대장 조괄(趙括)을 희롱하여 속이는 전술로 크게 승리하고 조나라 군사 40만 명을 무찔러 죽였다. 《史記 卷73 白起列傳》

220 건아(健兒)들……모여들었네 : 용맹한 병사들이 영변에 운집하였다는 뜻이다. 건아는 장사(壯士)를 이르는 말이다. 수(隋)나라 말엽부터 기운이 세고 용맹한 젊은이들을 모집하여 '건아'라는 군대를 조직하였다. 《南史宗室傳》《新唐書 玄宗記》

221 서쪽으로……번째인데 : 이계는 35세 되던 1758년(영조34) 여름에 강동 현감(江東縣監)이 되어 평안도에 왔고, 68세 되던 1791년(정조15) 4월에 평안도 관찰사가

매양 높은 누대에 올라 큰 술동이 들이키네　　　每上高樓飮大樽

되어 평안도에 왔다. 362쪽의 시 〈황학루에 적다〔留題黃鶴樓〕〉의 소서(小序) 참조. 이계는 40세 되던 1763년(영조39) 여름에 의주 부윤(義州府尹)에 제수된 적이 있으나, 의주 부윤 때의 행차는 여기에 넣지 않았다.

도중에 우레와 비를 만나 표흥관에 묵었다. 아침 일찍 출발하여 묘향산에 들어가니 단풍색이 한창 붉어 이르지도 늦지도 않았다. 밤이 되어 바람이 불고 비가 부오니 마치 하늘이 돕는 것과 같았다[222]

道遇雷雨 宿標興館 早發入山 楓色正酣 不早不晚 夜來風雨 似有助矣

서른 해 전 묘향산에 왔었더니[223] 三十年前入妙香
거듭 찾은 산과 골짝이 모두 아득하네 重來峰壑摠迷茫
만 송이 연꽃 자태 여전히 진면목이니[224] 芙蓉萬朶猶眞面

222 도중에……같았다 : 이 시는 1792년(정조16) 가을 순행 때 영변을 출발하여 북동쪽으로 묘향산에 들어가며 지은 작품이다. 표흥관(標興館)은 영변도호부과 희천군 사이에 있는 객관인 듯하나 자세한 사항은 미상이다. 묘향산은 영변과 희천에 걸쳐져 있는 산이다. 산 모양이 연꽃과 같아 불교의 자취가 많으며, 360개의 사찰과 암자가 있었다고 전해진다. 묘향산의 단풍이 한창 붉다는 것에서 작시의 계절적 배경을 짐작할 수 있다.

기구와 승구에서 서른 해 만에 다시 묘향산을 찾은 감회를 '반가움과 낯설음'을 대비시켜 담았다. 전구에서는 만송이 연꽃이 핀 듯 솟아오른 묘향산의 전경을 읊었고, 결구에서는 그를 바탕으로 '어느 곳에 행차를 멈추고 휘장을 차려야 묘향산의 진경을 가장 잘 볼 수 있을까?' 너스레를 떨어 묘향산의 경치가 곳곳마다 절경임을 은근히 나타내었다. 평성 '양(陽)' 운의 측기식 칠언율시이다.

223 서른……왔었더니 : 이계는 36세 때 강동 현감으로 부임해 있던 시절 묘향산에 처음 왔었으며, 이때 다시 묘향산에 올랐다. "기묘년에 양호가 강동 수령으로서 묘향산에 노닐었고, …… 33년 뒤인 신해년에 평안도 관찰사가 되어 다시 묘향산에 왔다.〔歲己卯, 良浩以江東守, 遊妙香.……後三十三年辛亥, 觀察關西, 復到妙香.〕" 하였다.《耳溪集 卷14 酬忠祠記》

어느 곳에 금보장을 차릴까[225] 何處粧成錦步障

224 만……진면목(眞面目)이니 : 묘향산의 모습이 연꽃처럼 생겼기에 한 말이다. 특히 묘향산 부용봉(芙蓉峯)은 미처 터지지 않은 연꽃 봉오리가 물 위로 솟아난 모양이라고 한다.

225 어느……차릴까 : 금보장(錦步障)은 비단으로 만든 보장(步障)을 말한다. 보장은 옛날에 귀현(貴顯)한 자가 출행할 때에 바람과 먼지를 가리기 위하여 길 좌우에 치는 휘장이다. 여기서는 단풍 감상을 위해 행차를 멈추고 유관(遊觀)의 장소를 마련한다는 의미로 인용되었다.

묘향산에 들어가 보현사(普賢寺) 관음전(觀音殿)에 머물렀다. 서산대사의 가사(袈裟)와 보주(寶珠) 및 중국의 여러 장수들이 남긴 필적을 감상하고 느낌이 있어 적다[226]

入香山舍普賢寺觀音殿 奉玩西山大師袈裟寶珠及天朝諸將筆迹 有感而題

서산대사의 의발을 이 산에 갈무리하였기에[227]　　西山衣鉢此山藏

226 묘향산에……적다 : 이 시는 1792년(정조16) 가을 순행 때 영변 묘향산의 보현사(普賢寺) 관음전에 묵으며 지은 작품이다. 관음전은 보현사의 법당으로 북한의 국보문화유산 제57호로 지정되어 있다. 여기에서 묘향산의 검봉(劍峯), 궤봉(几峯), 증봉(甑峯)이 한눈에 바라보인다고 한다. 김조순(金祖淳)의 《풍고집(楓皐集)》 권5 〈서산대사의 영정을 보고 이어 서산대사의 시에 차운하다〔觀西山大師影仍次西山大師韻〕〉에 의하면 관음전 오른쪽의 청허실(淸虛室)에 서산대사 영정이 봉안되어 있었던 것으로 보인다. 한편 정조는 서산대사와 사명대사(四溟大師)가 임진왜란 때 세운 공로를 기리기 위해 보현사에 수충사(酬忠祠)를 세워 이름을 내렸는데 이곳에 서산대사의 초상과 유물이 진열되어 있다.

수련에서는 서산대사가 남긴 의발이 이곳에 진장(珍藏)되어 있다는 사실에 두보의 시구를 붙여 '묘향'이라는 이름의 의미를 부연하였다. 함련 1구에서는 서산대사가 사용하던 법기가 모두 서방(西方) 불국(佛國)에서 온 것임을 말하였고, 2구에서는 서산대사의 부도가 아직까지도 생전의 기상을 뿜고 있는 듯함을 말하였다. 경련의 1구에서는 임진왜란에 참전한 이유를 불교의 입장에서 해석하였고, 2구에서는 임종 법어를 말하였다. 미련에서는 조선에 원병으로 왔던 명나라 장수의 필적이 이 절에 많이 갈무리되어 있음을 아울러 말하였다. 평성 '양(陽)' 운의 평기식 칠언율시이다.

227 서산대사의……갈무리하였기에 : 서산대사는 묘향산에 오래 주석하여 묘향산인(妙香山人)으로 불리기도 하며, 1604년(선조37) 정월 23일에 묘향산 원적암(圓寂庵)에서 제자들을 모아놓아 분향(焚香)하고 설법한 뒤 입적하였다. 《月沙集 卷45 有明朝鮮國賜國一都大禪師禪敎都摠攝扶宗樹敎普濟登階尊者西山淸虛堂休靜大師碑銘》

무성한 초목 속에 영묘한 향기가 풍겨오네[228]	草樹蔥蘢聞妙香
법기는 멀리 삼불의 나라에서 왔고[229]	法器遠從三佛國
부도에선 아직도 백호의 빛을 발하네[230]	浮圖猶放白毫光
전란에 의병 일으키신 건 자비심 발동함이요	風塵仗義慈心動
운수처럼 살다 돌아가실 땐 법어가 길었네[231]	雲水歸眞慧韻長
더구나 명나라 장수들의 필적이 있어	况有天朝諸將筆
찬란한 보묵(寶墨)이 동방을 진압함에랴	輝煌寶墨鎭東方

228 영묘한 향기가 풍겨오네 : 두보(杜甫)의 시 〈대운사 찬공의 방에서〔大雲寺贊公房〕〉에 "등불 그림자 비치어 잠 오지 않는데, 마음은 청량해지며 영묘한 향기 풍겨오네.〔燈影照無睡, 心淸聞妙香.〕"라고 한 것을 인용한 것이다.《杜少陵詩集 卷4 大雲寺贊公房》

229 법기(法器)는……왔고 : 법기는 불가에서 쓰는 도구로 여기서는 서산대사가 생전에 쓰던 가사와 보주를 가리키는 듯하다. 삼불제(三佛齊)는 7～11세기까지 Java의 서쪽에 있던 나라 스리비자야이다. 남조 시대에 간타리(干陀利)라 불렸고, 당나라 때에 실리불서(室利佛逝)라 불렸고, 송나라 때에 삼불제라 불렸다.

230 부도(浮圖)에선……발하네 : 돌아가신 지 오랜 세월이 지난 당시까지도 서산대사의 정신이 밝게 빛나고 있음을 비유한 표현이다. 부도(浮圖)는 범어(梵語) Buddha의 음역으로 깨달은 사람을 뜻한다. 불도(佛圖)라고도 쓰는바 흔히 부처나 불교 또는 사리탑을 가리키는 말로 쓰이는 용어인데, 여기서는 서산대사의 영정을 뜻하는 말로 쓰인 듯하다. 백호(白毫)는 여래(如來) 32상(相)의 하나로, 미간에 있다는 백옥과 같은 흰 털을 말하는데, 거기에서 대광명(大光明)을 발산하여 무량(無量)의 국토(國土)를 비춘다고 한다. 옥호(玉毫)라고도 한다.

231 운수(雲水)처럼……길었네 : 입적하실 때 남긴 법어가 영원히 전해지리라는 말이다. 서산대사는 원적암에서 입적할 때 자신의 영정(影幀) 뒤에 "여든 해 전에는 저 사람이 나이더니, 여든 해 뒤에는 내가 저 사람이로구나.〔八十年前渠是我, 八十年後我是渠.〕"라는 칠언 대구를 쓴 뒤 가부좌를 한 채 눈을 감았으며, 기이한 향기가 방 안에 가득하여 21일이 지난 뒤에야 비로소 사라졌다고 한다.《月沙集 卷45 有明朝鮮國賜國一都大禪師禪敎都摠攝扶宗樹敎普濟登階尊者西山淸虛堂休靜大師碑銘》

상원암(上院庵)에 올라 삼폭(三瀑)을 보다[232]

登上院觀三瀑

232 상원암(上院庵)에……보다 : 이 시는 1792년(정조16) 가을 순행 때 영변 묘향산의 보현사(普賢寺) 상원암에 올라 지은 작품이다. 상원암은 보현사의 부속 암자 가운데 하나로, 묘향산의 으뜸가는 암자라고 하여 '향산제일암(香山第一庵)'이라 불렸는데 김재찬(金載瓚)의 예서로 편액을 새겨 걸었으며, 현재 북한 국보문화유물 제41호로 지정되어 있다. 상원암의 창건 연대는 알 수 없고, 1580년에 중창하였으며, 1794년에 중수하였다. 이계가 상원암에 오른 시점은 중수하기 전으로 보인다. 상원암은 인호대(引虎臺)의 맞은편 법왕봉(法王峯)에 자리잡고 있으며, 삼폭(三瀑)은 인호대 아래로 떨어져 상원암에서 보는 눈맛이 일품이다. 삼폭 가운데 하나의 기암괴석으로 이루어져 마치 은하수가 하늘에서 쏟아지는 것처럼 보이는 것이 천신폭포(天紳瀑布)이고, 급하게 쏟아져 구슬방울처럼 흩날리는 것이 산주폭포(散珠瀑布)이고, 옹기만한 웅덩이에 급류가 휩쓸려 들어갔다가 역류해 솟구치는 것이 용연폭포(龍淵瀑布)이다. 천신폭포의 하류가 산주폭포와 함께 상원암 앞에서 만나 안심암(安心庵)과 보현암(普賢庵) 사이를 경유하여 대천(大川)으로 들어간다. 이 삼폭의 장관이 워낙 유명하여 삼연(三淵) 김창흡(金昌翕)은 〈상원폭포(上院瀑布)〉라는 시에서 "세 갈래 은하가 한 돌 웅덩이에 쏟아져, 법왕봉에 뭉게뭉게 물안개 서린다.〔三道銀河一石舂, 空濛素靄法王峰.〕"라고 읊기도 하였다. 《守窩集 卷3 遊太白山》《三淵集 卷8 上院瀑布》

수련에서는 인호대와 세 폭포 맞은 편에 있어 세상과 단절된 상원암의 위치를 읊었는데, 백경해(白慶楷, 1765~1842)의 〈유태백산(遊太白山)〉에 "백 척의 층층 벼랑이 계곡에 걸쳐져 길을 막고 있어 가파르게 깎아질러 있으니, 바라봄에 기가 질리고 쳐다봄에 눈이 휘둥그래졌다. …… 또 드리워놓은 쇠사슬이 앞쪽보다 점점 짧아져 정신이 아찔하고 다리가 떨리는 것을 글로 다 표현할 수 없다.〔百尺層崖, 跨谷當路, 削另斗絶, 望之氣短, 視之目瞠. …… 又垂鐵索, 稍短於前, 而神眩股慄, 殆不可狀.〕"라고 한 것을 참조해 보면 이 시구가 실경을 읊은 것임을 알 수 있다. 함련에서는 삼폭의 웅장한 모습을 읊었다. 경련에서는 삼폭의 물방울이 날려 때로 보슬비처럼 뿌려지기도 하고 혹 흰 구름처럼 서리기도 하는 모습을 읊었다. 미련에서는 묘향산의 십경 가운데 삼폭이 제일이라고 치켜세우며 마무리하였다. 평성 '문(文)' 운의 측기식 칠언율시이다

산사는 드높아 속진과 단절되었으니　　蘭若岧嶢絶世棼
층층 바위와 깊은 계곡에 길을 분변키 어렵네　　層巖斷壑路難分
세찬 폭포가 홀연 하늘에서 떨어지니　　飛湍忽自天中落
빈 메아리가 때때로 땅에서 들려오네　　空響時從地底聞
봉우리에 흩뿌려져 섬세하게 비가 되고　　灑向峰頭纖作雨
바위에 부딪혀 하얗게 구름처럼 서리네　　磨來石面皚如雲
묘향산의 십승이 모두 선경이지만　　香山十勝皆仙境
삼폭에는 애당초 견줄 게 못 되네　　三瀑由來逈不群

상원암에서 또 방향을 틀어 동쪽으로 가서 백 번 천 번을 굽이돌아 내원암에 당도하였다. 만 봉우리가 감싸 안고 기암괴석이 자태를 뽐내니 비로소 온 산의 전경을 얻었다[233]

自上院 又轉而東 百折千回 到內院 萬峰環擁 奇巖競秀 始得一山全面

금경과 옥타[234]가 구름 찌르고 서 있으니　　金莖玉朶刃雲間

하늘에 닿은 푸른 저 산 오를 수 없어라　　積翠連空不可攀

233 상원암에서……얻었다 : 이 시는 1792년(정조16) 가을 순행 때 보현사 상원암을 거쳐 내원암에 들러 지은 작품이다. 내원암은 묘향산의 가장 높은 봉우리 향로봉 아래에 있다. 국진굴(國秦窟)과 의상암(義相庵)을 거쳐서 가며, 문 앞에 사미대(沙瀰臺)가 있다. 내원암 내에는 퇴계 이황이 서산대사에게 써준 "향산운사(香山雲舍)"라는 친필 편액이 걸려 있고, 내원암의 당실의 서쪽에는 석봉 한호의 글씨로 청허당(淸虛堂)이라는 편액이 걸려 있으며, 당실 안에는 서산대사의 유상(遺像)이 걸려 있다. 내원암의 뒤에는 사리각(舍利閣)이 있고, 동쪽에는 반야굴(般若窟)이 서쪽에는 금강굴(金剛窟)이 있는데 금강굴에는 한호의 글씨로 "금강방장(金剛方丈)" 네 글자가 새겨져 있다. 《硏經齋全集 卷51 記關西山水》《初菴集 卷10 遊香山記》

수련에서는 평안도에서 가장 높은 묘향산 향로봉의 위용을 읊었다. 함련 1구에서는 일출을 가장 먼저 보는 곳으로, 2구에서는 견줄 산이 없다는 말로 묘사하여 묘향산의 위상을 다시 부각하였다. 경련 1구에서는 묘향산이 지닌 민족사적 의미의 높이를, 2구에서는 역사적 의미의 높이를 읊어 묘향산의 위상을 다시 한 번 부각하였다. 미련에서는 묘향산을 원기가 쌓여 빚어낸 복지에 비기며, 내원암을 그 복지에 세워진 중생 제도의 뗏목으로 표현하였다. 평성 '산(删)' 운의 평기식 칠언율시이다.

234 금경(金莖)과 옥타(玉朶) : 금가지와 옥가지란 말로 내원암을 둘러싼 기암괴봉을 비유한 말이다. 도종의(陶宗儀)의 시 〈제왕맹경선생채지생권(題王孟京先生采芝生卷)〉에 "맑은 노을은 따사롭게 금경을 감싸 붉고, 새벽 이슬은 향기롭게 옥타에 내려 많도다.〔晴霞煖護金莖紫, 曉露香融玉朶殷.〕"라고 하였다. 《御定歷代題畫詩類》

바다에는 오경에 가장 먼저 해를 보고[235]	滄海五更先見日
북방에는 천 리토록 더 이상 산이 없네[236]	朔方千里更無山
신인이 산에 강림하여 왕업을 열고[237]	神人降嶽開王業
노승이 창을 들고 난세를 구제했지[238]	老釋提戈救世艱
원기가 쌓여 복지를 이루었으니	元氣儲停成福地
길이 보벌[239]을 남겨 속세를 제도하네	長留寶筏度塵寰

235 바다에는……보고 : 새벽이면 가장 먼저 일출을 본다는 말로 묘향산의 높음을 형용한 표현이다. 원나라 장양호(張養浩, 1270~1329)의 시 〈등태산(登泰山)〉에 "만고의 제나라 지방은 연기 아홉 점이요, 오경의 창해엔 해가 석 자나 솟았네.〔萬古齊州煙九點, 五更滄海日三竿.〕"라고 하였고, 원나라 정복(丁復)의 시 〈독수산(獨秀山)〉에 "만 길 드높이 반공에 우뚝 열려, 오경이면 가장 먼저 붉은 해를 보노라.〔萬仞劃開天半碧, 五更先見日初紅.〕"라고 한 것을 아울러 인용한 표현이다.

236 북방에는……없네 : 평안도 이북에 묘향산과 견줄 만한 산이 없다는 뜻이다. 송나라 구준(寇準, 961~1023)의 시 〈화산(華山)〉에 "오직 하늘이 위에 있을 뿐, 더 이상 대적할 산이 없어라.〔只有天在上, 更無山與齊.〕"라고 한 것을 인용한 표현이다.

237 신인(神人)이……열고 : 단군이 묘향산에서 조선을 열었다는 뜻이다. 천신이 신단수(神檀樹) 아래에 내려와 신시(神市)를 열고 단군을 낳았다는 태백산이 묘향산이라는 설이 있어 묘향산을 태백산이라고도 하기 때문에 이렇게 읊은 것이다. 참고로 《삼국유사》에서는 묘향산을 태백산이라 하였고, 《신증동국여지승람》과 《임하필기》에서는 강동현에 단군묘가 있다고 하였다.

238 노승이……구제했지 : 서산대사가 임진왜란 때에 묘향산에서 창의(倡義)한 것을 가리켜 읊은 구절이다.

239 보벌(寶筏) : 중생에게 생사고해(生死苦海)를 건네주는 뗏목을 뜻한다. 불교에서는 깨달음의 길을 뗏목을 타고 항해하는 것에 비유하는데, 진벌(眞筏) 혹은 각벌(覺筏)이라고도 한다. 여기서는 내원암을 가리킨다.

인호석(引虎石)[240] 상원암 앞에 있다. 쇠사슬을 잡고 올라야 곧 올라갈 수 있다

引虎石 在上院菴前 攀鐵索乃上

깎아지른 층층의 벼랑 걸음마다 위태로운데	斷壁層崖步步危
쇠사슬이 겹겹이 매달려 반공에 드리워졌네[241]	重懸鐵索半空垂

240 인호석(引虎石) : 이 시는 1792년(정조16) 가을 순행 때 보현사 내원암에 올라갔다가 다시 상원암으로 돌아와 지은 작품이다. 인호석은 상원암의 서남쪽 맞은 편에서 상원암의 백호(白虎) 역할을 하는 인호대(引虎臺)를 말한다. '사람은 다닐 수 없고 호랑이만 이 길로 다닌다고 하여 이렇게 이름을 붙였다.'는 설이 있고, '옛날에 탐밀사(探密師)가 산사를 창건하려고 절경을 두루 구하다가 향기를 좇아서 이곳에 이르렀으나 내려가는 길이 없었는데, 그때 마침 호랑이가 탐밀사를 인도하여 이곳을 얻게 되었으므로 인호대라고 이름을 붙였다.'는 설이 있다. 깎아지른 바위에 쇠사슬로 만든 사다리가 놓였는데, 이른바 인호대의 금승(金繩)이라고 한다. 위로는 법왕봉을 이고 있고, 아래로는 삼폭이 떨어져 일대장관을 이루고 있다고 한다. 《三淵集 拾遺 卷28 關西日記》《守窩集 卷3 遊太白山》《三淵集 卷8 上院瀑布》《芝山集 卷5 遊妙香山錄》

수련은 험준한 인호대의 모습을 읊었고, 함련은 인호대의 높고 기묘한 모습을 상징적으로 표현하였다. 경련 1구는 인호대와 관련한 전설을 읊었고, 2구는 인호대의 바위 모습을 고사를 통해 읊었다. 미련에서는 고요한 자연의 모습이 시상이 되어 꿈속에 들어온다고 하여 세속과 단절된 공간으로써의 인호대를 읊었다. 평성 '지(支)' 운의 측기식 칠언율시이다.

241 쇠사슬이……드리워졌네 : 인호대 금승을 묘사한 것으로, 제목 아래 원주에서 말한 것처럼 가파른 바위에 쇠를 꼬아 만든 사슬로 사다리처럼 만들어 드리워놓아 그것을 잡고서 올라갈 수 있도록 해놓았기에 이렇게 읊은 것이다. 김창흡(金昌翕)의 시 〈인호대〉에 "아스라이 은하수가 폭포 되어 쏟아지고, 흔들흔들 쇠줄이 사다리 되어 매달렸네.〔迢迢銀是瀑, 裊裊鐵爲梯.〕"라고 하였고, 이해조(李海朝)의 시 〈인호대〉에 "봉우리는 별천지 둘러 금모래가 정갈하고, 사다리는 허공에 매달려 쇠줄 사슬 든든하

높은 곳 오르고서야 세상이 작은 줄 알았고[242] 登高始識塵寰小
험지를 건너고야 조화옹의 뛰어난 솜씨 엿보았네 涉險方窺造化奇
돌은 신옹이 범을 길들이던 곳에 늙었고[243] 石老神翁馴虎處
대는 선객이 양을 꾸짖던 때를 전하누나[244] 臺傳仙客叱羊時
상방[245]에서 하루 묵으니 모든 인연 끊겨 上方一宿諸緣息
흐르는 물과 한가로운 구름이 몽시에 들어오네 流水閒雲入夢詩

네.〔峯環蘊異金沙淨, 梯斷憑虛鐵索牢.〕"라고 하였다.

242 높은……알았고 : 인호대가 매우 높다는 것을 나타낸 표현이다. 《맹자》〈진심상(盡心上)〉에 "공자가 동산에 올라가서는 노나라를 작게 여겼고, 태산에 올라가서는 천하를 작게 여겼다.〔孔子登東山而小魯, 登太山而小天下.〕"라고 한 것에 전거를 둔 표현이다.

243 돌은……늙었고 : 인호대와 관련하여 《수와집》의 호랑이길 설과 《지산집》의 탐밀사 설 외에도 신승(神僧)이나 신선이 호랑이를 길들였다는 설이 있기에 이렇게 읊은 듯하나, 문헌적 전거는 미상이다.

244 대는……전하누나 : 인호대 돌이 흰 색이므로 이렇게 읊은 것이다. 황초평(黃初平)은 동진(東晉)시대의 신선이다. 갈홍(葛洪)의 《신선전(神仙傳)》〈황초평〉에 질양(叱羊)과 관련하여 다음과 같은 내용이 보인다. "초평의 형 초기가 아우에게 '양들은 다 어디 있느냐?'라고 묻자 초평은 '가까이 산 동쪽에 있습니다.'고 대답했다. 초기가 일어나 가서 보았으나 양은커녕 무수히 많은 흰 돌만 보였다. 초기가 돌아와 초평에게 '산 동쪽에는 양이 없더라'고 말하자 초평은 '양이 있는데 형이 못 보신 것입니다.'라고 말했다. 초평은 형과 함께 가보기로 하였는데, 돌을 보며 '양들아, 일어나거라!'라고 소리치자 흰 돌이 모두 수만 마리 양으로 변했다.〔因問弟曰, 羊皆何在. 初平曰, 羊近在山東. 初起往視, 了不見羊, 但見白石無數. 還謂初平曰, 山東無羊也. 初平曰, 羊在耳, 但兄自不見之. 初平便乃俱往看之, 乃叱曰, 羊起. 于是白石皆變爲羊, 數萬頭.〕"

245 상방(上方) : 본래 주지(住持)의 거처를 뜻하나, 보통 사찰의 대명사로 쓰인다. 여기서는 상원암을 가리킨다.

비를 무릅쓰고 묘향산을 나와 월림강을 건너다[246]

冒雨出山 渡月林江

산 들어가자 비가 긎고 산 나서자 비 내리니　　入山雨捲出山雨
형악에 구름 개는 것[247]은 일이 더욱 드물지　　衡嶽開雲事更稀

246 비를……건너다 : 이 시는 1792년 가을 순행 때 영변 묘향산에 갔다가 나와 월림강(月林江)을 건너며 지은 작품이다. 월림강은 청천강 상류 묘향산 서쪽 입구, 영변군의 동북쪽에 있는 월림산(月林山) 아래로 흐르는 강이다. 이 강이 서남쪽으로 내려와 어천(魚川)이 되어 청천강으로 들어간다. 옛날 묘향산은 이곳 월림을 통해 들어가고 나왔다. 관찰사 순행 행차는 비가 내림에도 불구하고 묘향산을 나와 월림강을 건너 북방 순행을 계속한 것이다.

기구에서는 '묘향산에 들어가 구경할 때 비가 그치고, 구경을 마치고 산을 나오자 비가 내리니 몹시 다행이다.'라는 자신의 심리를 표현했고, 승구에서는 '그러한 일은 한유의 고사에서나 볼 뿐 실제 매우 힘든 일인데 자신이 그러한 행운을 겪었으므로 매우 감사하다.'는 마음을 담아 읊었다. 전결구에서는 월림강을 건너며 행차의 가쁜 여정에 잠시 배를 멈추고 쉬는 한가로움을 읊었는데, 묘향산을 다녀오는 길이므로 비를 법우(法雨)라 하고 안개를 선향(仙香)이라 한 것이다. 평성 '미(微)' 운의 평기식 칠언절구이다.

247 형악(衡嶽)에……것 : 묘향산에 구름이 개어 그 전경을 시원히 보는 것을 비유한 표현이다. 한유가 일찍이 형악묘(衡嶽廟)를 배알하러 형산(衡山)에 올랐을 때 구름이 잔뜩 끼어서 사방을 바라볼 수 없었다. 이에 간절한 마음으로 묵묵히 기도하여 마침내 구름이 활짝 걷혀 사방을 바라볼 수 있게 되었던 일이 있다. 한유는 당시의 일을 시로 남겨 "내가 형악에 온 때가 가을비 내리는 계절이라, 음기가 어둡지만 씻어 낼 맑은 바람도 없네. 마음을 가라앉히고 묵묵히 기도하니 응함이 있는 듯, 신명이 어찌 정직한 자의 기도를 들어주지 않겠는가? 조금 있자 운무 개며 드러나는 뭇 봉우리, 쳐다보니 우뚝하게 창공을 떠받치네.〔我來正逢秋雨節, 陰氣晦昧無淸風. 潛心默禱若有應, 豈非正直能感通. 須臾靜掃衆峰出, 仰見突兀撐青空.〕"라고 읊었다. 《韓昌黎集 卷3 謁衡嶽廟

월림강에서 돌아오는 배를 쉬노라니　　月林江上停歸棹
법우와 선향이 혼연히 옷을 적시네　　法雨仙香渾濕衣

遂宿嶽寺題門樓》 이를 두고 청나라 시인 양정리(楊廷理)가 〈삼초령에 오르다〔上三貂嶺〕〉라는 시에서 "형악에서 구름 갠 일은 옛날 한유를 우러르거니와, 나는 무슨 복으로 험난한 때를 무사히 넘겼나?〔衡嶽開雲舊仰韓, 我來何福度艱難.〕"라고 읊었다.

귀성을 출발하여 대청룡령과 소청룡령을 넘다[248]

發龜城 踰大小靑龍嶺

서쪽으로 귀주를 떠나 겹겹의 재가 중첩되더니　西下龜州複嶺重
중간에 삭방 분야에서 두 청룡령으로 나뉘었네　中分朔野兩靑龍
산머리에 노을 져서 천 나무가 붉어졌고　山頭日𣆶紅千樹
바다에 구름 걷혀 몇 봉우리가 푸르러라　海上雲開碧數峰
지역은 마릉[249]처럼 협소해 굽이가 많고　地狹馬陵多曲折

248 귀성을……넘다 : 이 시는 1792년 가을 영변을 거쳐 귀성을 순행하며 지은 작품이다. 귀성도호부는 평안도 북부 지역으로, 영변의 서북쪽 삭주의 남쪽에 있다. 귀성의 서북쪽 35리에 청룡산이 있는데 이곳에 있는 고개가 청룡령이다. 《만기요람》에 1735년(영조11)에 청룡령에 산성을 쌓았다는 기록이 있는데, 이 산성을 청룡령산성이라 부른다. 앞뒤 시에 보이는 지명과 본 시에 나타난 내용으로 보아 평양으로 돌아오는 길은 서북쪽으로 청룡산을 넘어 가산과 선천을 지나 서해를 끼고 곽산과 정주를 거치는 경로로 추정된다.

수련은 귀주에서 서쪽으로 내려오며 만나는 대청룡령과 소청룡령을 읊었다. 함련 1구는 대·소청룡령 일대 산줄기에 깔린 저녁노을 풍경을, 2구는 안개 걷힌 서해와 어우러져 푸른 빛을 띠는 산봉의 모습을 읊었다. 경련은 천연의 요새로서 대·소청룡령의 모습을 읊었는데, 1구에서는 구불구불하고 협소하여 외적이 침입하기 어려운 지세를, 2구에서는 안새로 문이 통하는 교통 요충지로서의 성격을 담았다. 미련에서는 전란이 멎은 태평시대에 북변의 감찰사를 맡은 소회를 읊었다. 평성 '동(冬)' 운의 측기식 칠언율시이다.

249 마릉(馬陵) : 지금의 하남성 범현(范縣)에 있는 협곡이다. 전국시대 제(齊)나라 병략가 손빈(孫臏)이 위(魏)나라 장수 방연(龐涓)과 싸울 적에 마릉(馬陵)의 좁은 길로 유도한 다음 그곳에 복병을 숨겨두고서 큰 나무의 껍질을 하얗게 깎아 내고 "방연이 이 나무 밑에서 죽을 것이다.〔龐涓死于此樹之下.〕"라고 써서 전멸시킨 고사가 있다.

문은 안새[250]로 통해 요충지에 해당하네　門通雁塞卽要衝
변방의 신하가 다행히 오랜 태평시대 만나서　邊臣幸値升平久
한가로이 금헌[251]에 앉아 먼 봉수대 바라보네　閒坐琴軒眺遠烽

《史記 卷65 孫子吳起列傳》

250 안새(鴈塞) : 산이 높은 북방의 요새 지역을 말한다. 여기서는 귀성 인근의 가산, 선천, 정주, 태천, 영변, 운산 등지를 가리킨다. 모두 서로 산길로 통한다.

251 금헌(琴軒) : 수령의 정사당(政事堂)을 말한다. 공자(孔子)의 제자인 복자천(宓子賤)이 선보(單父)의 수령으로 있으면서 단지 비파〔琴〕를 타고 노래만 부를 뿐 공당(公堂)에 내려간 적이 없는데도 고을이 잘 다스려졌다는 고사에서 유래한 것이다.《呂氏春秋 察賢》 여기서는 순행의 이동 경로로 볼 때 가산군의 동헌을 가리키는 것으로 짐작된다.

납청정[252]

納淸亭

강에 임한 이름난 정자 그 이름 납청정이라[253]	臨水名亭號納淸
신안관과의 반쯤 거리에 가평관과 접해 있네	新安一半接嘉平
마을은 좌우로 집들 즐비하게 늘어섰고	村容左右魚鱗比
산세는 높고 낮아 학이 날개 편 듯하네	山勢高低鶴翅橫
본래 농사에 힘써 서숙과 벼가 넉넉하고	自是力田饒黍稻
예로부터 대대로 고관대작 그득했지	由來傳世盛簪纓

252 납청정 : 이 시는 1792년 가을 순행 때 귀성을 거쳐 가산을 경유하며 지은 작품이다. 납청정은 가산을 지나 정주의 남쪽 경계에 들어서자마자 있는 정자로, 가마천(加麻川) 곁 효성령(曉星嶺) 아래에 있었다. 명나라 사신 당고(唐皐)가 '주변 경치가 티 없이 맑다.'는 뜻으로 이 정자의 이름을 지었고 사도(史道)가 기(記)를 썼으며, 조선으로 오는 중국 사신과 중국으로 가는 조선 사신이 쉬던 곳이다. 홍대용의 《담헌서(湛軒書)》 〈연기(燕記)〉의 '노정(路程)'에 "가산(嘉山) 가평관(嘉平館)에서 25리를 가면 납청정(納淸亭), 여기서 45리를 가면 정주(定州) 신안관(新安館), 여기서 30리를 가면 곽산(郭山) 운흥관(雲興館)이다." 하였다.

수련은 납청정의 위치를, 함련은 일대의 마을과 산세를 읊었다. 경련은 평야 지대로 물산이 넉넉하고 부호가 많음을 말하였고, 미련은 납청정 일대 정주 지방이 관서에서 문교가 가장 밝은 곳임을 말했다. 평성 '경(庚)' 운의 측기식 칠언율시이다.

253 강에……납청정이라 : 납청정이 가산과 정주의 경계로 흐르는 가마천 곁에 서 있기 때문에 이렇게 말한 것이다. 이덕무(李德懋)의 〈입연기(入燕記)〉에 "납청정은 가산과 정주 중간에 있다. 마을이 빙 둘러 있고 숲과 시내가 있어 좋은 경치를 이루고 있었다." 하였다.

관서에서 홀로 문명의 기상 독차지했으니	關西獨擅文明氣
아이들까지도 모두 오경을 욀 줄 아네	童子皆能誦五經

밤에 운주헌에 묵으며 벽에 걸린 여러 공들의 시에 차운하여 유 절도사에게 남기다[254]

夜宿運籌軒 次壁上諸公韻 留贈柳節度

구대에 걸쳐 서산에서 열 분의 통군 내었으니[255]	九世山西十統軍
젊은 나이에 재주와 무략이 궁궐까지 알려졌네	黑頭才畧禁廬聞
백 년토록 군영에서 의발을 전하였고[256]	百年部曲傳衣鉢

254 밤에……남기다 : 이 시는 1792년(정조16) 가을 순행 때 돌아오는 길에 정주를 거쳐 안주에 묵으며 지은 작품이다. 운주헌은 병사가 거처하는 곳을 말하는데, 여기서는 안주 병영의 운주헌을 말한다. 유절도는 유효원으로 370쪽 주212 참조.

수련의 1구에서는 유효원의 집안을, 2구에서는 유효원의 무재와 무략을 읊었다. 함련의 1구에서는 역시 유효원의 집안을, 2구에서는 유효원의 통솔력을 읊었다. 경련에서는 북변 고을인 안주를 다스리는 유효원의 기상을 풍경에 가탁하여 읊었다. 미련에서는 전란의 시대가 아니니 장졸들을 잘 보살피라는 당부를 담아 유효원에게 선정을 거두길 빌었다. 평성 '원(元)' 운의 측기식 칠언율시이다.

255 구대(九代)에……내었으니 : 유효원의 집안은 충청도 서산과 공주 일대에 기반을 둔 대표적인 무장 가문이다. 1556년(명종11)에 9대조 유용(柳溶)이 무과(武科) 중시(重試)에 장원으로 합격하여 경원 부사(慶源府使)를 지낸 이래 8대조 석담(石潭) 유형(柳珩, 1566～1615)이 임진왜란에 크게 활약하여 삼도수군통제사에 올랐다. 이후로 유림(柳琳, 1581～1643), 유혁연(柳赫然, 1616～1680), 유병연(柳炳然, 1625～1681), 유성채(柳星彩)가 모두 통제사에 올랐으며, 유성한(柳星漢), 유성일(柳星一), 유취장(柳就章, 1669～1722), 유성기(柳聖基)를 거쳐 부친 유진항과 유효원에 이르기까지 10명 이상의 통제사, 병사, 수사를 배출한 무장의 명가였다. 유협기(柳協基, 1732～1801)가 편찬하여 1804년(순조4) 통영(統營)에서 간행한《진양충의세편(晉陽忠義世編)》(규장각 소장)은 이 집안 인물들의 전을 모아 만든 것인데, 이 책의 서문과 유진동(柳辰仝)의 시장을 이계가 썼다.

일만 부대 용사가 영문을 옹위하였네　萬隊貔貅擁戟門
긴 밤의 딱따기 소리는 안새[257]에 이어지고　永夜柝聲連雁塞
맑은 가을 장검의 기운은 연운[258]을 쏘네　淸秋劍氣射燕雲
장졸을 보듬음이 참으로 훌륭한 계책이니　撫綏將士眞長策
태평성세에 어찌 전투의 공훈이 필요하리　盛代何須汗馬勳

256 백……전하였고 : 원문의 부곡(部曲)은 한나라 때 만들어진 군대 편성단위인데, 여기서는 무반 또는 군영이란 뜻으로 쓰였다. 유효원의 집안이 대대로 무장 벼슬을 하였기에 이렇게 표현한 것이다.

257 안새(雁塞) : 산이 높은 북방의 요새 지역을 말하는데, 여기서는 유효원이 다스리고 있는 안주를 말한다.

258 연운(燕雲) : 연주(燕州)와 운주(雲州)로 황하(黃河) 북쪽 지역들인데 흔히 북방 변경 지역을 뜻하는 말로 쓰인다.

열흘 만에 순안에서 감영으로 돌아오다[259]

旬日自順安還營

구월이라 서리 맑고 피리 소리 급한데　九月霜淸畫角催
국화는 곳곳마다 해를 향해 피어 있네　黃花處處向陽開
몸은 기러기 같아 남북으로 오가고　身同候雁南仍北
길은 돌고 돌아 갔다가 되돌아오네　路似循環往却回
천 리에 소와 양은 막 들판에 흩어져 놀고　千里牛羊初放野
만가에 벼와 서숙 집마다 낟가리 이루었네　萬家禾黍各成堆
근래 듣건대 변방의 아전이 새로 바다를 순시하여　近聞邊吏新巡海
장도의 고깃배들이 더이상 오지 않는다지[260]　獐島漁船不復來

259 열흘……돌아오다 : 이 시는 1792년(정조16) 가을 순행의 막바지 순안에서 평양으로 돌아오며 지은 작품이다. 순안현은 안주와 평양 사이에 평야 지대에 있는 고을이다. 서북 방면에 있어서 군사・교통상의 요지로 평양을 방어하는 역할을 하였으며, 독자산(獨子山)・대선곶(大船串)・서금강산(西金剛山) 등에 봉수가 있었고, 기발(騎撥)인 관문참(官門站)이 있어 의주 지방의 상황을 남쪽으로 전달하였다. 이계의 이동 경로로 볼 때 이곳을 마지막으로 하여 순행을 마치고 평양으로 돌아간 것이다. 이해의 가을 순행에 지은 시는 여기까지이다.

수련은 늦가을의 순안 고을의 경물을 읊었으며, 함련은 평안도에서 순행을 도는 자신의 모습을 가을 기러기와 강물에 비겨 읊었다. 경련은 평안도의 곡창인 순안 평야의 평화로운 가을 풍경을 읊었으며, 미련은 서북 변경과 해방의 순찰이 엄해져 중국과 요동의 고깃배들이 더 이상 출몰하지 못한다고 하여 자신이 평안도 관찰사로서 역할을 잘 수행하고 있음을 은근히 드러내었다. 평성 '회(灰)' 운의 측기식 칠언율시이다.

260 장도(獐島)의……않는다지 : 장도는 평안도 최북단 용천군과 중국 사이에 있는 섬으로 신도(薪島) 인근에 있다. 이 섬에 중국인 및 요동의 북방 이민족들이 몰래 거주

하며 고기를 잡기 위해 조선 해역으로 자주 진출하였는데, 조선군이 쫓아내어도 이내 다시 돌아오곤 하여 서북 변경의 분쟁거리가 되었다. 이계는 병마절도사 이한풍(李漢豐)과 함께 이전 해인 1791년 8월 13일에 장계를 올려 "봉성(鳳城)의 장수가 변방을 순찰할 때, 장도(獐島)와 신도(薪島)에 몰래 숨어드는 자들을 우리 나라에서 능히 검칙하지 못한다고 합니다. 청컨대 신도를 수색해서 토벌하는 것을 규정에 구애받지 말고 이따금 들어가 살필 수 있게 하소서." 하였다.《正祖實錄 15年 8月 13日》이 장계를 올린 뒤 조정의 허락을 받아 해방을 엄히 했기 때문에 중국과 요동의 어선이 더이상 조선의 해역으로 침범하지 못하였으므로 그 성과에 은근한 자부심을 담아 '더 이상 오지 않는다.'고 읊은 것이다. 참고로《신증동국여지승람》〈용천군(龍川郡)〉 편에는 신도(薪島)만 용천군의 부속도서로 표시되어 있고 장도(獐島)는 누락되어 있으며, 김육(金堉)의《조경일록(朝京日錄)》에 "우리나라의 국토는 섬의 서쪽 신도(薪島)에서 끝난다."고 한 것 등으로 미루어보아, 장도는 중국에 속한 섬이거나 관할 경계가 명확히 정해지지 않았던 섬으로 짐작된다.

오후 늦게 경파루(鏡波樓)에 오르다[261]

向晩登鏡波樓

편여를 타고 경파루에 오르니	便輿扶上鏡波樓
석양의 성근 주렴에 초승달 걸렸네	斜日疏簾掛半鉤
희미한 안개 숲은 묵화를 옮겨놓은 듯	烟樹熹微移墨畫
여기저기 고깃배는 조는 갈매기 같아라	漁舟散落似眠鷗
용산의 빼어난 경색 처마 앞에 솟았고	龍山秀色當簷聳
양도의 눈부신 빛은 헌함 앞에 흐르네	羊島浮光入檻流
푸른 연못 하나 펼쳐진 것이 더욱 사랑스러우니	更愛綠池開一面
일만 가호의 성시에 맑고 그윽함을 독차지했네[262]	萬家城市獨淸幽

261 오후……오르다 : 이 시는 1792년(정조16) 가을 순행을 마친 뒤의 어느 시점에 경파루에 올라 지은 작품이다. 경파루는 평양의 좌영이 허물어지자 그 자리에 이계가 세운 누대인데, 사창의 남성(南城) 곁에 대동강을 굽어보고 서 있었다. 대동강이 월주(越州)의 경호(鏡湖)와 흡사하다는 의미로 경파루라고 이름을 지었다. 본서 권12 〈경파루기(鏡波樓記)〉 참고.

수련은 경파루에 오를 때의 시간적 배경을 말하였고, 함련은 경파루에서 바라보는 저녁 풍경을 읊었다. 경련은 경파루 일대의 산세와 원경을 읊었다. 용산은 평양의 서쪽에 있는 용악산(龍岳山)으로 보인다. 미련에서는 경파루에서만 즐길 수 있는 광경을 읊었다. 평성 '우(尤)' 운의 평기식 칠언율시이다.

262 푸른……독차지했네 : 이계는 경파루를 연광정・부벽루와 나란히 견주며, 뒷면에 10묘의 방당이 있어 바닥까지 맑고, 만가호의 정돈된 성시가 눈앞에 펼쳐져 온 성의 누각과 번화한 거리의 모습이 한눈에 들어오는 것은 연광정・부벽루에서는 즐길 수 없는 경치요 경파루에서만 볼 수 있는 광경이라고 하였다. 《耳溪集 卷12 鏡波樓記》

부벽루[263]

浮碧樓

구름 찌르는 높은 난간이 물가에 비치는데	雲際危欄倒水濱
천손은 어느 날에나 기린을 씻을까[264]	天孫何日洗麒麟
섬은 초협에서 나뉘어 여전히 비를 일으키고[265]	島分楚峽猶興雨
바위는 진천을 뿜어내어 사람을 취하게 하네[266]	巖吐秦泉解醉人
응당 조화옹이 유난히 솜씨 드러낸 것이니	應是化翁偏逞巧
누가 신묘한 붓을 가지고 진면목 그려낼까	誰將妙筆擬傳神

263 부벽루 : 이 시는 평안도 관찰사로 있을 때 지은 마지막 작품이다. 부벽루는 을밀대(乙密臺) 아래, 영명사(永明寺) 동쪽에 있다. 평성 '진(眞)' 운의 측기식 칠언율시이다.

264 천손(天孫)은……씻을까 : 동명왕이 대동강 부벽루 아래 기린굴(麒麟窟)에서 기린마(麒麟馬)를 길러 이 말을 타고 조천석(朝天石)으로 나가서 하늘에 올라가 조회했다고 하는 전설이 있어 이색의 시 〈부벽루〉에 "어제 영명사를 들렀다가 잠시 부벽루에 올랐었네. 텅 빈 성엔 한 조각달이요 예스러운 돌엔 천추의 구름이로다. 기린마가 가서 돌아오지 않으니 천손이 어느 곳에서 노니는고. 길게 읊으며 바람 부는 언덕에 서니 산은 푸르고 강은 절로 흐르누나.〔昨過永明寺, 暫登浮碧樓. 城空月一片, 石老雲千秋. 麟馬去不返, 天孫何處遊. 長嘯倚風磴, 山青江水流.〕"라고 하였는데, 이를 전거로 읊은 것이다.

265 섬은……일으키고 : 대동강 중류에 있는 능라도(綾羅島)를 읊은 구절이다. 초협(楚峽)은 초 회왕(楚懷王)과 무산신녀(巫山神女)의 고사를 인용한 표현으로 보이나, 자세한 사항은 미상이다.

266 바위는……하네 : 문무정(文武井)을 읊은 구절이다. 진천(秦泉)은 진 목공(秦穆公)의 탁천궁(橐泉宮) 고사를 인용한 것으로 보이나, 자세한 사항은 미상이다.

을밀대 산정의 달이 오래도록 남아　　長留乙密山頭月
맑은 물결 비추며 오랜 세월 보내네　　流照滄波閱劫塵

갑인년(1794, 정조18) 겨울 동지 겸 사은사(冬至兼謝恩使)의 정사로서 연경에 갔다.[267] 참판 이의필(李義弼)[268]이 부사이고, 학사 심흥영(沈興永)[269]이 서장관이었다.

甲寅冬 以冬至兼謝恩正使赴燕 李參判義弼爲副使 沈學士興永爲書狀官

동짓달 초이레에 기성(箕城)에 이르러 연광정(練光亭)에 머물다[270]

至月初七 到箕城 宿練光亭

267 갑인년……갔다 : 이계가 71세 되던 해의 일로, 그의 두 번째 연행길이다. 이계는 이보다 12년 전인 1782년(정조6) 10월, 59세의 나이에 동지 겸 사은부사(冬至兼謝恩副使)로 중국에 다녀온 일이 있다. 이때에 지은 시들은 권6 〈연운기행(燕雲紀行)〉에 정리되어 있다.

268 이의필(李義弼) : 1738~1808. 본관은 전주로 광평대군파(廣平大君派)이다. 초명은 상악(商岳), 자는 교백(喬伯), 호는 창계(蒼溪)이다. 1766년 정시 문과에 급제하여 정조가 즉위하면서 성균관 대사성으로 발탁되었다. 1793년 12월 5일 정사에서 이계가 예문관 제학이, 이의필이 부제학이 된 인연이 있다. 승지로 있다가 1794년 6월 20일 도목정사에서 동지 겸 사은사의 부사가 되었다.

269 심흥영(沈興永) : 1739~1799. 본관은 청송, 자는 계기(季起)이다. 1773년 생원시에 합격하고, 1783년 정시 병과에 급제하였다. 1781년 합천 군수(陜川郡守)에 임명되었다. 1783년 경과문과(慶科文科)에 급제하고 3사(三司)를 거쳐 사헌부 집의(司憲府執義)로 재직하던 중 1794년 동지사 서장관으로 청나라에 갔다. 뒤에 위원 군수(渭原郡守)에 임명되었다.

270 동짓달……머물다 : 이 시는 1794년(정조18) 11월 7일에 지어진 작품이다. 이해 여름 6월 20일에 열린 도목정사에서 홍낙성(洪樂性)을 동지 겸 사은 정사(冬至兼謝恩正使)로 삼았다가 금방 체직시키고 박종악(朴宗岳)으로 대신하였으며, 이의필(李義弼)을 부사로, 심흥영(沈興永)을 서장관으로 삼았다. 이후 7월 7일, 다음 해 진하 정사

사신이 되어 거듭 대동강 가에 오니 星軺重到浿江濱
먼 나무 높은 정자가 눈에 들어와 새롭구나[271] 遠樹長亭入眼新
관새에서 이 년 동안 관찰사 되었더니 關塞二年觀察使
연운 만릿길에 상행인이 되었구나[272] 燕雲萬里上行人

로 가기로 했던 김이소(金履素)가 상소를 올려 면직되자 대신 박종악을 진하 정사로 삼고, 동지 겸 사은 정사는 다시 이계로 대신하여 정했다. 10월 13일에 정조가 이계와 이의필·심홍영을 소견하고 역관과 의관을 정중히 대우할 것을 신칙하였는데, 동지사 사행단은 이 소견이 있은 뒤 바로 서울을 출발한 것으로 보인다. 대략 스무날의 일정이 걸려 평양에 이르러 연광정에 머물며 이 작품을 지은 것이다.

연광정은 대동강 가 덕암(德巖)의 절벽 위에 있는 평양의 객관으로 중국을 오가는 사신들이 모두 이곳에 들러 유숙하였다. 경치가 빼어나 관서팔경(關西八景)의 하나로 알려졌으며, 지금의 연광정은 1670년에 다시 지어진 것이다.

수련에서는 평양의 산천이 낯익은 풍경임을 말하였다. 함련 1구에서는 그것이 옛날 평안도 관찰사를 지낸 이력 때문임을, 그를 바탕으로 2구에서는 동지사 겸 사은사 정사가 되어 다시 평양에 온 감회를 읊었다. 경련 1구에서는 자신을 잊지 못하는 옛 부로들과의 만남을 읊었고, 2구에서는 자신이 훈련시킨 기병들이 씩씩한 모습으로 찾아와 반겨준 것을 읊었다. 미련에서는 내년 봄에 다시 만나 남은 회포를 풀자고 하여 옛 고을에 온 감회와 앞으로의 먼 여정을 재촉하는 마음을 갈무리하여 담았다. 평성 '진(眞)' 운의 평기식 칠언율시이다.

271 사신이……새롭구나 : 이계가 3년 전인 1791년에 평안도 관찰사로 부임하여 1년 동안 평양 감영에서 생활하였는데, 동지사로 이곳에 다시 왔기 때문에 이렇게 말한 것이다. 장정은 흔히 10리마다 설치한 역참을 뜻하는 말로 쓰이는데, 여기서는 연광정을 가리키는 것으로 보인다.

272 연운(燕雲)……되었구나 : 동지사의 정사가 되어 연경으로 가는 만 리의 여정에 이곳을 들렀다는 의미이다. 연운은 392쪽 주258 참조. 여기서는 연경 지방을 뜻한다. 행인(行人)은 《주례》 〈추관(秋官)〉에 보이는 관명이다. 천자와 제후 사이에 중대한 교제의 예의(禮儀)를 주관하는 관리로, 사신의 임무를 맡은 사람을 말하는데 대행인(大行人)이라고 한다. 여기서 '상행인(上行人)'이라고 한 것은 이계가 정사로 가기 때문에

당음이 변치 않아 술과 고기로 환영하고[273]　棠陰未改迎牛酒
기병들 무리 이루어 사신 행차 옹위하네　芻騎成群擁駟輪

내가 평안도 관찰사로 있을 때 여러 장수와 관리들에게 전마(戰馬)를 사주어 추사(芻射)[274]를 훈련하게 하였다. 그들이 이번 행차에 모두 말을 타고 대열을 이루어 백사장에서 맞이하기에 경련에서 언급한 것이다.

사흘을 연광정에 머물다 새벽에 떠나며　三宿練光明發去
백화 피는 봄날 다시 묵을 일 기다리네[275]　前期留待百花春

'상사(上使)인 행인(行人)'이라는 뜻에서 이렇게 표현한 것이다. 정조의 시에 "그대 숙부가 사신 간 것 몇 번이던고? 번거로이 경이 또 사행길에 올랐구나.〔乃叔乘槎問幾巡, 煩卿又作上行人.〕"라고 하였다.《弘齋全書 卷6 贈朴判樞宗岳聖節冬至正朝陳賀及欽賜百幅福字方牋謝恩上行人之行》

273 당음(棠陰)이……환영하고 : 자신이 다스리던 옛 고을에 오니 아직도 자신을 잊지 않은 사람들이 있어 술과 고기로 자신을 맞아준다는 뜻이다. 당음은 주 무왕(周武王) 때 소공(召公)이 서백(西伯)으로 정사를 베풀다가 감당나무 그늘 아래에서 휴식을 취했다는 고사에서 유래하여, 선정(善政)을 행하는 지방 장관을 형용하는 표현으로 쓰이게 된 말인데,《시경》〈소남(召南) 감당(甘棠)〉에 "무성한 저 감당나무 가지를, 자르지도 말고 베지도 마라. 우리 소백이 쉬시던 곳이니라.〔蔽芾甘棠, 勿翦勿伐, 召伯所茇.〕"라고 한 것에서 유래하였다.

274 추사(芻射) : 추(芻)는 풀이나 짚으로 만든 허수아비이다. 허수아비를 만들어 그것을 표적 삼아 사격 연습을 하는 것을 말한다. 시 본문 추기(芻騎)는 추사를 통해 훈련한 기병들이란 뜻이다.

275 백화……기다리네 : 동지사 임무를 마치고 돌아오는 길 백화가 만발한 늦봄 무렵에 이 연광정을 다시 지나게 되는데, 그때 오늘 만난 사람들을 연광정에서 다시 만나 노닐며 남은 회포를 풀겠다는 말이다. 전기(前期)는 내년 봄에 다시 연광정에서 만나자는 기약이다.

신해년(1791, 정조15)에 청북(淸北)에서 기근을 고해와, 임자년(1792, 정조16) 봄에 내가 순찰사로서 진휼을 감독한 적이 있었다. 지금 곽산 운흥관에 이르니 부로와 어린 아이가 무리를 이루어 길을 막고 사례를 하였으며, 선천 이하의 여러 고을에서도 또한 그러하였다. 이 때문에 내가 시를 읊어 기록한다[276]

辛亥淸北告飢 壬子春 余以巡節監賑 今到郭山雲興館 耄倪成群遮道致謝 宣川以下亦然 故賦以志之

276 신해년……기록한다 : 이 시는 1794년(정조18) 11월 동지사로 연경으로 가는 길에 곽산 운흥관에 이르러 지은 작품이다. 이계는 1791년에 평안도 관찰사로 부임했으며, 그해 가을에 청천강 이북 지역 즉 지금의 평안북도 지역에 기근이 들어 이듬해인 1792년 봄에 진휼하였다. 당시 이계의 진휼에 도움을 받은 백성들이 운흥관에 이른 이계의 행차를 맞아 사례한 것을 읊은 것이다. 선천 이하 여러 고을에서도 부로들이 찾아왔다고 한 것으로 보아 1791년의 평안도 기근은 광범한 지역에 걸쳐 일어났고, 그때 보여준 이계의 선정은 당시 평안도 백성들에게 매우 호평을 받았던 것으로 보인다. 곽산의 운흥관은 평양에서 320리 즉 나흘 거리에 있는 객관이므로, 연광정에서 사흘을 묵어 11월 10일 무렵 출발하였다면 13일 무렵 이곳에 도착했을 것으로 추정된다.

수련은 곽산 지방의 백성들이 찾아와 반기는 정황을 읊었다. 함련은 자신이 평안도 관찰사 재직 시절 베푼 진정(賑政)으로 인해 백성들이 다시 살아났음을 읊었다. 경련은 자신의 고을 정치는 할 일을 한 것뿐 대단치 않은 것이라 하여 겸양의 마음을 드러냈다. 미련은 자신의 정사를 잊지 않고 찾아주는 백성들 때문에 연행 행차가 늦어지는 것을 말함으로써 자신의 정사에 대한 뿌듯한 자부심을 드러냈다. 평성 '어(魚)' 운의 측기식 칠언율시이다.

행차가 운흥에 이르러 잠시 수레 멈추니	行到雲興暫駐車
길 메운 부로들 탄식하여 흐느끼며 말하네	盈街父老語欷歔
지난날 만인의 목숨을 구학에서 구하여	往時萬命將溝壑
이 고을 삼 년 동안 다시 농사에 힘썼지	此土三年復耒耡
감히 순선에 소화를 남겼다 말할 수 있으랴[277]	敢道旬宣留召化
단지 소간이 주여 염려함을 달래드렸을 뿐[278]	只寬宵旰念周餘
청천강 일대[279]의 고을 백성들 다투어 맞이하니	沿江一帶爭來迓

277 감히……있으랴 : 이계 자신이 '평안도 관찰사로 있던 시절에 소공과 같은 선정을 폈다고 말하기 어렵다.'는 의미의 겸사이다. 순선(旬宣)은 《시경》 〈대아(大雅) 강한(江漢)〉에 "임금이 소호에게 명하시어 정사를 두루 펴라 하시다.〔王命召虎 來旬來宣〕"라고 한 데서 온 말로, 지방관이 되어 왕정(王政)을 펴는 것을 뜻한다. 순(旬)은 두루 다스린다는 뜻으로 순(巡)과 통한다. 여기서는 이계가 관찰사 직임을 수행한 것을 가리킨다. 소화(召化)는 '소공(召公)의 교화(敎化)'라는 뜻으로 역시 지방관의 선정을 상징하는 말이다. 400쪽 주273 참조.

278 단지……뿐 : 자신이 평안도에서 행한 진정(賑政)은 그저 '기근에 시달리는 백성들을 염려하는 임금의 마음을 다소나마 달래드린 것'에 불과하다는 의미의 겸사이다. 소간(宵旰)은 소의간식(宵衣旰食)의 줄임말이다. 임금이 새벽부터 의관을 갖추어 일하고 밤이 늦어서야 밥을 먹는다는 말로, 임금이 부지런히 정사에 임하는 것을 뜻한다. 남조(南朝)의 서릉(徐陵)이 지은 〈진문제 애책문(陳文帝哀冊文)〉에 "백성들에게 부지런히 하고 정사 돌보느라, 새벽부터 옷 입고 근무하여 밤이 늦서야 밥을 먹네.〔勤民聽政, 旰衣宵食.〕"라고 하였다. 주여(周餘)는 가뭄으로 인해 백성들이 모두 굶어 죽는 것을 말한다. 《시경》 〈대아 운한(雲漢)〉에 "가뭄이 너무 극심한지라, 밀쳐낼 수 없도다. 조심하고 두려워하여, 벼락처럼 여기고 천둥처럼 여기노라. 주나라의 남은 백성이 반몸도 남은 이가 없거늘, 호천상제가 나를 남겨 두지 않으시도다.〔旱旣大甚, 則不可推. 兢兢業業, 如霆如雷. 周餘黎民, 靡有孑遺. 昊天上帝, 則不我遺.〕"라고 한 데에 전거를 둔 말이다.

279 청천강 일대 : 곽산과 선천 등지는 모두 청천강 일대에 있는 고을이며, 평안도는

천 리의 사신 행차가 나 때문에 더디네　　　　千里旌旄爲爾徐

청천강을 기준으로 청북(淸北)과 청남(淸南)으로 갈리기도 한다.

청류당에서[280]

聽流堂

청류당의 흰 벽에 옛날 이름 적었으니	溪堂粉壁舊題名
순절로 왔다가 다시 사신으로 왔다네[281]	巡節還將使節行
언덕 가득 단풍숲은 비단색으로 물들었고	滿岸霜林留錦色
하늘로 통한 돌웅덩이는 거문고 소리 내네	通霄石溜作琴聲
미인이 〈양관곡〉을 뽑을 때면	佳人解唱陽關曲
찬 달빛이 옥새의 정을 더욱 더하지[282]	寒月偏添玉塞情

280 청류당에서 : 이 시는 1794년 11월 동지사로 연경으로 가는 길에 용천군(龍川郡)과 의주의 경계에 있는 청류당(聽流堂)에 이르러 지은 작품이다. 청류당은 용천의 객관 양책관(良策館)에 딸린 정자이다. 당의 앞에 돌웅덩이를 막아 조성된 못이 세 개가 있고, 이 돌에 '청류암(聽流巖)'이라는 세 글자가 새겨져 있으며, 이곳으로 떨어지는 계류 소리가 아름다워 청류당으로 이름을 붙인 것이다. 운흥관에서 110리로, 하루를 꼬박 걸어야 되는 거리이다. 따라서 11월 14일 무렵 이곳에 이르러 이 시를 지은 것이 된다.

수련에서는 자신이 의주 부윤으로 재직하던 시절 청류당에 와서 이름을 적어놓고 간 일을 회상하며, 동지사가 되어 30년 만에 다시 이곳에 온 감회를 읊었다. 함련에서는 청류당 주변의 경관을 읊었다. 경련에서는 청류당에서 기생의 노래를 들을 때면 으레 더욱 짙어지는 변경에서의 객수를 읊었다. 미련에서는 만년에 다시 의주에 온 감회를 읊었다. 평성 '경(庚)' 운의 평기식 칠언율시이다.

281 순절로……왔다네 : 이계는 40세가 되던 1763년(영조39) 6월에 의주 부윤이 되어 부임했는데 그 시절 의주와 용천의 경계에 있던 청류당에 온 일이 있으며, 32년이 지난 1794년에 동지사 정사가 되어 다시 이곳에 왔기 때문에 이렇게 읊은 것이다. 이 시의 미련에서 '서른 해 만에 다시 왔다.'는 말에서 거듭 확인할 수 있다.

우스워라 귀밑머리 하얗게 세어　　却笑鬢毛如雪白
서른 해 만에 다시 서관에 왔구나　　十三年後再西征

282 미인이……더하지 : 미인은 기생을 뜻한다. 청류당은 경관이 좋아 중국을 오가는 사신들이 이곳에 묵으며 자주 기악(妓樂)을 벌였다. 〈양관곡(陽關曲)〉은 당나라 왕유(王維, 699~761)의 〈안서(安西)로 사신 가는 원이(元二)를 전송하며〔送元二使安西〕〉를 주요 가사로 하는 금곡(琴曲) 사패(詞牌)의 이름이다. 원 시의 내용 중에 "서쪽으로 양관을 나가면 벗이 없으리니〔西出陽關無故人〕"라는 구절이 있기 때문에 흔히 이별 노래로 불리는데, 이계가 국경을 너머 사신을 가는 길이기 때문에 이 노래를 인용한 것이기도 하다. 또 양관(陽關)은 변새의 대명사로 불리우는 지명이며, 〈양관곡〉은 '양관삼첩(陽關三疊)'이라고도 하여 유난히 슬픈 노래를 상징하기도 한다. 옥새(玉塞)는 중국 감숙성 돈황(敦煌)에 있는 옥문관(玉門關)의 별칭인데, 흔히 변경 지방의 대명사로 쓰인다. 따라서 '기생이 이별의 노래를 부를 때면 으레 변방에서 느끼는 쓸쓸한 회포가 더욱 깊어진다.'는 정도의 의미이다.

용만(龍灣)에 들어서서[283]

入龍灣

여섯 번째 변경의 달이 차는 걸 거듭 보노니[284]	六度重看塞月圓
누대와 수목이 모두 예전 그대로구나	樓臺樹木摠依然
황운 너머 수루는 별처럼 펼쳐져 있고	星羅戍壘黃雲外
낙조 주변으로 먼 산은 검처럼 서 있네	劍立遙山落照邊
계북에서 사명 받든 지 십 년이 넘었거니와[285]	薊北含綸逾十載

283 용만(龍灣)에 들어서서 : 이 시는 1794년(정조18) 11월 동지사로 연경으로 가는 길에 의주(義州)에 이르러 지은 작품이다. 용만(龍灣)은 의주의 옛 이름으로, 사행의 경로에서 조선 국경의 최북단이다. 용천의 청류당에서 의주의 용만관까지는 75리 떨어져 있어 하루 거리이다. 따라서 11월 보름 무렵 이곳에 이르러 이 시를 지은 것이 된다. 한편 이계는 1763년에 의주 부윤으로, 1782년에 동지사 부사로, 1791년에 평안도 관찰사로, 1794년에 동지사 정사로, 이렇게 총 4차례에 걸쳐 의주에 왔다.

수련에서는 의주 부윤으로 재직하던 시절에 이어 여섯 번째 보름달을 보는 감회를 읊었다. 함련에서는 용만관 일대 수루와 산봉의 저녁 풍경을 읊었다. 경련에서는 자신이 의주에 다시 온 것이 동지사 부사로 지나간 시점으로는 10여 년 만에, 평안도 관찰사로 지나간 시점으로는 3년 만임을 말하였다. 미련에서는 자신이 유독 국사와 관련하여 북변 의주에 자주 드나들었다는 사실을 장난스레 읊었다. 평성 '선(先)' 운의 측기식 칠언율시이다.

284 여섯……보노니 : 이계는 40세 되던 1763(영조39)년 6월에 의주 부윤이 되어 부임한 일이 있다. 이후로 이 시를 지을 무렵까지 모두 6번의 보름달을 의주에서 보았다고 술회한 것이다.

285 계북(薊北)에서……넘었거니와 : 계북은 옛 연(燕)나라의 지역인 계주(薊州)의 북쪽 지방을 가리키는데, 여기서는 연경 곧 북경을 가리킨다. 이계가 59세 되던 1782년(정조6) 10월에 동지사 겸 사은사(冬至使兼謝恩使)의 부사(副使)로 연경에 다녀왔고,

관서에서 부절 짚은 지 겨우 삼 년 만일세[286] 關西仗節僅三年
강 어귀 늙은 이정표가 웃음 짓겠지 江頭老堠應相笑
"왕사에 어찌하여 그대 홀로 바쁜가?"[287] 王事胡爲子獨賢

그로부터 12년 만인 이해에 다시 정사로 연경에 가기 때문에 이렇게 말한 것이다.

286 관서(關西)에서……만일세 : 68～69세 되던 1791～1792년에 이계가 평안도 관찰사로 재직할 때 평안도에 왔으며, 그로부터 3년 뒤인 이해에 다시 동지사로서 평안도에 왔기 때문에 이렇게 말한 것이다.

287 강……바쁜가 : 강 어귀에 선 늙은 이정표가 동지사와 관찰사로 바쁘게 이곳을 지나다닌 이계를 알아보고, "왜 그대 혼자 그리 국사에 바쁜가?"라고 물을 것이라는 의미의 너스레이다. 독현(獨賢)은 혼자서 나랏일을 위해 고생하며 동분서주한다는 뜻이다. 《시경》〈소아(小雅) 북산(北山)〉에 "너른 하늘 아래 어떤 곳도 왕의 땅 아닌 곳이 없고, 어느 땅 물가의 사람도 왕의 신하 아닌 자가 없는데, 대부들을 공평하게 쓰지 않아, 나만 나라 일에 종사하며 '홀로 어질다' 하는구나.〔溥天之下, 莫非王土, 率土之濱, 莫非王臣, 大夫不均, 我從事獨賢.〕"라는 말이 나온다.

사민들이 항아리 술을 가지고 곳곳에서 맞이하여 인사하였다. 내가 남겨준 은혜가 무어 있단 말인가? 순후한 풍속을 알 수 있다[288]

士民持壺酒 處處迎拜 安有遺惠 可見厚俗

용만의 사녀들이 구름처럼 그득하니	龍灣士女爛如雲
고기와 술 마련해 옛 사또 맞이하네	牛酒來迎舊使君
십리의 거리엔 차일 장막이 늘어섰고	十里街亭連供帳
연변의 노소들은 각각 무리 이루었네	兩行髫白各成群
백성 보살핌은 도리어 행하덕에 부끄럽고[289]	撫摩却愧行何德

288 사민들이……있다 : 이 시는 1794년(정조18) 11월 동지사로 연경으로 가는 길에 의주(義州)에 이르러 지은 작품이다. 의주는 이계와 인연이 깊은 곳이다. 연경으로 가는 길에 객관에 들러 묵을 때 이 지역 백성들이 이계의 선정을 잊지 못해 술과 음식을 마련하여 찾아와 인사를 하였다. 이 시는 그때의 광경과 감회를 읊은 것이다.

수련에서는 의주의 남녀노소가 그득히 몰려와 자신을 환영하는 광경을, 함련에서는 환영 인파로 인해 도로 양 옆으로 생긴 차일 행렬과 인파를 읊었다. 경련에서는 1구에서 '자신은 선정을 행한 것이 없다.'고 겸손하게 사양한 다음, 2구에서 '자신을 잊지 않고 찾아준 것은 의주부의 풍속이 상고의 풍속처럼 순후해서 그런 것'이라고 말하였다. 미련에서는 왕정의 교화가 잘 펼쳐져 풍요를 구가하고 있는 의주의 번영상을 읊었다. 평성 '문(文)' 운의 평기식 칠언율시이다.

289 백성……부끄럽고 : 자신의 고을 정사는 평범하여 선정에 비견되기에는 부끄럽다는 뜻이다. 행하덕(行何德)은 한(漢)나라 유곤(劉昆)의 고사에서 유래한 말이다. 유곤이 강릉 영(江陵令)으로 있을 적에 화재가 발생할 때마다 비가 내리고 바람이 멈추어 불이 잦아들었다. 또 홍농 태수(弘農太守)로 있을 적에는 인정(仁政)을 행하여 일대의 범들이 모두 강을 건너 사라져 홍농에 호환(虎患)이 없어지게 되었다. 광무제(光武

풍속은 아직까지 옛날 말하던 것이 전하네　　風俗猶傳古所云
변방에 왕정의 교화 성대함이 더욱 기쁘니　　更喜邊門王化盛
일만 가호에 닭과 개 소리 서로 들리네[290]　　萬家鳴吠自相聞

帝)가 이 소문을 듣고 기이하게 여겨 "유곤이 예전 강릉에 있을 때에는 바람이 방향을 바꾸어 불을 껐고, 또 뒤에 홍농 태수로 있을 때에는 범이 북쪽으로 강을 건너 도망갔다고 하였다. 도대체 무슨 덕정을 행했기에 이런 일이 있게 만들었는가?〔前在江陵, 反風滅火, 後守弘農, 虎北渡河. 行何德政而致是事?〕"라고 묻자, 유곤이 "우연일 뿐입니다.〔偶然耳.〕"라고 하였다. 좌우 측근들은 모두 유곤을 두고 촌스러운 사람이라 말을 잘 못한다고 비웃었으나, 광무제는 "이것이 바로 장자의 말이다.〔此乃長者之言也.〕"라면서 감탄했다.《後漢書 卷79上 劉昆列傳》

290 일만……들리네 : 의주가 사람들이 많이 사는 살기 좋은 고장이 되었다는 말이다.《노자(老子)》 80장에 "개와 닭소리가 서로 들린다.〔鷄犬之聲相聞.〕"라고 하고,《맹자》〈공손추 상〉에 "닭 울음과 개 짖는 소리가 서로 들려 사방의 국경까지 이르고 있다.〔鷄鳴狗吠, 相聞而達乎四境.〕"라고 한 것에 전거를 둔 표현이다.

압록강을 건너 저녁에 구련성(九連城)에 당도하여 노숙하며, 진강(鎭江)의 고적을 추억하다[291]

渡鴨江 夕抵九連城露宿 憶鎭江古迹

압록강은 옛날에 마자수라 불렀으니[292] 鴨綠水名古馬訾
신라와 고구려도 이 강 건너 중국에 사신 갔지[293] 中州玉帛自羅麗

291 압록강을……추억하다 : 이 시는 1794년(정조18) 동지사로 연경으로 가면서 11월에 압록강을 건너 구련성 옛 진강부 터에 이르러 노숙하며 지은 작품이다. 구련성의 옛 진강부 터는 일반적으로 조선 사신들이 중국 국경에 들어서서 처음 묵는 곳으로, 압록강에서 25리 가량 되는 거리에 있다. 진강부(鎭江府)는 명나라 때 구련성 지역에 설치되던 행정구역으로, 이계가 사행을 갈 때는 없어졌다. 일명 애탕성(靉湯城)이라고 한다.

수련은 우리나라에서 중국에 사신을 갈 때 예로부로 압록강을 경유하여 갔음을 읊었고, 함련은 압록강을 경계로 조선과 중국이 나누어짐을 읊었다. 경련에서는 천하의 산은 백두산이 중심이 되어 북쪽으로 향해 있는데 반해, 인간들이 세운 나라는 중국이 중심이 되어 서쪽으로 사신 간다고 하여 민족의식을 드러냈다. 미련에서는 진강부의 옛터에서 노숙하는 감회를 읊었다. 평성 '지(支)' 운을 사용한 측기식 칠언율시이다.

292 압록강은……불렀으니 : 《한서》 권28 〈지리지 하(地理志下)〉 '서개마(西蓋馬)'에 "마자수(馬訾水)는 서북쪽으로 흘러 염난수(鹽難水)로 들어가고 서남쪽으로 서안평(西安平)에 이르러 바다로 들어간다. 2군을 지나 1천 1백 리를 흐른다." 하였다. 이를 인용하여 《통전(通典)》에서 "마자수는 일명 압록강이다.〔馬訾水一名鴨綠江.〕" 하였고, 이상의 내용이 《길림통지(吉林通志)》 권23 〈압록강지수(鴨綠江之水)〉에 실렸다.

293 중국에……갔지 : 옥백(玉帛)은 규장(圭璋)과 속백(束帛)의 합칭이다. 옛날 제후가 천자에게 조회를 가거나 제후들끼리 서로 회맹(會盟)할 때에 규장과 속백을 예물로 사용했던 데서, 전하여 이웃 나라끼리 서로 화호(和好)를 표시하는 뜻으로 쓰인다. 《춘추좌씨전(春秋左氏傳)》 애공(哀公) 7년 조에 "우 임금이 도산에서 제후를 회합할

세 강이 땅을 분획하여 이하를 나누고[294] 三江劃地分夷夏

두 나라 국경 맞대어 기미에 들어가네[295] 兩國連疆入尾箕

때 옥백을 잡은 것이 만국이었다.〔禹合諸侯於塗山, 執玉帛者萬國.〕" 하였다.

294 세……나누고 : 압록강이 의주까지 흘러 내려와 오적도(於亦島)의 동쪽에 이르러 세 갈래로 나뉘어지기 때문에 삼강(三江)이라 한 것이다. 제일 큰 줄기가 구룡연(九龍淵)이니 곧 압록강이고, 서쪽으로 흐르는 강이 서강(西江)이고, 가운데로 흐르는 강이 소서강(小西江)이다. 이(夷)와 하(夏)를 나눈다는 것은 압록강이 중국과 조선의 경계를 이룬다는 뜻이다.

295 두……들어가네 : 조선과 중국이 모두 압록강을 경계로 국경을 맞대고 있으며, 그 위치는 동쪽 지역이라는 의미이다. 기미(尾箕)는 동방칠수(東方七宿)인 "각(角)·항(亢)·저(氐)·방(房)·심(心)·미(尾)·기 (箕)" 가운데 북쪽 끝에 위치한 두 별자리이다.

무엇 때문에 산천은 모두 북향이거늘	何事山川皆北向
매년 사신들이 외려 서쪽으로 가는가	每年冠蓋尙西馳
진강의 성곽은 찾을 곳 없고	鎭江城郭尋無處
쓸쓸한 사신은 노숙을 한다네	寥落行人露宿時

밤에 총수산 아래에 묵으며[296]

夜宿蔥秀山下

총수산 앞에 저녁놀이 타오를 제	蔥秀山前夕照明
주인[297]이 장막 펼치고 행차 멈추길 기다리네	廚人張幄候停行
맑은 샘물에 일찍이 차를 달이던 일 추억하고	淸泉尙憶曾煎茗
늙은 나무에 옛날 깃발 걸어놓은 것 남았어라	老樹猶餘舊掛旌
객관은 본디 우리 땅이 아님을 알지만	逆旅本知非我土
거듭 옴에 애오라지 감회가 다시 이네	重來聊復作人情
밤새 촛불 돋우며 추워서 잠 못 이뤄	中宵跋燭寒無寐
곧장 동트길 기다려 목성에 당도했지	直待明朝抵木城

296 밤에……묵으며 : 이 시는 1794년 11월 동지사로 연경에 가며 지은 작품이다. 총수산(蔥秀山)은 황해도 평산의 북쪽에 있는 총수산과 이름은 같지만 다른 산이다. 구련성에서 60여 리로 꼬박 하루 거리이다. 일반적으로 연행 사신단은 구련성에서 묵고 출발하여 30리를 가서 금석산(金石山)에서 점심을 먹고 또 32리를 더 가 총수산에서 묵는데, 이계의 노정도 그와 같았던 것이다. 1782년(정조6) 1차 연행 때에도 이곳에 묵으며 시를 지었기 때문에 함련과 경련에서 언급하였다. 미련에서 말한 목성(木城)은 총수산에서 28리 떨어진 책문(柵門)을 가리킨다. 평성 '경(庚)' 운의 측기식 칠언율시이다.

297 주인(廚人) : 사행단의 노복 가운데 식사를 준비하는 사람들이다. 사행단보다 약간 빨리 출발하여, 점심을 먹을 장소나 저녁에 묵을 객관에 미리 도착하여 사행단이 당도하면 식사를 할 수 있도록 준비하는 임무를 맡는다.

정오에 봉황성(鳳凰城)에서 점심을 먹고 송참(松站)에서 묵다[298]

午炊鳳城宿松站

눈과 얼음 꽁꽁 얼어 말이 쩔쩔 매는데　　氷雪凌兢馬不驕
아득한 관산으로 사신 행차 전진시키네[299]　　關山迢遞轉星軺
육생은 만 리에 거듭 월나라에 사신 갔고[300]　　陸生萬里重遊越
부로는 삼 년 만에 다시 요하로 사신 갔네[301]　　富老三年再聘遼

298 정오에……묵다 : 이 시는 1794년(정조18) 11월 동지사로 연경에 가며 지은 작품이다. 책문에서 봉황성까지는 35리이고, 이곳에 유원관(柔遠館)이라고 하는 조선 사신의 객관이 있다. 봉황성에서 송참(松站)까지는 50리이다. 송참은 일명 설유참(薛劉站)이라고 한다. 함련에서 자신이 두 번째 연행에 오른 것을 한나라 육고(陸賈)와 송나라 부필(富弼)에 비겨 은근한 자부심을 담았다. 평성 '소(蕭)' 운의 측기식 칠언율시이다.

299 아득한……전진시키네 : 송참 일대에 마고령(麻姑嶺)과 대소장령(大小長嶺) 등의 험고한 지형이 펼쳐져 있기 때문에 이렇게 표현한 것이다. 성초(星軺)는 성사(星槎)와 같은 말로, 사신의 행차를 가리킨다. 당나라 송지문(宋之問)의 시 〈봉화양왕연룡홍응교(奉和梁王宴龍泓應教)〉에 "사신의 행차가 궁궐에서 나왔네.〔星軺下紫微.〕"라고 하였다.

300 육생(陸生)은……갔고 : 한(漢)나라 육고(陸賈)는 본디 초(楚)나라 사람인데, 유방(劉邦)의 식객으로 있다가 한나라를 세우는 일에 이바지한 사람이다. 고조의 명을 받아 남월(南越)으로 사신을 가서 위타(尉他)를 회유하여 남월왕으로 봉하고 한나라에 신복(臣服)하게 했다. 뒤에 육고는 여태후(呂太后) 일족을 주살하고 효문제(孝文帝)를 세우는 일에 공을 세웠으며, 효문제가 즉위한 이래 다시 신임을 받다 남월에 사신을 갔다.《史記 卷97 陸賈列傳》

301 부로(富老)는……갔네 : 송나라 인종 때의 명상 부필(富弼)을 가리킨다. 거란의 병사들이 국경에 주둔하고서 송나라에 관남(關南)의 땅과 세폐(歲幣)의 증액과 외교

천하는 오늘에 약속에 귀의하였으니[302] 溥海卽今歸約束
사신은 단지 풍요만 채집하면 된다네 行人只合採風謠
봉성의 안팎이 모두 궁벽한 변새라 鳳城內外皆窮塞
종일토록 난령만 각각 저대로 울리네[303] 終日鑾鈴各自招

문서에 '바칩니다.〔獻納.〕'라는 굴욕적인 문장을 쓰라고 요구하자, 부필이 사신으로 가서 단신으로 거란주(契丹主)와 담판하여 그 요구를 거절하였다. 거란주와의 담판에 뛰어난 역량을 보인 덕에 부필은 삼 년 뒤에 다시 거란으로 사신을 갔다. 거란이 요하(遼河) 일대를 차지하고 있었기 때문에 '빙료(聘遼)'라고 표현한 것이다. 《宋史 卷313 富弼列傳》

302 천하는……귀의하였으니 : 약속(約束)은 한 고조(漢高祖)가 관중(關中)에 들어가서 제정한 삼장(三章)의 법규 곧 약법삼장(約法三章)을 말한다. 여기서는 청나라의 정치가 인정(仁政)을 실현하고 있고, 천하가 모두 청나라의 통치 범위에 들어가 태평세월을 구가한다는 의미로 사용되었다.

303 종일토록……울리네 : 난령(鑾鈴)은 수레에 매다는 방울이다. 《예기》 〈옥조〉에 "군자가 수레에 있으면 난과 화의 소리를 듣고, 걸어가면 패옥의 소리를 울린다.〔君子在車則聞鸞和之聲, 行則鳴佩玉.〕"라고 하였는데, 난(鑾)과 화(和)는 모두 수레에 다는 방울이고, 패옥은 몸에 차는 옥이다. 변경 지방에는 예교를 갖춘 군자들이 다니지 않기 때문에 오직 사신 행렬의 각 수레에 매단 방울 소리만 울리는 것을 이렇게 표현한 것이다.

황가장에서 통원보로 향하며[304]
自黃家庄 向通遠堡

하늘과 닿은 길이 끝없이 아득하니	連天一路浩漫漫
〈우공〉의 전도[305]를 말 위에서 보네	禹貢全圖馬上看
늘어선 별자리는 반쯤 남극 아래 매달려 있고[306]	列宿半懸南極下
여러 변방 민족들 멀리 소영주 끝에 붙어 있네[307]	百蠻遙寄小瀛端
문장이 어찌 강산의 도움을 받겠는가만	文章豈有江山助
안목이 자못 우주를 따라 넓어지는구나	眼目頗隨宇宙寬
십 년 만에 거듭 옴에 할 일이 없으니	十載重來無箇事

304 황가장에서 통원보로 향하며 : 이 시는 1794년(정조18) 11월 동지사로 연경에 가며 지은 작품이다. 송참에서 황가장(黃家庄)은 옹북하(瓮北河)와 대장령(大長嶺)을 거치는 10리 길이다. 황가장에서 통원보(通遠堡)까지는 30리이다. 새벽길을 나서 황가장에서 아침을 먹은 듯하다. 수련에서는 드넓은 중국 천지로 들어서는 감회를 《서경》〈우공(禹貢)〉을 빌어 읊었고, 함련에서는 북변의 자연을 바라보는 감회를 읊었다. 경련과 미련에서는 대지에서 느끼는 호쾌한 문인의 기상과 우주에 대한 철학적 사유를 담았다. 평성 '한(寒)' 운의 평기식 칠언율시이다.

305 우공(禹貢)의 전도(全圖) : 중국의 산하를 비유한 말이다. 우 임금이 처음 중국 대륙의 산하를 경략하여 정비한 내용을 〈우공〉에 담았기 때문에 이렇게 표현한 것이다.

306 늘어선……있고 : 사행단이 북쪽으로 멀리 올라와 조선에서 보던 별자리가 마치 남쪽 끝에 매달려 있는 것처럼 보이기 때문에 이렇게 읊은 것이다.

307 여러……있네 : 영주(瀛洲)는 바다에 있는 전설상의 섬인데, 흔히 동해를 가리킨다. 통원보 일대에 여러 소수민족들이 살아가고 있고, 그 위치가 황해 위쪽을 차지하고 있는데, 황해는 중국에서 볼 때 동해이기 때문에 이렇게 읊은 것이다.

흰머리에 한가로이 장중환을 놀리네[308] 白頭閒弄掌中丸

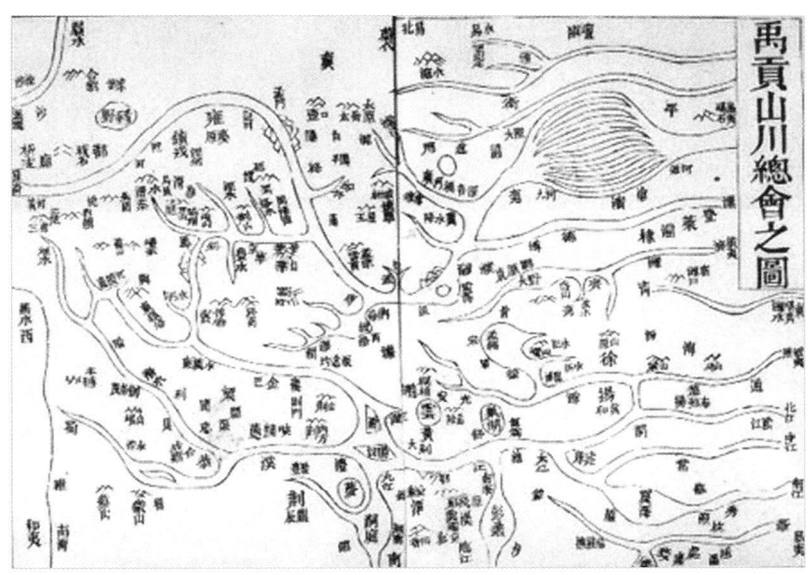

그림 21 우공산천총회지도

308 장중환(掌中丸)을 놀리네 : 송나라의 상수학자(象數學者) 강절(康節) 소옹(邵雍)의 고사를 빌린 표현이다. 소옹의 《격양집(擊壤集)》 권12 〈자작진찬(自作眞贊)〉 마지막 연에 "구슬 놀이 하다가 틈이 생기면, 한가로이 갔다가 한가로이 오곤 하네.〔弄丸餘暇, 閒往閒來.〕"라는 구절이 나오는데, 자주(自註)에 "구슬〔丸〕은 태극(太極)을 의미한다."라고 하였다. 요컨대 드넓은 천지를 바라보며 우주의 이치를 탐색한다는 말이다.

중국 국경에 들어선 지 사흘 동안 들은 것을 기록하다 2수
入境三日記所見聞 二首

1수[309]

백 년의 휴양이 태평성대를 증험하나니	百年休養驗昇平
만국의 사신 행렬 공손히 상경하네[310]	萬國梯航拱上京
교광의 이름난 향이 책시에 나오고[311]	交廣名香來柵市
천진의 수양버들이 변성까지 이어졌네[312]	天津垂柳接邊城

309 1수 : 이 시는 1794년(정조18) 11월 동지사로 연경에 가며 지은 작품이다. 중국에 들어서서 본 자연과 감회를 전체적으로 망라하여 읊은 두 수 가운데 첫째 시이다. 주변의 모든 나라가 청나라로 사신을 보내 오고, 이역의 진귀한 보물이 반대편 변경까지 유통되는 모습을 읊어 청나라가 성세를 구가하는 모습을 담았다. 미련에서는 지방 아전의 세금 착취가 없는 모습에서 청나라 정치가 말단까지 잘 정비되어 있음을 간명하게 보여주었다. 평성 '경(庚)' 운의 평기식 칠언율시이다.

310 만국의……상경하네 : 《논어》 〈위정(爲政)〉에 "정사를 덕으로 하는 것은, 비유하자면 북신이 제자리에 머물러 있으면 별들이 그를 향하는 것과 같다.〔爲政以德, 譬如北辰居其所而衆星拱之.〕"라고 한 것에 전거를 둔 표현으로, 모든 나라에서 청 왕조를 천자로 인정하여 조회 오고 있다는 뜻을 담은 구절이다.

311 교광(交廣)의……나오고 : 교광은 교지(交趾), 광동(廣東), 광서(廣西) 지역을 아우른 말이다. 교지는 한대(漢代)의 군명(郡名)에서 유래한 지명으로, 지금의 베트남 북부 통킹・하노이 일대를 가리킨다. 옥화향(玉華香), 침수향(沈水香), 풍향(楓香) 등의 향이 생산된다. 책시(柵市)는 책문후시(柵門後市), 곧 책문에서 이루어지던 밀무역이다. 먼 남방의 물산들이 북방 국경의 장시에까지 유통되고 있음을 나타낸 구절이다.

312 천진(天津)의……이어졌네 : 천진은 연경의 동남쪽, 바닷가에 있는 도시이다. 변성은 심양에서 60리 거리에 있는 지명으로, 일명 백변참(白邊站)이라고 한다. 연경 근처의 도시에서 변방의 먼 시골도시까지 도로가 정비되어 있고, 경관이 아름답다는

소와 양이 골짝에 그득해 행렬이 무리 이루고 牛羊滿谷行成隊
닭과 개가 집에 돌아가 밤새 깊이 잠을 자네 鷄犬歸棲宿不驚
나라 엿보려면 본디 시골을 먼저 보아야 하니 覘國由來先視野
향리와 여염에 토색질 하는 소리 들리지 않네 里閭無聞索租聲

2수[313]

만 리토록 거서의 교화가 천하에 펼쳐져[314] 萬里車書拓四封
바다와 사막 끝에서도 모두 조회를 오네 窮瀛絶漠盡朝宗
농부들은 코뚜레 뀐 소를 보지 못하였고 耕夫不見牛穿鼻
월령은 '주의 뿔이 돋아 떨어졌다'고 고쳐 새로 반사하였네 月令新頒麈出茸

소의 코에 코뚜레를 꿰고 말의 머리에 굴레를 씌워 장식하는 것은 《주역》 〈계사전(繫辭傳)〉이 지어지던 시기부터 비롯되었다.[315] 그러나 청나라 사

것을 나타낸 구절이다.

313 2수 : 이 시는 1794년 11월 동지사로 연경에 가며 지은 작품이다. 함련에서는 명나라 시절과 달라진 풍경 및 고쳐진 월력 반포를 읊어 종래의 중국 문명의 질서가 청나라의 것으로 재편되고 일신되었음을 부각하였고, 경련에서는 중국 문명의 세력권이 더욱 확장되었음을 읊어 청나라의 위상을 상징적으로 부각하였다. 평성 '동(冬)' 운의 평기식 칠언율시이다.

314 만……펼쳐져 : 온 세상에 청나라의 문물이 퍼지고 교화가 미친다는 말이다. 《중용장구》 제28장에서 "지금 온 천하가 동일한 규격의 수레를 타고 동일한 문자로 문서를 작성한다.〔今天下車同軌, 書同文.〕"라는 말에 전거를 둔 표현이다.

315 소의……비롯되었다 : 코뚜레와 말에 관한 이야기는 《장자(莊子)》 〈추수(秋水)〉에서 북해약(北海若)이 자연과 인위에 대해 말하면서 "소와 말의 발이 네 개인 것은 하늘이고, 말의 머리에 굴레를 씌우고 소의 코에 코뚜레를 꿰는 것은 인위이다.〔牛馬四足, 是謂天. 絡馬首, 穿牛鼻, 是謂人.〕"라고 한 것에서 유래한 것이다. 〈계사전〉은

람들은 소의 코에 코뚜레를 꿰지 않고, 단지 말의 머리에 굴레를 씌워 마음 먹은 대로 몬다. 《예기》 〈월령〉에 '11월에 미(麋 큰 사슴의 한 종류)의 뿔이 떨어진다.〔麋角解.〕'라고 하였다. 건륭 연간 어느 해인가 궁궐 후원(後苑)에 신하를 보내어 살펴보니 미(麋)의 뿔이 떨어지는 것이 아니라 오히려 주(麈 큰 사슴의 한 종류)의 뿔이 떨어졌다. 이 때문에 마침내 〈월령〉을 고쳐 황력(皇曆)에 반사하였다.[316] 두 가지 사실은 모두 앞 시대 역사에 없던 것이다.

〈왕회〉와 〈직방〉에도 오히려 실리지 않은 나라까지 모두 조공 왔고[317]

王會職方猶未悉

문왕과 주공이 지은 것으로 전해지는바, 여기서 〈계사전〉이 지어지던 시기라는 것은 주나라가 세워지던 시절이라는 말로, 곧 인문(人文)이 시작되던 시기라는 의미이다.

316 건륭……반사하였다 : 이 일은 청 고종(高宗) 건륭(乾隆) 31년 1766년(영조42)에 있었다. 이때 건륭제는 '11월에 미의 뿔이 떨어진다.〔麋角解.〕'는 《예기》 〈월령〉의 기록이 실상에 맞지 않다고 판단하여 시헌력(時憲曆)의 11월에 '주의 뿔이 떨어진다〔麈角解.〕'라고 고쳐 썼다. 관련 내용이 청나라 단옥재(段玉裁, 1735~1815)의 《설문해자주(說文解字注)》 녹부(鹿部) '미(麋)' 자 아래 주에 실려 있으며, 우리나라에서는 조익(趙翼, 1727~1814)의 《이십이사찰기(二十二史札記)》에 채록되어 있다. 우리나라의 문헌에는 연암 박지원이 쓴 《열하일기(熱河日記)》의 〈구외이문(口外異聞)〉 '주각해(麈角解)'에도 소개되어 있다.

317 왕회(王會)와……왔고 : 〈왕회〉와 〈직방(職方)〉 둘은 모두 《일주서(逸周書)》라고 불리는 《급총주서(汲冢周書)》의 편명이다. 이 책은 진(晉)나라 때 급군(汲郡)사람 부준(不準)이 위양왕(魏襄王)의 무덤을 파서 얻었다는 선진(先秦)시대의 고서(古書)인데, 안사고(顔師古)가 《한서》 〈예문지(藝文志)〉 '주서(周書)'에 '공자가 산서(刪書)한 나머지'라고 주석했기 때문에, 뒤에 흔히 《일주서》라고 불리게 되었다. 그중 〈왕회해(王會解)〉는 성왕(成王)의 조회 모습과 동아시아 여러 국가에서 바친 조공품을 열거하고 있다. 〈직방해(職方解)〉는 중국을 중심으로 한 천하의 형세와 판도 및 각지의 물산을 간략하게 기술한 일종의 종합지리지이다. 따라서 〈왕회〉와 〈직방〉은 종래 중국 문명권을 상징하는 말로 쓰였고, 거기에 실리지 않은 나라까지 모두 조공을 왔다

짐승 발자국이 뒤덮인 나라와 새처럼 지저귀는 나라가 또한 서로 만났네[318] 獸蹄鳥舌亦相逢
유구인이 근일에 또 푸른 바다 건너와 琉球近日浮青海
공사의 자문이 먼 해외에 새로이 더해졌다네 貢使新添九譯重

유구인(琉球人)이 올해 표류하여 우리 나라 해변에 떠밀려왔는데, 육지를 통해 본국으로 송환해 달라고 요청하였다.[319] 이 때문에 공사가 자문(咨文)을 갖추어 심양(瀋陽)까지 영부(領付)하였다.

는 것은 청나라 건국 이래 중국의 힘이 더욱 강성해져 그 문명권이 확장되었다는 의미이다.

318 짐승……만났네 : 중국 문명권의 밖에 있는 나라까지 모두 중국으로 와서 서로 만났다는 말로, 역시 청나라가 천하의 중심이 되었다는 뜻이다. '짐승 발자국이 뒤덮인 나라'란 온 나라에 야수가 횡행하는 야만의 나라를 상징하고, '새처럼 지저귀는 나라'란 알아들을 수 없는 말을 사용하는 나라라는 말이다. 맹자가 초(楚)나라의 사람 진상(陳相)에게 문명의 정치를 말해 주며 그 이전 시대를 가리켜 "짐승의 발자국과 새 발자국의 길이 중국에 교차하였다.〔獸蹄鳥跡之道交於中國.〕"라고 하고, 또 허행(許行)을 가리켜 "남만의 때까치처럼 떠드는 사람〔南蠻鴃舌之人.〕"이라고 한 데에 전거를 둔 표현이다. 《孟子 滕文公上》

319 유구인(琉球人)이……요청하였다 : 1794년 9월 11일, 표류한 유구인이 제주 해안에 표착했다. 제주 목사 심낙수(沈樂洙)가 그들을 수로(水路)로 되돌려 보내려고 하자, 유구인들은 한사코 육로로 복주(福州)까지 가기를 원한다고 요청하였다. 유구인들의 요청을 수용한 조정에서 이들을 사행단의 연행길에 따라가게 하여, 사행단이 심양까지 압송하였다. 《正祖實錄 18年 9月 11日》

회령령과 청석령을 넘어 낭자산에 묵다[320]

度會寧青石兩嶺 宿娘子山

연산관 아래 눈꽃 마구 날리더니[321]	連山關下雪花橫
청석령 잿마루에 말 울음 지치네	青石嶺頭倦馬鳴
고국은 아스라이 천 리에 멀고	家國蒼茫千里遠
계절은 어느덧 동지가 되었네	天時荏苒一陽生
갖옷은 낡아서 추위 더욱 매섭고	貂裘欲弊寒逾重
촛농 쌓이도록 잠 이루지 못하네	蠟燭將堆夢不成
괴이해라 귀가 완전히 멀었거늘	更怪聽官都已廢
창가에 반갑게도 닭 소리 들리다니	窓前猶喜聞鷄聲

320 회령령(會寧嶺)과……묵다 : 이 시는 1794년(정조18) 11월 동지사로 연경에 가며 지은 작품이다. 회령령은 통원보에서 초하구(草河口)와 분수령(分水嶺)을 넘어 90리 거리에 있다. 여기서 첨수참(甛水站)을 거쳐 50리를 더 가면 청석령이 있고, 다시 20리를 더 가 낭자산(娘子山)이 있다. 낭자산은 당 태종(唐太宗)의 전설이 서린 곳이다. 당 태종이 고구려군에게 패배하여 도망가다가 이곳에서 닭 울음 소리를 듣고 어떤 집에 투숙하여 젊고 아리따운 낭자와 밤을 보냈는데, 이 낭자가 실은 여우〔狼子〕가 변신한 여인이라는 것이다. 그래서 일명 낭자산(狼子山)이라고도 한다.

수련에서는 통원보, 연산관, 회령령, 청석령에 이르는 험난한 여정을 읊었고, 함련에서는 가절을 맞아 더해진 객수와 감회를 읊었고, 경련에서는 북방의 추위와 불면을 읊었고, 미련에서는 새벽닭 소리를 낭자산의 전설과 연관시켜 마무리하였다. 평성 '경(庚)' 운의 평기식 칠언율시이다.

321 연산관(連山關)……날리더니 : 연산관은 분수령에서 15리 거리에 있고, 여기서 다시 20리를 더 가면 회령령이다. 이곳을 지날 때가 동지 무렵이니 곧 음력 11월로, 북방의 나라 눈이 내렸던 것이다.

석문령을 올라 요동 벌판을 바라보며[322]

登石門嶺 望遼野

층봉이 마주 서서 석문이 열렸으니	石門中坼抗層巒
천 리에 아스라이 쌓인 기운 서렸네	千里蒼茫積氣蟠
북극성 높이는 반공에서 보고	北極高低天半見
동해의 거리는 일변에서 보네[323]	東溟遠近日邊看
천하는 비로소 중화의 위대함을 알았고	寰區始識中華大
나그네는 혼연히 행로의 어려움 잊노라	客子渾忘行路難
고국 떠난 지 수십 일에 산천이 멀어졌으니	去國數旬山海隔
흰 구름 아래 그 어느 곳이 삼한이더뇨	白雲何處是三韓

322 석문령을……바라보며 : 이 시는 1794년(정조18) 11월 동지사로 연경에 가며 지은 작품이다. 석문령(石門嶺)은 낭자산에서 마천령(摩天嶺)과 삼류하(三流河)를 지나 34리 지점에 있다. 여기서 10리 지점부터 이른바 요동대야(遼東大野)로 불리는 요동 벌판이 펼쳐진다.

수련은 두 석벽이 마주 서서 입을 벌리고 있는 듯한 석문령의 지형을 읊었고, 함련은 북쪽으로 올라오고 동해와 멀어진 감회를 읊었으며, 경련은 중원 천하의 광대함을 체험한 감회를 읊었고, 미련은 멀어진 고국산천을 그리는 향수를 담아 마무리하였다. 평성 '한(寒)' 운의 평기식 칠언율시이다.

323 북극성……보네 : 사신 행차가 서울보다 한참 위로 올라와 있으므로 서울에서 북쪽 끝에 보이던 북극성이 남쪽으로 조금 내려왔고, 해가 뜨고 지는 지점도 한층 남쪽으로 내려가 있기 때문에 이렇게 읊은 것이다.

백탑을 바라보며 영수사에 묵다[324]

觀白塔 宿迎水寺

우뚝한 고탑이 하늘 찌르니	崢嶸古塔入青冥
화표의 신선은 정영위렷다[325]	華表仙人是姓丁
이슬을 받는 한제의 금경이요[326]	漢帝金莖承雨露

324 백탑을……묵다 : 이 시는 1794년(정조18) 11월 동지사로 연경에 가며 지은 작품이다. 백탑은 요동성 광우사(廣祐寺)에 있는 탑으로 백색이기 때문에 백탑이라 이름한 것이다. 순안(順安) 북쪽 2리 지점에 있는데, 팔각에 13층으로 높이가 36장(丈)이며, 팔각의 면마다 나한(羅漢) 하나와 신장(神將)을 둘씩 새겨 모두 104개의 상을 조각해 놓았다. 만주 동부에서 가장 크고 높은 탑이다. 왕보대(王寶臺)를 지나면 멀리 백탑이 바라뵈기 시작한다고 하였다. 이곳에서 고려총(高麗叢), 태자하(太子河)를 경유하여 영수사(迎水寺)에 이른다. 영수사는 연수사(延水寺) 또는 영수사(永壽寺)라고도 한다. 태자하에서 1리 거리에 있다. 뒤에 퇴락하여 옛 자리에 중건(重建)하고 현판을 자항사(慈航寺)로 고쳤다.

수련과 함련에서는 우뚝한 백탑의 모습을 화표주, 금경, 동주의 모습에 비겨 그려냈고, 경련과 미련에서는 옛 조선 땅에 대한 감개를 은밀하게 담았다. 평성 '경(庚)' 운의 평기식 칠언율시이다.

325 화표(華表)의 신선은 정영위(丁令威)렷다 : 한나라 때 요동 사람 정영위가 영허산(靈虛山)에서 신선술을 배워 신선이 되었다. 뒤에 학이 되어 요동으로 돌아와 성문의 화표주(華表柱)에 앉았는데, 한 소년이 활로 쏘려 하자 날아올라 공중을 배회하며 노래하기를 "이 새(학)는 바로 정영위이니 집 떠나 천 년 만에 이제야 돌아왔네. 성곽은 옛날과 똑같은데 사람은 다르구나. 어찌 신선술을 배우지 않고 무덤만 저렇게 즐비한가.〔有鳥有鳥丁令威, 古家千年今始歸. 城郭如故人民非, 何不學仙冢纍纍.〕"라고 하고 하늘로 높이 날아올라 사라졌다고 한다.《搜神後記》 인간 세상이 흥망을 거듭하는 동안 백탑은 변함없이 솟아 있기 때문에 그를 화표주에 빗대어 이렇게 읊은 것이다.

창해 진압하는 복파의 동주일세[327] 伏波銅柱鎭滄溟
십 년 만에 요곽에 학이 거듭 왔고[328] 十年遼郭重來鶴
만 리 길에 기전에 노객이 사신 왔네[329] 萬里箕躔老客星
지난 일은 아득하여 물을 곳 없고 往事迷茫無處問
부질없이 당장의 전공 새긴 시만 전하네 漫傳唐將勒功銘

혹 당나라 장수 울지경덕(尉遲敬德)[330]의 공훈을 기념한 탑이라 한다.[331]

326 이슬을……금경(金莖)이요 : 백탑을 승로반의 구리 기둥에 빗댄 표현이다. 한 무제(漢武帝)가 신선술을 흠모하여 백량대(柏梁臺)를 쌓고 그곳에 20장 높이의 구리기둥을 세웠는데 이것이 금경이다. 구리 기둥 위에 신선 손바닥 모양의 접시를 만들어 여기에 이슬을 받아 옥가루에 타서 마시며 장생불로(長生不老)를 꾀하였는데, 그것을 승로반(承露盤) 또는 선인장(仙人掌)이라고 한다. 《漢書 卷25上 郊祀志》

327 창해(蒼海)……동주(銅柱)일세 : 후한(後漢)의 복파장군(伏波將軍) 마원(馬援)이 교지국(交趾國)을 원정(遠征)한 뒤 두 개의 구리 기둥〔銅柱〕을 세워 한(漢)나라와 남방 외국의 경계선을 표시하였다. 《後漢書 卷24 馬援列傳》 백탑이 요동 경략을 기념하여 세운 탑이므로 복파장군의 동주(銅柱)에 비긴 것이다.

328 십……왔고 : 424쪽 주325 참조.

329 만……왔네 : 기전(箕躔)은 기성(箕星)의 분야라는 뜻도 되고, 기자(箕子)가 다스리던 땅이라는 뜻도 된다. 모두 '조선'을 상징한다. 요동이 옛날 고조선 땅이기 때문에 이렇게 말한 것이다.

330 울지경덕(尉遲敬德) : 당나라 때의 선양(善陽) 사람으로, 시호는 충무(忠武). 수(隋)나라 말년에 당나라에 귀부하여 태종이 즉위하기 전에 우부참군(右府參軍)이 되어 여러 차례의 정벌에 공을 세워 악국공(鄂國公)에 봉해졌다. 당 태종이 잠저(潛邸)에 있을 때부터 수행하며, 두건덕(竇建德), 왕세충(王世充), 유흑달(劉黑闥) 등을 정벌한 장군으로, 고구려 원정에도 종군했었다. 《舊唐書 卷68 尉遲敬德列傳》

331 혹……한다 : 당나라 태종이 요동을 경략할 적에 울지경덕에게 명하여 건립하였다는 전설이 있어 이렇게 말한 것이다. 그러나 실제로는 금나라 5대 황제 세종이 4대 황제 해릉왕(海陵王)을 멸하고 세운 탑이다.

아침에 출발하여 난니보를 향하다가 처음으로 요동 벌판에 들어서다[332]

早發向爛泥堡 始入大野

관동의 천 리가 요동 전역이니	關東千里是全遼
들빛이 아득하여 먼 파도와 같네	野色迷茫似遠濤
천지가 서로 맞닿아 별자리 가깝고	天地相撑星象近
산하가 손바닥 같아 해가 높구나	山河如掌日輪高
우마들이 오고 가서 행렬이 끝이 없는데	來牛去馬行無盡
수레에 기대 채찍 날리니 기개 절로 호탕하네	憑軾揚鞭氣自豪
크게 노래 부르고 싶으나 심력이 달리니	强欲放歌心力短
성성한 백발이 빗질할 것도 없이 되었네	蕭疏白髮不勝搔

332 아침에……들어서다 : 이 시는 1794년(정조18) 11월 동지사로 연경으로 가다가 요동 벌판에 들어서서 지은 작품이다. 요동 벌판은 영수사 북쪽에서부터 갑자기 산이 없어지고 800리에 걸쳐 평야가 펼쳐진다. 이 길로 접관청(接官廳), 삼도파(三道把) 등을 지나 28리를 가면 난니보(爛泥堡)가 나온다. 봄이 되어 얼음이 풀릴 때 이 일대가 진흙처럼 되기 때문에 붙은 이름인데, 난니도(爛泥塗)라고도 한다. 수련은 요동 벌판의 전경을, 함련은 광활한 평야에서 별자리가 지평선에 내려앉은 것처럼 보이거나 산하가 둥그렇게 보이는 낯선 풍광을 읊었다. 경련은 광야에서 느끼는 호탕한 감개를, 미련은 노쇠한 체력과 마음에 대한 유감을 읊었다. 평성 '호(豪)'운의 평기식 칠언율시이다.

오시에 백탑보에서 점심을 먹고 얼어붙은 혼하를 건너다[333]

午炊白塔堡氷渡渾河

가람과 상점이 즐비하게 줄지어 있고 梵宇連商店

333 오시에……건너다 : 이 시는 1794년(정조18) 11월 동지사로 연경에 가며 지은 작품이다. 백탑보(白塔堡)에서 점심을 먹고 혼하(渾河)를 건너며 지은 것으로, 백탑보는 난니보에서 67리 거리에 있다. 이 마을 안에 백탑이 있다. 혼하는 일명 야리강(耶里江)이라고도 한다. 수원은 백두산 서남쪽에서 나와 요하(遼河)와 함께 태자하(太子河)로 모여 삼차하(三汊河)가 되어 바다로 들어간다. 수련에서는 백탑보의 화려한 성시를, 함련에서는 광활한 벌판의 전경을, 경련에서는 겨울 벌판의 황량한 먼지와 매운 바람을 읊었다. 미련에서 전정(前程) 상상하며 마무리하였다. 평성 '청(靑)'운의 측기식 수구불용운체 오언율시이다.

붉은 난간이 화려한 정자 두르고 있네	紅欄繞畫亭
뜬 구름은 벌판에서 피어오르고	浮雲生大陸
흰 해는 푸른 하늘을 도는도다	白日轉青冥
먼지는 일천 가호의 나무에 자욱하고	塵漲千家樹
바람은 일만 말의 워낭을 울리는구나	風鳴萬馬鈴
요양의 칠백 리 길	遼陽七百里
가면서 몇 번이나 쉴까	行邁幾時停

심양으로 향하며[334]

向瀋陽

하늘의 운세와 사람의 도모가 각각 한때이니	天運人謀各一時
심양에서 제왕의 기업을 처음 열었네[335]	瀋陽肇刱帝王基
삼척검 잡고서 중원을 호령하고[336]	指揮諸夏提三尺
팔기를 써서 군웅을 장악하였네[337]	鞭撻群雄用八旗

334 심양으로 향하며 : 이 시는 1794년(정조18) 11월 동지사로 연경에 가며 지은 작품이다. 혼하를 지나 심양으로 가며 지은 것인데, 혼하에서 9리만 더 가면 심양이다. 수련에서는 심양이 청나라의 기업지(基業地)임을 읊었고, 함련에서는 누르하치의 활약을 읊었다. 경련에서는 옛 고구려 땅을 접하는 감개를 노래했고, 미련에서는 늙은 사신의 개인적 소회를 읊어 마무리했다. 평성 '지(支)'운의 측기식 칠언율시이다.

335 하늘의……열었네 : 청 태조 누르하치가 1621년 심양과 요양(遼陽)을 점령하고, 이어 1625년 심양으로 천도하여 성경(盛京)이라 칭하였다. 이곳을 거점으로 1626년에 명나라 공격을 시작했다. 후금(後金)이 청(淸)이 된 것은 1636년이지만, 청이 본격적으로 굴기한 것은 바로 심양 시절부터이므로 이렇게 말한 것이다.

336 삼척검……호령하고 : 삼척검을 잡았다는 것은 천하를 통일하고 천자가 되었다는 상징적인 표현이다. 한 고조 유방이 천하를 통일한 뒤에 "내가 포의의 신분으로 일어나서 석 자의 칼을 쥐고 천하를 차지하였으니, 이것이 하늘의 명이 아니고 무엇이겠는가.〔吾以布衣提三尺劍取天下, 此非天命乎?〕"라고 말한 데서 유래한 표현이다. 《史記 卷8 高祖本紀》

337 팔기(八旗)를……장악하였네 : 변방의 군소 부족을 통합하였다는 말이다. 팔기(八旗)는 청나라를 건국한 태조(太祖)가 창업에 공로가 있는 만주족을 비롯하여 한인, 몽고인, 여진인 등을 중앙집권적으로 통제하고자 태조 원년(1616)에 조직한 군대이다. 총군(總軍)을 깃발의 빛깔에 따라 여덟 부대로 나누어 편재했기 때문에 팔기라고 했다. 청조 초기에는 팔기제도를 통하여 조세와 행정을 관리하고 군대를 편성했지만, 중기

지사는 오늘날에 속절없이 늙었거니와　　志士於今空自老
시인이 여기 와서 시를 짓지 못하랴[338]　　騷人到此遂無詩
화아야 묻지 마라 조선의 사신이　　華兒莫問東韓使
늙어서 다시 옴에 귀밑머리 길어진 것을　　白首重來長鬢絲

이후에는 군사에 국한하였다.

그림 22 팔기(八旗) : 상단 좌측부터 정홍기(正紅旗), 정남기(正藍旗), 정황기(正黃旗), 정백기(正白旗), 양홍기(鑲紅旗), 양남기(鑲藍旗), 양황기(鑲黃旗), 양백기(鑲白旗)

338 지사는……못하랴 : 심양 바로 아래의 혼하가 옛 고구려 땅이므로 이렇게 말한 것이다. 《한서》 〈지리지〉에 "고구려현에는 요산(遼山)이 있는데 소요수(小遼水)가 시작하는 곳이다."라고 하였는데, 소요수가 바로 혼하이다.

새벽에 고가자를 출발하여 주류하를 지나 방향을 꺾어 신민둔으로 향하다[339]

曉發高家子 過周流河 轉向新民屯

길게 이어진 사신 행차 청명[340]으로 향하니	逶迤征旆向靑冥
명멸하는 행로의 등불이 새벽별 같구나	明滅行燈似曉星
백 리에 희미하게 늘어선 건 높고 낮은 나무요	百里熹微高下樹
천촌에 흩어져 있는 것은 단정과 장정일세[341]	千村散落短長亭
거류하[342]에선 외려 봄의 유빙 건넌 것 기억나고	巨河尙記春氷渡

339 새벽에……향하다 : 이 시는 1794년(정조18) 11월 동지사로 연경에 가며 지은 작품이다. 여기서부터는 산해관(山海關)을 향해 가는 길이다. 심양에서 고가자(高家子)까지가 85리로 꼬박 하루 거리인데, 여기에서 묵고 새벽에 출발한 것이다. 10여 리를 더 가면 주류하(周流河)인데, 이곳에서 아침을 먹은 듯하다. 다시 25리를 가면 신민둔(新民屯)이다.

수련에서는 새벽에 등불을 밝히고 연경으로 향하는 사행단의 모습을 읊었고, 함련에서는 노정에서 본 새벽 풍경을 읊었다. 경련 첫구에서는 옛날 사행에서 돌아올 때 봄이 온 거류하에서 유빙을 보았던 일을 회상하였고, 둘째 구에서는 새로 쌓은 성곽을 보며 국방을 삼엄히 하는 청나라 정치에 대한 소회를 읊었다. 미련에서는 새로 유행하는 동현금 연주에 대해 약간의 거부감을 표하며 마무리하였다. 평성 '청(靑)'운의 측기식 칠언율시이다.

340 청명(靑冥) : 하늘 위에 있는 옥황상제의 궁정(宮廷)을 뜻하는 말인데, 여기서는 청나라 황제가 있는 연경(燕京)을 가리킨다.

341 단정(短亭)과 장정(長亭)일세 : 단정은 5리마다 설치한 역참(驛站)을 말하고, 장정은 10리마다 설치한 역참을 말한다.

342 거류하(巨流河) : 주류하의 별칭으로, 구려하(句驪河), 요수(遼水) 또는 삼차하

임인년(1782, 정조6) 사행에서 돌아오는 길에 거류하에 당도했을 때 유빙(遊氷)이 나루를 막아 사흘을 묵고서야 가까스로 건넜다.

새로 쌓은 성가퀴는 문득 새벽술 깨게 하였지　　新堞翻敎卯酒醒

주류하는 역마을인데, 임인년 당시까지는 성가퀴가 없었다. 그런데 지금 보니 벽돌로 쌓아 관방(關防)을 삼엄히 이루었다.

어디선가 동현금[343] 몇 곡조 타는데　　何處銅絃彈數闋

시끄러운 그 소리[344] 들을 수 없네　　繁音嘈切不堪聽

(三叉河)라고도 불린다. 요야(遼野)의 여러 강이 이곳에서 합류하기 때문에 이러한 이름이 붙었다. 이곳을 경계로 요서와 요동으로 나뉜다.

343 동현금(銅絃琴) : 서양에서 건너온 구라철현금(歐羅鐵絃琴)을 말한다. 청나라를 거쳐 조선에도 들어와 홍대용이 타는 법을 알았다고 하며, 《열하일기》, 《영재집》 등에 보인다.

344 시끄러운 그 소리 : 원문의 '조체(嘈切)'는 백거이의 〈비파행(琵琶行)〉에 "큰 현은 소나기처럼 퉁퉁거리고, 작은 현은 속삭임처럼 소곤거리네. 퉁퉁거리고 소곤거리는 소리 마구 뒤섞여, 큰 구슬 작은 구슬이 쟁반에서 구르는 듯하네.〔大弦嘈嘈如急雨, 小弦切切如私語. 嘈嘈切切錯雜彈, 大珠小珠落玉盤.〕"라고 한 것에 전거를 둔 표현이다. 다만 여기서는 동현금이 서양에서 전래된 악기라는 것으로 인해, '오랑캐 악기의 속되고 낯선 소리'를 뜻하는 부정적인 어감의 시어로 사용되었다.

백기보를 지나 비로소 요서에 들어섰다. 여기까지도 기자의 옛 관할지이다[345]

過白旗堡 始入遼西 猶是箕子舊境

요주는 본래 옛 고구려이니 遼州本是古句麗
중원에 편입됨도 또한 한때이리 折入中原亦一時
무제의 웅도는 예맥의 길 열었고[346] 武帝雄圖開濊貊
모용씨 왕업은 선비에서 일어났지[347] 慕容王跡起鮮卑

345 백기보를……관할지이다 : 이 시는 1794년(정조18) 11월 동지사로 연경에 가며 지은 작품이다. 심양을 떠나 요서로 들어서며 지은 것이다. 백기보촌(白旗堡村)은 신민둔에서 50리 거리에 있다. 이곳에서 묵고 서쪽으로 출발하였는데, 요서의 들머리이다. 수련에서는 요서와 요동이 본래 고구려 땅이므로 지금 잠시 중국 땅이 되었다고 하나 그것도 일시적인 현상일 뿐 결국 조선 땅이 될 것이라는 마음을 담아 읊었다. 함련에서는 요주에서 일어난 나라와 역사 사실을 간략히 언급하였다. 경련에서는 고구려가 요동에서 일어나 활약한 웅업(雄業)을 읊었다. 미련에서는 요동에 남아 있는 조선의 자취를 찾아 이곳이 조선땅이라는 감회를 은근히 담았다. 평성 '지(支)'운의 평기식 칠언율시이다.

346 무제(武帝)의……열었고 : 한 무제 때 팽오(彭吳)가 처음으로 예맥(濊貊)과 길을 열어 조선과 교통하도록 하자 한 무제가 창해군을 설치하였다.〔彭吳穿穢貊朝鮮, 置滄海郡.〕고 한다.《前漢書 卷24 食貨志》《史記 卷30 平準書》

347 모용씨(慕容氏)……일어났지 : 모용씨는 오호십육국(五胡十六國)시대에 연(燕)나라를 세운 선비족(鮮卑族)의 왕실 성이다. 선비족이 요서에서 내몽고에 이르는 일대의 지역에 웅거하며 국호를 연(燕)이라 일컫고 고구려와 세력을 다투었기 때문에 이렇게 말한 것이다. 285～286년에 연나라 모용외가 요동을 함락하고, 293년에서 296년 사이 고구려를 공격한 일이 있다.

오초의 삼천 리와 조수가 통하였고[348] 潮通吳楚三千里

수당의 백만 군대 구름처럼 흩어졌네[349] 雲散隋唐百萬師

한탄스러워라 기자가 봉해진 곳 어디서 찾을 것인가 歎息箕封何處覓

옛날 경작하던 무논이 아직까지 남아 있네[350] 水田猶有舊耕菑

348 오초(吳楚)의……통하였고 : 고구려 동천왕(東川王) 때인 233년 무렵 오나라와 국교를 맺고 교통하였기 때문에 이렇게 말한 것이다. 233년에 오나라 사신이 요서와 요동 일대에 성장하던 연나라와 연합하려고 갔다가 실패하고 고구려와 국교를 맺었다. 이후 234년 무렵 오나라에서 다시 사신을 보내어 동천왕에게 의복과 보물을 바쳤고, 동천왕은 말 수백 필을 보내어 답례했다고 한다. 그러다가 235년 위(魏)나라와 화친을 맺어, 236년 오나라 사신의 목을 쳐서 위나라에 보낸 일이 있다.《三國史記 卷17 高句麗本紀5 東川王》《三國志 卷3 魏書 明帝紀》

349 수당(隋唐)의……흩어졌네 : 고구려 영양왕(嬰陽王) 23년(612) 수나라 양제(煬帝)가 고구려를 공격하였으나 살수(薩水)에서 을지문덕에게 대패하고 돌아갔으며, 이후 몇 차례 보복을 기획하였으나 모두 실패하였다. 또 보장왕(寶藏王) 4년(645)에 당 태종이 요동의 고구려 안시성을 공격하였으나 연개소문에게 대패하고 돌아갔다.

350 한탄스러워라……있네 : 이계는 기자 조선의 지역을 요동이라 생각하고, 조선의 옛 흔적을 요동 지역에 남아 있는 무논과 벼농사에서 찾았기 때문에 이렇게 읊은 것이다.

오시에 중안보에서 점심을 먹다[351]

午炊中安堡

날리는 모래 몰아치는 눈 기세 등등한데	飛沙撲雪氣凌兢
백발에 어이하여 다시 사신 행차 나왔나	白髮胡然再飮氷
고려조의 익재는 검각을 넘어갔고[352]	前代益齋逾劍閣
명나라로 포은은 금릉에 조공 갔네[353]	皇朝圃老貢金陵

351 오시에……먹다 : 이 시는 1794년(정조18) 11월 동지사로 연경에 가며 지은 작품이다. 심양을 떠나 산해관으로 향하는 길에 중안보(中安保)에서 점심을 먹으며 지은 것이다. 중안보는 백기보에서 이도정자(二道井子), 신점(新占), 소흑산(小黑山)을 지나 130리 거리에 있다. 일반적인 노정으로 보아 소흑산에 묵고 아침에 출발하여 이곳에 당도한 듯하다.

수련에서는 늙은 나이에 거듭 사신으로 온 감회를 읊었고, 함련에서는 자신을 고려의 명신 익재와 포은에 은근히 비겼다. 경련에서는 왕사에 최선을 다하리라는 다짐을 은근히 담았고, 미련에서는 고국에 대한 그리움과 자부심을 은근히 담았다. 평성 '증(蒸)'운의 평기식 칠언율시이다.

352 고려조의……넘어갔고 : 익재(益齋) 이제현(李齊賢, 1287~1367)이 원나라로 사신 갈 때 이 길을 넘어서 갔다는 뜻이다. 이제현은 1314년 28세의 나이에 충선왕의 부름을 받고 원나라로 간 이래 1316년, 1317년, 1319년, 1320년, 1339년, 1348년 등 거의 열 차례 가까이 원나라로 사신 갔다. 검각(劍閣)은 서촉에서 장안으로 들어가는 관문인데, 험하기로 이름나 있다. 여기서는 요주에서 북경으로 들어가는 산해관을 가리키는 듯하다.

353 명나라로……갔네 : 정몽주(鄭夢周, 1337~1392)가 명나라로 사신 갈 때 이 길을 경유하여 다녀왔다는 뜻이다. 정몽주는 1372년 36세의 나이에 서장관으로 지밀직사사(知密直司事) 홍사범(洪師範)을 따라 중국에 다녀왔다. 또 1382년 청시사(請諡使)로 중국에 다녀왔고, 1384년 하성절사(賀聖節使)로 중국에 다녀왔으며 이후로도 1386년,

평생을 나라에 맡겼으니 어찌 일신이 있겠는가	百年許國身何有
중원에 풍속 관찰하는 것은 내 능하지 못하네[354]	諸夏觀風我未能
머리 돌리매 동해가 아직도 눈에 삼삼하니	回首東溟猶在目
동토에 해 막 떠오르는 것을 기쁘게 바라보네	搏桑喜看日初昇

1387년, 1388년 등 다섯 차례 넘게 중국을 다녀왔다. 금릉(金陵)은 영락제(永樂帝) 천도 이전까지의 명나라 수도로, 오늘날의 남경이다.

354 중원에……못하네 : 관풍(觀風)은《예기》〈왕제(王制)〉에 천자가 민생을 살피는 일을 기록하면서 "태사(太師)에게 해당 지역의 민요와 가시(歌詩)를 채록해 오게 하여 백성들의 풍속을 관찰하고, 시장을 관리하는 관원에게 물가(物價)를 아뢰게 하여 백성들의 호오(好惡)를 살핀다.〔命大師陳詩, 以觀民風, 命市納賈, 以觀民之所好惡.〕"라고 한 데서 유래한 말이다. 그런데 계찰이 노(魯)나라에 사신 가서 열국의 노래를 듣고 치란과 성쇠를 알았다는 고사 및《주역》〈관괘(觀卦) 육사(六四)〉의 "나라의 휘황한 빛을 봄이니, 왕에게 나아가 손님이 되는 것이 이롭다.〔觀國之光, 利用賓于王.〕"라는 말과 연결되어 대국에 사신가는 것을 나타내는 말이 되었다. 일신을 바쳐 노력하기는 하지만 외교 사행에 능력이 뛰어난 것은 아니라는 겸사이다.

아침에 여양역을 출발하였다. 요동벌이 거의 끝나가려 하고 의무려산(醫巫閭山)이 점점 가까워 온다[355]

早發閭陽驛 遼野將盡 巫閭漸近

이레 동안 찬 바람 속에 사신 행차 달려[356]	星軒七日御冷風
옷 자락이 펄럭펄럭 푸른 하늘에 나부끼네	衣袖翩翩溯碧空
새들은 구름 그림자 너머 나타났다 사라지고	飛鳥沈浮雲影外
길 가는 사람은 햇빛 아래 오고 가네	行人來去日輪中
하늘은 낮으니 희중이 맞이한 곳이 가까울 터이고[357]	天低羲仲賓應近
들은 넓으니 과보[358]의 걸음으로도 끝이 없으리	野曠夸夫步不窮

355 아침에……온다 : 이 시는 1794년(정조18) 11월 동지사로 연경에 가며 지은 작품이다. 여양역(閭陽驛)은 중안보에서 서쪽으로 78리 떨어진 거리에 있다. 수련은 쉼 없이 겨울 벌판을 달려온 사행길을 노래했고, 함련은 해와 나그네를 통해 끊임없이 만났다 헤어지는 광경을 압축하여 표현했다. 경련은 요동 벌판의 광활한 모습을 간명하게 그려내었고, 미련은 북서쪽 먼 이국에 와 있는 소회를 읊었다. 평성 '동(東)'운의 평기식 칠언율시이다.

356 이레……달려 : 중국에 들어서서 이곳까지 꼬박 이레가 걸렸다는 뜻이다. 책문에서 심양까지가 445리이고, 심양에서 여양역까지가 378리로, 모두 823리이다. 이 거리를 이레 만에 왔으니 하루 평균 120리에 가까운 거리를 달린 것이다.

357 하늘은……터이고 : 하늘과 지평선이 맞닿아 있으니 해 뜨는 곳과 가까울 것이라는 말이다. 《서경》〈요전(堯典)〉에 "희중에게 따로 명하여 동쪽 바닷가에 살게 하니 그곳이 바로 해 뜨는 양곡인데, 해가 떠오를 때 공손히 맞이하여 봄 농사를 고르게 다스리도록 하였다.〔分命羲仲, 宅嵎夷, 曰暘谷, 寅賓出日, 平秩東作.〕"라고 하였다.

358 과보(夸父) : 신화 속에 나오는 인물로, 걸음이 아주 빠른 사람이다. 옛날에 과보

이십팔수의 별자리가 지금 몇 번이나 바뀌었나　　廿八瑤躔今幾度
이 몸은 이미 북두성 자루 동쪽을 벗어나 왔네　　此身已出斗杓東

가 저 자신의 역량을 헤아리지 못하고 햇빛을 쫓아가고자 하여, 우곡(隅谷)까지 쫓아갔는데, 목이 말랐다. 이에 하수(河水)와 위수(渭水)의 물을 들이켰으나 물이 부족하였으므로, 다시 대택(大澤)의 물을 마시려고 하였는데, 미처 도착하기도 전에 중도에서 목이 말라 죽었다 한다. 《列子 湯問》《山海經 海外北經》

십삼산에 묵다[359]

宿十三山

십삼 년 전의 예순 늙은이가　　十三年前六十翁

359 십삼산에 묵다 : 이 시는 1794년(정조18) 11월 동지사로 연경에 가며 지은 작품이다. 십삼산(十三山)은 일명 석산(石山)으로 오늘날의 석산진(石山鎭)이다. 의무려산의 줄기 하나가 뻗어나와 이루어진 산인데, 13개의 봉우리가 솟아 있어 붙은 이름이라는 설과 석삼산(石森山)이라는 발음이 와전되어 붙은 이름이라는 설이 있다. 명나라 때부터 역참이 있었으며, 십삼병(十三屛)이라고도 한다. 여양역에서 40리 거리에 있다. 전체적으로 십삼산에 다시 온 감회를 가벼운 필치로 그려냈다. 평성 '동(東)'운을 사용한 12구의 일운도저격 칠언고시이다.

그림 23 십삼산의 열세 봉우리

십삼산 아래 거듭 사신 왔네[360]	十三山下再觀風
별자리 이미 한 바퀴가 돌아	天星倏已過一周
세월은 또 섣달이 되었구나	流光又是臘月中
당시엔 나의 머리 반백이랬더니	當時我髮未全白
지금엔 희기가 설산과 같아라	今日皜如山雪同
내년에 돌아갈 땐 봄이 정히 저물어	明年歸時春正闌
응당 봄꽃이 온 산에 붉은 것 보겠지	應見山花滿山紅
산빛은 정정하여 늘 한결같은데	亭亭山色長如舊
인간 세상 겪어봄에 웅걸이 몇이더뇨	閱盡人間幾豪雄
요양에 만약 다시 온 학을 보거든[361]	遼陽若見重來鶴
사신의 성이 홍씨더라 말 좀 해주오	爲道行人姓是洪

360 십삼산……왔네 : 59세 되던 1782년(정조6)에 사은부사로 왔다가 71세 되던 1794년에 정사로 다시 왔으므로 햇수로 13년째이다. 산 이름이 십삼산이므로 해학하여 이렇게 말한 것이다. 본집 권6 〈연운기행(燕雲紀行)〉에 이곳서 쓴 〈십삼산에서〔十三山〕〉 칠언율시가 있다.

361 요양에……보거든 : 요양의 학은 424쪽 주325 참조.

대릉하를 건너다가 의무려산을 바라보며[362]
渡大淩河 望醫巫閭

의무려의 먼 산세 하늘과 닿아 뻗어오고	巫閭遠勢接天來
고북구 거센 바람 온 대지에 휘몰아치네	北口長風動地廻
진나라 황제 채찍 휘두르던 곳에 조각돌 남았고[363]	秦帝揮鞭餘斷石
당 태종 병갑 철수하던 곳에 높은 대가 있구나[364]	唐宗捲甲有高臺
두 눈에 만 리의 산하가 들어오고	山河萬里供雙眼

362 대릉하를……바라보며 : 이 시는 1794년(정조18) 11월 동지사로 연경에 가며 지은 작품이다. 대릉하(大淩河)는 십삼산에서 25리 거리에 있다. 의무려산 서북쪽에서 발원하여 2백 리를 흘러 이곳으로 지나간다.

수련에서는 의무려산 줄기의 기세와 고북구에서 불어오는 세찬 바람을 읊었다. 함련 첫구에서는 대릉하 일대까지가 중국 동쪽 경계임을 은근히 말하였고, 둘째 구에서는 당 태종이 고구려에 패배한 사실을 말하여 이곳까지가 옛 고구려 영토라는 것을 은연중에 말함으로써 조선의 자부심을 드러냈다. 경련에서는 광활한 대지와 천고의 역사를 간명한 구도로 잡아내었고, 미련에서는 자신의 가슴에 아직 쇠하지 않은 웅지가 있음을 말하여 청나라 앞에 위축되지 않는 사신의 기개를 드러내었다. 평성 '회(灰)'운의 평기식 칠언율시이다.

363 진(秦)나라……남았고 : 진시황이 석교(石橋)를 만들어 바다를 건너 해가 뜨는 곳을 보고자 하였다. 그때 신인(神人)이 나타나 돌을 운반했지만 돌이 빨리 옮겨지지 않기에 신편(神鞭)으로 돌을 채찍질하자 돌들이 모두 피를 흘렸고, 그 때문에 돌들이 모두 붉다고 한다.《三齊略記》 여기서는 단순히 의무려산의 바위가 채찍으로 갈라놓은 듯하기에 이렇게 읊은 것이다.

364 당……있구나 : 의무려산에는 안산(鞍山)이라는 산이 있는데, 이곳이 바로 당 태종이 연개소문에게 패배하고 돌아가다가 말을 세워 머물렀다고 하여 주필대(駐蹕臺)라고도 한다. 이곳까지가 고구려 영토였다는 설이 있다.

한 잔 술에 천 년의 역사가 지나가네　王覇千年把一盃
노부의 머리 희게 센 것을 비웃지 마오　莫笑老夫霜髮短
머리 위의 절운관만은 사뭇 꼿꼿하다오[365]　切雲頭上自崔嵬

그림 24 대릉하와 의무려산

365 머리……꼿꼿하다오 : 《초사(楚辭)》의 〈섭강(涉江)〉에 "내 어려서 이 기이한 옷을 좋아함이여, 나이 이미 늙어서도 쇠하지 않았노라. 긴 칼을 허리에 참이여, 높다란 절운관을 쓰도다.〔余幼好此奇服兮, 年旣老而不衰. 帶長鋏之陸離兮, 冠切雲之崔嵬.〕"라는 말에서 유래하였다.

대릉하와 소릉하를 건너 고교보에 이르러 묵다[366]

過大小凌河 抵宿高橋堡

쌓인 눈 막 녹고 옥우는 맑아[367]	積雪初消玉宇澄
송산의 한 점 희미한 모서리 보이네[368]	松山一點見微稜
아득한 들판엔 이내 걷히고 해 돋으며	烟開日出蒼茫野
대릉하와 소릉하엔 바람 멎고 모래 희네	風定沙明大小凌
구름이 일어남에 기이한 봉우리 외려 보이지 않고	雲作奇峰還不見

366 대릉하와……묵다 : 이 시는 1794년(정조18) 11월 동지사로 연경에 가며 지은 작품이다. 대릉하에서 30리 가량을 더 가면 소릉하가 있고, 여기서 다시 50리를 더 가면 고교보(高橋堡)이다. 거리로 보아 십삼산에서 새벽에 출발하여 대릉하에서 아침을 먹고, 소릉하에서 점심을 먹고, 고교보에서 숙박한 듯하다. 1백 리가 넘는 거리이다.

수련은 소릉하를 건너 고교보로 가면서 눈이 녹는 송산보의 누각을 보고 읊었고, 함련은 대릉하와 소릉하에 날이 화창하게 개는 모습을 읊었다. 경련은 구름이 일어나면 산들이 가려지고, 대릉하와 소릉하를 따라 이어지는 수레 행렬을 읊었으며, 미련에서는 바다처럼 드넓은 대지가 큰 포부를 펴기 좋은 곳이므로 어디엔가 붕새처럼 큰 인물이 있을 것이라는 말로 마무리하였다. 평성 '증(蒸)'운의 측기식 칠언율시이다.

367 쌓인……맑아 : 옥우는 경루옥우(瓊樓玉宇)의 준말로, 신화 속에 나오는 월궁(月宮) 속의 누각을 말한다. 소식이 송 신종(宋神宗) 희령(熙寧) 9년(1076)에 황주(黃州)로 귀양 가서 지은 가사 〈병진중추작겸회자유(丙辰中秋作兼懷子由)〉에 "내가 바람 타고 돌아가고 싶어도, 경루옥우 높은 곳이 추위를 이기지 못할까 또 걱정일세.〔我欲乘風歸去, 又恐瓊樓玉宇高處不勝寒.〕"라고 한데서 온 말이다. 아래 구와 관련하여 송산보에 있는 누각을 가리키는 것으로 보인다.

368 송산의……보이네 : 송산은 소릉하에서 고교보로 가는 길 15리 지점에 있는 송산보(松山堡)를 가리키는 듯하다. 희미한 모서리는 곧 누각의 모서리를 가리킨다.

수레가 감에 흐르는 냇물이 매양 서로 따라오네 車如流水每相承
여기가 부요의 날개 펼치기 좋은 곳이니 此中好展扶搖翼
그 어드메 남해 꿈꾸는 대붕이 있나뇨?[369] 何處圖南有大鵬

369 여기가……있나뇨 : 부요(扶搖)는 회오리바람이라는 뜻이다. 《장자》 〈소요유(逍遙遊)〉에 "붕새가 남쪽 바다로 날아갈 때는 물을 3천 리나 박차고 회오리바람을 타고 9만 리나 날아오른 뒤에야 6월의 대풍을 타고 남쪽으로 날아간다.〔鵬之徙於南冥也, 水擊三千里, 搏扶搖而上者九萬里, 去以六月息者也.〕"라고 하였다.

오시에 연산역에서 점심을 먹고 영원성으로 향하다. 요동의 풍속을 기록하다[370]

午炊連山驛 向寧遠城 記遼左風俗

기북 지방 행상들은 모두 수레를 쓰고	冀北行商盡用車
요동의 자제들 나귀 타기 부끄러워하네	遼東子弟耻騎驢
징 울리고 북 치며 늘 밤을 순찰하고	撞金打皷常巡夜
바퀴 부딪치고 어깨 부비며 다투어 시장엘 가네[371]	擊轂磨肩競趁虛
점포에선 대부분 심양의 술을 팔고	店肆沽多瀋陽酒
밥상에는 금주의 물고기 올라 있네	盤飡供有錦州魚

370 오시에……기록하다 : 이 시는 1794년(정조18) 11월 동지사로 연경에 가며 지은 작품이다. 연산역(連山驛)은 교고보에서 30리 거리에 있다. 여기서 다시 30리를 가면 영원성(寧遠城)이다. 이 작품 및 아래 이어지는 몇 작품을 바탕으로 볼 때 이계는 산해관 서쪽을 모두 요동으로 본 듯하다.

수련에서는 말에 익숙하여 나귀 타는 것을 싫어하는 요동의 유목민 풍습을 읊었고, 함련에서는 자치(自治)로 치안을 해결하고 번화한 성시를 이룬 모습을 읊었다. 경련에서는 심양의 식문화가 정착된 모습을 읊었으며, 미련에서는 문(文)보다 무(武)로의 지향성이 강한 지방색을 읊었다. 평성 '어(魚)'운의 측기식 칠언율시이다.

371 바퀴……가네 : 수레 바퀴를 부딪치고 어깨를 부빈다는 것은 사람이 몹시 붐빈다는 뜻으로, 요동 지방의 번화한 성시를 나타내는 말이다. 허(虛)는 시장이다. 이익(李瀷)은 "중국 산동(山東) 지방에서는 시장에 가는 것을, '집(集)에 간다.' 이르고, 영남 지방에서는 '허(虛)에 간다.'라고 한다. 일설에 '허(虛)는 허(墟)와 통하니, 옛 성터를 가리킨 것이며, 시골에서 시장을 열 때에는 반드시 사람이 없는 옛 성터를 취하므로 허(墟)에 간다.'라고 한다." 하였다. 《星湖僿說 卷15 人事門 虛市》

변방 백성들 예로부터 말달리기와 활쏘기 능숙해　邊民自古嫺馳射
사람들 모두 화살 끼고 다니지 책을 지니지 않네　挾矢人皆不挾書

사하소에서 동관역으로 향하다[372]

自沙河所 向東關驛

요주의 전 지역은 옛 부여와 겹치는데다	全遼地錯古扶餘
만주족과 한족이 한 마을에 같이 사네	滿漢同袍不異閭
바다와 가까워 모두 지붕 납작한 집 짓고	近海皆爲平頂屋
땔감 운반할 땐 대부분 외발 수레 쓰네	搬柴多用獨輪車
먼지가 자욱이 날려 날아다니는 새가 없고	塵埃障日無飛鳥
들판이 양지발라 돼지 방목하기 좋아라	原隰隨陽好放豬
영원성 옆 백전지에	寧遠城邊百戰地
주민들 단지 농사에 힘쓴다 말하네	居民但道力耕鋤

372 사하소에서 동관역으로 향하다 : 이 시는 1794년(정조18) 11월 동지사로 연경에 가며 지은 작품이다. 사하소(沙河所)는 일명 중우소(中佑所)라고도 불리는데, 영원성에서 30리 거리에 있다. 영원성에서 묵고 출발하여 이곳에서 점심을 먹은 듯하다. 여기서 다시 30리를 가면 동관역(東關驛)이다. 수련에서는 요주가 옛 부여임을 말하여 본래 중국의 땅이 아님을 은근히 시사하고 있으며, 함련에서는 납작한 지붕과 외발 수레의 지역색을 읊었다. 미련에서는 흙먼지가 날리는 평원에 가축을 방목하기 좋은 조건을 읊었으며, 미련에서는 전쟁과 상관없이 오직 생업에 열중하는 백성들의 모습을 담아 인위적으로 만든 국경의 경계가 부질없음을 우회적으로 드러내었다. 평성 '어(魚)'운의 평기식 칠언율시이다.

요주 지방 사람들은 가축 기르기를 잘해 소와 말과 돼지와 양이 모두 천성대로 자라고 있다. 필시 전해 내려오는 비법이 있을 터인데, 우선 실제를 기록하여 식견 있는 자를 기다린다[373]

遼人善畜牧 牛馬豬羊 各順其性 必有相傳之法 聊記其實 以俟識者

해내에는 수레가 재화이니　　海內車爲貨
변방에 목장들이 즐비하네　　邊門盛圈藩
목동은 가축들 특성 환히 알고　　牧兒通獸性
늙은 말은 사람 말을 이해하네　　老馬解人言
무리지어 다니는 것이 서로 아는 듯하고　　逐隊如相識
가려운 곳 긁어주면 가만히 기다리네　　磨痒寂不喧
언제쯤 코뚜레 꿰고 굴레 씌우기 마쳤나　　何年罷穿絡
곧장 헌원씨에게 물어보고 싶어라[374]　　直欲問軒轅

373 요주……기다린다 : 이 시는 1794년(정조18) 11월 동지사로 연경에 가는 길에 요주(遼州)에서 보고 들은 풍경을 담아 지은 작품이다. 중국의 주요 교통 수단이 수레인데, 그것을 끄는 말을 대부분 요주에서 생산하고 있음을 읊은 내용이다. 전편에 걸쳐 말 사육 방법에 통달한 요주 풍속을 부러워하는 마음이 깔려 있으며, 그것을 배워 조선에 도입하고 싶다는 생각이 미련에 드러나 있다. 평성 '원(元)'운의 측기식 수구불용운체 오언율시이다.

374 언제쯤……싶어라 : 코뚜레와 굴레를 씌우는 사육법이 아니라 방목으로 우마를 사육하는 요주 사람들에 대한 부러움이 담긴 구절이다. 헌원씨는 황제(黃帝)로, 여기서는 코뚜레와 굴레를 씌워 우마를 사육하는 황하 문명 개창자로서의 상징을 지닌다. 요컨대 조선에서도 코뚜레와 굴레를 사용하는 중국의 우마 사육법 대신 요주의 방목법을 도입하고 싶다는 뜻이다.

새벽에 출발하여 중전소로 향했다. 달빛이 그림 같고 하늘과 평야가 맞닿아 푸르니 역시 일대 장관이었다[375]

曉發向中前所 月色如晝 天野一色 亦一壯觀

은하수 막 기울어 밤 아직 깊지 않았고	河漢初傾夜未闌
겹겹의 얼음길 미끄러워 말이 주춤거리네	層氷路滑馬蹄班
달빛이 감싸안은 건 가없는 들판이거니와	月光包盡無邊野
구름에 깊이 숨은 것은 어느 곳의 산인가	雲際藏深何處山
두 깃발 천천히 갈 제 들 이슬 축축하고	雙旆搖搖行露濕
외로운 등불 가물거릴 제 새벽별 희미하네	孤燈耿耿曉星殘
날 밝을 즈음이면 동쪽으로 일출을 보기 좋겠고	明朝正好東觀日
저물녘엔 종당에 서쪽으로 산해관에 들어가겠지	薄暮終當西入關

375 새벽에……장관이었다 : 이 시는 1794년(정조18) 11월 동지사로 연경에 가는 길에 지은 작품이다. 동관역에서 양수하(亮水河)까지가 60리인데, 여기서 하루를 묵고 아침에 중전소(中前所)로 향한 듯하다. 양수하에서 중전소까지는 45리이다. 새벽에 출발한 사행단의 모습과 양수하 일대 평야의 새벽 풍경을 서정적으로 그렸고, 미련에 저녁에 산해관으로 들어가리라는 기대를 담아 마무리하였다. 평성 '산(刪)'운의 측기식 칠언율시이다.

지나는 길에 오왕대에 오르고, 강녀묘를 바라보았다. 이리점에서 쉬면서 부사와 서장관을 불러 가볍게 술을 마셨다[376]

歷登吳王臺 望姜女廟 憩二里店 會副使書狀小飮

376 지나는……마셨다 : 이 시는 1794년(정조18) 11월 동지사로 연경에 가는 길에 지은 작품이다. 오왕대(吳王臺)는 요동 사람으로 명나라 말기 총병이 되어 산해관을 진수(鎭守)했던 오삼계(吳三桂)가 쌓았다고 전해지는 장대(將臺)이다. 사방을 굽어본다는 뜻으로 사방대(四方臺), 멀리까지 위무한다는 뜻으로 위원대(威遠臺)라고도 한다. 중전소에서 27리 떨어져 있다. 강녀묘(姜女廟)는 오왕대로 가는 길 10리 전인 팔리보(八里堡)에 있는 사당으로, 진시황이 만리장성을 축조할 때 동원된 남편이 죽자 남편의 시신을 찾아 성 밑까지 가서 울다 죽었다는 열녀 허맹강(許孟姜)의 정렬(貞烈)을 기려 세운 사당이다. 오왕대를 지나 1리를 더 가면 이리점(二里店)이 나오는데, 산해관이 2리 남았다는 뜻이다. 이리점에서 술을 마시며 맹강녀와 오왕대에 다시 온 감회를 읊었다. 평성 '회(灰)'운의 평기식 칠언율시이다.

그림 25 강녀묘의 망부석

유관[377]의 성 밖 사객(使客)이 서성이나니　　　楡關城外客徘徊
한 곡조 힘찬 노래에 마음 가누지 못하네　　　一曲高歌意未裁
강녀석 앞엔 바다가 끝없이 펼쳐져 있고[378]　　　青海無邊姜女石
오왕대에는 긴 바람이 쉼 없이 불어오네　　　長風不斷吳王臺
눈앞의 광경은 예전 사흘 묵으며 보았거늘　　　眼前物色曾三宿
늙어가는 가슴이 다시 활짝 열리는구나　　　老去胸襟得再開
아득한 동쪽 하늘엔 날아가는 새 사라져　　　漠漠東天飛鳥盡
석양 아래 돌아보며 짐짓 술잔 기울이네　　　夕陽回首且含盃

377 유관(楡關) : 산해관의 별칭이다. 몽염(蒙恬)이 만리장성을 축성할 때에 느릅나무를 많이 심어 변방의 경계를 삼았다는 전설로 인해 붙여진 이름이다. 실제로 느릅나무가 많다고 한다.

378 강녀석(姜女石)……있고 : 강녀석은 맹강이 남편을 기다리다 돌이 되었다는 전설이 전하는 망부석(望夫石)을 말한다. 1743년에 건륭제가 이 돌에 '망부석' 세 글자를 써서 새겼다고 하니, 이계도 이 글자를 보았을 것이다. 강녀묘 앞으로 황해가 펼쳐져 있다.

저녁에 산해관에 들어가 홍화점에 묵다[379]

暮入山海關 宿紅花店

흑수의 물가에 왕기가 처음 떠올라[380]	王氣初浮黑水湄
별자리 문득 보니 제왕성이 옮겨갔네	瑤躔忽見帝星移

379 저녁에……묵다 : 이 시는 1794년(정조18) 11월 동지사로 연경에 가는 길에 산해관에 들어서서 지은 시이다. 수련에서는 청나라가 중원을 차지한 정황을 읊었고, 함련에서는 청나라 군대의 위용을 읊었다. 경련과 미련에서는 임금을 대신해 외교를 해야 하는 사신의 어려움을 토로하였다. 홍화점(紅花店)은 산해관의 심하(深河)에서 8리 지점에 있다. 평성 '지(支)'운의 평기식 칠언율시이다.

그림 26 산해관

380 흑수(黑水)의……떠올라 : 흑수는 흑룡강이다. 누르하치의 청나라가 흑수 일대에서 발호하였기 때문에 이렇게 말한 것이다.

낙타는 하루에 천 리를 달리고　　橐駝一日馳千里
맹호 같은 삼군은 팔기군에서 보겠네　　虓虎三軍視八旗
산해관 안으로 당당히 들어가　　山海關中掉臂入
무영전[381] 아래 황제를 알현할 때　　武英殿下叩頭時
임금의 마음은 이미 전권을 맡겼건만　　天心已許輸全局
국수는 한 점 바둑돌 놓기가 어려우리[382]　　國手難容一着碁

381 무영전(武英殿) : 연경의 자금성 협화문(協和門) 밖에 있는 전궁 이름이다. 이곳에서 외국의 사신을 맞았기 때문에 이렇게 말한 것으로 보인다.

382 임금의……어려우리 : '온전한 바둑 한 판〔全局〕'이란 이번 사행(使行) 전체에 걸친 일체의 외교 행위에서의 전권을 비유한 말이다. 국수(國手)는 한 나라에서 바둑을 제일 잘 두는 사람으로 여기서는 사행단의 정사를 비유한 말이다. 곧 임금이 사행단의 정사인 자신에게 외교의 전권을 허락했는데 정작 자신은 한 점 바둑돌도 쉬이 놓기 어렵다는 의미로, 사행을 총괄하는 정사의 무거운 책임감을 드러낸 구절이다.

도중에 무령현(撫寧縣)과 창려현(昌黎縣)의 여러 산에 서린 문명의 기상을 멀리서 바라보니 참으로 중화의 세계였기에 시를 지어 읊다[383]

途中 望見撫寧昌黎諸山文明之氣 眞是中華世界 詩以賦之

383 도중에……읊다 : 이 시는 1794년(정조18) 11월 동지사로 연경에 가는 길에 산해관에 들어서서 지은 시이다. 산해관을 떠나 길을 가면서 멀리 무령현(撫寧縣)과 창려현(昌黎縣) 사이에 있는 문필봉(文筆峯) 등을 바라보며 읊은 시이다. 당나라의 대문호 한유(韓愈)가 태어난 곳이다.

수련은 만리장성의 웅장한 모습을 드러내어 이곳을 경계로 중화와 외이가 나누어짐을 읊었고, 함련은 기주가 곧 중화의 본고장임을 읊었다. 경련은 한유의 창려현과 공자의 곡부도 모두 옛 기주에 속한 지역임을 말하여 문명과 문화의 상징성을 드러내었다. 미련에서는 만리장성을 경계로 문화의 수준이 판이함을 읊어 마무리하였다. 평성 '원(元)'운의 평기식 칠언율시이다.

그림 27 만리장성

산야를 감싸 안은 웅장한 만리장성 包山絡野壯藩垣
화이의 경계가 이 문에서 나뉘어지네[384] 天限華夷此一門
해내에서 기주만큼 큰 고을 없으니[385] 海內無如冀州大
천하에서 비로소 제향의 존귀함을 아네 域中方識帝鄕尊
문필봉의 해는 창려현을 비추고[386] 文峰日暎昌黎縣
대악의 구름은 궐리촌에 짙어라[387] 岱嶽雲深闕里村
풍기는 본래 지역따라 변하니 風氣由來隨地變
장성의 안팎으로 냉난이 다르네 長城內外異寒暄

384 화이(華夷)의……나뉘어지네 : 산해관을 경계로 화이의 세계가 나뉜다는 뜻이다. 홍화점에서부터 산해관 만리장성의 돈대가 시작되기 때문에 이렇게 읊은 것이다.

385 해내(海內)에서……없으니 : 기주(冀州)는 북경에서 하북성과 산서성 일대에 걸친 고대의 고을이다. 복희(伏羲)·신농(神農)·황제(黃帝)가 이 지방에서 일어났고, 요 임금과 순 임금이 도읍을 삼았던 당(唐 오늘날의 하북성 보정시(保定市)) 역시 기주에 있던 지명이다. 그래서 《서경》 〈우공(禹貢)〉에서 "기주는 제왕이 도읍한 지방이다.〔冀州, 帝都之地.〕"라고 하였고, 《주례》 〈직방〉에서 "하내가 기주이다.〔河內曰冀州.〕"라고 하였다. 그리고 명나라와 청나라의 수도인 연경 역시 옛 기주의 지역이다.

386 문필봉의……비추고 : 한유가 이곳에서 태어났기 때문에 이렇게 말하는 것이다. 문필봉의 아래 한유 선조의 묘가 있고, 한유는 문필봉의 정기를 받아 태어났다고 전한다. 또 창려현에 한유를 기리는 사당이 있고, 후손이 그 지역에 산다고 한다. 이 때문에 이렇게 읊은 것이다.

387 대악(岱嶽)의……짙어라 : 대악은 태산(泰山)의 이칭이고, 궐리(闕里)는 공자가 태어난 곳이다. 태산이 공자의 나라인 노나라의 경계에 있기 때문에 이렇게 말한 것이다.

유관의 수재 제패련과는 일찍이 임인년(1782, 정조6)에 인사를 나누었기에 이번에 와서 객점에 초대하여 술을 나누며 그간의 안부를 주고받았다. 즉석에서 시를 써 올리기에 화답하여 써서 주었다[388]

榆關秀才齊佩蓮 曾於壬寅相識 今來迎候店舍 把酒敍阻 卽席獻詩 和以書贈

사행의 깃발 만 리의 바람에 나부끼며 와서	行旆悠揚萬里風
하늘 끝 밝은 달빛 아래 술동이 같이 하네	天涯明月一樽同
십 년간 황애자를 만나지 못하였더니[389]	十年不見黃崖子
한밤중에 백발옹과 서로 보는구나	半夜相看白髮翁

388 유관의……주었다 : 이 시는 1794년(정조18) 11월 동지사로 연경에 가는 길에 유관(榆關)의 객점에서 이 지역 선비 제패련(齊佩蓮)을 만나 주고 받은 화답시이다. 홍화점을 출발하여 37리 지점의 봉황점(鳳凰店)에서 점심을 먹고, 다시 35리를 더 가 유관에서 묵은 듯하다. 제패련은 창려현에 살고 있던 은선 진사(恩選進士)이다. 김재찬의 《해석유고》, 이기헌(李基憲)의 《연행록》, 저자 미상의 《계산기정(薊山紀程)》에 그 이름이 보인다. 제패련과 교유를 처음 연 인물이 이계인데, 이 뒤로도 조선 문인과의 교유가 지속되어 김재련(金載璉)이 1784년(갑진년) 사행에 따라 갔다가 제패련과 교유하여 족형 김재찬에게 소개해주기도 하였다. 이기헌이 만났을 때에는 조선 문인들과 주고받은 시를 묶어 창화집으로 만들었다고도 하였다.

수련과 함련은 늙은 나이에 먼 길을 와서 이역의 젊은 선비를 만난 감회를 읊었으며, 경련과 미련에는 제패련을 격려하는 뜻을 담아 읊었다. 평성 '동(東)'운의 측기식 칠언율시이다.

389 십……못하였더니 : 제패련이 황애령(黃崖嶺) 출신으로, 그의 호가 황애산인(黃崖山人)이기 때문에 이렇게 말한 것이다.

나는 늙은 말처럼 또한 길이나 알거니와[390] 我似老蹄猶識路
그대는 큰 날개로 공중에 차오를 듯하네[391] 君將豪翮可摶空
미간에 오히려 청하의 기운 있으니[392] 眉間尙有靑霞氣
방명 떨쳐 해동까지 들리길 기약하라 期振芳名聞海東

390 나는……알거니와 : 자신이 일찍이 연경을 다녀온 일이 있어 그저 길이나 알 뿐 외교 역량은 없다는 겸사이다. 춘추시대 제(齊)나라의 관중(管仲)과 습붕(隰朋)이 일찍이 환공(桓公)을 수행하여 고죽국(孤竹國)을 정벌했는데 봄에 길을 떠났다가 겨울에 오면서 길을 잃었다. 이에 관중이 "늙은 말의 지혜를 쓸 만하다.〔老馬之智可用也.〕" 하고 늙은 말을 풀어 놓아 그 뒤를 따라가다가 마침내 길을 찾게 되었다.《韓非子 說林》

391 그대는……듯하네 : 제패련은 가슴에 웅지를 품고 있는 인물이라는 뜻의 격려사이다. 456쪽 주388 참조.

392 미간에……있으니 : 제패련의 얼굴에 원대한 기상이 드러난다는 칭찬이다. 남조시대 제(齊)나라 시인 강엄(江淹)의 〈한부(恨賦)〉에 "울연한 청하의 기이한 뜻이 긴 밤의 어두움으로 들어갔네.〔鬱靑霞之奇意, 入脩夜之不暘.〕"라고 하였는데, 이선(李善)은 "푸른 노을의 기이한 뜻은 의지가 높은 것이다.〔靑霞奇意, 志意高也.〕"라고 풀이하였다.

무령현에서 영평부에 이르러 묵다[393]

自撫寧縣 抵宿永平府

연중의 형승은 어쩌면 그리 웅장한가　燕中形勝何雄哉
중원을 높이 압도하여 만 리에 펼쳐졌네　高壓神州萬里開
갈석은 동쪽으로 창해를 굽어보며 섰고　碣石東臨滄海立
황하는 서쪽에서 태항산을 가르고 왔네　黃河西決太行來
바람 돛배는 멀리 강회의 곡식을 실어 오고　風檣遠泛江淮粟
높은 누대는 모두 진초의 재목 날라 지은 것일세　雲棟皆輸晉楚材
지역이 북방과 이웃해 있다 말하지 마오　莫說地方隣北塞
산하가 몇 명의 영재를 배태해 내었던가[394]　山河鍾得幾英才

393 무령현에서……묵다 : 이 시는 1794년(정조18) 11월 동지사로 연경에 가는 길에 지은 작품이다. 유관에서 21리를 더 가면 무령현(撫寧縣)이고, 다시 44리를 더 가면 영평부(永平府)이다. 한나라 때 우북평(右北平)이라고 불리던 곳이다.

수련과 함련은 중원을 압도하는 장대한 영평부의 산천을 읊었고, 경련은 교통과 교역의 중심지로써 번성을 구가하는 영평부의 모습을 읊었다. 미련은 이곳이 북쪽 변경에 가까운 땅이지만 많은 인물을 배출한 고장임을 강조하여 읊었다. 평성 '회(灰)'운의 평기식 칠언율시이다.

394 지역이……내었던가 : 지역은 북방 오랑캐 땅과 인접해 있지만 중화 문명을 이끈 인물들을 대거 배출해 내었다는 말이다. 은나라 말엽의 백이와 숙제, 한나라의 비장군(飛將軍) 이광(李廣), 당나라의 한유 등이 모두 영평부의 사람이기 때문에 이렇게 말한 것이다.

사하역으로 향하였다. 길옆에 큰 나무가 많아 한가로이 읊다[395]

向沙河驛 路傍多大樹 漫吟

백 년토록 중국이 태평시대 구가해 百年中國報昇平
고향 집에서 나고 늙어 전쟁을 모르네 生老鄕廬不見兵
길가에는 몇 아름드리 늙은 나무들이 많고 路畔樹多連抱壽
마을에는 헤진 옷 입고 다니는 사람 없네 里中人少弊衣行
한나라 법이 원래 간이함을 따른 줄을 비로소 알겠고[396] 始知漢法元從簡
하늘의 마음이 살리기 좋아함에 있는 줄을 바야흐로 믿겠네 方信天心在好生

395 사하역으로……읊다 : 이 시는 1794년(정조18) 11월 동지사로 연경에 가는 길에 지은 작품이다. 영평부를 떠나 사하역으로 향해 가는 도중 어느 곳에서 지은 듯하다. 사하역은 영평부에서 60리 떨어진 거리에 있다.

수련에서는 전쟁이 일어나지 않아 수자리를 살러 가지 않고 평생을 고향에서 살아가는 태평시대의 모습을 읊었다. 함련에서는 아름드리 나무를 통해 병화(兵火)가 없었음을 우회적으로 표현하고, 말끔한 옷차림을 통해 경제적 풍요로움을 드러내었다. 경련과 미련에서는 까다로운 행정과 과중한 조세가 없이 백성을 행복하게 살게 하는 것이 인정(人政)임을 말하였다. 평성 '경(庚)'운의 평기식 칠언율시이다.

396 한나라……알겠고 : 백성들이 지켜야 할 최소한의 법적 규제만이 행해지는 태평시대를 구가하고 있다는 말이다. 한 고조 유방이 관중(關中)에 들어가 종전에 있었던 진(秦)나라의 가혹한 법을 모두 폐지하고 세 조항으로 줄여 '약법삼장(約法三章)'을 만들었던 고사에 전거를 둔 표현이다. 《史記 卷8 高祖本紀》

천하엔 본래 아무 일이 없으니　　天下本來無箇事
지금까지 군자들은 희령을 한스러워하네[397]　　至今君子恨熙寧

397 지금까지……한스러워하네 : 희령(熙寧)은 송나라 신종(神宗)의 연호로, 왕안석이 신종에게 발탁되어 신법(新法)을 시행하였기 때문에 이렇게 말한 것이다. 희령 6~7년(1073~1074) 사이에 대기근이 발생하여 수많은 유민(流民)들이 걸식하며 떠돌아다녔는데, 정협이 유민들의 비참한 정상을 그림으로 그리게 한 뒤에, "가뭄은 왕안석의 신법이 불러들인 것이니, 왕안석을 없애면 하늘이 반드시 비를 내려 줄 것이다.〔旱由安石所致, 去安石, 天必雨.〕"라고 상주한 일이 있다. 《宋史 卷327 王安石列傳》

창려현 우북평을 지나며 아득히 옛 사람을 그리워하니 절로 객수가 일어났다[398]

過昌黎縣右北平 緬懷古人 自起羇愁

석양에 서풍 불어 새들은 돌아가고[399]	斜日西風倦鳥飛
사하의 옛 나루엔 행인이 드물어라	沙河古渡行人稀
장군이 쏜 호석이 아직도 남아 있고[400]	將軍射虎石猶在
이부가 탄 용운은 걷히지 않았어라[401]	吏部騎龍雲不歸
저녁안개 먼 나무에 서린 것만 보았을 뿐	但見夕烟迷遠樹
산이슬이 나그네 옷 적시는 줄은 몰랐어라	不知山露濕征衣

398 창려현……일어났다 : 이 시는 1794년(정조18) 11월 동지사로 연경에 가는 길에 지은 작품이다. 영평부는 한나라의 우북평으로 이곳에서 한나라 장군 이광이 태수를 지냈고, 당나라 대문호 한유가 태어났으므로 이곳을 지나며 그들을 생각한 것이다. 평성 '미(微)'운의 측기식 칠언율시이다.

399 석양에……돌아가고 : 원문의 '권(倦)'은 새가 날기에 지쳐 둥지로 돌아가는 것이다. 도잠(陶潛)의 〈귀거래사(歸去來辭)〉에 "새는 날다가 지쳐 돌아올 줄 알도다.〔鳥倦飛而知還.〕"라고 하였다.

400 장군이……있고 : 이광의 석호석(射虎石)이 영평부 성에서 10리 지점에 있다. 비장군 이광이 우북평 태수로 있을 때 바위를 호랑이라고 오인하여 화살을 쏘았는데, 화살이 바위에 깊이 박혔다는 전설이 전한다. 바위 앞의 비석에 '한 나라의 나는 장군이 범을 쏜 곳〔漢飛將軍射虎處〕'이라 새겨져 있다고 한다.

401 이부가……않았어라 : 이부는 이부 시랑(吏部侍郎)을 지낸 한유(韓愈)이다. 한유가 〈잡설(雜說) 용설(龍說)〉에서 "용이 기운을 내뿜어 구름을 만든다.〔龍噓氣成雲.〕"라고 하였기 때문에 이렇게 말한 것이다.

수레 앞에 문득 다가선 시골 마을을 보니	車前忽看村閭近
성근 느릅숲과 버들숲에 저녁놀 물들었네	楡柳疏林暎落暉

저물 무렵 풍윤현에 당도하여 문창각에 올랐다. 층층의 누대가 구름에 닿고 넓은 들판이 달과 같으니, 표연히 날개가 돋아 신선이 된 듯한 생각이 들었다[402]

暮抵豐潤登文昌閣 層臺干雲 曠野如月 飄然有羽化之思

하늘에서 황제의 아들이 내려오니　中天帝子降
규수와 벽수의 그림자 나부끼네[403]　奎壁影飄颻
탑자에 기대니 두 별이 시위하고[404]　據榻雙星侍
주렴을 걷으니 뭇 산들이 조회하네　開簾衆岳朝

402 저물……들었다 : 이 시는 1794년(정조18) 11월 동지사로 연경에 가는 길에 지은 작품이다. 영평부에서 야계이(野鷄坨)까지 40리, 진자점(榛子店)까지 50리, 풍윤현(豐閏縣)까지 50리이다. 풍윤현의 남문 문창각(文昌閣)이 있는데, 문창제군(文昌帝君)을 모신 사당으로 2층이다. 문창제군은 황제(黃帝)의 아들로 문운(文運)을 주관한다.

수련과 함련은 문창제군의 소상(塑像)이 가운데 앉아 있고, 규수와 벽수의 화신이 좌우에서 시위하고 있는 모습을 읊었다. 경련은 문창제군의 성격과 모습을 상징적으로 읊었다. 미련에서 문창각에 오른 소감을 담아 마무리하였다. 평성 '소(蕭)'운의 평기식 수구불용운체 오언율시이다.

403 규수(奎宿)와……나부끼네 : 규수는 서방칠수(西方七宿) 가운데 가장 남쪽에 있는 별자리로 문운을 관장하는 별이다. 벽수(壁宿)는 북방칠수(北方七宿) 중 동쪽에 있어 동벽(東壁)이라고도 하는데, 문장과 도서를 관장하는 별이다. 《천문유초》에는 벽(壁)은 "문장(文章)을 주재하니 천하의 도서를 보관하는 비부(秘府)이다." 하였다.

404 탑자에……시위하고 : 문창제군의 그 좌우에 시위하는 사람이 있는데, 이들을 규수와 벽수의 화신이라 본 것이다. 왼쪽의 시위는 진사의(陳士義)이고 오른쪽의 시위는 주승(朱陞)으로, 손에 책갑을 받들고 있다고 한다. 《薊山紀程 卷2 渡灣》

인간 세상에 채필[405]을 전하고　人間傳彩筆
구름 밖에 선소[406]를 부르네　雲外喚仙簫
단제 위에서 모습을 뵈오니　捧袂丹梯上
몸이 마치 하늘을 나는 듯　身如玒九霄

405 채필(彩筆) : 문필력 또는 문운(文運)을 가져다주는 붓이다. 남북조시대 문인 강엄(江淹)이 젊을 때에 꿈속에서 곽박(郭璞)에게 오색 붓을 선물받았는데, 그 후로 그의 문필력이 나날이 좋아져 크게 명성을 떨쳤다. 그러다가 만년에 꿈속에서 다시 곽박이 나타나 자신의 오색 붓을 돌려달라고 하여 준 뒤로 갑자기 문필력이 줄었다고 한다. 이 고사에 전거를 둔 시어이다. 《南史 卷59 江淹列傳》

406 선소(仙簫) : 신선의 퉁소란 말로 봉황을 의미한다. 춘추시대 진 목공(秦穆公)의 딸 농옥(弄玉)이 피리를 잘 부는 소사(簫史)에게 시집가서 날마다 그에게 피리를 배워서 봉황의 소리를 내니, 봉황이 그 집에 와서 머물렀다는 고사에 전거를 둔 시어이다. 《列仙傳》

고려보에 이르러 부로들을 불러 물어보았으나 고사를 아는 이가 없어 서글피 짓다[407]

到高麗堡 招問父老 無人識古事者 悵然而題

일찍이 십 년 전에 수레 타고 지났는데　　車蓋曾經十載前
울타리와 천맥들이 여전히 그대로구나　　藩籬阡陌尙依然
초롱 걸고 여인은 부상의 비단을 짜고[408]　　篝燈女織扶桑繭

407 고려보에……짓다 : 이 시는 1794년(정조18) 11월 동지사로 연경에 가는 길에 지은 작품이다. 고려보는 풍윤현에서 13리 거리에 있다. 당 태종이 고구려를 공격할 때 납치한 사람들을 이곳에 이주시켰다는 설이 있다. 조선시대에는 병자호란이 납치된 사람들이 살고 있던 곳으로, 자손들이 계속 거주하고 있었다. 《계산기정》에는 우리나라 사신이 지날 적마다 그들의 조상을 물어보면 부끄러워 대답을 잘하지 않는다고 하였다.

수련에서는 임인년 사행 때와 달라진 것 없는 풍경을 노래하였다. 함련은 베짜기와 논농사를 통해 고려보 사람들의 살아가는 모습이 조선과 흡사한 점이 많음을 읊었다. 경련은 고려보의 조선 유민들이 긴 세월 동안 중국에 동화되는 모습을 읊었다. 미련에서는 고향으로 돌아가지 못하는 것을 한하지 말라고 하며, 이곳 또한 조선땅이라 하여 위로하고 있다. 위로 속에 조선인임을 잊지 말라는 당부의 마음이 담겨 있다. 평성 '선(先)'운의 측기식 칠언율시이다.

408 초롱……짜고 : 중국과 다른 우리나라 농경의 모습을 묘사한 구절이다. 부상(扶桑)은 동해(東海)의 해돋는 곳에 있다는 신목(神木) 이름으로, 여기서는 동쪽 나라 조선을 비유한다. 옛날 제남(濟南)에 원객(園客)이란 선인(仙人)이 있어 항상 오색(五色)의 향초(香草)를 심어 가꾸었는데, 그런 지 10여 년이 지난 어느 날 갑자기 오색 나방[蛾]이 날아와 앉으므로, 원객이 베[布]를 깔아 주니, 나방이 그 베 위에 누에를 낳았다. 한 여인이 와서 그 누에에게 향초를 먹여 길러서 누에고치 120개를 얻었는바, 크기는 항아리만 하고, 고치 하나마다 실을 켜는 데 6, 7일씩이나 걸렸는데, 그 실을 다 켜고는 그 여인이 원객과 함께 신선이 되어 갔다는 고사가 있다. 소식(蘇軾)

물 댄 들녘에 소는 낙랑의 논을 가네[409]　野水牛耕樂浪田
진한의 의관 입고 지낸 지 지금 몇 대나 되었나[410]　秦漢衣冠今幾代
주진이 혼인 맺은 지 얼마나 되었는지 모르겠네[411]　朱陳嫁娶不知年
마을 사람들아 산하가 막혀 있음을 한하지 마오　村人莫恨山河隔
붉은 해 떠오르는 기전은 모두 한 세상이라오　紅日箕躔共一天

은 이 고사에 근거하여 "부상의 누에고치는 크기가 항아리만 한데, 천녀가 은하수 가에서 비단을 짠다네.〔扶桑大繭如甕盎, 天女織綃雲漢上.〕"라고 하였다. 이를 원용한 표현이다.

409 물……가네 : 역시 중국의 농사 모습과 달리 논농사를 짓는 모습을 묘사한 구절이다. 이와 관련하여 이의현(李宜顯)은 《경자연행잡지》에서 고려보 일대는 땅이 너무 기름져 논을 만들지 않아도 되는데, 이곳 주민들이 고려의 후손이기 때문에 유독 논농사를 한다고 하였다.

410 진한(秦漢)의……되었나 : 고려보의 조선 후예들이 중국의 생활과 문화에 동화된 지 오래되었다는 뜻이다.

411 주진(朱陳)이……모르겠네 : 고려보의 사람들이 중국 사람들과 혼인을 맺고 혈연이 섞인 지가 오래되었다는 뜻이다. 주진(朱陳)은 중국의 서주(徐州) 고풍현(古豐縣)에서 주씨(朱氏)와 진씨(陳氏) 두 성(姓)이 서로 혼인하면서 화목하게 살았던 촌락 이름이다. 《白樂天詩集 卷10 感傷》

계주로 가는 길에 멀리 어양교를 바라보았다. 방균점에 당도하여 묵었다[412]

道薊州 望見漁陽橋 抵宿邦均店

사신의 수레 쉬지 않고 달렸으니	輶車行不息
역마길은 아득하여 끝이 없구나[413]	馹路渺無垠
천 리의 산을 거듭 건너고	再涉山千里
이지러진 달을 거듭 보네	重看月半輪
둥지 찾는 새는 계주의 나무를 다투고	歸禽爭薊樹
달리는 말은 요주의 먼지를 일으키네	征馬拂遼塵
듣건대 어양교 가깝다 하거늘	聞說漁陽近
떠도는 몸이 나루 묻기 부끄럽구나[414]	棲棲愧問津

412 계주로……묵었다 : 이 시는 1794년(정조18) 11월 동지사로 연경에 가는 길에 지은 작품이다. 어양교(漁陽橋)는 고려보에서 115리 떨어진 거리에 있고, 동오리교(東五里橋)라고도 불린다. 여기서 다시 30리를 더 가면 계주(薊州)이고, 다시 30리를 더 가면 방균점(邦均店)이다. 어양교는 들르지 않고 지름길로 곧장 계주로 간 듯하다.

수련은 3천 리 길의 멀고 험난한 여정을 회고하여 읊었고, 함련은 천 개의 산과 거듭 이지러진 달을 통해 긴 여정을 상징적으로 보여주었다. 경련은 시를 읊는 당시에도 날이 저물 무렵까지 쉬지 않고 달리고 있는 사행의 실경을 읊었다. 미련은 앞으로의 외교에 대한 책임감을 은근히 담아냈다. 평성 '진(眞)'운의 평기식 오언율시이다.

413 역마길은……없구나 : 서울에서 연경 조양문(朝陽門)까지의 거리는 총 3,069리이다. 방균점을 기준으로 할 때, 이제까지 달려온 거리는 2,922리이고, 남은 거리는 147리다.

414 나루 묻기 부끄럽구나 : 이전에 자신이 연경을 다녀왔으므로 지리를 잘 알아야

하는데 그렇지 못하다고 하였으니, 평생을 환로에 있었으면서도 외교의 요령을 알지 못한다는 뜻을 비유적으로 표현한 것이다. 사행단의 정사로서 막중한 책임감과 겸손함을 동시에 담은 구절이라 하겠다. 《논어》〈미자(微子)〉에 "장저와 걸닉이 함께 밭을 갈고 있는데, 공자가 지나가다가 자로(子路)를 시켜서 나루터를 묻게 하였다.〔長沮桀溺耦而耕, 孔子過之, 使子路, 問津焉.〕"라고 한 데 전거를 둔 표현이다.

계문의 신기루[415]

薊門烟樹

천 리에 왕기가 절로 울창하여[416]	千里王畿自鬱蔥
계문의 동쪽에 살아 움직이는 그림 빚어내었네	蒸成活畫薊門東
물은 형상 없는 원기 너머로 흐르고	水流元氣無形外
사람은 거꾸로 비친 하늘 속에 있네	人在青天倒影中
뭉클뭉클 피어오르는 연파를 볼 때마다	每見烟波方澒洞
끝내 공허한 그 실체를 찾고 싶어라[417]	欲尋聲臭竟虛空

415 계문의 신기루 : 이 시는 1794년(정조18) 11월 동지사로 연경에 가는 길에 지은 작품이다. 계문연수(薊門煙樹)는 황도팔경(皇都八景)의 하나로, 계주 일대에서 관찰되는 신기루 현상이다. 《계산기정》에서는 별산(鱉山)과 방균점 사이서 계문연수를 보고 읊은 시를 실어놓았고 '인류하(引流河)를 지나면서' 발견하였다고 하였으며, 본집 6권에서는 고려보와 연교(燕郊) 사이, 옥전현(玉田縣) 일대에서 보았다고 하였고 또 여기서는 방균점에서 조림장(棗林庄) 사이에 이 시를 실어놓으니, 대체로 고려보에서 방균점에 이르는 옛 계주성 일대의 지역에서 잘 관측이 되었다고 짐작된다. 《계산기정》은 그 신기루의 형상을 "수목이 아득하고 안개가 푸르러 위 아래 100여 리 사이에 하늘과 들이 한빛으로 서로 닿고 수목과 동리가 연파(煙波) 가운데로 온통 들어가 바라보면 섬들이 출몰하는 듯, 무수한 돛단배가 그 사이를 왕래하는 듯하였다. 그리고 겨자만 한 말과 대추만 한 사람들이 줄줄이 가고 누대 제옥(樓臺第屋)은 공중에 겹겹이 둘러서 있다."라고 묘사하였다.

수련과 함련은 계문 일대 신기루의 황홀한 모습을 묘사해 읊은 것이고, 경련은 신기루의 실체에 대한 호기심을 담아 읊었고, 미련은 신기루 현상의 이치 또는 원인에 대한 궁금증을 담아 읊었다. 평성 '동(東)'운의 측기식 칠언율시이다.

416 천……울창하여 : 이계는 계문 일대의 이 신기한 현상을 연경의 왕기가 이곳에 왕성하게 뭉쳐서 일어난 것으로 해석하여 이렇게 읊은 것이다.

십 년 만에 다시 와도 옛 모습 그대로니[418]	重來十載渾依舊
천지의 조화옹 솜씨를 누가 알리오	誰識乾坤造化工

417 그……싶어라 : 실체는 성취(聲臭)를 번역한 말이다. 계문의 신기루에서 사람 사는 소리와 그러한 분위기가 들리고 감지되기 때문에 성취(聲臭)라고 한바, 문맥에 맞추어 의역하였다. 참고로 〈경자연행잡지〉에서는 "멀리서 바라보면 뚜렷이 운수(雲樹)와 같다가 바싹 가서 살펴보면 아무것도 보이지 않았다." 하였다.

418 십……그대로니 : 이계는 임인년 사행에서도 연경으로 들어갈 때와 서울로 돌아올 때 두 차례 계문연수를 보고 그 감동을 〈계문연수(薊門烟樹)〉와 〈재견연수(再見烟樹)〉 두 편의 시로 남겼다.

일찍 출발하였다. 눈을 만났다. 압록강을 건넌 지 한 달 만에 비로소 한 자나 쌓인 눈을 보았다. '연산의 방석만 한 눈꽃'이란 말이 참으로 빈말이 아니었다. 오시에 조림장에서 점심을 먹고 연교로 향하였다[419]

早發遇雪 渡江一月 始見尺雪 燕山如席之花 儘非虛語 午炊棗林庄 向燕郊

죽엽주로 갈증과 허기야 달랠 수 있겠지만	竹葉猶能禦渴饑
담비갖옷 입어도 어찌 지독한 추위 막으랴	貂裘那可辟寒威
연산에 날리는 눈꽃은 방석만큼 크거니와	燕山飛雪大如席
계주의 가는 먼지는 옷자락으로 스며드네	薊野纖塵暗入衣
동해에서 떠오르는 해를 보기도 전에	未向東溟看旭日
서산마루 지는 노을을 길이 슬퍼하노라	長愁西嶺趁斜暉
시골 늙은이 저물녘에 나그네 맞으려는지	村翁薄暮能延客
촛불 켜고 향 피우며 사립문 열어놓았네	明燭燒香不掩扉

419 일찍……향하였다 : 이 시는 1794년(정조18) 11월 동지사로 연경에 가는 길에 지은 작품이다. '연산의 방석만 한 눈꽃'은 이백(李白)의 시 〈북풍행(北風行)〉에 "어양 땅 연산의 눈꽃이 큰 것은 방석만 한데, 조각조각 나부끼며 헌원대 위로 떨어지네.〔燕山雪花大如席, 片片吹落軒轅臺.〕"라고 한 것을 가리킨다. 조림장은 방균점에서 46리 거리에 있고, 여기서 다시 44리를 더 가면 연교보(燕郊堡)이다.

수련은 연경 지방의 혹독한 추위를 읊었고, 함련은 특유의 커다란 눈꽃과 흙먼지를 읊었으며, 경련은 극도로 짧아진 겨울 해를 읊었다. 미련에서는 촛불 켜고 사립문 열어놓은 노인을 두고 자신을 반갑게 맞을 사람으로 상정하여 고향을 그리는 마음을 은근히 담았다. 평성 '미(微)'운의 측기식 칠언율시이다.

연교로 가는 도중에[420]

燕郊途中

하늘이 신도를 건설하여 네 왕조가 이어 도읍으로 삼았으니[421] 天設神都四代仍
용이 날고 봉황이 춤추어 기상이 건장하구나 龍飛鳳舞氣騫騰
어양의 기병대는 범처럼 날래었고[422] 漁陽突騎健如虎
기북의 명마는 매처럼 호방하였네[423] 冀北名駒豪似鷹

420 연교로 가는 도중에 : 이 시는 1794년(정조18) 11월 동지사로 연경에 가는 길에 지은 작품이다. 연교보는 북경 조양문으로 들어가기 전 57리 지점에 있는데, 이곳은 춘추시대 연나라 지역이다. 수련은 연경이 역대의 왕성(王城)이었음을 읊었고, 함련과 경련은 이 지역 사람들의 용맹한 기질과 걸출한 자질을 읊었다. 미련은 자신의 몸을 낮추어 천하의 현사들을 초빙하여 약소국으로서의 설움을 설욕한 연 소왕(燕昭王)의 고사를 읊었다. 평성 '증(蒸)'운의 측기식 칠언율시이다.

421 하늘이……삼았으니 : 북경은 춘추전국시대 연(燕)나라가 도읍을 정한 이래, 원(元)나라, 명(明)나라, 청(淸)나라가 계속하여 도읍으로 삼았다.

422 어양(漁陽)의……날래었고 : 어양은 한나라 때 옛 연나라 일대에 설치된 군(郡)의 이름이다. 어양 지방 무사들은 용맹하고 말을 잘 다루어 상곡(上谷)의 무사들과 쌍벽을 이루었다. 한나라 광무제(光武帝)가 어양과 상곡의 돌격기병대를 징발하여 천하를 석권한〔光武亦自漁陽上谷發突騎, 席卷以幷天下.〕 이래 '어양과 상곡의 돌격기병대는 천하에 유명하다.〔漁陽上谷突騎, 天下所聞也.〕'라는 말이 있다. 이 때문에 두보의 시 〈어양〉에 "어양의 기병대는 정예병이다.〔漁陽突騎猶精銳.〕"라고 하였다. 《杜少陵詩集》

423 기북(冀北)의……호방하였네 : 기북은 '기주의 북쪽 지방'이란 뜻으로 역시 옛 연나라 일대를 가리킨다. 명마가 많기로 유명하여, 한유의 〈송온처사부하양군서(送溫處士赴河陽軍序)〉의 도입부에 "대저 기주 북쪽은 천하에서 가장 많이 말이 생산되는

천하의 정병은 대적할 이가 없고　　天下精兵無與敵
고래로 영걸은 여기에서 일어났네　　古來英傑此中興
소왕은 빗자루 잡고서 무슨 일 이루었던가[424]　　昭王擁篲成何事
마실에 보정을 가져다놓았다네[425]　　磨室唯聞寶鼎登

곳이다.〔夫冀北馬多天下.〕"라고 하였다.

424 소왕(昭王)은……이루었던가 : 원문의 '옹수(擁篲)'는 빗자루를 잡는다는 뜻으로, 군주의 지위로 몸을 낮추어 제자가 되기를 청한다는 말이다. 《사기》 권74 〈맹자순경열전(孟子荀卿列傳)〉에 "추자(騶子)가 연(燕)나라로 가자 소왕(昭王)이 빗자루를 쥐고 앞에서 달리며, 제자의 자리에 앉아서 수업 받기를 청하였다.〔昭王擁彗先驅 請列弟子之座而受業.〕"라는 기록이 보인다.

425 마실(磨室)에……가져다놓았다네 : 마실은 연나라의 전궁 이름이다. 연나라 소왕이 곽외(郭隗)를 스승으로 섬기고, 황금대를 지어 선비를 맞이하자 악의(樂毅)와 추연(鄒衍) 등이 연나라로 몰려들었다. 이를 기반으로 국력을 신장시켜 한(韓)·위(魏)·조(趙) 등과 연합하고, 제(齊)나라 70여 성을 공격하여 빼앗겼던 옛 솥을 마실궁(磨室宮)으로 반환해 왔다. 《史記 卷80 樂毅列傳》

종일토록 큰 눈이 내려 천 리가 온통 희니 또한 중원의 대장관이었다[426]

終日大雪 千里一色 亦是中州大觀

천지가 일색이라 끝없이 넓으니	乾坤一色浩無端
만상이 공허하고 대계가 드넓도다	萬象俱空大界寬
불야성의 요대에 그림자 훤히 퍼지고	不夜瑤臺如有影
바람 그친 은해에 절로 파도 생기네	無風銀海自生瀾
연경 사람들 흰 까마귀 대가리 처음 보고	燕人始見烏頭白
요주 벌판엔 붉은 학의 정수리 응당 묻혔으리	遼野應埋鶴頂丹
가장 기쁜 건 농가의 풍년 조짐이니	最喜田家占有歲
새봄의 보리농사에 가뭄 걱정 않겠네	春回耕麥不憂乾

426 종일토록……대장관이었다 : 이 시는 1794년(정조18) 11월 동지사로 연경에 가는 길에 지은 작품이다. 수련은 대륙에 눈이 내려 천지가 온통 흰 색으로 뒤덮인 장관을 읊었다. 함련은 눈 때문에 밤에도 환한 세상이 된 것과 산천이 은색 파도처럼 보이는 모습을 읊었다. 경련은 하늘까지 닿을 듯 내린 대설을 해학적으로 표현한 것이다. 미련은 천지를 뒤덮은 대설에 새해 풍년을 기원하는 마음을 담아 마무리하였다. 평성 '한(寒)'운의 평기식 칠언율시이다.

오시에 대왕장에서 점심을 먹고 조양문으로 향하다[427]

午炊大王庄 向朝陽門

구해에 마침내 길이 통하여　九垓遂通道
만 리에 다니는 사람 있네　萬里有行人
우주엔 천겁의 구름이요　宇宙雲千劫
산하엔 하나의 달이로다　山河月一輪
다 늙어 사행길에 올랐으니　塵埃餘白髮
청춘 시절 의기 시들었건만　意氣負靑春
해내가 지금 모두 태평하여　海內今無事
관풍[428]을 노신에게 맡겼도다　觀風屬老臣

427 오시에……향하다 : 이 시는 1794년(정조18) 11월 동지사로 연경에 가는 길에 지은 작품이다. 연교보(燕郊堡)에서 대왕장은 37리 거리에 있다. 여기서 20리만 더 가면 조양문이다. 수련과 함련은 청나라에 의해 천하가 일통되었음을 '길의 통합'과 '하나의 달' 등을 통해 상징적으로 표현하였다. 경련과 미련에서는 머리가 세고 의기가 시든 자신이 사행을 온 것은 모두 천하가 태평한 시대라고 하여 겸손의 뜻을 담았다. 평성 '진(眞)'운의 평기식 오언율시이다.

428 관풍(觀風) : 대국의 문물을 본다는 뜻으로, 사신의 임무를 가리킨다. 436쪽 주 354 참조.

선달 그믐날 새벽 황제가 알묘례(謁廟禮)를 행하여 진하사(進賀使) 정사 우의정 박종악(朴宗岳) · 부사 참판 정대용(鄭大容) · 서장관 교리 정상우(鄭尙愚)와 오문(午門) 밖에서 지영하였다. 보화전 뒤 침전에서 연회에 참석하였는데, 다과를 내리고 온갖 연희를 펼쳤다. 이때에 하란국(荷蘭國)에서 먼 바다를 건너와 보배로운 기물과 진귀한 물품을 바쳤다. 대개 강희 12년(1673, 현종14)에 처음 왔으며 지금 건륭 60년(1795)에 또 조공을 왔으니, 이는 곧 이전 역사에 없던 일들이었다. 또한 동국의 사신들을 따라 연회에 참석하였는데 복장이 괴이하였으니 참으로 하나의 특이한 장관이었다. 시를 지어 기록한다[429]

429 선달……기록한다 : 이 시는 1794년(정조18) 12월 그믐날 새벽에 청나라 황제의 알묘례에 참석하여 지은 작품이다. 하란국은 오늘날의 네덜란드이다. 동지사 사행에서 돌아온 뒤 1795년 윤 2월 22일에 서장관 심흥영이 올린 별단에 따르면 강희제 등극 60주년(1721, 경종1)을 축하하러 왔었고, 이 해에 건륭제 등극 60주년을 맞이하여 축하하러 왔다고 하였으므로, 네덜란드가 청나라에 1673년에 처음 외교사절을 보낸 이래 총 세 차례 청나라 황실 행사에 외교 사절을 보내었음을 알 수 있다. 이계가 본 하란 사절단 정사는 이작 팃싱(Isaac Titsingh, 德勝, 1745~1812)이라는 사람으로, 네덜란드 동인도회사의 임원 시절 중국과 일본 등 동아시아 각 나라의 문화와 문헌에 관심을 가져던 인물이다. 우리 나라와 관련해서는 한글 서적을 최초로 서방 세계에 소개한 인물이란 점에서 주목할 만하다. 그는 일본인 임자평(林子平, 1738~1793)이 지은《삼국통람도설(三國通覽圖說)》을 통해 조선에 대한 약간의 정보를 지니고 있었다. 하란 사절단의 공물과 복장에 대해서는《일성록》정조 19년 2월 20일에 올린 진하사 정사 박종악의 장계, 윤2월 18일에 올린 진하사 서장관 정상우의 별단, 윤2월 22일에 올린 동지사 서장관 심흥영의 별단 참조.

수련에서는 청나라 연경이 요순의 도읍지를 이은 곳임을 말하여 청나라의 정통성을

歲除日曉 皇帝行謁廟禮 與進賀使正使朴右相宗岳 副使鄭參判大容 書狀鄭校理尙愚 祇迎于午門外 參宴于保和殿後寢殿 賜茶果 張百戲 是時荷蘭國越重溟來獻寶器珍怪 蓋於康熙十二年始來 今於乾隆六十年又來貢 斯乃前牒所未有者也 亦隨東使參宴 冠服詭怪 誠一異觀 詩以識之

기주의 별자리는 북두성과 가까워　冀野星分近斗杓
요순시대부터 황제가 도읍하였네　皇王定鼎自唐堯
만 리의 장성은 바다와 이어지고　長城萬里連滄海
구중의 대궐은 하늘에 닿았어라　金闕九重抗碧霄
햇빛이 빠짐없이 두루 비추어주어[430]　日下容光皆徧照
온 세상 곳곳에서 모두 조회를 왔네　寰中寸地畢來朝
서양에 또 하란국이란 나라 있어　西溟又有荷蘭國
백 년 만에 다시 와서 보옥을 바치네　百歲重來獻璧瑤

하란국(荷蘭國)은 서양에 있다. 서양에 속한 나라로서 중국과의 거리는 바닷길과 뭍으로 구만 리라고 한다.

인정하여 읊었고, 함련과 경련에서는 청나라가 명실상부한 세계의 중심국임을 읊었으며, 미련에서는 그 위력이 서방까지 미치고 있음을 말하였다. 평성 '소(蕭)'운의 측기식 칠언율시이다.

430 햇빛이……비추어주어 : 청나라의 문물과 위력이 세계 곳곳에 영향을 미치지 않는 곳이 없다는 뜻이다. 《맹자》 〈진심 상(盡心上)〉에 "해와 달은 밝음 덩어리라, 빛을 받아들일 만한 곳은 반드시 모두 비춰준다.〔日月有明, 容光必照焉.〕"라고 한 말에 전거를 둔 표현이다.

중국의 악습을 기록하다[431]

記中州弊俗

중국은 숭봉하는 것이 몹시도 다양하지만　　中州崇奉太多門
풍속은 죄다 근원을 알 수 없어라　　風俗靡然莫識源
사찰은 공자의 사당보다 많고　　佛宇多於尼聖廟
관우는 부처처럼 떠받든다네　　關公竝與梵王尊
사람과 신이 뒤섞인 것 언제부터 시작되었나　　人神雜糅肇何代
단청이 여기저기 찬란하여 마을과 분변 안 되네　　金碧交輝不辨村
듣건대 근래에 또 천주교의　　近世又聞天主教
천문 해양 측량술에 휩쓸린다지　　觀星測海競波奔

431　중국의 악습을 기록하다 : 이 시는 1795년(정조19) 1월, 연경에서 기복(祈福)의 성격이 진한 중국의 종교 풍습을 보고 느낀 것을 읊은 작품이다. 수련, 함련, 경련에서 유교든 불교든 가리지 않고, 위인이든 신이든 불문하고 사당을 만들어 상(像)을 안치하고 복을 비는 풍습을 비꼬았다. 미련에서는 서양의 과학 기술에 현혹되어 그들의 천주교를 다투어 믿는 풍조를 꼬집었다. 평성 '원(元)'운의 평기식 칠언율시이다.

진하사와 함께 자광각의 연회에 참석하였다. 황제가 예부시랑에게 철보(鐵保) 명하여 우리를 북해자로 데리고 들어오게 하였다. 설마(雪馬 썰매)를 타고 태액지에서 노닐며 만불사와 오룡정을 관람하였으며, 영안사의 백탑에 오르고 옥동교(玉蝀橋)를 건넜다. 연회가 파하고 돌아왔다[432]

同進賀使 與紫光閣宴 皇帝命禮部侍郞 引入北海子 乘雪馬 遊太液池 觀萬佛寺五龍亭 登永安寺白塔 渡玉蝀橋 罷歸

태액지 언 호수가 어구에 접해 있는데　　太液氷湖接御溝

432 진하사와……돌아왔다 : 이 시는 1795년(정조19) 1월 9일, 건륭제가 자광각(紫光閣)에 베푼 세초연(歲初宴)에 참석하여 지은 작품이다. 즉위 60주년 축하하러 온 진하사 일행과 함께 연회에 참석했는데, 진하 정사 박종악이 2월 20일에 올린 장계에는 당시의 정황을 "예부 상서 덕명과 시랑 철보(鐵保)가 신들을 이끌고 북해자에 가서 노닐라고 하여 신들이 영안사(永安寺)에 올랐다. 절은 대내(大內)의 북쪽 내성(內城) 밖에 있고, 절 뒷산 꼭대기엔 높이 수십 길의 백탑이 있었다. 탑 아래에 층각(層閣)을 거쳐 바윗길로 내려와서 덕명 등과 썰매를 타고 북해자를 건너 오룡정, 만불전 등 여러 곳을 둘러보았다."라고 보고하였다. 이날 박종악과 이계는 금(錦) 3필, 장융(漳絨) 3필, 팔사단(八絲緞) 4필, 오사단(五絲緞) 4필, 대하포(大荷包) 1대(對), 소하포(小荷包) 4대씩 하사받았다.《日省錄 正祖19年 2月 20日》 옥동교는 자각광의 동쪽 태액지(太液池)에 놓인 금오옥동교(金鰲玉蝀橋)를 말한다. 자금성의 전반적인 규모나 건물 배치는 박지원의《열하일기》〈황도기략(黃圖紀略)〉이나 작자미상의《부연일기》〈역람제처(歷覽諸處)〉 등을 참고할 수 있다. 수련, 함련, 경련에서 황도에서 본 화려한 조경과 누정을 읊었고, 미련에서는 자신들이 천상의 세계에서 노닐었다고 말하여 마무리하였다. 평성 '우(尤)'운의 평기식 칠언율시이다.

오룡정이 높이 솟아 선계에 노닐었네[433] 五龍夭矯戲蓬邱
황궁에서 삼천 세계 두루 살펴보았고 淸都眼遍三千界
환한 낮에 열두 누대[434]에 몸소 올랐네 白日身登十二樓
화저에선 흡사 신령한 까치 소리 들려오는 듯[435] 華渚怳聞靈鵲叫
곤지에는 마치 석경이 헤엄치는 것 보이는 듯[436] 昆池如見石鯨浮
내일이면 성관이 보고해 아뢰리라 明朝定報星官奏
견우성 직녀성 사이에 객성이 노닐었노라고[437] 牛女中間有客遊

433 오룡정이……노닐었네 : 요교(夭矯)는 요교(夭蟜)와 같은 말로 용이 꿈틀대며 날아가는 모습을 형용하는 말이다. 높이 솟은 정자의 이름이 '오룡'이기 때문에 이렇게 표현한 것이다.

434 열두 누대 : 상제가 거주하는 천상의 누대인데, 황궁의 누대를 비유하는 말로 쓰였다.

435 화저(華渚)에선……듯 : 화저는 옛날 소호씨(少昊氏)의 어머니인 여절(女節)이 꿈속에 별이 무지개처럼 화저로 떨어지는 것을 보고 소호를 낳았다는 고사에 나오는 궁중의 연못인데, 여기서는 태액지를 비유한다. 신령한 까치는 태액지를 은하수에 비기고, 금오옥동교를 오작교(烏鵲橋)에 비긴 표현이다. 자신들이 천상의 은하수에 노닐 때 까치가 금오옥동교를 만든 것이라는 뜻이다. 미련의 말구와 호응한다.

436 곤지(昆池)에는……듯 : 곤지는 옛날 장안(長安)에 있던 곤명지(昆明池)인데, 한 무제가 이곳에 석경(石鯨), 곧 돌로 만든 고래를 설치해 놓았다고 한다. 태액지의 화려한 조경을 비유한 표현이다.

437 내일이면……노닐었노라고 : 자신들이 천상의 은하수에서 노닐었으므로, 내일 성관(星官)이 그 현상을 보고할 것이라는 말이다. 한 무제 때 장건(張騫)이 사명(使命)을 받들고 서역(西域)에 나가던 길에 뗏목을 타고 황하(黃河)의 근원을 한없이 거슬러 올라갔다. 어떤 성시(城市)에 이르렀는데 한 여인은 방 안에서 베를 짜고, 한 남자는 소를 끌고 은하의 물을 먹이고 있었다. 그들에게 여기가 어디냐고 묻자, 그 여인이 지기석(支機石) 하나를 장건에게 주면서 "성도(成都)의 엄군평(嚴君平)에게 가서 물어 보라."라고 하였다. 장건이 돌아와서 엄군평을 찾아가 지기석을 보이자, 엄군평이 말하

기를 "이것은 직녀(織女)의 지기석이다. 아무 연월일(年月日)에 객성(客星)이 견우성과 직녀성을 범했는데, 지금 헤아려보니 그때가 바로 이 사람이 은하에 당도한 때였도다."라고 하였다. 《博物志》

예부 상서 기효람(紀曉嵐) 윤(匀)에게 주다[438] 기윤의 이름은 본디 '윤(昀)'인데, 조선의 경종대왕 휘에 저촉되기 때문에 '일(日)'을 생략하였다.

贈禮部尙書 紀曉嵐匀 匀有日邊 犯我諱 省之

지난날엔 부사로서 사행을 왔고 乘槎往歲副行人
오늘은 홀을 잡고 정사로서 왔네 執玉今朝大使臣
자취는 노마 같아 능히 길을 잘 알고 迹似老駒能識路
신세는 기러기 따라 다시 연경 찾았네 身隨候雁復來賓
삼천 리 산천을 건너 왔으며[439] 山川跋履三千里
태평한 세월은 예순 해였네[440] 日月貞明六十春

438 예부……주다 : 이 시는 1795년(정조19) 1월 연경에서 기윤(紀昀, 1724~1805)을 만나 써준 시이다. 기윤은 당시 예부 상서이자 《사고전서(四庫全書)》 편찬관으로서 청대 중국의 학술과 문풍을 좌우하고 있던 인물로, 이계와 동갑이었다. 조선의 문사들에게 관심이 많아 1799년에는 서형수(徐瀅修)의 《명고집(明皐集)》에 서문을 써 주기도 하고 유득공을 비롯한 여러 문인들과 시서(詩書)를 주고받는 등 활발한 교유를 하였는데, 그 첫 물꼬를 이계가 틔웠다. 수련과 함련에서는 자신의 연행이 두 번째임을 말하였고, 경련에서는 먼 사행의 여정과 태평성세를 구가하는 청나라 정국을 말하였다. 미련에는 의례적 찬사를 담아 마무리하였다. 평성 '진(眞)'운의 측기식 칠언율시이다.

439 삼천……왔으며 : 서울에서 연경 조양문(朝陽門)까지의 거리가 3,069리이기 때문에 이렇게 말한 것이다.

440 태평한……해였네 : 건륭제가 즉위하여 중국을 다스린 지 60년이 되었기 때문에 이렇게 말한 것이다.

상서의 명성 북두성처럼 높으니	宗伯聲名高北斗
성세를 찬송하는 그대 시에 화답키 어렵네	淸風難和頌昌辰

그림 28 기윤

예부 시랑 철보가 손수 시 한 수를 써서 보내주기에 나도 시를 지어 사례하고[441]

禮部侍郎鐵保手寫一聯詩見贈 詩以謝之

근래 《섭강초》를 읽으며　　近讀涉江草

《섭강초(涉江草)》는 철보가 강회(江淮) 지방을 유람할 때 지은 작품을 묶은 시집이다.

바닷물 기울인 듯한 문장에 놀랐네　　驚看倒海瀾

남궁에서 이국의 사신 접대하고　　南宮賓遠國

동합에선 예단의 시문 주도했네[442]　　東閤抗詞壇

옥백 받고 가회에 올랐고[443]　　玉帛登嘉會

441 예부……사례하고 : 이 시는 1795년(정조19) 1월 연경에서 청나라 젊은 문사인 예부 시랑 철보(鐵保, 1752~1824)를 만나 써준 시이다. 수련에서는 철보의 시집을 읽은 감회, 함련에서는 예부 시랑으로서의 활약, 경련에서는 조정의 지우를 받은 그의 능력과 문장을 칭찬하였다. 미련에서는 철보가 자신을 환대하여 시를 써준 것에 대한 사례의 마음을 담았다. 평성 '한(寒)'운의 측기식 오언율시이다.

442 남궁(南宮)에서……주도했네 : 남궁은 예부의 별칭으로, 남성(南省)이라고도 한다. 동합(東閤)은 한 무제 때 평진후(平津侯)에 봉해진 공손홍(公孫弘)이 객관을 짓고, 객관의 동쪽에 작은 문〔東閤〕을 내어 열어 놓고 매양 현사(賢士)들을 맞아들였다고 한다. 여기서는 철보가 자신의 별실에 여러 문사들을 초빙하여 시문을 겨루었다는 뜻으로 사용하였다. 《漢書 卷58 公孫弘傳》

443 옥백(玉帛)……올랐고 : 철보가 태평시대에 조정에 올랐다는 칭찬의 말이다. 옥백은 예물의 대명사로, 조정에서 현자를 초빙할 때 보내거나, 지방의 제후가 천자에게 조공을 바칠 때 보내는 것이다. 가회(嘉會)는 천 년에 한번 만날 정도의 훌륭한 치세라는 뜻이다. 《문선(文選)》 반악(潘岳)의 〈서경부(西京賦)〉에 "천 년의 좋은 시대를 만

문장은 대관을 다했네[444] 文章盡大觀
한 번 돌아봄에 광휘가 넘치나니 輝光生一顧
붓을 대자 보옥 같은 시 찬란하네 筆下耀琅玕

났다.〔遭千載之嘉會.〕" 하였다.

444 문장은 대관(大觀)을 다했네 : 철보가 중국 문장 대수들의 글을 두루 보았고, 그것이 《섭강초》의 시작에 담겼다는 뜻이다. 송나라 소철(蘇轍)이 추밀(樞密) 한 태위(韓太尉)에게 올린 〈상추밀한태위서(上樞密韓太尉書)〉의 대략에 "또 대저 사람이 학문을 함에 있어 그 큰 것에 뜻을 두지 않으면 아무리 많은 것을 알고 있다 한들 무엇하겠습니까. 제가 오는 길에 산으로는 종남산, 숭산, 화산의 높다란 모습을 보았고, 물로는 황하의 크고도 깊은 것을 보았으며, 사람으로는 대문장인 구양공을 보았으되, 오히려 태위를 아직 뵙지 못했다고 여겼습니다. 그러므로 바라건대 현인의 광휘를 관찰하여 한마디 말씀을 듣고 스스로 장해지고자 하노니, 그런 다음에야 천하의 큰 볼거리를 다 보아서 유감이 없다고 할 수 있을 것입니다.〔且夫人之學也, 不志其大, 雖多而何爲. 轍之來也, 於山見終南嵩華之高, 於水見黃河之大且深, 於人見歐陽公, 而猶以爲未見太尉也. 故願得觀賢人之光耀, 聞一言以自壯, 然後可以盡天下之大觀而無憾矣.〕"라고 한 데서 온 말이다. 《欒城集 卷22》

정월대보름 밤에 진하부사 대감 정도이(鄭道以)대용(大容)와 남해자의 십칠교에 노닐며[445]

태액지는 북해자이고 서산은 남해자이다.

上元夜 同進賀副使鄭台道以 大容 游南海子十七橋 太液池卽北海子 西山卽南海子

남해자 위 무지개처럼 놓인 십칠교에	海上虹浮十七橋
뗏목 타고 우연히 대보름밤 이르렀네[446]	乘槎偶到上元宵
빛은 밝은 달에 더해 위아래로 나뉘고[447]	光添明月分高下
그림자는 긴 강에 접해 서로 일렁이네[448]	影接長河互動搖
괴이해라 무쇠소는 끌어도 일어나지 않으니	頗怪鐵牛牽不起

십칠교(十七橋) 언저리에 무쇠소〔鐵牛〕를 주조해 놓았는데, 단을 설치하

445 정월대보름……노닐며 : 이 시는 1795년(정조19) 1월 15일 연경에서 진하부사 정대용과 십칠교에 노닐며 지은 작품이다. 십칠교는 십칠공교(十七孔橋)로 불리는 다리이다. 수련은 대보름 밤 조각배를 타고 십칠공교 아래 이른 감회를 읊었다. 함련 1구는 십칠공교의 남해자에 달빛이 비쳐 천상의 달과 물 위의 다리 풍경이 모두 아름다운 모습을 읊었고, 2구는 십칠교의 다리가 남해자의 물에 거꾸로 비쳐 일렁이는 모습을 읊었다. 경련은 십칠교 옆의 무쇠소를 견우의 정령에 비유하여 직녀를 불러와야 그 소가 일어날 것이라고 해학스럽게 읊었다. 미련에서는 봉황대 고사를 끌어와 이곳이 선계임을 나타내었다. 평성 '소(蕭)'운의 측기식 칠언율시이다.

446 뗏목……이르렀네 : 자신이 중국에 사신으로 왔기에 장건의 고사를 원용하여 '뗏목을 타고 우연히 이르렀다.'고 한 것이다. 장건의 고사는 480쪽 주437 참조.

447 빛은……나뉘고 : 십칠교의 화려한 빛이 달빛에 더해, 하늘에는 달이 아름답고 아래에는 십칠교가 아름답기 때문에 이렇게 말한 것이다.

448 그림자는……일렁이네 : 그림자는 십칠교의 그림자이고, 긴 강은 남해자이다.

고 담장을 둘러놓았다. 상단에 건륭제가 지은 명을 새겨놓았다

아마 천녀가 내려와 불러야 하리[449]	應須天女下相招
허공에 우뚝 솟은 층루를 다시 바라봄에	凌虛更看層樓聳
어디선가 신선이 옥퉁소 부는 소리[450]	何處遊仙弄玉簫

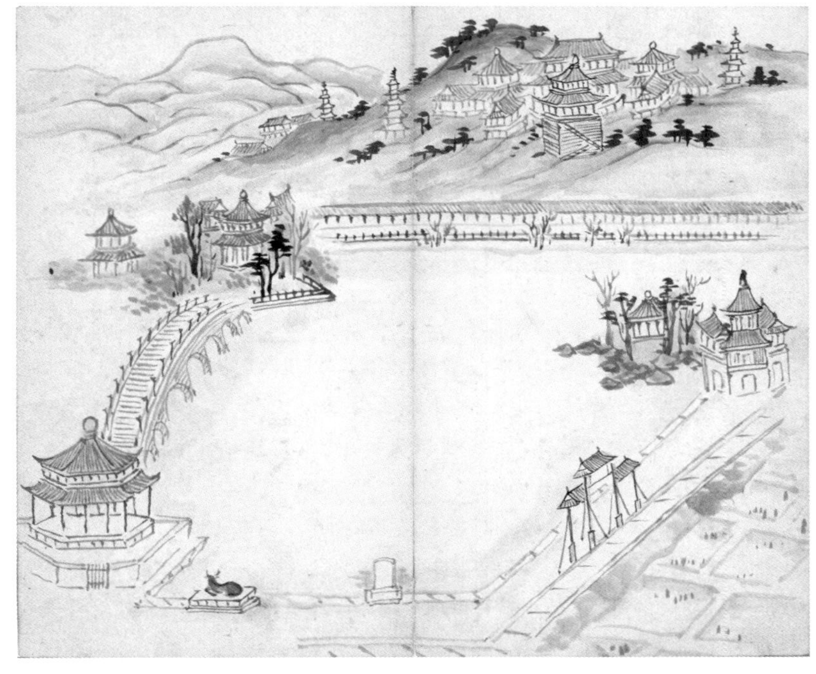

그림 29 십칠교의 저녁 풍경(강세황)

449 괴이해라……하리 : 태액지를 은하수에 비기고, 십칠공교를 오작교에 비기고, 철우(鐵牛)를 견우에 비기고, 천녀를 직녀에 비긴 표현이다.

450 허공에……소리 : 봉황대와 농옥의 고사에 빗댄 표현이다. 464쪽 주406 참조.

원명원에서 서산을 향해 십칠교를 건너 망섬각에 오르다[451]

自圓明園 向西山 渡十七橋 登望蟾閣

별자리 나누어져 오구를 만들었으니	星宿派分作奧區
서산의 기이한 형승은 서호에 버금가네[452]	西山奇勝埒西湖
긴 무지개는 물을 머금어 구름과 비 만들어내고	長虹飮水生雲雨
높은 누각은 하늘에 닿아 그림처럼 펼쳐졌네	飛閣連空掛畫圖
해와 달은 별천지에 높이 걸렸고	日月高懸仙佛界
안개와 꽃은 제왕성에 흐드러졌네	烟花長擁帝王都

451 원명원에서……오르다 : 이 시는 1795년(정조19) 1월 19일 이후 원명원(圓明園)에서 노닐며 지은 작품이다. 이해 2월에 올린 박종악의 장계에 "19일에 또 원명원에 나아갔습니다."라고 하였는데, 동지사와 진하사 일행이 함께 노닐었던 것이다. 《일성록》 정조19년 2월 20일 기사 참조.

수련에서는 서산에 있는 망섬각의 모습을, 함련에서는 십칠교의 모습을 읊었고, 경련에서는 원명원 전체적인 모습을 별천지에 비유해 읊었으며, 미련에서는 사신이 되어 황성을 구경하는 감회를 천상계에 노니는 것과 같다고 읊었다. 평성 '우(虞)'운의 측기식 칠언율시이다.

452 별자리……버금가네 : 서산의 망섬각 일대의 모습을 형용한 것이다. 오구(奧區)는 산이 높고 골이 깊은 승지(勝地)를 가리키는 말로, 여기서는 서산 곧 남해자를 가리킨다. 《기유록(奇遊錄)》에 "남쪽은 천유(天遊)라고도 하고 또 망섬각(望蟾閣)이라고도 하는데 복도(複道)가 좌우로 뻗었으며, 또 돌을 겹쳐서 굴을 만들었는데, 높다랗고 깊은 골짜기이다. …… 봉우리마다 기이한 나무와 골짜기마다 층대가 푸른 하늘 가운데에 넘실대니, 완연히 서호(西湖)의 부본(副本) 같다."라고 묘사한 풍경을 시로 읊은 것이다.

뗏목 타고 사신이 진원 찾아왔노니[453] 乘槎使者尋源到
천상과 인간을 분간할 수 없네 天上人間定有無

453 뗏목……찾아왔노니 : 장건의 고사를 차용하여 이곳이 천상계임을 나타내었다. 장건의 고사는 480쪽 주437 참조.

묵장 이한림 정원이 〈등대도(登岱圖)〉 한 첩을 보내왔기에 드디어 〈태산고가(泰山高歌)〉 한 편을 써서 돌려보내다[454]

墨庄李翰林鼎元 送示登岱圖一帖 遂書泰山高歌一篇以歸之

태산은 높고	泰山高
동해는 낮도다	東海低
상운은 아스라이 해와 달을 받들고 있고	祥雲遙擎日月輪
원기는 길이길이 하늘과 땅에 서려 있네	元氣長浮乾坤倪
나는 동해에 살며 태산을 꿈꾸었지만	我居東海夢泰山
하늘처럼 드높아 오를 수가 없었네	巍巍如天不可階

454 묵장……돌려보내다 : 이 시는 1795년(정조19) 1월 하순, 연경에서 한림학사 이정원(李鼎元, 1750~1805)과 교유하며 지어준 작품이다. 이정원은 이조원(李調元)의 종제(從弟)로, 자는 숙화(叔和)이고, 묵장은 그의 호이다. 1778년에 진사에 급제하여 한림원 검토(翰林院檢討)에 제수되었다. 1794년 무렵, 당시 청나라 화단을 주름잡던 황이(黃易, 1744~1802)와 태산에 올랐고, 황이가 그 유람을 〈등대도(登岱圖)〉로 그렸다. 이정원은 이 그림을 당대 명사들에게 두루 보여 원매(袁枚), 기윤 등 40여 명의 제화시가 적혔다. 뒤에 1801년 조선의 유득공이 연경을 왔을 때도 이 그림을 보고 시를 남긴 바 있는데, 《영재집》 권5의 〈제이묵장중서이첩(題李墨莊中書二帖)〉이 그것이다.

5련까지는 사신으로 중국에 온 일과 태산을 올라보고 싶었던 자신의 바람을 읊었다. 6, 7련은 명산 유람에 관심이 많아 태산에 오른 이정원에 대해 읊었다. 8, 9련은 〈등대도〉의 모습에 대해 읊었고, 10련은 이정원이 자신에게 제화시를 청한 사연을 말하였다. 11련에서 15련까지는 자신의 감상평을 읊었다. 16, 17련은 이별의 아쉬움을 담아 마무리하였다. 평성 '제(齊)'운을 사용한 34구의 일운도저격(一韻到底格)의 고시이다. 칠언고시이나, 3자 혹은 5자로 된 연이 섞여 있다.

올해 사신 되어 중원에 왔으니　今年執玉上神州
요양을 지나 청제[455]에 가까이 왔네　路過遼陽近青齊
푸른 안개 아홉 점만 부질없이 바라보나니[456]　青煙九點漫入矚
흰 구름 서린 천 길 산을 어떡하면 오를까　白雲千丈何由躋
묵장 한림학사는 청운의 객으로　墨庄學士青雲客
명산에 뜻을 두어 벼슬을 사양했네　雅志名山辭金閨
한 필 말과 짧은 지팡이로 절정에 올라　疋馬短笻登絶頂
천하의 일대장관을 맘껏 둘러보았네　大觀寰區一放睇
돌아와 작은 비단폭에 묘사하여　歸來貌得尺絹上
천 바위 만 골짝을 모두 담았네　包盡千巖與萬溪
무수한 기암괴석이 오밀조밀 펼쳐져 있고[457]　丰茸奇石膚寸舒
층층의 깊은 골짝이 지척에 어지러이 펼쳐졌네　攢蹙深壑咫尺迷
나를 먼 길 온 사람이라 하여　謂我遠途人
내게 몇 자의 제화시 청하네　求我數字題

455 청제(青齊) : 옛날 제(齊)나라 땅인 청주(青州) 즉 산동반도 일대를 말한다. 태산이 제나라 지역에 있기 때문에 이렇게 표현한 것이다.

456 푸른……바라보나니 : 멀리 제나라 지역에 있는 태산을 바라볼 뿐이라는 말이다. 당나라 이하(李賀)의 시 〈몽천(夢天)〉에 "제주를 멀리 바라보니 아홉 점의 연기요, 한 웅덩이 바닷물도 한 잔 쏟아부은 듯.〔遙望齊州九點煙, 一泓海水杯中瀉.〕"라고 한 것을 인용한 표현이다.

457 무수한……있고 : 태산의 기암괴석에 구름이 피어 있는 모습이 오밀조밀 펼쳐져 있는 것을 형용한 표현이다. 《춘추공양전(春秋公羊傳)》 희공(僖公) 31년 조에 "구름이 바위마다 피어올라 조금씩 모여들어 아침이 끝나기도 전에 천하에 두루 비를 내리는 것은 오직 태산뿐이다.〔觸石而出, 膚寸而合, 不崇朝而徧雨乎天下者, 惟泰山爾.〕"라고 한 것에 전거를 둔 말이다.

태산의 전모가 서안(書案)에 들어 있으니	岱宗全面入几案
뭉게뭉게 붓끝에서 구름과 무지개 이네	淋漓筆下生雲霓
표연히 내가 일관봉[458]에 앉아 있는 듯하고	飄然坐我日觀峰
흡사 귓가에 천계[459]의 울음소리 들리는 듯하네	髣髴耳邊聞天鷄
칠십이 대는 어찌 그리 아득한지[460]	七十二代何杳茫
금니로 쓰여진 진비와 한봉이 남았네[461]	秦碑漢封餘金泥
천 년토록 돌엔 공자의 자취 남았는데[462]	千年石戴尼父屐

458 일관봉(日觀峯) : 태산(泰山) 정상에 있는 봉우리이다. 해돋이를 보는 곳이기에 동암(東巖) 또는 동산(東山)이라고도 한다.

459 천계(天鷄) : 천하의 닭 가운데 가장 먼저 새벽을 알리는 닭이다. 중국 동남쪽에 하늘 높이 치솟은 도도(桃都)라는 이름의 거목(巨木)이 있고, 그 위에 천계(天雞)라는 닭이 서식한다. 해가 떠 이 나무를 비추면 천계가 바로 울고, 그러면 천하의 닭들이 모두 뒤따라 울기 시작한다고 한다.《述異記 卷下》

460 칠십이……아득한지 : 태산에 봉선(封禪)한 임금이 72임금이라고 전하기 때문에 이렇게 말한 것이다. 황제가 태산(泰山)에 올라가 하늘에 제사 지내는 것을 봉(封)이라 하고, 태산 아래 양보산(梁父山)에서 땅신에게 제사 지내는 것을 선(禪)이라 하는데, 관중(管仲)이 "옛날에 태산에 봉을 올리고, 양보(梁父)에 선을 올린 이가 72임금이다.〔古者封泰山禪梁父者七十二君.〕"라고 하였다.《通鑑節要》

461 금니(金泥)로……남았네 : 진비(秦碑)는 진시황 28년에 천하를 통일하고 태산(泰山)에 세운 〈진황송덕비(秦皇頌德碑)〉를 가리킨다. 일명 진태산석각(秦泰山石刻)이라고 한다. 한봉(漢封)은 한 무제가 태산에 올라 봉선(封禪)를 행하고 세운 책문이다.《한서(漢書)》〈무제기(武帝紀)〉의 "태산에 올라 봉 제사를 행하다.〔登封泰山.〕"의 주(注)에 "금책(金策) 석함(石函)과 금니(金泥) 옥검(玉檢)을 들고 올라가 봉선(封禪)을 행하였다."라고 하였다.

462 천……남았는데 :《맹자》〈진심 상〉에 "공자가 동산에 올라가서는 노나라를 작게 여겼고, 태산에 올라가서는 천하를 작게 여겼다.〔孔子登東山而小魯, 登太山而小天下.〕"라고 한 것에 전거를 둔 표현이다.

구름 서린 어느 곳에 손공[463]이 사셨던지 何處雲霾孫公棲
가련해라 이 늙은이는 겨드랑이에 날개가 없으니 自憐老夫腋下無羽翰
어이하면 옷깃 떨치며 단제[464]를 오를 수 있을까나 安得振衣上丹梯
산은 우뚝하고 물은 아득한데 山巖巖兮水渺渺
나는 조선으로 돌아가고 그대는 중원에 남으니 我向天東君住西
〈태산가〉를 어느 때에 이어서 지을까나 泰山之歌何時續
오직 떠가는 구름만이 나의 행차 송별하리 惟有歸雲送馬蹄

463 손공(孫公) : 송(宋)나라 손복(孫復)의 자이다. 태산(泰山) 밑에 살았는데, 범문정(范文正)에게 돈 2천 냥을 얻어 10년 동안 공부한 뒤, 태산학파(泰山學派)를 이루어, 세상에 널리 이름이 나서 '태산하유손명복(泰山下有孫明復)' 선생이라 불렸다. 《宋名臣言行錄》

464 단제(丹梯) : 붉은 계단으로, 신선 세계를 찾아가는 산길을 말한다.

진하사가 먼저 돌아가기에 시를 지어 송별하다[465]

進賀使先歸 詩以送別

이방에서 해 넘기며 오래도록 의지했지만	殊方經歲久相依
남관과 서성에서 회합이 드물었네[466]	南舘西城會合稀
천 리 먼 길에 모두 사신 온 신세건만	賓雁共飛千里遠
봄바람 불 때 함께 돌아가지 못하네	春風未作一行歸
대보름 밤 등불 나무는 도리어 꿈과 같고[467]	元宵火樹還如夢

465 진하사가……송별하다 : 이 시는 1795년(정조19) 1월 28일, 연경을 먼저 떠나는 진하사 일행을 보내며 지은 작품이다. 《일성록》 정조19년 2월 20일 기사 참조.

수련에서는 이역에서 함께 설을 보내면서 정이 들었음을 읊었고, 함련에서는 함께 출발하지 못하고 헤어져야 하는 아쉬움을 읊었다. 경련에서는 대보름 밤에 함께 노닐었던 일을 추억하는 한편, 조선에서 중국으로 온 먼 여정의 노독이 풀리기도 전에 다시 조선으로 떠나는 박종악을 위로하였다. 미련에서는 조선에서 다시 만나고자 하는 마음을 담아 마무리하였다. 평성 '미(微)'운의 평기식 칠언율시이다.

466 남관(南館)과……드물었네 : 남관은 옥하관(玉河關)이다. 서성(西城)은 서관 곧 첨운방관(瞻雲坊館)이다. 조선에서 연경에 간 사신은 주로 옥하관에 묵지만, 여러 사행이 연이어 도착했을 때에는 뒤에 도착한 사행은 일반적으로 첨운방관에 묵었다. 이런 정황으로 미루어보아 먼저 도착한 진하사 박종악 일행은 옥하관에 묵고, 뒤에 도착한 동지사 이계 일행은 첨운방관에 묵어, 형편상 자주 만날 수 없었기 때문에 이렇게 말한 것으로 보인다.

467 대보름……같고 : 이해 정월대보름에 박종악과 십칠교에서 함께 노닐었기 때문에 이렇게 말한 것이다. 앞의 시 〈정월대보름 밤에 진하부사 대감 정도이(鄭道以)와 남해자의 십칠교에 노닐며〉 참조. 등불 나무는 대보름날 등촉을 걸어 놓은 나무를 말한다. 당나라 시인 소미도(蘇味道, 648~705)의 시 〈원소(元宵)〉에 "화수에 은화가 모였고, 성교에 자물쇠가 열렸네. 짙은 먼지는 말 따라 가고, 밝은 달은 사람 좇아오네.

요동벌의 먼지는 아직도 옷에 배어 있네　　遼野緇塵尙濕衣
생각건대 압록강의 얼음 막 녹았을 터인데　　遙想鴨江氷正渙
어느 때에나 나란히 성상 뵙고 절을 할까　　何時聯袂拜彤闈

노는 기녀들 모두가 농염하고, 부르는 노래 모두가 사랑 타령이라오. 금오에서 야간 통행 막지 않으니, 옥루를 재촉할 것 없다오.〔火樹銀花合, 星橋鐵鎖開. 暗塵隨馬去, 明月逐人來. 遊妓皆穠李, 行歌盡落梅. 金吾不禁夜, 玉漏莫相催.〕" 하였다.《古今事文類聚 前集 卷7 元宵》

예부 상서 기효람은 청백과 문장으로 한 시대에 으뜸이다. 실로 지음(知音)의 느낌이 있어 도성 문을 나서며 애오라지 곡진한 마음을 읊는다[468] 2수

紀曉嵐宗伯 以淸白文章 冠冕一世 實有知音之感 出都門 聊賦惓惓之意 二首

1수[469]

동국의 서생이 웅대한 담론 좋아하였지만 東國書生好大談
걸출한 아름다운 인재를 어디에서 보랴 奇材何處見樟柟
중국은 인물에서 연해라고 일컬어지지만 中州人物稱淵海
세상 드문 문장으로 효람이 계시네 稀世文章有曉嵐
지기는 천하에 한 사람도 만나기 어렵거늘 知己難逢天下一
대관은 중원의 세 사람을 바야흐로 다했네[470] 大觀方盡域中三
만 리를 가고 가며 자주 고개 돌릴 제 行行萬里頻回首
꿈속의 넋은 응당 북두성 남쪽 맴돌겠지 魂夢應懸北斗南

468 예부…… 읊는다 : 이 시는 1795년(정조19) 2월, 연경을 떠나며 기윤에게 준 시이다. 저본에는 '知' 자가 지워져 있으나, 《이계선생삼편전서(耳溪先生三編全書)》 제5책 권9의 해당 작품을 보고 보충하였다.

469 1수 : 수련과 함련에서는 기효람을 천하의 기재(奇才)라고 칭송하였고, 경련에서는 천하의 지기를 만난 기쁨을 읊었다. 미련에서는 조선으로 가는 길 내내 잊지 못할 것이라 하여 이별의 서운함을 담았다. 평성 '담(覃)'운의 측기식 칠언율시이다.

470 대관(大觀)은……다했네 : 중국에 와서 기윤, 철보, 이정원 세 사람을 보았기 때문에 이렇게 말한 것이다.

2수[471]

하간에서 인걸 나와 문장이 풍부하니　河間生傑富文章
박아함은 유림의 대가들을 압도했네　博雅儒林擅大方
발은 하수의 근원 이만 리를 밟았고　足躡河源二萬里
손은 천록각의 삼천 상자를 교편했네[472]　手繙天祿三千箱

기공(紀公)은 하간(河間) 사람이다. 일찍이 왕명을 받들고 하수(河水)의 근원을 찾으러 갔고,[473] 또 이 당시 문연각 직학사(文淵閣直學士)의 직임을 띠고 《사고전서(四庫全書)》를 교열, 편수하였다.

백 년 동안 일척안[474]은 거울처럼 밝아　百年隻眼明如鏡
제생들 나루 잃었을 때 배가 되어 건네주었네　諸子迷津涉有航
흰머리에 서로 만난 것 어찌 우연이겠는가　白首相逢寧偶爾
한 마디 말에 마음 맞아 큰 길 보여주셨네　一言契合示周行

471 2수 : 수련에서는 기윤이 하간(河間)의 인물로서 당대의 종사가 되었음을 읊었고, 함련에서는 오로목제에 다녀온 일과 《사고전서》를 편수한 일을 읊었다. 경련에서는 뛰어난 혜안으로 후학의 사표가 되었음을 읊었고, 미련에서는 노년에 서로 만난 것을 다행으로 여기는 마음을 읊었다. 평성 '양(陽)'운의 평기식 칠언율시이다.

472 손은……교편했네 : 기윤이 문연각 직학사였기 때문에 이렇게 말한 것이다. 천록각(天祿閣)은 한(漢)나라 때의 비부(秘府)이다.

473 하수(河水)의……갔고 : 기윤의 장녀는 양회(兩淮) 지방의 염운사를 지낸 아우(雅雨) 노견증(盧見曾, 1690~1769)의 손부이다. 노견증은 왕사정(王士禎)의 문인으로, 시문에 뛰어나고 인재를 좋아하여 한때 해내종장(海內宗匠)이라 일컬어지던 인물인데, 1768년(건륭33년)에 염인안(鹽引案) 사건에 연루되었다. 이때 기윤이 그에게 사적으로 정보를 누설하였다가 견책을 받아 황하의 발원지인 오로목제(烏魯木齊)로 좌천당하였다. 이때 기윤은 《하원기략(河源紀略)》을 저술하였다.

474 일척안(一隻眼) : 선가(禪家)의 용어로, 진실한 정견(正見)을 갖춘 혜안(慧眼)이라는 말이다. 정문안(頂門眼) 혹은 활안(活眼)이라고도 한다.

삼하현에 체류하며 화답을 청하는 부사와 삼개에게 보이다[475]

滯三河縣 示副三价求和

만 리 빙상의 길 오른 팔순의 늙은이	氷霜萬里八旬翁
초췌한 행색이 굴러다니는 쑥대같네	行色飄飄似轉蓬
백발에 봄을 만나니 감개가 더하고	鶴髮逢春增感慨
갖옷으로 겨울 나니 더욱 해졌구나[476]	狐裘經歲更蒙戎
수레 앞에서 기쁘게 구름 이는 바다 보고	車前喜看雲生海
말머리는 내내 해 뜨는 동쪽 따르는 구나	馬首長隨日出東
계주의 나무 요동의 산이 여전히 멀리 있으니[477]	薊樹遼山猶隔眼

475 삼하현에……보이다 : 이 시는 1795년(정조19) 2월, 연경에서 돌아오는 길에 삼하현(三河縣)에 머물며 지은 시이다. 연경에서의 거리로 보아 되돌아오는 첫날이나 이틀째 저녁에 지은 것으로 짐작된다. 부(副)는 부사이고, 삼개(三价)는 서장관이다. 수련에서는 초봄에 먼 귀로를 시작하는 자신과 사행단의 행색을 읊었고, 함련에서는 해를 보내고 조선으로 돌아가는 감회를 읊었다. 경련에서는 귀로(歸路)의 흥을 담아 읊었고, 미련에서는 하늘을 날아 단번에 고국으로 돌아가고픈 마음을 읊었다. 평성 '동(東)'운의 평기식 칠언율시이다.

476 갖옷으로……해졌구나 : 11월에 연경에 와서 해를 넘겨 2월에 조선으로 돌아가기에 이렇게 읊은 것이다. 갖옷이 해졌다는 것은 객지에서 겨울을 보내고, 드디어 동쪽 곧 조선으로 간다는 뜻을 담은 시구인데, 《시경》〈패풍 모구(旄丘)〉에 "호구가 해졌으니, 수레가 동쪽으로 가네.〔狐裘蒙戎, 匪車不東.〕"라고 한 것에 전거를 둔 표현이다.

477 계주(薊州)의……있으니 : 돌아오는 여정의 출발 시점으로, 눈 앞에 계주와 요주(遼州)를 두고 아직 들어서기 전이기 때문에 이렇게 말한 것이다.

어이하면 천풍을 타고 크게 날아갈 수 있을까[478]　　扶搖安得借天風

478 어이하면……있을까 : 빨리 조선으로 돌아가고 싶다는 뜻이다. 《장자》〈소요유〉에 붕새가 "회오리바람을 타고 구만 리 상공으로 올라간다.〔搏扶搖而上者九萬里.〕"라고 한 구절을 인용한 표현이다.

서장관의 시운을 따라[479]

步書狀韻

노년까지 나랏일에 편히 쉴 수 없어	老年王事不遑寧
십 년 만에 연산에 다시 사행길 왔네[480]	十載燕山再旅庭
며칠이나 신선 세계 함께 노닐었던가	幾日同携仙佛界
뗏목 타고 두우성을 침범한 듯하여라[481]	浮槎如犯斗牛星
계문의 연수는 소리 없는 그림이요[482]	薊門樹蘸無聲畫
해대의 자욱한 안개 끝없이 푸르네[483]	海岱烟開未了青

479 서장관의 시운을 따라 : 이 시는 1795년(정조19) 2월, 연경에서 돌아오는 길에 삼하현에 머물며 서장관 심홍영에게 지어준 시이다. 수련에서는 12년 만에 다시 사행을 수행하는 감회를 읊었고, 함련에서는 심홍영과 함께 연경에 다녀가는 감회를 천상의 세계에 노닐다 가는 것에 비겨 읊었다. 경련에서는 귀로의 흥을 담아 읊었고, 미련에서는 늙은 나이에 서장관으로 수행한 심홍영을 격려하여 읊었다. 평성 '청(靑)'운의 평기식 칠언율시이다.

480 십……왔네 : 앞의 주479 참조. 연산(燕山)은 이곳이 옛 연나라 지역이므로, '연나라 산하'라는 뜻에서 쓴 말이다.

481 뗏목……듯하여라 : 연경에 사신을 온 일이 천상의 세계에 노닌 것처럼 감격스럽고 황홀하다는 의미이다. 앞의 주479 참조.

482 계문(薊門)의……그림이요 : 469쪽 주415 참조.

483 해대(海岱)의……푸르네 : 해대는 본래 동해와 태산 사이의 지역을 이르는 말로 흔히 산동성 일대를 뜻하는데, 여기서는 계주 동쪽에서 동해에 이르는 지역을 가리키는 뜻으로 사용하였다. 두보의 시 〈등연주성루(登兗州城樓)〉에 "뜬구름은 해대에 이어져 있고, 평평한 들은 청서로 접어드네.〔浮雲連海岱, 平野入青徐.〕"라고 하고, 〈망악(望嶽)〉에 "태산은 어떠한가? 제나라와 노나라에 푸름이 끝없구나.〔岱宗夫如何? 齊魯青

학사의 흉금은 응당 넓고 클 터인데 學士胸襟應博大
다 늙도록 글만 읽으심에 어이하랴[484] 何如白首坐窮經

未了.]"라고 한 것을 인용한 표현이다. 압운 때문에 글자를 도치시킨 것이다.

484 학사의……어이하랴 : 서장관으로 따라온 한림학사 심흥영(1739~1799)이 빨리 높은 자리에 올라 포부를 펼 날이 오기를 격려하는 말이다. 당시 심흥영이 말직으로 사행단에 참여하였지만, 56세의 나이로 벌써 초로(初老)에 접어든 데다 부사 이의필(1738~1808)과 겨우 1세 차이가 나기 때문에 이렇게 읊어준 것이다.

옥전을 출발하여 풍윤으로 향하다[485]

發玉田向豐潤

옥전에서 동쪽으로 오는 길 아스라한데	玉田東下路漫漫
땅이 요양에 가까워 눈길 더욱 드넓다	地近遼陽眼更寬
수레는 해를 싣고 만 리를 가고[486]	車載日輪行萬里
사람은 봄빛 따라 삼한으로 향하네	人隨春色向三韓
옅은 안개 나무에 어려 바다 같이 평평하고	薄烟籠樹平如海
옛 나루에 배 정박해 물결 일지 않네	古渡藏舟不動瀾
예서 산해관까지 머지 않는 거리라	此去榆關無幾日
하늘 끝에 의무려산이 봉우리 드러내었네[487]	巫閭天畔露巑岏

485 옥전을……향하다 : 이 시는 1795년(정조19) 2월, 연경에서 돌아오는 길에 지은 작품이다. 거리로 보아 삼하를 출발한 뒤 계주와 옥전현에서 묵은 듯하다. 수련, 함련, 경련에서는 봄에 고국으로 돌아가는 여정의 풍경과 심경을 읊었고, 미련에서는 의무려산의 봉우리를 본 감회를 읊어 산해관이 가까워 옴을 나타냈다. 평성 '한(寒)'운의 평기식 칠언율시이다.

486 수레는……가고 : 해가 떠서 질 때까지 쉬지 않고 부지런히 돌아오는 모습을 담은 표현인데, 여기서 일륜(日輪)은 천자의 은혜를 상징하는 중의적인 표현이기도 한다. 사행단의 수레가 천자의 은혜를 받들고 온다는 뜻이다.

487 예서……드러내었네 : 산해관 안에 유관이 따로 있지만, 흔히 유관은 산해관을 가리키기도 하므로 여기서는 경유지의 상징성을 고려하여 산해관으로 번역하였다. 조선에서 중국으로 가는 사행로의 경유지와 거리가 산해관에서 유관까지 35리, 유관에서 풍윤현까지 3백여 리로 대략 네닷새 거리이다. 따라서 '머지 않은 거리'란 사행 전체 여정에 비추어보아 그렇다는 뜻이다. 또 의무려산은 산해관 밖 심양으로 가는 길에 있는 산으로, 풍윤현에서는 4, 5백 리 밖에 있는 산이다. 대체로 평탄한 일대의 지형보다 워낙 높아 여기서부터 이미 봉우리 끝이 보이는 것이다.

고죽의 거사 이미에게 주다[488]

贈孤竹居士李美

바다 동쪽의 사신 홍한사요	海左行人洪漢師
산해관 서쪽 호걸 이순지라	關西豪士李純之
산은 묵자의 유원한 청풍에 이어지고	山連墨子淸風遠
구름은 문공의 기이한 큰 글자 보호하네[489]	雲護文公大字奇

488 고죽의……주다 : 이 시는 1795년(정조19) 2월, 연경에서 돌아오는 길에 옛 고죽성(孤竹城)에 들러 난하(灤河)에서 이제묘(夷齊廟)를 배알할 때 그 지역 인사 이미(李美)를 만나 지어준 작품이다. 저녁에 영평부에 당도하자 이미가 자신의 시문 몇 권을 들고 와서 서문을 청한 것을 계기로 교유하고 서문과 함께 이 시를 지어 주었다. 자세한 내용은 본서 권16 〈제한창려서이제독서처대자(題韓昌黎書夷齊讀書處大字)〉와 이유원(李裕元)의 《임하필기》 권34 〈한창려서이제독서처대자(韓昌黎書夷齊讀書處大字)〉와 홍경모의 《관암전서(冠巖全書)》 책27 〈당한문공서이제독서처오대자(唐韓文公書夷齊讀書處五大字)〉 참조.

이미는 자가 순지이고, 호는 요정(饒亭)이다. 조선 사신을 찾아가 교유 맺기를 청한 일이 많은 인물로 추정되는데, 유금(柳琴) 및 《계산기정》의 저자와도 교유한 사이다. 자세한 인적 사항은 미상이다.

수련에서는 자신과 이미를 대비하여 읊었고, 함련에서는 백이 숙제의 유적과 한유의 글씨를 읊었다. 경련에서는 두 사람의 마음이 의기투합함을 읊었는데, '십 년 세월'이라는 말에서 1782년 동지사행에서도 이미를 만난 일이 있었음을 알 수 있다. 미련은 헤어진 뒤의 감회를 미루어 읊었다. 평성 '지(支)'운의 측기식 칠언율시이다.

489 산은……보호하네 : 3구는 백이와 숙제의 성이 묵씨(墨氏)이고, 또 백이와 숙제가 성인 가운데 맑은 분 곧 '성지청자(聖之淸者)'이기 때문에 이렇게 표현한 것이다. 4구는 영평부에는 서원산(書院山)이라는 산이 있고, 그 산에 운거사(雲居寺)라는 절이 있는데, 그 근처의 바위에 글씨가 남아 있기 때문에 이렇게 표현한 것이다. 관련 내용은

고죽사(孤竹祠)에서 30리 되는 곳에 백이와 숙제가 독서한 곳이 있어, 한 문공이 바위에다 '이제독서처(夷齊讀書處)'라고 크게 글씨를 써 놓았는데, 순지가 탁본을 떠서 계묘년 사행단에 보내왔기에 여기에 언급한 것이다.

만 리 거리에 정신은 무소뿔처럼 통하고[490]	萬里精神犀一點
십 년 세월에 얼굴과 머리털은 눈처럼 세었네	十年顏髮雪千絲
등 앞에서 술잔 나누고 헤어지노니	燈前把酒還分手
밝은 달 휘영청 뜰 때 서로 생각하리라	明月長懸兩地思

작품해제에 소개한 문헌 참조.

490 만……통하고 : 이역의 먼 거리에서도 서로의 마음이 통하는 것을 말한다. 원문의 영서(靈犀)는 물소이다. 물소는 뿔 가운데에 실 같은 흰 무늬가 있어, 이 무늬가 양쪽 뿔을 서로 관통하여 서로 감응한다는 설이 있다. 이상은(李商隱)의 시 〈무제(無題)〉에 "몸은 화려한 봉황처럼 쌍쌍이 날 날개 없으나, 마음은 신령한 물소의 뿔처럼 한 점으로 서로 통함이 있네.〔身無彩鳳雙飛翼, 心有靈犀一點通.〕"라고 하였다. 《李義山詩集 卷上》

도중에 한족 여인이 지팡이를 짚고 아장아장 걸어가는 것을 보고 애오라지 악습을 기록한다[491]

道見漢女扶杖短步 聊識弊俗

천고토록 중화에 오랜 법식 있었건만 千載中華有古程

말씨와 걸음걸이를 모두 세태 따르네 聲容步武盡緣情

만주족 아이는 오랑캐 말 쓰지 않는데 滿兒不作侏俚語

한족의 여인은 어찌 아장아장 걷는지? 漢女胡爲彳亍行

용구가 제나라 시장에서 귀한 대접 받는다는 말 들었는데[492]

踊屨曾聞齊市貴

491 도중에……기록한다 : 이 시는 1795년(정조19) 2월, 연경에서 돌아오는 길에 전족(纏足)하고 가죽신을 신은 여성이 비틀거리며 걸어가는 모습을 보고 읊은 작품이다. 이계는 전족을 오랑캐 풍습에서 전해진 것으로 보고 성왕이 나오시면 사라질 악습이라 하였다.

수련에서는 천고의 중화 전통을 버리고 말씨와 걸음걸이에서 만주족을 흉내내는 세태를 탄식하였다. 함련에서는 그 구체적 실상으로 전족을 지적하여, 만주족 아이는 오히려 중국 문화에 교화되어 가는데, 한족 여인은 도리어 오랑캐 문화를 추종하노라고 꼬집었다. 경련에서는 오랑캐 풍습을 따르면서 이름은 중화의 물명을 쓰는 모순된 상황을 꼬집었다. 미련에서는 성인이 다시 나타나 중화의 풍속을 회복하기를 바라는 마음을 담았다. 평성 '경(庚)'운의 평기식 칠언율시이다.

492 용구(踊屨)가……들었는데 : 만주족 여인이 신는 신발로, 굽을 높게 만든 가죽신이다. 《춘추좌씨전(春秋左氏傳)》 소공(昭公) 3년 조에 안자(晏子)가 숙향(叔向)에게 제(齊)나라의 상황을 얘기하면서 "나라의 시장에 신발값은 싸고 목발값은 비쌉니다.〔國之諸市, 屨賤踊貴.〕"라고 한 것을 인용한 표현이다. 일반 신발보다 이민족이 신는 특이한 신발이 중원의 시장에서 귀한 대접을 받고 있음을 비꼬아 비유한 말이다.

궁혜라는 그 이름만은 한나라 때 이름을 그대로 받아쓰네[493]

弓鞋或襲漢宮名

성왕께서 나오시면 크게 변화시킬 터이니 　聖王有起應丕變

비루한 풍속에 어찌 습여성성을 논하리오[494] 　陋俗何論習與成

그림 30 전족 전용 신발인 궁혜(弓鞋)

493 궁혜(弓鞋)라는……받아쓰네 : 궁혜는 한(漢)나라 궁중의 여인이 신던 가죽 신발인데, 전족 전용 가죽신의 바닥이 활처럼 휘어 있기 때문에 그 이름만은 궁혜라고 하여 중화의 물명을 따서 붙였다는 뜻이다.

494 성왕께서……논하리오 : 굽이 높은 가죽신을 신는 유행 따위는 문명의 교화를 펼치는 성왕이 나오면 절로 없어질 하찮은 것이니, 습여성성(習與性成)을 들먹일 필요도 없다는 뜻이다. '습여성성'은 《서경》 〈태갑 상(太甲上)〉에 "의롭지 못함은 습관이 본성과 더불어 이루어진 것이다.〔玆乃不義, 習與性成.〕"라고 한 것에 전거를 둔 말인데, 여기서는 오랑캐 풍습을 따라하면 오랑캐의 인성이 된다는 뜻으로 사용하였다.

사하역에서 영평부를 향하며[495]

自沙河驛向永平府

버드나무 싱그럽고 들풀이 돋는 시절	楊柳依依芳草生
바람에 깃발 나부끼며 장성으로 향하네	風旌獵獵向長城
진나라 배는 동해에 아직 이르지 않았고	秦船不到東瀛海
한나라 사신은 우북평에 막 돌아왔네[496]	漢節初回右北平
사단 나무엔 물오르고 제비는 돌아오며	社樹欲青春燕返
들판 아지랑이 점점 뿌옇고 닭은 우네	墟烟漸白午鷄鳴
농부들은 이성[497]이 돌아온 걸 아는 듯	農人似識犁星見
양지 바른 곳곳마다 눈 헤치고 밭을 가네	處處陽坡破雪耕

495 사하역에서 영평부를 향하며 : 이 시는 1795년(정조19) 2월, 연경에서 돌아오는 길에 사하역에서 묵고 출발하며 지은 작품이다. 영평부는 사하역에서 60리 거리인데, 연경으로 갈 때도 이 두 곳에서 모두 묵었다. 고국으로 돌아가는 감회를 봄의 정경에 담아 읊었다. 평성 '경(庚)'운의 측기식 칠언율시이다.

496 진나라……돌아왔네 : 중국에서 출발한 동지사 사행단이 아직 조선에 도착하지 않았으며, 청나라에 다녀오는 사신이 영평부에 막 도착하였다는 뜻이다. 우북평은 영평부의 옛 이름이다.

497 이성(犁星) : 28수(宿)의 하나로, 쟁기의 형상과 비슷하여 이런 이름이 붙었다. 흔히 삼성(參星)이라고 한다. 오리온 좌(座)에 속한 남쪽 세 개의 별과 그 부근의 별들을 가리키는데, 이 별자리가 보이면 농사를 시작한다.

연경에서 보고 들은 것을 추기하다[498]

追記燕京見聞

연운 천자[499]는 무슨 관직인가	燕雲天子是何官
복식과 수레가 모두 이국 양식이구나	服食輿乘摠異觀
열 근의 상아는 홀을 받친 듯하고	象齒十斤如拄笏
두 개의 낙타 혹은 절로 안장 이루었네	駝峰兩岸自成鞍
서장에선 진작부터 푸른 진과 바쳤고	西藏已獻珍苽碧
남박에선 늘 붉은 보석 보내오네	南舶常供寶石丹

진과는 합밀(哈密)에서 나고, 보석은 섬라(暹羅)에서 난다.[500]

498 연경에서……추기하다 : 이 시는 1795년(정조19) 2월, 사행에서 돌아오는 길에 연경에서 본 일들을 회고하고 지은 작품이다. 수련은 청나라 천자의 복식과 수레가 전래의 중국 양식과 다른 것을 읊었고, 함련에서는 상아와 낙타의 신기한 모습을 읊었으며, 경련에서는 신장의 합밀과와 태국의 루비를 읊었고, 미련에서는 네덜란드 사신을 보고 난 뒤 중국 이외의 세계가 있음을 자각한 정신적인 충격을 술회하였다. 평성 '한(寒)'운의 평기식 칠언율시이다.

499 연운(燕雲) 천자(天子) : 청나라 천자를 말한다. 연운은 연주(燕州)와 운주(雲州)의 합칭으로 황하(黃河) 북쪽 지역이다. 이 곳은 오대(五代) 이후 이민족이 통치하던 지역으로, 여기서는 청나라를 가리킨다.

500 진과(珍苽)는……난다 : 진과는 합밀과(哈密瓜)로 부르는 하미멜론(Hami melon)이다. 합밀(哈密 Hāmì)은 신강성 유오이(維吾爾 위구르) 자치구에 있는 지명이다. 따라서 5구의 서장(西藏)은 티베트을 가리킬 때 쓰이는 말이기도 하지만, 여기서는 오늘날의 신강성을 가리킨다. 섬라(暹羅)는 태국의 옛 명칭이다. 따라서 남박(南舶)은 남쪽 태국이나 베트남에서 보내온 선박이란 뜻으로 보인다. 붉은 보석은 태국이나 베트남에서 나는 붉은 루비나 사파이어를 말한다.

〈우공〉의 산하는 오히려 좁은 구역이니	禹貢山河猶短幅
수륙 만 리 거리에 또 하란[501]이 있네	梯航允萬又荷蘭

501 하란(荷蘭) : 바다 건너에 중국 외에 드넓은 세계가 또 있음을 상징적으로 보여주기 위해 언급한 것이다. 하란은 네덜란드로, 476쪽 주429 참조.

도중에 새끼 나귀를 수레 뒤에 매어놓고, 긴 채찍으로 말 엉덩이를 후려치는 광경을 보았으니, 경전에 실린 말이 참으로 징험이 있다. 애오라지 본 것을 적어 우리나라 풍속을 깨우친다[502]

道見小驢繫車後　長鞭打馬尾　經傳所載　信而有徵　聊記所見　以牖東俗

《시》와 《서》의 문자가 중국에서 비롯되어　詩書文字自中州
천하가 공유하여 이단을 물리쳤네　四海同源却異流
수레가 새끼 말의 앞에 있다는 말이 《예기》에 전하고[503]
車在馬前傳禮記

502 도중에……깨우친다 : 이 시는 1795년(정조19) 2월, 사행에서 돌아오는 길에 경서의 문장에 실린 풍습을 실제로 목도하여 의미를 깨닫고 난 뒤 그 감회를 술회한 작품이다. 수련의 《시》와 《서》는 경서의 대칭으로, 이를 통해 동아시아 사회 각국이 유교의 도를 실천해왔음을 읊었다. 함련은 《예기》에 실린 말 길들이는 법과 《춘추》에 실린 채찍질의 모습을 실제로 목도하고 읊은 것이다. 경련은 눈으로 보고 나서야 비로소 입으로만 외던 경서의 뜻을 제대로 알게 된 감회를 읊었다. 미련은 실제 증험의 중요성을 강조하며 마무리하였다. 평성 '우(尤)'운의 평기식 칠언율시이다.

503 수레가……전하고 : 제목의 '새끼 나귀를 수레 뒤에 매어놓고'에 대한 파제(破題)이다. "훌륭한 야장(冶匠)의 자식은 반드시 갖옷 무두질 하는 법을 배우고, 훌륭한 궁장(弓匠)의 자식은 반드시 도지개 만드는 법을 배우며, 처음 말에 멍에를 씌우는 자는 어미 말의 수레 뒤에 새끼 말을 세워 수레가 새끼 말의 앞에 있게 하니, 군자가 이 세 가지를 살펴보면 학문에 뜻을 둘 수 있다.〔良冶之子, 必學爲裘. 良弓之子, 必學爲箕. 始駕馬者反之, 車在馬前. 君子察於此三者, 可以有志於學矣.〕"라고 하였는데, 이 구절에 대한 소(疏)에 "새끼 말이 처음 수레 끄는 것을 배울 적에 어미 말을 멍에를 씌워 수레 앞에 두고, 새끼 말을 데리고 수레 뒤에 매어 따라가게 한다.〔馬子始學駕車之

채찍이 길어도 배가 멀다는 말이 《춘추》에 보이네[504] 鞭長腹遠見春秋

어릴 때 입으로 외기를 제어처럼 했더니 少時口讀如齊語

오늘날 몸소 겪고서야 초휴를 깨뜨렸네[505] 今日身經破楚咻

세상만사 허투루 보지 말아야 하니 萬事不宜看滅裂

풍속을 봄은 예로부터 자문을 귀하게 여기네[506] 觀風從古貴諮諏

時, 大馬駕在車前, 將馬子繫隨車後而行.〕"라 한 것을 가리킨다. 《禮記 學記》

504 채찍이……보이네 : 제목의 '긴 채찍으로 말 엉덩이를 후려치는'에 대한 파제이다. 《춘추좌씨전》 선공(宣公) 15년 조에 "고인이 말하기를 '채찍이 아무리 길어도 말의 배에 닿지는 않는다.〔鞭長不及馬腹〕'라고 하였다." 라고 한 것에 전거를 둔 표현이다.

505 어릴……깨뜨렸네 : 어릴 때부터 뜻도 모르고 입으로만 경서 구절을 외우다가 실제 광경을 목도하고서야 비로서 그 뜻을 알았다는 뜻이다. 《맹자》 〈등문공 하(滕文公下)〉에 "초(楚)나라 사람이 제(齊)나라 선생을 초빙해 와서 제 나라 말〔齊語〕을 배우는데, 제나라 선생이 가르칠 때 초나라 사람들이 주위에서 초나라 말로 지껄이면 날마다 매를 때리면서 제나라 말을 가르쳐도 소용없다."고 한 말에 전거를 둔 표현이다. 조선과 중국이 말과 풍습에서 모두 다르기 때문에 한문으로 된 경서를 익히는 데 몇 배로 힘들 뿐 아니라 끝내 의미를 모르는 곳이 허다한데, 오늘 경서에 담긴 실제 모습을 보고 나서야 조선에서 경서를 외던 한계를 극복할 수 있었다는 뜻이다.

506 풍속을……여기네 : 원문의 '자추(諮諏)'는 자문(諮問)과 같은 뜻으로 사명(使命)을 받고 떠난 사신이 이리저리 부로(父老)들을 찾아 모르는 일들을 묻는다는 말인데, 여기서는 현장을 방문하여 실제로 증험하는 것까지 아우르는 의미로 쓰였다. 《시경》 〈소아(小雅) 황황자화(皇皇者華)〉에 "반짝반짝 빛나는 꽃들이여, 저 언덕이랑 진펄에 피었네. 부지런히 달리는 사나이는, 행여 못 미칠까 염려하도다. …… 내가 탄 말은 망아지인데, 여섯 가닥 고삐가 젖은 듯 윤택하도다. 이리저리 채찍질하여 달려서, 두루 찾아서 자문을 하도다.〔皇皇者華, 于彼原隰. 駪駪征夫, 每懷靡及. …… 我馬維駒, 六轡旣濡. 載馳載驅, 周爰咨諏.〕"라고 하였다.

장유를 다녀오며 회포를 기록하다[507]

遠遊記懷

중화가 예로부터 큰 문려라면	中華自是大門閭
해외의 궁벽한 나라는 오두막일세	海外偏區等閫廬
젊은 날 일찍이 사방의 뜻[508] 품었으니	少日曾懷四方志
장유는 십 년의 독서보다 낫다네[509]	遠遊勝讀十年書
동방삭은 석 달에 문장이 풍족해졌고[510]	東方三月文猶足

507 장유를……기록하다 : 이 시는 1795년(정조19) 2월, 사행에서 돌아오는 길에 긴 여정의 감회를 읊은 작품이다. 수련에서는 중국이 문화의 중심지임을 말하고, 함련과 경련에서 이를 받아 중원 유람으로 크게 견문을 얻었음을 사마천, 동방삭, 굴원의 고사를 인용해 읊었다. 미련에서는 두 번째 중국에 온 감회와 함께 이 사행의 기회에 천지의 원기를 보리라는 다짐을 담았다. 평성 '어(魚)'운의 평기식 칠언율시이다.

508 사방(四方)의 뜻 : 천하를 경영하려는 웅대한 포부를 뜻한다. 《예기》 〈사의(射義)〉에 "사내 아이가 태어나면 사인(射人)이 뽕나무 활에 쑥대 살 여섯 개를 매겨 천지와 사방에 쏜다. 천지와 사방은 남자가 일할 곳이기 때문이다.〔男子生, 桑弧蓬矢六, 以射天地四方. 天地四方者, 男子之所有事也.〕"라고 한 것에 전거를 둔 말이다.

509 장유(壯遊)는……낫다네 : 먼 길의 유람이 독서보다 문장이나 경륜에 더 큰 도움이 된다는 뜻이다. 사마천이 20세 때에 남쪽으로 강회(江淮)·회계(會稽)·우혈(禹穴)·구의(九疑)·원상(沅湘) 등지를 유력하고, 북쪽으로 문사(汶泗)를 건너고 제노(齊魯)의 땅에서 강학(講學)하고 양초(梁楚)를 지나 돌아왔다는 고사에 근거를 둔 표현이다. 《史記 卷70 太史公自序》

510 동방삭(東方朔)은……풍족해졌고 : 동방삭이 농한기인 겨울 세 달 동안 독서하여 문장이 넉넉해졌던 고사를 가리킨다. 동방삭이 한 무제에게 올린 글에 "나이 13세에 글을 배워 겨울 석 달간 익힌 문사의 지식이 응용하기에 충분하다.〔年十三學書, 三冬文史足用.〕"라고 하였다. 《漢書 卷65 東方朔傳》

굴원은 구주에 유람이 넉넉하였도다[511] 屈子九州覽有餘
적현[512]의 산하를 지금 다시 왔노니 赤縣山河今再涉
원기가 천지에 그득함을 보아야지 須看元氣尙扶輿

511 굴원(屈原)은……넉넉하였도다 : 굴원은 전국시대 초나라 직신이다. 《초사(楚辭)》〈구사(九思)〉에 "팔극과 구주를 두루 유람하며, 헌원과 순 임금 자취 찾았어라.〔周八極兮歷九州, 求軒轅兮索重華.〕"라고 하였다. 〈구사〉는 본래 후한의 왕일(王逸)이 《초사》를 읽고 굴원의 삶을 안타깝게 여겨 애도하고 기리는 마음으로 지어 보충한 것인데, 가사의 화자가 굴원으로 상정되어 있다.

512 적현(赤縣) : 중국을 가리킨다. 전국시대 제(齊)나라 추연(鄒衍)이 중원(中原) 지방을 '신주적현(神州赤縣)'이라고 일컬은 데에서 유래하였다.

무령현은 예로부터 명환(名宦)이 많아 석루(石樓)에 걸린 황금 현판이 성내에 휘황찬란하다. 또 듣건대 산중에서 원숭이가 난다고 하니 형촉(荊蜀) 지방의 풍기를 오직 여기에서 볼 수 있다. 요주에서 연경에 이르기까지 소나무와 잣나무가 전혀 없다. 그러다가 영평에서 동쪽으로 백여 리에 걸쳐 왕왕 숲을 이루고 있으니 지령(地靈)이 매우 다르다는 것을 알 수 있다. 시로 읊어 기록한다[513]

撫寧古多名宦 石樓金榜 照耀城內 又聞猿狙產於山中 荊蜀風氣 獨見於此 自遼至燕 絶無松栢 而永平以下百餘里 往往成林 可見地靈殊異也 詩以識之

산해관 내의 으뜸 고을 영평부는	關內名州是永平
양경[514]을 접하고 있는 웅장한 성	兩京控引一雄城
고관은 무령현에 모여 있고	簪纓都會撫寧縣
물화는 대리영에 번화하네	物貨繁華大理營
송백은 요주 아홉 고을 중 여기서만 자라고	松栢獨靑遼九郡

513 무령현은……기록한다 : 이 시는 1795년(정조19) 2월, 사행에서 돌아오는 길에 영평부에서 지은 작품이다. 영평부는 산해관 안에 있는 고을이기는 하지만 여기서부터 동쪽으로 소나무숲이 보이기 시작한다고 하여, 이곳부터는 산천의 풍경과 영기가 중원과 조금 달라지고 있음을 말하였다. 미련의 평평한 숲은 소나무숲을 가리키고, 바다빛은 영평부 동남쪽에 있는 발해를 두고 한 말이다. 평성 '경(庚)'운의 측기식 칠언율시이다.

514 양경(兩京) : 당시 수도 연경(燕京)과 청나라 건국 초기 도읍인 성경(盛京)을 가리킨다.

원숭이는 때때로 형촉의 울음 짓누나[515]	猿狙時弄蜀三聲
산천이 아름다운 것은 영기가 많아서이니	山川信美多靈氣
평평한 숲 동으로 임하고 바닷빛은 밝아라	平楚東臨海色明

515 원숭이는……짓누나 : 원숭이 울음을 두고 '삼성(三聲)'이라 표현한 것은 두보의 시 〈추흥(秋興) 8수〉 가운데 둘째 수에 "잔나비 울음소리 세 번에 진실로 눈물을 흘리고, 사명을 받들어 팔월의 뗏목을 타지는 못하였네.〔聽猿實下三聲淚, 奉使虛隨八月槎.〕"라고 한 것에 전거를 둔 것이다.

징해루에서 일출을 보다[516] 2수

澄海樓 觀日出 二首

남해 북해 서해가 모두 부용국이니	南北西溟盡附庸
모든 강이 오직 이 바다로 흘러드네[517]	百川於此獨朝宗
해는 뜨고 져서 바다는 가이 없고	日輪升降無量海
천주산[518] 높고 낮아 봉우리 분변할 수 없네	天柱高低未辨峰
날씨는 봄날이라 따뜻해 비와 이슬 만들고	氣暖三春蒸雨露
바람은 만 골짝에 불어 어룡을 변화시키네	風鳴萬壑變魚龍
뗏목 타고 근원 끝까지 찾아가고 싶지만	乘槎便欲窮源去
봉래섬의 연하까지 길이 몇 겹일는지	蓬島烟霞路幾重

새벽빛 막 밝을 때 안개가 짙더니	曉色初分霧氣濃

516 징해루에서 일출을 보다 : 이 시는 1795년(정조19) 2월, 사행에서 돌아오는 길에 징해루에서 지은 작품이다. 징해루는 망해정(望海亭) 또는 관해정(觀海亭)이라고 불린다. 산해관의 동문과 남문 사이에서 자성(子城)을 쌓아 바다까지 연결시켰는데, 자성이 끝나는 지점에 징해루가 서 있다. 첫 수는 발해와 징해루의 전반적인 모습을 읊었고, 둘째 수는 징해루에서 보는 일출의 장관을 읊었다. 두 수 모두 평성 '동(冬)'운의 측기식 칠언율시이다.

517 남해……흘러드네 : 중국의 강은 모두 동쪽으로 흘러 발해로 흘러드니 오직 발해만이 천하 모든 강의 조종이 되고, 따라서 남해와 서해와 북해는 그저 발해의 부용국일 뿐이라는 의미이다.

518 천주산(天柱山) : 심양 동쪽에 위치한 산으로 일명 동모산(東牟山)이라고도 한다.

하늘 끝에 문득 해가 높이 솟았다 天邊忽見日高舂
곤붕은 삼천 리의 물을 차고[519] 鯤鵬水擊三千里
해대엔 칠십봉에 구름 서렸어라[520] 海岱雲迷七十封
과보[521]는 땅 끝까지 헛되이 달려갔고 夸父虛勞窮地軸
소옹[522]은 어디에서 신선 자취 찾을까 少翁何處覓仙蹤
해동 삼한은 본디 해가 뜨는 나라이니 東韓自是扶桑國
몇 번이나 몸소 일관봉에 올랐던가[523] 幾度身登日觀峰

519 곤붕(鯤鵬)은……차고 : 발해의 드넓은 기상을 담은 구절인데, 《장자》 〈소요유(逍遙遊)〉에 "북쪽 바다에 물고기가 있는데, 그 이름을 곤(鯤)이라 한다. 곤의 크기는 몇 천 리나 되는지 알 수 없다. 곤이 변해서 새가 되면 그 이름을 붕(鵬)이라 하는데, 붕새의 등이 몇 천 리나 되는지 알지 못한다. 붕새가 남쪽 바다로 날아갈 때는 물을 3천 리나 박차고 회오리바람을 타고 9만 리나 날아오른 뒤에야 6월의 대풍을 타고 남쪽으로 날아간다.〔北冥有魚, 其名爲鯤, 鯤之大不知其幾千里也. 化而爲鳥, 其名爲鵬, 鵬之背不知其幾千里也. 鵬之徙於南冥也, 水擊三千里, 摶扶搖而上者九萬里, 去以六月息者也.〕"라고 한 것을 인용한 표현이다.

520 해대(海岱)엔……서렸어라 : 발해(渤海)와 태산(泰山) 사이의 지역으로, 옛날의 청주(青州) 즉 지금의 산동(山東)을 가리킨다. 해(海)는 발해, 대(岱)는 태산을 뜻한다. 두보의 시 〈등연주성루(登兗州城樓)〉에 "뜬구름은 해대에 연하였고, 편평한 들은 청서로 접어드네.〔浮雲連海岱, 平野入青徐.〕"라고 하였다. 칠십봉(七十封)에 구름이 서렸다는 것은 《사기》 〈봉선서(封禪書)〉에 "옛날에 태산에서 봉제를 올리고 양보에서 선제를 올린 자가 72인이다.〔古者封泰山禪梁父者, 七十二家.〕"라고 한 것에 전거를 둔 표현이다. 봉제는 사방의 흙을 높이 쌓아 단을 만들고 천제(天祭)를 지내는 것을 말하고, 선제는 땅을 깨끗이 쓸고 땅에 제사 지내는 것을 말한다.

521 과보(夸父) : 437쪽 주358 참조.

522 소옹(少翁) : 한 무제 때 제(齊)나라의 방술사(方術士)로 귀신을 부리는 솜씨로 한 무제를 섬겨 처음에는 문성장군(文成將軍)에 봉해지고 총애를 받았다가 뒤에 신기(神氣)가 사라지자 죽임을 당했다. 《史記 卷28 封禪書》 《通鑑節要》

523 일관봉(日觀峰)에 올랐던가 : 일관봉은 떠오르는 해를 가장 먼저 보는 봉우리란 말로, 태산의 가장 높은 봉우리 이름이기도 하다. 이계가 실제로 일관봉에 오른 것은 아니고, 조선이 가장 먼저 해가 뜨는 나라이기 때문에 '가장 먼저 일출을 본 것이 몇 번이던가.'라는 의미로 쓴 말이다.

산해관을 나가 양수하에 묵다[524]

出山海關 宿兩水河

이하의 경계가 여기서 나누어지니	夷夏封疆此地分
사방의 거마들이 어지러이 달리네	四方車馬走紛紛
백이의 진관[525]엔 사람이 그득하고	秦關百二人如霧
삼천 리 연로엔 나무가 구름 찌르네[526]	燕路三千樹入雲
북쪽으론 끝없이 이어진 의무려산 띠가 있고	北帶巫閭包不盡
동쪽으론 끝없이 망망한 발해를 두르고 있네	東環渤海漭無垠
산하의 안팎이 원래 천하의 경계이거늘	山河表裏元天限
영씨는 병사 총 동원해 부질없이 전쟁 일으켰네	嬴氏窮兵漫自焚

524 산해관을……묵다 : 이 시는 1795년(정조19) 2월, 사행에서 돌아오는 길에 산해관 밖 양수하(兩水河)에서 지은 작품이다. 수련에서는 산해관을 경계로 중국과 외방이 나누어짐을 읊었고, 함련과 경련에서는 산해관 및 그 주변의 의무려산과 발해의 산천형세를 읊었다. 미련에서는 만리장성을 쌓아 백성을 학대한 진시황을 비판하였다. 평성 '문(文)'운의 측기식 칠언율시이다.

525 백이(百二)의 진관(秦關) : 산해관이 천하의 요새임을 강조한 시어이다. 《사기》 권8 〈고조본기(高祖本紀)〉에 "진나라는 형승(形勝)의 나라로 험준한 산하로 둘러싸여 있고 천 리나 떨어져 있으니, 진나라는 백이를 얻었다."라고 하였는데, 집해(集解)에 "진나라 지역이 험하여 군사 2만 명만 가지면 제후의 군사 100만 명을 당할 수 있다."라고 한 것에 전거를 둔 표현이다.

526 삼천……찌르네 : 서울에서 연경 조양문(朝陽門)까지의 거리가 3,069리이기 때문에 이렇게 말한 것이다. 참고로 서당(西堂) 이덕수(李德壽)의 시 〈연풍 최사군을 보내며(送延豊崔使君)〉에 "멀고 먼 연경 길 삼천 리〔漫漫燕路三千里〕"라고 하였다.

출발하여 영원위로 향하였다. 바다가 가까워 바람이 거센 탓에 하루 종일 가마의 창을 닫고 갔다[527]

發向寧遠衛 近海多風 竟日掩轎窓而行

곡척교 앞에는 물이 절로 흐르고 曲尺橋前水自波
연대하 밖엔 버들가지 하늘거리네[528] 烟臺河外柳絲斜
봄빛이 화창한데 구름은 나무 같고 春光澹蕩雲如樹
바다 기운 자욱한데 바람에 꽃이 피네 海氣冥濛風有花
옛 나루엔 얼음 녹아 말이 자주 빠지고 古渡氷消頻沒馬
벼랑에 진흙 미끄러워 수레 뒤집히려 하네 斷崖泥滑欲翻車
온 눈에 먼지 날려 다니는 사람 없거늘 飛塵滿目行人少
성 어귀 어디선가 저녁 피리 소리 들려오네 何處城頭起暮笳

527 출발하여……갔다 : 이 시는 1795년(정조19) 2월, 사행에서 돌아오는 길에 지은 작품이다. 수련, 함련, 경련은 양수하와 영원위 사이에서 봄이 온 사행길의 모습을 읊었으며, 미련에서는 바람이 거세어 황사가 자욱한 모습과 영원성 어귀에서 들려오는 저녁 피리 소리를 읊었다. 평성 '마(麻)'운의 측기식 칠언율시이다.

528 곡척교(曲尺橋)……하늘거리네 : 곡척하(曲尺河)에 놓인 다리 이름으로 보인다. 양수하에서 75리 거리에 있다. 연대하라는 이름은 여러 곳에 보이는데, 여기서 말하는 연대하는 곡척하에서 17리 떨어진 곳에 있는 것을 가리키는 것으로 보인다.

하루 종일 큰 바람이 불어 영원성 아래에 머물며 느낌이 있어 짓다[529]

大風終日 留滯寧遠城底 有感而作

타국에서 한 해 넘도록 세월 보내며	殊方經歲閱光陰
산하를 두루 보노라니 고금이 느꺼웁네	歷覽山河感古今
백일이 푸른 바다에서 뜨는 걸 매양 보고	白日每看生碧海
단사가 황금으로 변하는 걸 보지 못했네[530]	丹砂未見化黃金
학이 화표로 돌아간 뒤 맑은 울음소리 남았고[531]	鶴歸華表留淸響

529 하루……짓다 : 이 시는 1795년(정조19) 2월, 사행에서 돌아오는 길에 영원성 근처에서 거센 바람에 길이 막혀 여정을 잠시 쉬며 지은 작품이다. 수련에서는 먼 타국에서 한 해를 보낸 감회를 읊었다. 함련 1구에서는 매일 바다에서 뜨는 해를 읊어 세월이 쉼 없이 흐르고 있음을 나타내었고, 2구에서는 수많은 세월이 흘러도 단사가 황금으로 변하지 않음을 읊어 인간이 영원히 살 수 없다는 뜻을 담았다. 경련에서는 정영위와 여동빈의 고사를 인용하여, 전설만 남았을 뿐 신선도 찾아볼 수 없다는 뜻을 읊었다. 미련에서 저무는 영원성 풍경을 읊어 마무리하였다. 평성 '침(侵)'운의 평기식 칠언율시이다.

530 단사(丹砂)가……못했네 : 단사가 황금이 될 수 없듯이 사람이 신선이 되어 영원히 살 수 없다는 뜻이다. 한 무제 때 방사(方士) 이소군(李少君)이 일찍이 무제에게 아뢰기를 "부엌 귀신에게 제사를 지내면 귀신이 오게 할 수 있고, 귀신이 오면 단사를 황금으로 만들 수 있으며, 황금이 이루어져서 이것으로 음식 그릇을 만들어 사용하면 수명을 늘릴 수 있고, 수명이 늘어나면 바다 가운데 봉래의 신선을 볼 수 있으며, 신선을 보고 봉선제를 지내면 영원히 죽지 않는 것이니, 황제가 바로 그런 분입니다.〔祠竈則致物, 致物而丹砂可化爲黃金, 黃金成以爲飮食器則益壽, 益壽而海中蓬萊仙者可見, 見之以封禪則不死, 黃帝是也.〕"라고 한 데서 온 말이다.《史記 卷12 孝武本紀》

신선이 악양을 지나간 뒤 낭랑한 시편 남았네[532] 仙過岳陽有朗吟
영원성 아래서 한 곡조 노래 부르며 寧遠城頭歌一曲
노을 진 성근 버드나무 아래 새소리 듣는다 夕陽疏柳聽啼禽

531 학이……남았고 : 요동으로 접어드는 지역이기 때문에 정영위 고사를 인용한 것이다. 424쪽 주325 참조.

532 신선이……남았네 : 신선은 당나라 사람으로 악양에서 종리(鍾離) 선생에게 신선술을 배운 여동빈(呂洞賓)을 말한다. 그가 악양루(岳陽樓)에 제한 〈동빈유악양(洞賓遊岳陽)〉에 "세 번 악양에 왔어도 아는 사람 없이, 시 한 수 읊조리며 동정호 위를 날아 지나가네.〔三入岳陽人不識, 朗吟飛過洞庭湖.〕"라는 말이 나온다.《事文類聚前集 卷34》

영원에서 고교보로 향하며[533]

自寧遠向高橋堡

연경과 산해관 아득히 뒤로 멀어졌고	燕關已杳邈
요동벌 다시 아스라이 앞에 펼쳐지네	遼野更逶迤
땅은 펼쳐져 산과 강이 크고	地坼山河大
하늘 넓어 해와 달이 더디네	天長日月遲
해풍은 쉼 없이 불어오고	海風吹不斷
봄빛은 멀리서 찾아오네	春色遠相隨
압록강이 아직 천릿길이지만	鴨水猶千里
종당엔 당도할 날 있을 테지	終當有到時

533 영원에서 고교보로 향하며 : 이 시는 1795년(정조19) 2월, 사행에서 돌아오는 길에 감회를 읊은 작품이다. 수련에서는 연경과 산해관을 뒤로 하고 요동벌로 들어서는 감회를, 함련에서는 드넓은 평야의 장관을, 경련에서는 봄이 오는 사행길의 감회를, 미련에서는 고국 산천에 대한 그리움을 담았다. 평성 '지(支)'운의 평기식 오언율시이다.

오시에 송산에서 점심을 먹고 쌍양점에 이르다[534]

午炊松山 抵雙陽店

천 리의 요동벌은 모두 백분[535]이고	千里全遼盡白墳
하늘가에 때때로 뜬구름이 보이네	天邊時復見浮雲
북신은 바퀴축처럼 빙글빙글 돌고	北辰轉似車中軸
구주는 손금처럼 경계가 분명하네	九土森如掌上紋
들이 넓어 산의 원근 분간되지 않고	野濶不分山遠近
봄 깊어져 날씨 따스함 처음 느끼네	春深始覺氣氤氳
한 나절을 가도 가도 정후[536]가 없으니	行行半日無亭堠
강 너머 들리는 닭 소리가 더욱 반갑다	猶喜鷄聲隔水聞

534 오시에……이르다 : 이 시는 1795년(정조19) 2월, 사행에서 돌아오는 길에 감회를 읊은 작품이다. 연산에서 소릉하를 거쳐 쌍양점 일대에 이르기까지 펼쳐진 광활한 평야의 정경을 읊었다. 평성 '문(文)'운의 측기식 칠언율시이다.

535 백분(白墳) : 토양의 색깔과 흙덩이로 특정 지역의 토질을 나타내는 말인데, 희고 울퉁불퉁하다는 뜻이다. 참고로 《서경》 〈우공(禹貢)〉에서 청주(青州) 지방의 토양에 대해 "그 토질은 희고 울퉁불퉁하다.〔厥土白墳.〕"라고 한 예가 있다.

536 정후(亭堠) : 담을 두르고 세운 정자를 말하는데, 국경이나 요해처의 경비를 위해 세운 정자 모양의 초소(哨所)를 뜻하게 되었다. 정장(亭障)이라고도 한다.

쌍양점을 출발하여 대릉하를 건넜다. 이곳은 송산보와 함께 모두 명나라 군대가 대패했던 곳이다. 바다 가운데의 각화도와 철산취는 곧 배를 타고 조회하러 가던 길이다. 눈을 들어 산하를 바라봄에 절로 감회가 일었다[537]

發雙陽店 渡大淩河 此地與松山堡 俱是明師大衄之處 海中覺花島鐵山嘴 卽航海朝天之路 擧目山河 自然興感

바다 가까워 애달픈 바람 많으니	近海悲風多
사신이 크게 호방한 노래 부르네	行人一放歌
철산취엔 밀물이 일고	潮生鐵山嘴
대릉하엔 다리 끊겼네	橋斷大淩河
격전지엔 푸른 인불 남았고	戰地餘青燐

537 쌍양점을……일었다 : 이 시는 1795년(정조19) 2월, 사행에서 돌아오는 길에 대릉하를 지나며 지은 작품이다. 해로사행은 1621년 후금(청나라)이 요주를 지배하면서, 조선과 후금이 교섭하는 것을 두려워한 명나라의 요구로 인해 조선 사신이 바다를 경유하여 명나라로 조회를 가면서 시작되었다. 이후 1636~1640년 무렵에 송산보 일대에서 명군과 청군이 대치하다가 명군이 대패하였으며, 명나라 장군들이 항복하는 모습이 당시 볼모로 가 있던 효종의 눈에 목격되기도 하였다. 대체적인 경로는 선천(宣川)의 선사포(宣沙浦)에서 배로 출발하여 요해(遼海)의 녹도(鹿島), 석성도(石城島), 평도(平島), 여순구(旅順口), 철산취(鐵山嘴), 쌍도(雙島)를 거쳐 각화도에 내려 육로로 연경까지 가는 길이다. 이중 철산취 인근은 파도가 거세고 해류가 어지러워 우리나라 사신들의 선박이 자주 침몰하였고 유간(柳澗), 박이서(朴彝敍), 윤안국(尹安國) 등 많은 사신들이 익사하였다. 시 전편에 옛 인조 연간의 조선 사신들의 노고와 죽음을 추모하는 마음을 은근히 담았다. 평성 '가(歌)'운의 측기식 수구용운체 오언율시이다.

그림 31 항해조천도

조천로엔 흰 물결 출렁이네	朝天有白波
송산보는 이미 쓸쓸해졌으니	松山已寥落
각화도를 다시 어찌하리오	花島復如何

십삼산을 지나 여양역에 묵다[538]

過十三山宿閭陽驛

온갖 동물들 이미 깨어나고 풀씨앗 싹트며 百蟄已將草甲坼
일천 숲 기지개 켜고 버들가지 물올랐네 千林欲放柳絲黃
봄추위 아직 남아 아지랑이 엷게 오르고 春寒未退烟光薄
한낮의 햇빛 막 옮겨가 나무 그림자 길어지네 午晷初移樹影長
앞길 가만히 헤아려보니 아직 달포가 남았지만 默數前程猶隔月
황해를 내려다보니 고향으로 돌아온 듯하네 平看東海似還鄕
송산 너머서 수레 다시 북으로 향하니 松山以外車還北
구름 끝 아스라한 곳이 곧 심양일세 雲際蒼茫是瀋陽

538 십삼산을……묵다 : 이 시는 1795년(정조19) 2월, 사행에서 돌아오는 길에 여양역에서 지은 작품이다. 산해관에서 여기까지는 바다를 끼고 오다가, 여기서 다시 북동쪽으로 틀어 심양으로 들어간다. 요동벌의 서쪽 시작 지점이다. 전편에 봄이 온 요주의 풍경을 보며 고국을 그리는 마음을 담았다. 평성 '양(陽)'운의 측기식 수구불용운체 칠언율시이다.

방향을 꺾어 북진묘로 향하며 의무려산의 전경(全景)을 맘껏 보았다. 수승(守僧) 광로화상(廣老和尙)께 써서 드리다[539]

轉向北鎭廟 縱觀醫巫閭全面 書贈守僧廣老和尙

하늘이 높은 산 만들어 북동 지방 진무하니	天作高山鎭北東
층봉이 우뚝우뚝 푸른 하늘을 찌르네	層峰嵂屼揷晴空
부상은 멀리 몽롱한 그림자처럼 걸렸고[540]	扶桑遠掛朦朧影
발해에선 언제나 광막한 바람 불어오네	渤海長噓廣漠風
제초(齊楚)는 연무 밖에 아스라이 보이고	齊楚蒼茫游氣外
구름은 태허 중에 변화무쌍하도다	雲烟變化太虛中
삼한의 사자가 뗏목 타고 당도하여	三韓使者乘槎到
날아가는 새 바라보노라니 뜻이 무궁하도다	目送飛鴻意不窮

539 방향을……드리다 : 이 시는 1795년(정조19) 2월, 사행에서 돌아오는 길에 의무려산을 보며 지은 작품이다. 의무려산은 요주의 진산으로 연행시에서 누차 언급되었는데, 동쪽 줄기는 조선의 장백산(長白山)이 되었고 서쪽 줄기는 산해관이 되었는데, 북진묘(北鎭廟)에 올라가면 그 전체를 볼 수 있다고 한다.

수련은 의무려산의 웅대한 모습을 읊었고, 함련의 1구는 고국에 대한 그리움을 담아 읊었고 2구는 요주의 광막한 풍경을 읊었다. 경련은 발해 너머 강남 지방을 바라보며 읊었고, 미련에서는 사행길에서의 객수를 담아 마무리하였다. 평성 '동(東)'운의 측기식 칠언율시이다.

540 부상(扶桑)은……걸렸고 : 부상은 동해(東海) 가운데 있는 신목(神木)으로, 해가 뜰 때 이 나뭇가지를 헤치고 올라온다고 한다. 이 때문에 흔히 일본을 가리키는 말로 사용되기도 하나, 여기서는 조선을 가리킨다.

중안보 도중[541]

中安堡途中

이월도 다 저물어 해는 길어지는데	二月將闌日影遲
요동벌 가고 가니 지리하기 그지없네	行行大野苦支離
의무려산은 천 리에 언제나 변함없고	巫閭千里長如故
창해는 한 달 동안 가까이 따라왔어라	滄海三旬近若隨
눈에 뵈는 산하가 멀지 않음 알겠거니와	擧目山川知不遠
지난 한 해 소식은 누구에게 물을까나	經年消息問憑誰
압록강엔 봄빛이 일찍 왔을 터이니	鴨江春色應猶早
매일 시냇가에서 버들가지 살펴보네	每日溪邊驗柳枝

541 중안보 도중 : 이 시는 1795년(정조19) 2월 말, 사행에서 돌아오는 길에 여양역을 출발하여 중안보로 향하며 지은 작품이다. 전편에 지루한 여정에 지친 마음과 봄이 온 고국산천을 그리는 마음을 담았다. 평성 '지(支)'운의 측기식 칠언율시이다.

요주와 계주의 여인 풍속을 기록하다[542]
記遼薊女俗

연조는 미인의 고장으로 예로부터 소문났고[543]	燕趙佳人自古聞
유병 지방 아녀자들 일찍들 혼인을 하네[544]	幽幷兒女早成婚
꽃비녀로 머리 올리고 때때로 객을 엿보고	花簪髻聳時窺客
비단신을 손수 깁느라 마을을 나가지 않네	絲履手縫不出村
감히 거안제미 했던 양홍의 처[545]에 비하랴	敢擬梁妻高擧案

542 요주와……기록하다 : 이 시는 1795년(정조19) 2월 말, 사행에서 돌아오는 길에 중안보 일대를 지나며 지은 작품이다. 계주(薊州)는 어양현 일대에 있던 옛 지명이다. 수련은 옛 연나라와 조나라 지역인 계주와 요주 일대에 미인이 많음을 말하였고, 함련은 이 지역 여인들이 곱게 치장하는 것을 읊었다. 경련은 내조를 한 현모양처나 집안 경제를 책임진 생활력 강한 여인형과는 다른 여성임을 읊었고, 미련에서는 늙어서 손주를 안고 재롱을 보는 나이에도 화장품을 가까이하는 모습을 노래하여 마무리하였다. 평성 '원(元)'운의 측기식 칠언율시이다.

543 연조(燕趙)는……소문났고 : 연조는 옛 계주 지역이다. 한(漢)나라의 고시에 "연조 지방엔 가인이 많아, 고운 자는 얼굴이 옥과 같다네.〔燕趙多佳人, 美者顔如玉.〕"라고 하였다.

544 유병(幽幷)……하네 : 유주(幽州)와 병주(幷州) 역시 항산에서 의무려산에 걸쳐 있던 고을로, 하북성에서 연경을 거쳐 요동에 이르는 지역을 가리킨다. 미인의 고장인 요주를 가리킨다.

545 양홍(梁鴻)의 처 : 후한(後漢) 부풍(扶風) 평릉(平陵)의 현사(賢士)인 양홍(梁鴻)의 처 맹광(孟光)을 말한다. 맹광이 부부끼리 서로 존경하여, 밥상을 들고 올 때 눈썹 위까지 들어 올렸다는 '거안제미(擧案齊眉)'의 고사로 인해 현모양처의 대명사가 되었다. 《後漢書 卷83 逸民列傳 梁鴻》

꿋꿋이 가문 지켜낸 기주의 처에게도 부끄럽네[546] 猶慚夔婦健持門
거울 속에 꽃다운 얼굴 늙은 것을 아랑곳 않고 鏡中不省春容改
연지와 분 이리저리 찍고 앉아서 손자를 보네 脂粉縱橫坐抱孫

546 꿋꿋이……부끄럽네 : 고악부시 〈농서행(隴西行)〉에 "꿋꿋한 아낙이 가문을 지켜내니, 한 대장부보다 낫도다.〔健婦持門戶, 勝一大丈夫.〕"라고 한 것을 원용하여 두보가 "아무리 젊은 아낙이 호미 잡고 일한다지만, 벼가 밭두둑에 자라 동서 구분 없다네.〔縱有健婦把鋤犁, 禾生隴畝無東西.〕"라고 읊은 것에 전거를 둔 표현이다. 원문의 '기(夔)'는 기주(夔州)를 말하는 듯하다.

양장하를 건너다 큰 바람을 만나 소흑산에 묵다[547]

渡羊腸河 冒大風 宿小黑山

수레 소리 삐걱삐걱 말 걸음 바쁜데	車聲軋軋馬蹄忙
들빛은 황량하고 역말 길은 멀구나	野色荒荒馹路長
촌락은 기러기 행렬처럼 이어져 있고	村落緜聯如雁陣
강줄기는 양의 창자처럼 굽이져 있네	河流屈曲似羊腸
바람 불자 유난히 모래 마구 흩날리고	風生特地驚沙舞
안개 짙어 아득히 새 어지러이 날아가네	霧暗遙空去鳥狂
오직 길가에 천 그루 버드나무 있어	惟有道傍千樹柳
고운 가지 하늘하늘 봄빛을 희롱하네	纖條裊裊弄春光

547 양장하를……묵다 : 이 시는 1795년(정조19) 2월 말, 사행에서 돌아오는 길에 지은 작품이다. 평성 '양(陽)'운의 평기식 칠언율시이다.

고가자를 출발하여 오시에 대방신에서 점심을 먹다[548]

發高家子 午炊大方身

만 리의 동쪽으로 돌아오는 날이요 萬里東歸日
천산이 북쪽으로 다하는 때로다 千山北盡時
수레 소리는 바다 따라 멀리 이어지고 車聲遵海遠
봄빛은 강을 건너기 더디구나 春色過江遲
바람 고요하여 마을 연기 곧게 오르고 風靜村烟直
구름 떠가니 버드나무 그림자 옮겨가네 雲行柳影移
기자의 나라가 점점 가까워 오니 箕封看漸近
수레에 기대어 시 읊기 좋아라 憑軾好吟詩

548 고가자를……먹다 : 이 시는 1795년(정조19) 2월 말, 사행에서 돌아오는 길에 지은 작품이다. 대방신에서 심양까지는 40리 거리이다. 거리는 조선에 가까워지고 계절은 초봄이 된 감회를 읊었다. 평성 '지(支)'운의 측기식 오언율시이다.

심양[549]
瀋陽

흑수에 구름 날아갈 제 신인이 강림하니[550]	雲飛黑水降神人
바람이 붉은 깃발 펄럭여 천지를 쓸어갔네	風拂紅旗掃八垠
천자가 무슨 성씨인지 모를레라	天子不知何姓氏
이 지방엔 백성 생긴 이래 걸출한 인물 없었지	地方未有自生民
이 대에 조손이 통치한 지 백여 년이요[551]	祖孫二代百餘歲
만방을 신하로 삼은 지 예순 해일세[552]	臣僕萬邦六十春
말세의 번다한 치레는 하늘이 싫어하니	叔季繁文天所厭
원기를 양성하여 순박함으로 돌아갔네	養成元氣返淳眞

549 심양 : 이 시는 1795년(정조19) 3월 초, 사행에서 돌아오는 길에 심양에서 지은 작품이다. 청나라가 일어선 심양의 웅대한 기상과 북경으로 수도가 옮겨간 뒤로 다시 순박해진 심양의 모습을 읊었다. 평성 '진(眞)'운의 평기식 칠언율시이다.

550 흑수(黑水)에……강림하니 : 청나라를 세운 태조 누르하치가 여진족 인물이고, 여진족은 흑수 곧 흑룡강 일대에서 발호하였기 때문에 이렇게 말한 것이다.

551 이……년이요 : 강희제(康熙帝, 재위1661～1722), 옹정제(雍正帝, 재위1723～1735), 건륭제(乾隆帝, 재위1735～1795 당시)까지 천하를 통치한 지가 134년이기 때문에 이렇게 말한 것이다.

552 만방을……해일세 : 건륭제가 등극한 지 60주년이 되었기 때문에 이렇게 말한 것이다. 476쪽 주429 참조.

백탑보[553]

白塔堡

필로로 왕업 열고 태뢰 제작하니[554]	篳路開基制作牢
심하의 안팎에 성지가 웅장하였네	瀋河表裏壯城壕
천 산이 다한 곳에 푸른 바다 멀고	千山盡處滄溟遠
만 나무 가운데 한 탑이 우뚝하네	萬樹中間一塔高
준마는 봄의 목숙 먹고 모두 살이 찌고[555]	駿馬摠肥春苜蓿
건아는 푸른 포도주 마시고 흠뻑 취했네[556]	健兒多醉碧葡萄
왕업 일어난 곳의 굉대한 규모를 볼 수 없으니	宏規不見興王地
후세에 누가 창업의 노고를 알아주랴	後世誰知刱業勞

553 백탑보 : 이 시는 1795년(정조19) 3월 초, 사행에서 돌아오는 길에 지은 작품이다. 백탑보에 대해서는 427쪽 주333 참조. 평성 '호(豪)'운의 측기식 칠언율시이다.

554 필로(篳路)로……제작하니 : 한미한 신분에서 발신하여 천자가 되었다는 뜻이다. 필로(篳路)는 땔나무나 싣는 초라한 수레이다. 초나라의 선군(先君)인 약오(若敖)와 분모(蚡冒)가 필로(篳路)를 타고 남루한 옷을 입고 산림을 개간하여 초나라를 열었다 한다.《春秋左氏傳 宣公12年》태뢰(太牢)를 제작하였다는 것은 궁중의 의례를 완성하였다는 뜻이다.

555 준마는……찌고 : 태평 성세에 말이 편안하게 살아가는 모습의 비유이다. 목숙(苜蓿)은 서역 지방에서 나는 풀로 말에게 먹이는 목초인데, 한 무제 때 장건(張騫)이 서역에 사신으로 갔다가 이 씨앗을 구해 돌아왔다.《史記 卷123 大宛列傳》

556 건아는……취했네 : 건아는 373쪽 주220 참조. 전쟁이 없어 군사들이 긴장감이 풀어진 채 안일하게 지내고 있다는 비유이다. 포도 역시 장건이 서역에 사신 가서 들여온 과일 중 하나이다.《史記 卷123 大宛列傳》

난니보로 가는 길에 읊다[557]

爛泥堡途吟

정취가 이르고 시흥이 솟구침을 절로 금할 수 없으니 境到神來自不禁
몽당빗자루를 천금처럼 귀하게 여기는 것이 아닐세[558] 非求弊帚享千金
시는 호연지기처럼 원래 충만하고 詩如浩氣元充塞
사람은 천기를 얻음에 심천이 있네 人得天機有淺深
하북의 산하는 사마천의 《사기》에 서술했고[559] 河北山川司馬史

557 난니보로……읊다 : 이 시는 1795년(정조19) 3월 초, 사행에서 돌아오는 길에 백탑보에서 묵고 난니보로 출발하며 지은 작품이다. 수련에서 연행길에 자신이 시를 쉼 없이 짓는 이유가 끊임없이 솟아오르는 시흥을 금할 수 없어서임을 말하였고, 함련에서 자신은 깊은 천기를 얻은 사람이므로 시의 기상이 호연하게 천지에 충만하다고 하였다. 경련에서는 사마천이 하북의 산천을 유람한 뒤 《사기》에 기록하고, 두보가 검남을 여행하고 그 풍물을 시로 남겼듯이 자신은 연행길을 두 번 다녀오면서 그 풍물과 감회를 시로 남긴다고 하였다. 미련에서는 사행길의 모든 풍광이 자신의 마음속에 담겨 있다고 하여 마무리하였다. 평성 '침(侵)'운의 측기식 칠언율시이다.

558 몽당빗자루를……아닐세 : 자신이 시를 자꾸 짓는 것은 시흥이 끝없이 솟아오르기 때문이지 결코 자신의 못난 작품을 천금처럼 귀하게 여겨 그 가치를 알아달라고 구걸해서가 아니라는 뜻이다. 폐추(弊帚)는 끝이 다 닳아 모지라져서 자루만 남은 몽당빗자루이다. 위 문제(魏文帝) 조비(曹丕)가 지은 〈전론(典論)〉의 "'집에서 쓰던 몽당비를 천금의 가치가 있는 것처럼 애지중지한다.〔家有弊帚, 享之千金.〕'라는 속담이 있는데, 이는 자기 분수를 모르는 데에서 나온 것이다."라는 말에서 유래한 것이다. 《文選 卷52》

검남의 꽃과 새는 두릉의 시에 읊었네[560]　　劍南花鳥杜陵吟
계주의 나무 연경의 구름을 한가로이 오가니　　燕雲薊樹閒來往
만상을 담을 수 있는 건 그저 작은 마음일세　　萬象牢籠只寸心

559 하북(河北)의……서술했고 : 사마천은 13세 무렵 부친 사마담(司馬談)을 따라 황하 일대를 여행하였으며, 30대 중반 무렵 무제(武帝)의 태산(泰山) 봉선(封禪) 의식을 수행하여 장성(長城), 하북(河北), 요서(遼西) 지방을 여행하며 자료를 수집하였다. 이때의 경험과 자료를 바탕으로 옛 성왕의 자취를 기술할 때 하북 일대의 역사와 고적을 상세히 기술할 수 있었다. 자신 역시 조선을 떠나 중국을 유람하였기에 중원 산하의 풍경을 글로 묘사할 수 있게 되었다는 뜻으로 한 말이다.

560 검남(劍南)의……읊었네 : 두보의 벗 엄무(嚴武)가 검남절도사로 있을 때 두보가 검남에 가서 의지한 적이 있다. 이때 두보가 검남의 봄경치를 읊으며 "붉은 복사꽃이 비단과 구분되지 않는다.〔不分桃花紅似錦.〕"라고 한 일이 있다. 이 또한 자신이 조선을 떠나 이역의 산하를 유람하며 그 경치를 시로 읊을 수 있게 된 것에 견주어 말한 것이다.

오시에 냉정에 당도하니, 용만의 관리가 집에서 보내온 편지를 가지고 기다리고 있었다. 시를 읊어 기쁨을 기록한다[561]

午抵冷井 龍灣吏持家書來待 詩以志喜

어수선한 나그네 시름 절로 금할 수 없으니	撩亂覊愁不自禁
산에 오르나 강에 임하나 모두 고향 그리는 마음	登山臨水摠關心
도중에 홀연히 용만의 사자 만나자	途中忽遇龍灣使
구름 밖에서 기러기발의 소식 들은 듯하네[562]	雲外如聞雁足音
만 리의 타국에서 두 해를 보내니	萬里殊方徂二歲
한 통의 편지가 천금이나 나가네[563]	一封短牘抵千金

561 오시에……기록한다 : 이 시는 1795년(정조19) 3월 초, 사행에서 돌아오는 길에 냉정에서 가서(家書)를 받고 지은 작품이다. 시에서 읊은 정황으로 보아 동팔참에서 묵고 아침에 30리를 가 냉정에서 점심을 먹은 듯하다. 평성 '침(侵)'운의 측기식 칠언율시이다.

562 구름……듯하네 : 기러기발의 소식은 먼 타국에 사신 간 이의 소식이란 뜻으로, 전한(前漢) 무제(武帝) 때에 흉노에 사신 갔다가 붙잡혀 구류되었던 중랑장(中郎將) 소무(蘇武)의 고사를 인용한 표현이다. 소무는 무제 천한(天漢) 원년(기원전 100)에 흉노에 사신으로 갔다가 억류되어 항복을 권유받았지만, 회유를 거절하는 바람에 북해 주변의 황야에서 온갖 고초를 겪었다. 한나라에서 그를 돌려보낼 것을 요구하였으나 흉노에서는 '소무가 이미 죽었다.'며 보내주지 않았는데, 이에 한나라에서 '소무가 편지를 써서 기러기 발에 묶어 보냈는데, 이 기러기가 한나라의 상림원(上林園)에서 잡혀 그가 죽지 않고 북해에 있음을 안다.'고 하여 소무를 한나라로 돌아오게 할 수 있었다. 《漢書 卷54 蘇武傳》

563 만……나가네 : 두보의 시 〈춘망(春望)〉에 "봉화가 석 달을 연이어 피어오르자,

나라는 지금 태평무사하니 太平家國今無事
동풍을 향해 크게 한 번 읊기 좋구나 好向東風一放吟

집에서 보낸 편지가 만금이나 나가네.〔烽火連三月, 家書抵萬金.〕"라고 한 것에 전거를 둔 표현이다.

청석령과 회령령을 넘다[564]

踰靑石會寧兩嶺

관동의 팔참[565]이 겹겹의 산을 안고 있어　關東八站抱重岡
청석령에서 마천령까지 한 길이 길구나　靑石摩天一路長
산의 모습 조선과 닮아 문득 기쁘고　却喜山容如我國
봄빛은 고향 모습과 다르지 않아라　不知春色是他鄕
눈 녹은 압록강은 응당 물이 불었을 테고　雪消鴨水應添綠
하늘 저편 연경 구름은 더욱 푸르러졌네　天遠燕雲更變蒼
소나무 아래서 노승이 옛 길손 맞이해　松下老僧迎舊客
손수 놋쇠 발우 내밀며 다탕을 권하네　手擡銅鉢勸茶湯

564 청석령과 회령령을 넘다 : 이 시는 1795년(정조19) 2월 말에서 3월 초, 사행에서 돌아오는 길에 지은 작품이다. 정황으로 보아 냉정에서 점심을 먹고 40리를 더 가 낭자산에 묵은 다음, 이튿날 20리를 가서 청석령을 지나고 다시 30리를 가서 회령령을 지나고 다시 20리를 더 가 연산관에서 묵은 듯하다. 평성 '양(陽)'운의 평기식 칠언율시이다.

565 관동의 팔참 : 육로로 사행을 갈 때 구련성(九連城)에서 심양(瀋陽) 사이에 설치된 여덟 군데의 역참(驛站)을 동팔참(東八站) 또는 관동팔참이라고 하는데, 중국 산해관의 동쪽에 위치하고 있기 때문이다. 동팔참에 대한 사신들의 기록은 약간씩 차이를 보이는데, 대체로 중국과의 첫 접경지역인 구련성에서 시작해 탕참(湯站)-책문(柵門)-봉황성(鳳凰城)-진동보(鎭東堡) 또는 송참(松站)-진이보(鎭夷堡) 또는 통원보(通遠堡)-연산관(連山關)-첨수참(甛水站)-요동(遼東)-십리보(十里堡)-심양에 이르는 지역의 역참을 가리킨다.

춘분일에 날씨가 청명하여 우리 나라 기후와 비슷한 듯하기에 기뻐서 읊다[566]

春分日天氣晴朗 我境似同然 喜而賦之

봄 풍광 더디 오고 추위 아직 건재하건만	春光冉冉寒猶驕
따사로운 기운 완연하여 먼 하늘에 아련하네	佳氣依依曖遠霄
산불은 깊은 골짝에서 많이 일어나고[567]	山火多從深谷起
계곡 얼음은 봄바람 기다리지 않고 녹네	溪氷不待暖風消
세상에는 밤낮의 길이 이제 같아졌고	人間晝夜初分劑
하늘에는 구름안개 절로 아른거리네	天上雲烟自動搖
봉황성이 겨우 하룻길이라 더욱 기쁜데	更喜鳳城纔隔日
더구나 압록강에 벌써 조수 인다지	況聞鴨水已生潮

566 춘분일에……읊다 : 이 시는 1795년(정조19) 3월 초, 사행에서 돌아오는 길에 지은 작품이다. 정황으로 보아 통원보나 황가장에서 묵고 떠나는 길인 듯하다. 수련과 함련은 남은 겨울 추위 속으로 봄이 오는 풍경을 읊었다. 경련은 밤낮의 길이가 같아지고 봄의 징후가 완연함을 읊었고, 미련에서는 조선이 점점 가까워지는 것에 대한 반가움과 얼음 풀린 압록강에 대한 기대를 담았다. 평성 '소(蕭)'운의 평기식 칠언율시이다.

567 산불은……일어나고 : 화전민이 산밭을 일구기 위해 불을 지르는 것을 두고 이렇게 읊은 것이다.

봉황산을 넘어 책문으로 향하다[568]

過鳳凰山 向柵門

장백산이 서쪽으로 기세 좋게 뻗어오다	長白西來氣勢長
앞으로 압록강 굽어보며 다시 솟구쳤네	前臨鴨水更騰驤
구름 속에 오색 봉황이 천 길 높이 날고	雲間彩鳳翔千仞
안개 속에 푸른 연밥 만 방자 토했구나	霧裏青蓮吐萬房
이러한 강산이 어이 이리 적막한가	如此江山何寂寞
지금까지 중화가 변방으로 치부하네	至今華夏視邊荒
아직도 안시성에 기이한 자취 전해오니	猶聞安市傳奇迹
작고 외로운 성으로 당나라에 항거했지	一片孤城抗大唐

568 봉황산을……향하다 : 이 시는 1795년(정조19) 3월 중순, 사행에서 돌아오는 길에 지은 작품이다. 봉황산에서 책문까지는 25리이다. 책문 밖 5리에는 안시성이 있다. 수련에서는 압록강을 굽어보는 백두산 줄기의 장쾌한 기세를, 함련에서는 책문 일대의 광활하고 아름다운 풍광을 읊었다. 경련에서는 이 지역이 중화지역이 아님을 말하여 우리의 고토임을 시사하였고, 미련에서는 고구려 안시성 전투를 말하여 민족적 자부심을 담았다. 평성 '양(陽)'운의 측기식 칠언율시이다.

열나흘에 대동강에 이르러 연광정에 묵다[569]

小望到浿上 宿練光亭

작년에 눈 헤치며 평안도 지났다가	去年雪裏過西州
해 넘겨 동쪽으로 돌아와 옛 여정 잇노라	經歲東還續舊遊
만 리의 유연[570]에서 막 사행 마치고 돌아와	萬里幽燕初返節
봄날의 맑은 패수에서 다시 연광정에 오르네	三春淸浿更登樓
푸릇푸릇 먼 언덕엔 안개가 나무에 서리고	萋萋遠岸烟生樹
일렁일렁 맑은 물결엔 햇살이 모래섬에 반짝이네	灩灩澄波日暎洲
춤추고 노래하는 기녀들 모두 돌려보낸 뒤	舞女歌兒都罷遣
옥퉁소 부는 이가 전도하여 뱃머리로 향하네	玉簫前導向船頭

569 열나흘에……묵다 : 이 시는 1795년(정조19) 3월 14일, 사행에서 돌아오는 길에 대동강 연광정에 올라 지은 작품이다. 긴 사행을 무사히 마치고 고국에 돌아온 안도감과 감회가 담겨 있다. 평성 '우(尤)'운의 평기식 칠언율시이다.

570 유연(幽燕) : 연경을 말한다. 전국시대에는 연(燕)나라 수도였고, 당(唐)나라 이전에는 유주(幽州)였기 때문에 이렇게 표현한 것이다.

황강의 제안당에 묵으며 검무를 보다[571]

宿黃岡齊安堂 觀劍舞

이월의 봄빛이 버들가지 푸르게 할 제	二月韶光變柳條
표연히 연경과 요동에서 사행 돌아왔네	飄然歸旆自燕遼
십 년 동안 다섯 번 황강의 달을 보았고	十年五見黃岡月
천 년 동안 거듭 적벽의 퉁소 소리 듣네[572]	千載重聽赤壁簫
물소리는 노랫소리 따라 전해오고	流水聲隨歌響轉
별 그림자는 검광에 부딪혀 흔들리네	飛星影拂劍光搖
술병 들고 다시 죽루에 나아가 마시노라니	壺觴更就竹樓飲
한 줄기 맑은 향에 온갖 시름 녹는구나	一炷淸香百慮消

571 황강의……보다 : 이 시는 1795년(정조19) 3월 하순 사행에서 돌아오는 길에 황해도 황주의 제안당(齊安堂)에서 묵으며 지은 작품이다. 전편에 긴 사행을 마치고 돌아온 뒤의 안도하는 마음을 담았다. 평성 '소(蕭)'운의 측기식 칠언율시이다.

572 천……듣네 : 장강 황주에 적벽이 있어 소동파가 거기에 노닐 때 객이 퉁소를 불어 그 소리를 들었는데, 조선의 황해도 황주에도 적벽이 있어 이날 밤 이계 자신이 퉁소 소리를 듣고 있기에 이렇게 읊은 것이다.

지은이 **홍양호(洪良浩)**

1724(경종4)~1802(순조2). 본관은 풍산(豐山), 초명은 양한(良漢), 자는 한사(漢師), 호는 이계(耳溪), 시호는 문헌(文獻)이다. 홍진보(洪鎭輔)의 장남으로 태어났다. 외숙인 저촌(樗村) 심육(沈錥)에게 수학(受學)하였다. 24세(1747, 영조23)에 생원시에 합격하고 29세(1752, 영조28)에 문과 정시(文科庭試)에 급제하였다. 내외의 관직을 두루 거쳐 70세(1793, 정조17)에 대제학에 올랐으며 이후 여러 차례 대제학을 맡아 문형(文衡)을 주관하였다. 59세(1782, 정조6)에 동지겸사은부사(冬至兼謝恩副使), 71세에 동지정사(冬至正使)로 중국에 다녀왔다.

소론(少論) 가문의 후예로 조실부모하고 준소(峻少)의 수장 격이었던 외가마저 몰락하였으며 18세기 노론이 정국을 주도하는 정치 상황 속에서도 일시적 풍파는 겪었으나 당색에 구애받지 않고 원만한 관계를 유지하며 비교적 순탄한 환로(宦路)를 걸었다. 영조와 정조로부터 '박학(博學)'의 역량을 인정받으면서 《여지도서(輿地圖書)》·《동문휘고(同文彙考)》 등 국가 편찬 사업에 주도적으로 참여하였고, 평소 지니고 있던 이용후생(利用厚生)과 제해흥리(除害興利)의 신념을 자신의 관력(官歷) 속에서 충실히 구현하여 국계(國計)와 민생(民生)을 위한다는 평을 받았다.

문장은 육경(六經)에 근본하고 제자(諸子)를 참작하여 순정하고 웅혼하며 법도가 구비되어 있다는 평을 얻었는데 이는 시속(時俗)에 구애받거나 수식을 일삼는 것 없이 자연스러운 인심의 발현을 주장한 천기론(天機論)으로 발현된다. 또한 청(淸)나라 기윤(紀昀)으로부터 화평하고 온유하여 기교와 수식이 없고 국계와 민생을 항상 잊지 않아 음풍농월(吟風弄月) 하는 기습이 없다는 평을 받기도 하였는데, 이는 국토와 백성의 현실을 진솔하게 드러내고 민요나 설화 등 민족 문학의 성취를 수용한 성과에서 확인할 수 있다. 영·정조 중흥기에 실용적이고 현실주의적 입장을 견지하며 정치와 문학 양방면에서 주목할 만한 성과를 이뤄낸 관인이자 학자이자 문인이라 할 수 있다.

옮긴이 **이승현(李承炫)**

1979년 경북 포항에서 태어났다. 성균관대학교 대학원에서 박사과정을 수료하였으며, 한국고전번역원 고전번역교육원 연수과정을 졸업하였다. 한국고전번역원 연구원으로 재직하며 번역 및 편찬에 참여하였고, 현재 성균관대학교 대동문화연구원에서 권역별거점번역연구소협동번역사업에 참여하고 있다. 번역서로 《창계집》, 《명고전집》, 《승정원일기》, 《동천유고》, 《고산유고》, 《역주 당송팔대가문초 구양수》, 교점서로 《교감표점 승정원일기 인조 41》, 《교감표점 창계집 1》, 편찬서로 《한국문집총간편람》, 《한

국문집총간해제 8·9》, 논문으로 〈초의 의순의 시문학 연구〉, 〈기리총화 연구〉, 〈김시습의 장량찬의 이면〉, 〈서형수의 명고전집 시고를 통해 본 원텍스트 훼손〉 등이 있다.

옮긴이 **이규필(李奎泌)**

1972년 경북 예천에서 태어났다. 계명대학교 한문교육과와 경북대학교 한문학과 석사를 졸업하고, 대구 문우관에서 수학하였다. 성균관대학교 한문학과에서 〈대산(臺山) 김매순(金邁淳)의 학문(學問)과 산문(散文) 연구〉로 박사학위를 받았다. 한국고전번역원 연구원, 성균관대학교 대동문화연구원을 거쳐 현재 경북대학교 한문학과에 재직 중이다. 논문으로 〈조일 경학계의 풍토와 주석 양상 비교〉가 있고, 역서로 《무명자집(無名子集) 3·4·11·12》, 공역서로 《한국의 차 문화 천년》, 《국역 수사록(隨槎錄)》이 있다.

권역별거점연구소협동번역사업 연구진

연구책임자　이영호(성균관대학교 HK 교수)
공동연구원　이희목(성균관대학교 한문학과 교수)
진재교(성균관대학교 한문교육과 교수)
안대회(성균관대학교 한문학과 교수)
책임연구원　김채식
이상아
이성민
이승현
서한석
연구원　임영걸

번역　이승현(29쪽~359쪽)
이규필(360쪽~544쪽)
교열　임정기(전 한국고전번역원 명예교수)
윤문　김종하(성균관대 한문학과 박사과정 수료)

이계집 3

홍양호 지음 | 이승현 · 이규필 옮김
2020년 12월 31일 초판 1쇄 발행
편집 · 발행 성균관대학교 출판부 | 등록 1975. 5. 21. 제1975-9호
주소 (03063) 서울시 종로구 성균관로 25-2
전화 760-1253~4 | 팩스 762-7452 | 홈페이지 press.skku.edu
조판 고연 | 인쇄 및 제본 영신사

값 25,000원
ISBN 979-11-5550-454-3 94810
979-11-5550-451-2 (세트)